Die Abnahme des Gemeinschaftseigentums im Rahmen von Bauträgerverträgen

Schriften zum Deutschen und Internationalen Bau-, Umwelt- und Energierecht

Herausgegeben von Axel Wirth

Band 21

PETER LANG

Viviane McCready

Die Abnahme des Gemeinschafts-eigentums im Rahmen von Bauträgerverträgen

PETER LANG

Bibliografische Information der Deutschen Nationalbibliothek
Die Deutsche Nationalbibliothek verzeichnet diese Publikation in der Deutschen Nationalbibliografie; detaillierte bibliografische Daten sind im Internet über http://dnb.d-nb.de abrufbar.

Zugl.: Köln, Univ., Diss., 2017

D 38
ISSN 2197-0556
ISBN 978-3-631-75753-6 (Print)
E-ISBN 978-3-631-75864-9 (E-PDF)
E-ISBN 978-3-631-75865-6 (EPUB)
E-ISBN 978-3-631-75866-3 (MOBI)
DOI 10.3726/b14244

Peter Lang – Berlin · Bern · Bruxelles · New York · Oxford · Warszawa · Wien

Diese Publikation wurde begutachtet.

www.peterlang.com

Vorwort

Die vorliegende Arbeit wurde im September 2017 von der Rechtswissenschaftlichen Fakultät der Universität zu Köln als Dissertation angenommen. Sie berücksichtigt den Stand der Literatur und Rechtsprechung bis zum 31. August 2017.

Mein herzlicher Dank gilt Frau Prof. Dr. Grunewald, die mich kontinuierlich bestärkt und unterstützt hat. Herrn Prof. Dr. Ehricke danke ich für die zügige Erstellung des Zweitgutachtens mit weiteren hilfreichen Anregungen. Zudem danke ich Herrn Prof. Dr. Wirth für die Aufnahme der Arbeit in die Schriftenreihe zum Deutschen und Internationalen Bau-, Umwelt- und Energierecht.

Ohne die Unterstützung meiner Familie und meiner Freunde wäre die Vollendung der Dissertation nicht denkbar gewesen. Besonders danken möchte ich Marion und Trevor McCready, Robert Schmitz sowie Simon Kotzea, die mir während der Promotion uneingeschränkt Rückhalt gaben.

Gewidmet ist diese Arbeit meinen Eltern.

Köln, im März 2018 Viviane McCready

Inhaltsverzeichnis

Einleitung

Diese Arbeit beschäftigt sich mit der Abnahme des Gemeinschaftseigentums im Rahmen von Bauträgerverträgen. Ausgangspunkt dieser Thematik ist insbesondere das Zusammenspiel zweier Problemkreise. Zum einen handelt es sich beim Bauträgervertragsrecht um eine Rechtsmaterie, die insbesondere auch von den Identitäten und Interessen der Vertragsparteien geprägt wird. Zum anderen birgt das wohnungseigentumsrechtliche Konstrukt des Gemeinschaftseigentums weitere Schwierigkeiten.

Zunächst der Bauträgervertrag – der Bauträger schuldet dem Erwerber die Errichtung eines Bauwerkes und die anschließende Übereignung des Grundstücks mit dem Bauwerk. In der typischen Fallkonstellation handelt es sich bei dem Bauträger um einen Unternehmer und bei dem Erwerber um einen Verbraucher, der das Werk als Wohnraum nutzen möchten.

Die Bedeutung des Vertragsverhältnisses ist für den Erwerber in wirtschaftlicher sowie in ideeller Hinsicht immens. In der Bundesrepublik Deutschland verfügten im Jahr 2013 47,5 % der Haushalte über Haus- und Grundbesitz.[1] Im Jahr 2014 wohnten ca. 44 % der Haushalte im selbst genutzten Eigentum.[2] Der durchschnittliche Deutsche erwirbt höchstens einmal in seinem Leben Grundeigentum. Dabei wird er regelmäßig den Großteil seines bis dahin gesparten und auch seines zukünftigen Vermögens aufwenden. Die eigene Wohnung/das eigene Haus haben zudem eine enorme ideelle Bedeutung. Nach dem Motto: „Mein Haus, mein [Garten], mein..."[3] ist das Eigenheim „der wichtigste Ort der Welt"[4]. Die „eigenen vier Wände", in denen man lebt und seine Kinder aufzieht. Der Erwerb des Eigenheims ist häufig eine Entscheidung fürs Leben. Diese bedeutsame Entscheidung trifft der Erwerber regelmäßig als Laie. Mit den rechtlichen Grundlagen und insbesondere auch den technischen Hintergründen der Errichtung eines Bauwerkes kennt sich der durchschnittliche Erwerber nicht aus.

Auf der anderen Seite steht der Bauträger. Derjenige, bei dem diese Verträge „zum täglichen Brot" gehören; der sowohl in rechtlicher als auch in technischer Hinsicht erfahren ist. Derjenige, dessen Ruf nicht der Beste ist – der „Immobilienhai", der „Baulöwe".

Diese dem Bauträgervertrag typischerweise zugrunde liegende Vertragsparteienkonstellation prägt seit Jahrzehnten die diesbezügliche Gesetzgebung und

---

1 *Statistisches Bundesamt*, Vermögen, Schulden: Haushalte nach Haus- und Grundbesitz.

2 *Statistisches Bundesamt*, Haushalte im selbst genutzten Eigentum und Mietwohnungen nach Haushaltstyp in Deutschland 2014.

3 Aus einem Werbespot der Sparkasse (1995), abrufbar unter: https://www.youtube.com/watch?v=TI5FnxUYD8s (31.08.2017).

4 Aus einem Werbespot der Bausparkasse Schwäbisch Hall (2016), abrufbar unter: https://www.youtube.com/watch?v=VBr_KnoL2tI (31.08.2017).

Rechtsprechung. Eine bauträgerrechtliche Fragestellung kann kaum unter Außerachtlassung dieses Hintergrundes gelöst werden.

Der zweite Problemkreis ist wohnungseigentumsrechtlicher Natur. Der typische Bauträgervertrag hat die Errichtung und Übereignung einer Wohneinheit in einem Mehrparteienhaus zum Gegenstand. Wohnungseigentum umfasst nach der Legaldefinition des § 1 Abs. 2 WEG das Sondereigentum an einer Wohnung in Verbindung mit dem Miteigentumsanteil an dem gemeinschaftlichen Eigentum, zu dem es gehört. Der Bauträger schuldet demnach u. a. die Errichtung des Gemeinschaftseigentums und die Übereignung des Miteigentumsanteils am gemeinschaftlichen Eigentum. Die Verpflichtung besteht einzeln gegenüber jedem Erwerber einer Wohneinheit aus dem jeweiligen Bauträgervertrag. Daraus ergibt sich, dass unterschiedliche, vertraglich nicht verbundene Gläubiger den gleichen Anspruch gegen denselben Schuldner haben. Dieses Zusammenspiel aus Einheitlichkeit und Trennung bietet oftmals rechtliche Schwierigkeiten.

Vor diesem Hintergrund bildet sich die Problematik der Abnahme des Gemeinschaftseigentums im Rahmen von Bauträgerverträgen. Dabei erhöht die wesentliche Bedeutung der werkvertraglichen Abnahme die Brisanz der Thematik. Die Abnahme ist im Werkvertragsrecht der „Dreh- und Angelpunkt“[5]. Sie bewirkt den Übergang vom Erfüllungs- in das Gewährleistungsstadium und ist maßgebend für die Rechte und Pflichten der Vertragsparteien. Bedeutung erlangt die Abnahme insbesondere, wenn Mängel am Gemeinschaftseigentum auftreten.

Inhalt dieser Arbeit ist zunächst die Darstellung der Grundlagen, die die Problemstellung der Abnahme des Gemeinschaftseigentums im Bauträgervertragsrecht ausmachen (1. Kapitel). Im 2. Kapitel werden die Möglichkeiten einer Regelung und Umsetzung der Abnahme und im 3. Kapitel die Folgen einer fehlerhaften Regelung und Umsetzung untersucht. Letztlich folgt eine Auseinandersetzung mit den Rechten und Pflichten der Vertragsparteien, wenn in diesem Zusammenhang ein Mangel am Gemeinschaftseigentum auftritt (4. Kapitel).

5 Vgl. *Jagenburg*, NJW 1974, 2264 (2265).

1. Kapitel: Grundlagen

§ 1 Der Bauträgervertrag

A. Inhalt

Bei einem Bauträgervertrag handelt es sich gem. § 650u Abs. 1 Satz 1 BGB um einen Vertrag, in welchem sich der Bauträger gegenüber dem Erwerber zur Errichtung oder zum Umbau eines Hauses oder vergleichbaren Bauwerkes auf einem Grundstück verpflichtet und zugleich die Übertragung des Eigentums an dem Grundstück oder die Bestellung eines Erbbaurechts schuldet. In Abgrenzung zu anderen Bauverträgen prägt den Bauträgervertrag insbesondere der Umstand, dass der Erwerber alle Leistungen im Zusammenhang mit dem Bau „aus einer Hand"[6] erhält. Der Bauträger errichtet das Bauwerk zunächst auf seinem eigenen Grundstück und überträgt dem Erwerber das Eigentum nach Fertigstellung. Auf der anderen Seite erfolgt die Vergütung des Bauträgers durch den Erwerber bereits in anhand des Baufortschritts bemessenen Raten. Dieses System der vorverlagerten Abschlagszahlungen steht in einem Gegensatz zu dem grundsätzlichen gesetzlichen Leitbild im Werkvertragsrecht, welches eine Vorleistungspflicht des Unternehmers vorsieht.[7] Der Erwerber wird im Rahmen des Bauträgervertragsverhältnisses erst Eigentümer des Grundstücks, wenn das Bauwerk vollständig errichtet und die vereinbarte Vergütung vollumfänglich beglichen wurde.[8]

Es handelt sich um eine besondere Form des Generalübernehmervertrags.[9] Beim Erwerb vom Bauträger schließt der Erwerber, im Unterschied zum originären Bauvertrag, nicht mehrere einzelne Verträge mit den jeweiligen am Bau Beteiligten, sondern nur einen Vertrag mit dem Bauträger.

Der Vorteil für den Erwerber liegt darin, dass er ein fertiggestelltes Bauwerk zum vereinbarten Festpreis erhält, auf dessen Ausgestaltung er einen gewissen Einfluss hat, ohne die einzelnen Verträge mit den Subunternehmern der Baubranche durchführen zu müssen. Dies fördert die Übersichtlichkeit und Verständlichkeit des Vertragsverhältnisses.[10] Der Erwerber muss sich zudem als Laie nicht mit der Grundstücksbeschaffung, Planung und Erstellung seines Eigenheims beschäftigen,

---

6 Vgl. *Basty*, Der Bauträgervertrag, Rn. 16; *Pause*, Bauträgerkauf und Baumodelle, Rn. 32.

7 Nach § 641 Abs. 1 Satz 1 BGB ist die Vergütung erst bei Abnahme des Werkes zu entrichten; *Wolfsteiner*, in: Kersten/Bühling, Formularhandbuch und Praxis der freiwilligen Gerichtsbarkeit, 3. Teil, 2. Abschnitt, § 33, Rn. 11.

8 *Wagner*, in: Messerschmidt/Voit, Privates Baurecht, I. Teil, Kapitel E, Rn. 11 ff.

9 BGH, 21. März 2002 – VII ZR 493/00 –, juris-Rn. 40, BGHZ 150, 226 ff.

10 *Wolfsteiner*, in: Kersten/Bühling, Formularhandbuch und Praxis der freiwilligen Gerichtsbarkeit, 3. Teil, 2. Abschnitt, § 33, Rn. 13.

sondern kann diese Aufgaben auf den Bauträger übertragen.[11] Er erhält ein schlüsselfertiges Objekt aus der Hand eines einzigen Vertragspartners.[12]

Der Bauträger kann hingegen mit den vorzeitigen Raten des Erwerbers den Grundstückserwerb finanzieren und seinen Vorfinanzierungsaufwand durch die daraus resultierende Zinsersparnis minimieren.[13] Die dadurch entstandene Reduzierung des Herstellungsaufwandes schlägt sich in der Regel auch im Kaufpreis nieder, sodass die vorzeitigen Zahlungen für den Erwerber nicht nur ein Risiko darstellen, sondern auch einen finanziellen Vorteil bedeuten.[14]

Bauträgerverträge tragen somit einerseits dem Bedürfnis der Erwerber nach einem möglichst einfachen, kalkulierbaren und günstigen Immobilienerwerb Rechnung, sind allerdings andererseits aufgrund der vorzeitigen Zahlungen mit einigen Risiken verbunden.[15]

B. Entwicklung

I. Entstehung

Der Bauträgervertrag ist in seinem heutigen Verständnis eine relativ junge Form des Bauvertragsrechts, deren Entwicklung vor nicht einmal 100 Jahren begonnen hat.[16] Der Begriff des Bauträgers findet seine erstmalige Erwähnung in einer Monographie von Joachim Fischer-Dieskau.[17] Er bezeichnet den Bauträger, in Abgrenzung zur eigentlichen Bauherrenschaft, als jemanden, der zwar nach außen als Bauherr auftritt, im Innenverhältnis aber treuhänderisch für denjenigen tätig ist, dem das Bauwerk nach Fertigstellung übertragen wird.[18]

Die Entwicklung der Bauträgerschaft ist den Geschehnissen und Bedürfnissen der Bevölkerung des letzten Jahrhunderts geschuldet. Im Rahmen der industriellen Revolution und des daraus resultierenden gesteigerten Wohlstands kam es zu einem erhöhten Bedarf an Eigenheimen.[19] Die insbesondere in den Nachkriegsjahren, aufgrund der Zerstörung und des Flüchtlings- und Heimatvertriebenenstromes, bestehende Wohnungsnot verstärkte dieses Bedürfnis und führte zu einer Vielzahl öffentlicher Förderungsmaßnahmen, die den Wohnungsbau ankurbeln sollten.[20] Bereits das Preußische Wohnungsgesetz vom 28. März 1918 sah die Schaffung sozialer Wohnungsfürsorgegesellschaften vor, die private Bauwillige bei deren Vor-

11 *Reithmann*, WM 1986, 377.
12 *Wagner*, in: Messerschmidt/Voit, Privates Baurecht, I. Teil, Kapitel E, Rn. 15.
13 *Basty*, MittBayNot 2007, 189.
14 *Wagner*, in: Messerschmidt/Voit, Privates Baurecht, I. Teil, Kapitel E, Rn. 15.
15 *Grziwotz* in: FS für Koeble, 297.
16 *Pause*, Bauträgerkauf und Baumodelle, Rn. 1.
17 *Wagner*, in: Messerschmidt/Voit, Privates Baurecht, I. Teil, Kapitel E, Rn. 1.
18 *Fischer-Dieskau*, Einführung in die Wohnungs- und Siedlungspolitik, S. 103.
19 *Locher/Koeble*, Baubetreuungs- und Bauträgerrecht, § 1, Rn. 1.
20 *Kanzleiter*, DNotZ Sonderheft 2011, 89.

haben unterstützen sollten.[21] Dem nach dem Zweiten Weltkrieg noch gesteigerten Wohnraumdefizit in Deutschland wurde durch das Erste Wohnungsbaugesetz vom 24. April 1950[22] und das Zweite Wohnungsbaugesetz (Wohnungsbau- und Familienheimgesetz) vom 27. Juni 1956[23] Rechnung getragen.[24] Dies führte dazu, dass die Förderung und der Bau von Wohnraum durch die Baubetreuungsgesellschaften und Wohnungsgenossenschaften zunächst als soziales Anliegen mit einem nur beschränkt eigenen Nutzen ausgestaltet war.[25] Der anhaltende Bedarf nach der Neuerrichtung von Wohnraum und das bestehende Interesse der Bauwilligen nach einer vollumfänglichen Betreuung riefen jedoch auch Gesellschaften auf den Plan, deren Zweck auf die Gewinnerzielung ausgerichtet war.[26] Im Zuge dieses neu entstandenen Geschäftsfeldes entwickelten sich verschiedene Modelle, welche den Interessen der Unternehmer und der Bauwilligen Rechnung tragen sollten. Insbesondere die Baubetreuung im engeren Sinne und die Bauträgerschaft, auch Baubetreuung im weiteren Sinne genannt, setzten sich in den folgenden Jahren durch.[27]

Bei der Baubetreuung wird das Bauwerk typischerweise auf dem Grundstück des Betreuten errichtet und die Verträge mit den Subunternehmern in dessen Namen abgeschlossen, sodass der Betreute als Bauherr das Bauherrenrisiko trägt. Im Vergleich dazu baut der Bauträger auf seinem eigenen Grundstück sowie in seinem eigenen Namen und überträgt dem Erwerber das Grundstück erst nach Fertigstellung des Bauwerks.[28] Trotz der anders gelagerten Risikoverteilung genoss zunächst das Bauherrenmodell eine gesteigerte Beliebtheit, was in erster Linie mit steuerlichen Vorteilen zusammenhing, die bestanden, wenn der Erwerber als Bauherr galt.[29] Nachdem der Bundesfinanzhof den steuerlichen Vorteilen einen Riegel vorschob[30] und es nunmehr nicht mehr auf die Bauherreneigenschaft ankam, wurde aufgrund der anderen Risikoverteilung verstärkt auf das Bauträgermodell zurückgegriffen.[31] Das Bauherrenmodell hat infolge dieser Entwicklung heutzutage kaum noch praktische Relevanz.[32]

---

21 *Locher/Koeble*, Baubetreuungs- und Bauträgerrecht, §, 1 Rn. 1.

22 BGBl. S. 83.

23 BGBl. I S. 523.

24 *Locher/Koeble*, Baubetreuungs- und Bauträgerrecht, § 1, Rn. 1.

25 *Wolfsteiner*, in: Kersten/Bühling, Formularhandbuch und Praxis der freiwilligen Gerichtsbarkeit, 3. Teil, 2. Abschnitt, § 33, Rn. 3.

26 *Locher/Koeble*, Baubetreuungs- und Bauträgerrecht, § 1, Rn. 3.

27 *Reithmann*, WM 1986, 377.

28 *Locher/Koeble*, Baubetreuungs- und Bauträgerrecht, § 1, Rn. 13.

29 *Locher/Koeble*, Baubetreuungs- und Bauträgerrecht, § 1, Rn. 3.

30 BFH, 22. April 1980 – VIII R 149/75 –, BFHE 130, 391 und BFH, 21. Dezember 1981 – II R 124/79 –, BFHE 135, 217.

31 *Reithmann*, WM 1986, 377 (378).

32 *Langen*, in: Dauner-Lieb/Langen, BGB Schuldrecht, Anhang IV zu §§ 631–651 BGB: Vertragstypen im Baurecht, Rn. 22c.

Das Modell der Bauträgerschaft entsprach im Grundsatz den Interessen beider Vertragsparteien. Der Erwerber war nicht mehr unmittelbarer Vertragspartner der Subunternehmer und konnte das Kostenrisiko durch einen Festpreis deckeln. Auch dem Bauträger kam der Festpreis zu Gute, da dadurch die Abwicklung vereinfacht wurde und er nicht mehr auf das Honorar für die Baubetreuung beschränkt, sondern seinen Gewinn eigens kalkulieren konnte.[33]

II. Formgebung durch Rechtsprechung und Gesetzgebung

Die massive Nachfrage Mitte bis Ende der 60er Jahre des letzten Jahrhunderts kurbelte das Bauträgergeschäft und die Neuerrichtung von Wohnraum erheblich an. Die Bauträger waren regelmäßig in der Lage sämtliche Wohneinheiten zu veräußern, bevor überhaupt mit dem Bau begonnen wurde.[34] Dies führte jedoch im Laufe der nächsten Jahre zu einem Überangebot, einer Erhöhung der Preise für unbebaute Grundstücke und einer Übersättigung des Marktes. In den Jahren 1973/1974 fanden ca. 300.000 von Bauträgern errichtete Wohneinheiten keinen Abnehmer.[35] Diese Stagnation trieb einige der Bauträgergesellschaften in den Konkurs, was die für die Erwerber bestehende Sicherheitslücke der unzureichenden Sicherung der getätigten Ratenzahlungen offenbarte.[36]

Ein weiteres Problem der Bauträgerschaft war die Ausgestaltung und der Inhalt der Bauträgerverträge. Die Verträge enthielten in der Regel vollständige Gewährleistungsausschlüsse, lange Bindungen durch Erwerbsverpflichtungen und keine objektbezogene Bindung der entrichteten Zahlungen. Dies führte zu einer unangemessenen Benachteiligung und einem hohen Risiko auf Seiten der Erwerber.[37]

Die Landesnotarkammer Bayern reagierte im März 1971 mit einem „Merkblatt zur Gestaltung von Verträgen über den Erwerb neuer Wohngebäude und Eigentumswohnungen“ zuerst auf die bestehenden Missstände, indem sie gewisse Mindeststandards für Bauträgerverträge formulierte. Durch das Merkblatt sollten die Notare die Möglichkeit erhalten, im Rahmen einer Art Boykottvereinbarung die verabredeten Mindeststandards durchzusetzen und durch die Verbreitung zur Aufklärung bei den Erwerbern beizutragen.[38]

33 *Pause*, Bauträgerkauf und Baumodelle, Rn. 7.
34 *Pause*, Bauträgerkauf und Baumodelle, Rn. 9.
35 *Locher/Koeble*, Baubetreuungs- und Bauträgerrecht, § 1, Rn. 3; *Pause*, Bauträgerkauf und Baumodelle, Rn. 15.
36 *Locher/Koeble*, Baubetreuungs- und Bauträgerrecht, § 1, Rn. 3.
37 *Wolfsteiner*, in: Kersten/Bühling, Formularhandbuch und Praxis der freiwilligen Gerichtsbarkeit, 3. Teil, 2. Abschnitt, § 33, Rn. 4; *Locher/Koeble*, Baubetreuungs- und Bauträgerrecht, § 1, Rn. 3.
38 *Kanzleiter*, DNotZ Sonderheft 2011, 89 (94); *Wolfsteiner*, in: Kersten/Bühling, Formularhandbuch und Praxis der freiwilligen Gerichtsbarkeit, 3. Teil, 2. Abschnitt, § 33, Rn. 5; *Wagner*, in: Messerschmidt/Voit, Privates Baurecht, I. Teil, Kapitel E, Rn. 3.

In Folge der bestehenden Missstände und der Initiative der Landesnotarkammer wurden einige Reformen durch den Gesetzgeber vorangetrieben, die eine gewisse Rechtssicherheit schaffen und das vorhandene Ungleichgewicht im Bauträgervertragsverhältnis beseitigen sollten.

Zunächst erfolgte mit Gesetz vom 30. Mai 1973 eine Änderung des § 313 BGB.[39] Die alte Fassung des § 313 BGB sah für Immobilienverträge, die nur die Erwerber einseitig zum Erwerb verpflichteten, nicht zwingend eine notarielle Beurkundung des Vertrags vor, sodass die Erwerber im Rahmen der Erwerbsverpflichtungen innerhalb des Bauträgergeschäfts nicht von der Schutzfunktion der notariellen Form profitieren konnten. Dies eröffnete den Bauträgern die Möglichkeit, die Erwerber vor Abschluss des notariellen Bauträgervertrags einseitig an unangemessene Vertragsbedingungen zu binden.[40] Durch die Änderung der Vorschrift erfolgte eine Ausdehnung der notariellen Formbedürftigkeit auf einseitige Erwerbsverpflichtungen, wodurch die vertragliche Ausgestaltung zwischen Bauträger und Erwerber bereits von Anfang an notariell betreut wurde.[41]

Am 16. August 1972 wurde zudem durch das Gesetz zur Änderung der Gewerbeordnung[42] § 34c GewO geschaffen. Nach § 34c Abs. 1 Satz 1 Nr. 3 lit. a GewO bedarf ein Bauträger zur Ausübung seiner Tätigkeit der Erlaubnis der zuständigen Behörde, wenn er gewerbsmäßig Bauvorhaben als Bauherr im eigenen Namen für eigene oder fremde Rechnung durchführt und dazu Vermögenswerte von Erwerbern, Mietern, Pächtern oder sonstigen Nutzungsberechtigten oder von Bewerbern um Erwerbs- oder Nutzungsrechte verwenden will. Durch diesen Erlaubnisvorbehalt wollte der Gesetzgeber präventiv dem Missbrauch im Zusammenhang mit Grundstücks- und Wohnungsvermittlungen vorbeugen und unzuverlässige Personen von Anfang an von der Bauträgertätigkeit ausschließen.[43]

§ 34c Abs. 3 GewO enthielt zudem eine Verordnungsermächtigung, von welcher am 20. Juni 1974 durch Erlass der Makler- und Bauträgerverordnung (MaBV)[44] Gebrauch gemacht wurde. In der Verordnung wurden den Bauträgern Pflichten auferlegt, die zu einem weitergehenden Schutz der Erwerber im Rahmen der Gestaltung und Durchführung der Verträge führten.[45] Nach einer breiten Kritik an der ersten Fassung wurde die Verordnung im Jahr 1975 grundlegend geändert[46] und gilt bis

---

39 BGBl. I S. 501.

40 *Wolfsteiner*, in: Kersten/Bühling, Formularhandbuch und Praxis der freiwilligen Gerichtsbarkeit, 3. Teil, 2. Abschnitt, § 33, Rn. 6.

41 *Kanzleiter*, DNotZ Sonderheft 2011, 89 (92).

42 BGBl. I S. 1465.

43 *Kanzleiter*, DNotZ Sonderheft 2011, 89 (95); *Marcks*, in: Marcks, MaBV, § 34c GewO, Rn. 2.

44 Verordnung zur Durchführung des § 34c der Gewerbeordnung, BGBl. I S. 1314.

45 *Basty*, MittBayNot 2007, 189 f.

46 Verordnung zur Änderung der Verordnung zur Durchführung des § 34c Gewerbeordnung vom 13. Mai 1975; BGBl. I S. 1110.

heute in der zuletzt am 2. Mai 2012 geänderten Fassung[47] als „Grundkonzeption des Erwerberschutzes“[48] fort.

Eine Entscheidung des BGH aus dem Jahr 1976 veranlasste den Gesetzgeber zu einer erneuten Änderung, um Rechtssicherheit und Ausgewogenheit im Bauträgerrecht herzustellen. Das Urteil des BGH zur Auslegung der Konkursordnung[49] zeigte auf, dass die den Erwerber sichernde Auflassungsvormerkung im Bauträgerkonkurs nicht ausnahmslos konkursfest war. Die Konkursfestigkeit der Auflassungsvormerkung galt nicht, wenn der Schuldner neben der Übereignung des Grundstückes noch weitere Verpflichtungen übernommen hatte, welche noch nicht vollständig erfüllt waren. Für die Erwerber bestand somit die Gefahr, dass der Konkursverwalter im Rahmen einer Bauträgerinsolvenz die Erfüllung des Bauträgervertrags gem. § 17 KO a. F.[50] ablehnt, wenn das Bauwerk noch nicht fertiggestellt ist. Durch die Einführung des § 24 Satz 2 KO a. F.[51] wurde die Konkursfestigkeit (Insolvenzfestigkeit) der Vormerkung auf diese Fallgestaltungen erweitert um den Interessen der Erwerber gerecht zu werden und Rechtssicherheit herbeizuführen.[52]

Der Schutz der Erwerber wurde zusätzlich im Jahr 1976 durch die Einführung des AGB-Gesetzes[53] gestärkt, welches Maßstäbe für eine klare Inhaltkontrolle der Bauträgerverträge bot und insbesondere den auf der Bauträgerseite beliebten Gewährleistungseinschränkungen oder -ausschlüssen Einhalt gebieten sollte.[54]

Kurz nach der Jahrtausendwende verabschiedete der Gesetzgeber das Gesetz zur Beschleunigung fälliger Zahlungen[55], welches unter anderem die Einführung des § 632a BGB beinhaltete. Die Vorschrift ermöglichte dem Werkunternehmer Abschlagszahlungen für in sich abgeschlossene Teile des Werkes zu verlangen und sollte die insbesondere in der Baubranche erheblich belastende Vorleistungspflicht des Unternehmers eindämmen.[56] Die Einführung dieser Vorschrift war insbesondere im Hinblick auf die Bauträgerschaft erheblicher Kritik und Diskussionen ausgesetzt. Probleme bereitete die Vereinbarung des § 632a BGB mit den Vorgaben der MaBV.[57] Im Rahmen des Forderungssicherungsgesetzes[58] entschied sich der Gesetzgeber im Jahr 2008 zu einer Nachbesserung des § 632a BGB. Bedeutsam für das Bauträger-

47 Verordnung zur Einführung einer Finanzanlagenvermittlungsverordnung, BGBl. I 1006.
48 Vgl. *Kanzleiter*, DNotZ Sonderheft 2011, 89 (96).
49 BGH, Urteil vom 29. Oktober 1976 – V ZR 4/75 –, NJW 1977, 146–147.
50 Heute § 103 InsO.
51 Gesetz zur Änderung sachenrechtlicher, grundbuchrechtlicher und anderer Vorschriften, BGBl. I S. 998 (heute § 106 Abs. 1 Satz 2 InsO).
52 *Pause*, Bauträgerkauf und Baumodelle, Rn. 19; *Reithmann*, WM 1986, 377 (379).
53 Gesetz vom 9. Dezember 1976; BGBl. I S. 3317.
54 *Wolfsteiner*, in: Kersten/Bühling, Formularhandbuch und Praxis der freiwilligen Gerichtsbarkeit, 3. Teil, 2. Abschnitt, § 33, Rn. 6; *Pause*, Bauträgerkauf und Baumodelle, Rn. 21.
55 Gesetz vom 30. März 2000; BGBl. I S. 330.
56 *Raab*, in: Dauner-Lieb/Langen, BGB Schuldrecht, § 632a BGB, Rn. 1.
57 *Wagner*, in: Messerschmidt/Voit, Privates Baurecht, I. Teil, Kapitel E, Rn. 7.
58 Gesetz vom 23. Oktober 2008, BGBl. I S. 2022.

recht war dabei insbesondere die Schaffung des § 632a Abs. 2 BGB a. F.[59], welcher eine Sonderregelung für Abschlagszahlungen bei Bauträgerverträgen vorsah. Neben der ersten gesetzlich normierten Definition des Bauträgervertrags, bestimmte die Vorschrift, dass die Forderung nach Abschlagszahlungen im Rahmen eines Bauträgervertrags nur unter der Voraussetzung der Verordnung über Abschlagszahlungen bei Bauträgerverträgen[60] erfolgen darf, welcher wiederum in § 1 AbschlagsV auf die MaBV verweist.[61] Hierdurch sollte die als gewerberechtlich einzustufende[62] MaBV im Zivilrecht verankert werden, um etwaige Bedenken bezüglich der Wirksamkeit auszuräumen.[63]

Im Rahmen der Reform des Bauvertragsrechts[64] wurde der Bauträgervertrag erstmals in § 650u BGB gesetzlich kodifiziert. Die Änderung des BGB trat am 1. Januar 2018 in Kraft.[65] Nach Art. 229 EGBGB finden auf Schuldverhältnisse, die vor dem 1. Januar 2018 entstanden sind, die Vorschriften des BGB in der bis zu diesem Tag geltenden Fassung Anwendung. Der Inhalt und die Abwicklung von Bauträgerverträgen, die nach dem 31. Dezember 2017 geschlossen wurden, richtet sich demnach nach den §§ 650u f. BGB.

Das Gesetz zur Reform des Bauvertragsrechts trägt der stetig gewachsenen Bedeutung der Baubranche und dem aufgrund ihrer Besonderheiten, insbesondere in Folge des langen Erfüllungszeitraumes, bestehenden Regulierungsbedarf Rechnung. Den Anstoß zur Reform gab die Arbeitsgruppe Bauvertragsrecht beim Bundesjustizministerium, welche im Jahr 2010 gegründet wurde, um die Erforderlichkeit und Auswirkungen eines eigenständigen Bauvertragsrechts zu prüfen.[66] Die Kooperation aus Fachleuten, Verbänden und Ministerien kam zu dem Schluss, dass die vorhandenen allgemeinen Vorschriften zum Werkvertragsrecht und das zum Bauvertragsrecht entwickelte Richterrecht nicht ausreichen, um transparente und rechtssichere Regelungen zu gewährleisten. Die Kodifizierung im BGB soll dieses Problem lösen.[67]

Durch das Gesetz wurde eine eigenständige Regelung des Bauträgervertragsrechts als Untertitel 3. zum Titel 9. des 2. Buchs Abschnitt 8. „Werkvertrag und ähnliche Verträge“ in das BGB eingebracht. Zur Definition des Bauträgervertrags wurde im Rahmen der Reform die in § 632a Abs. 2 BGB a. F. verwendete Formulierung

---

59 Seit dem 1. Januar 2018 in § 650v BGB verankert.

60 Verordnung vom 23. Mai 2001, BGBl. I S. 981; welche ebenfalls im Rahmen des Forderungssicherungsgesetzes geändert wurde.

61 *Raab*, in: Dauner-Lieb/Langen, BGB Schuldrecht, § 632a BGB, Rn. 2 und 34.

62 BGH, Urteil vom 22. Dezember 2000 – VII ZR 310/99 –, BGHZ 146, 250 ff.

63 *Raab*, in: Dauner-Lieb/Langen, BGB Schuldrecht, § 632a BGB, Rn. 35.

64 Gesetz zur Reform des Bauvertragsrechts, zur Änderung der kaufrechtlichen Mängelhaftung, zur Stärkung des zivilprozessualen Rechtsschutzes und zum maschinellen Siegel im Grundbuch- und Schiffsregisterverfahren vom 28. April 2017, BGBl. I S. 969 (i. F. Gesetz zur Reform des Bauvertragsrechts).

65 Art. 10 des Gesetzes zur Reform des Bauvertragsrechts.

66 *Reinelt*, BauR 2016, 1.

67 Abschlussbericht der Arbeitsgruppe Bauvertragsrecht, S. 5 f.

übernommen und in den neuen § 650u Abs. 1 Satz 1 BGB übertragen. Demnach ist ein Bauträgervertrag ein Vertrag, der die Errichtung oder den Umbau eines Hauses oder eines vergleichbaren Bauwerkes zum Gegenstand hat und der zugleich die Verpflichtung des Unternehmers enthält, dem Besteller das Eigentum an dem Grundstück zu übertragen oder ein Erbbaurecht zu bestellen oder zu übertragen.

Das Gesetz enthält „keine grundlegende Neuordnung des Bauträgervertragsrechts“[68], sondern dient der Klarstellung und normiert die von der Rechtsprechung entwickelten Vorstellungen vom Bauträgerrecht.[69] Änderungen für das Bauträgervertragsrecht ergeben sich lediglich aus den Änderungen des anzuwendenden Bauvertragsrechts, insbesondere des Verbraucherbauvertragsrechts. So gilt beispielsweise im Rahmen von Bauträgerverträgen die Baubeschreibungspflicht aus den §§ 650j, 650k BGB i. V. m. Art. 249 § 2 EGBGB und die Dokumentationspflicht aus § 650n BGB. Keine Anwendung finden hingegen nach § 650u Abs. 2 BGB die Vorschriften über die ordentliche Kündigung nach § 648 BGB und die Kündigung aus wichtigem Grund gem. § 648a BGB, über das Anordnungsrecht aus den §§ 650b ff. BGB sowie das Widerrufsrecht des Verbrauchers i. S. v. § 650l BGB.

Die Entwicklung des Bauträgerrechts zeigt, dass der Gesetzgeber dieses Vertragsmodell grundsätzlich für begrüßenswert hält, da es den Interessen der Erwerber nach einem möglichst unkomplizierten und kalkulierbaren Eigenheimerwerb gerecht wird. Andererseits zeigt die Gesetzgebung und auch die Rechtsprechung der letzten Jahrzehnte, dass ein umfassender Schutz der Erwerber angestrebt wird.

C. Rechtsnatur

Die Bestimmung der Rechtsnatur des Bauträgervertrags hat sich in der Vergangenheit aufgrund der vielfältigen dem Vertrag innewohnenden Elemente als schwierig erwiesen. Der Bauträgervertrag enthält neben den werkvertraglichen Elementen, wie Planung, Bauaufsicht und Errichtung, mit der Verpflichtung zur Übertragung des Grundstücks auch eine kaufrechtliche Komponente und im Rahmen der Beratung und Betreuung Aspekte des Geschäftsbesorgungsvertrags.[70] Es handelt sich dementsprechend um eine Zusammensetzung aus verschiedenen schuldrechtlichen Elementen[71] zu einem einheitlichen Vertrag.[72]

In der Vergangenheit war lange umstritten, ob der Bauträgervertrag in das Kauf- oder das Werkvertragsrecht einzuordnen ist. Der grundsätzliche Unterschied zwischen dem Werk- und dem Kaufvertrag liegt in der Hauptpflicht des Unternehmers bzw. Verkäufers. Während es sich beim Kaufvertrag im Wesentlichen um einen

---

68 Vgl. BT-Drucks. 18/8486, 18. Mai 2016, S. 27.

69 Auch *Pause*, BauR 2017, 430 (440), der den Vorschriften zum Bauträgervertrag lediglich eine „Platzhalterfunktion“ zuspricht.

70 BGH, Urteil vom 12. Juli 1984 – VII ZR 268/83 –, juris-Rn. 15, BGHZ 92, 123 ff.; *Blank*, Bauträgervertrag, Rn. 2.

71 BGH, Urteil vom 21. November 1985 – VII ZR 366/83 –, juris-Rn. 12, BGHZ 96, 275 ff.

72 *Bub*, in: Staudinger/Bub, WEG, § 21, Rn. 234.

Sachverschaffungsvertrag handelt, welcher den Verkäufer verpflichtet, Eigentum und Besitz an der Kaufsache zu verschaffen, muss der Unternehmer im Rahmen des Werkvertrags das versprochene Werk herstellen. Typischerweise geht es dementsprechend beim Kaufvertrag um die Verschaffung einer bereits existenten Sache, wohingegen die Werkleistung in der Regel bei Vertragsschluss noch nicht existiert und noch hergestellt werden muss.[73]

Beim Bauträgervertrag verpflichtet sich der Bauträger zur Errichtung oder zum Umbau eines Hauses oder vergleichbaren Bauwerkes und zugleich zur Übertragung des Eigentums an dem bebauten Grundstück. Der Bauträgervertrag enthält dementsprechend einerseits eine Verpflichtung zur reinen Sachverschaffung und andererseits zur Herstellung eines Bauwerkes. Es sind somit in der Regel sowohl Elemente des Werkvertrags als auch des Kaufvertrags im Bauträgervertrag vereint.

Die im jeweiligen Vertrag verwendeten Bezeichnungen als „Kaufvertrag" oder „Werkvertrag" ist für die Rechtsnatur des Vertrags nicht von Bedeutung.[74] Die Bestimmung des anwendbaren Rechts bei typengemischten Verträgen erfolgt vielmehr anhand der von den Umständen des Einzelfalles abhängigen Interessenlage der Vertragsparteien und dem Sinn und Zweck des Vertrags.[75] Im Rahmen der herrschenden Kombinationsmethode wird deshalb zwischen den unterschiedlichen vertraglichen Elementen unterschieden. Auf die einzelnen Vertragsbestandteile wird das jeweils für den Vertrag geltende Recht angewandt.[76] Eine einheitliche Einordnung des Vertrags wäre insofern nicht zwingend erforderlich. Es könnte zwischen der werkvertraglich einzuordnenden Herstellungsverpflichtung und der reinen Verschaffungspflicht im Sinne des Kaufrechts unterschieden werden.

Trotz der möglichen Bezugnahme innerhalb des anzuwendenden Rechts auf unterschiedliche gesetzlich verankerte Vertragsarten handelt es sich jedoch um einen einheitlichen Vertrag. Das werkvertragliche Element der Errichtung und der kaufrechtliche Aspekt des Grundstückserwerbs stehen im Rahmen des Bauträgervertrags in einem untrennbaren Zusammenhang. Das Interesse der Parteien ist auf die Gesamtleistung gerichtet. Die Erwerber haben einerseits kein Interesse an einem unbebauten Grundstück und auch für den Unternehmer sind die Leistungen in kalkulatorischer und bautechnischer Hinsicht untrennbar miteinander verbunden.[77] Insofern gebietet die Eigenart des Bauträgervertrags, dass die verschiedenen in ihm enthaltenen Vertragstypen nur insoweit berücksichtigt werden können, wie es mit den wirtschaftlichen Zielen und Interessen der Parteien vereinbar ist.[78]

---

73 *Raab*, in: Dauner-Lieb/Langen, BGB Schuldrecht, Vorbemerkung zu §§ 631 ff, Rn. 15.

74 BGH, Urteil vom 05. April 1979 – VII ZR 308/77 –, juris-Rn. 12, BGHZ 74, 204 ff.

75 BGH, Urteil vom 13. September 2007 – I ZR 207/04 –, Rn. 19, BGHZ 173, 344 ff.; BGH, Urteil vom 12. Dezember 1968 – VII ZR 18/66 –, WM 1969, 296; *Emmerich*, in: MüKo-BGB, § 311, Rn. 29; *Feldmann/Löwisch*, in: Staudinger, BGB, § 311, Rn. 35.

76 *Becker*, in: Dauner-Lieb/Langen, BGB Schuldrecht, § 311, Rn. 31; *Emmerich*, in: MüKo-BGB, § 311, Rn. 29.

77 BGH, Urteil vom 21. November 1985 – VII ZR 366/83 –, juris-Rn. 14, BGHZ 96, 275 ff.

78 BGH, Urteil vom 21. November 1985 – VII ZR 366/83 –, juris-Rn. 12, BGHZ 96, 275 ff.

Ein weiteres Problem hinsichtlich der rechtlichen Einordnung des Bauträgervertrags stellt der Umstand dar, dass die Verträge zu verschiedenen Zeitpunkten geschlossen werden können. Hat es Einfluss auf die Rechtsnatur des Bauträgervertrags, ob zur Zeit des Vertragsschlusses ein noch unbebautes Grundstück vorliegt, die Errichtung des Bauwerkes schon begonnen hat oder bereits fertiggestellt ist?[79] Des Weiteren kann sich der Inhalt der Herstellungsverpflichtung unterscheiden. Bauträgerverträge können beispielsweise die Errichtung eines Bauwerkes auf einem unbebauten Grundstück, den Umbau eines bestehenden Gebäudes oder die Sanierung eines Altbaus beinhalten.

Zusätzlich zur allgemeinen rechtlichen Einordnung des Bauträgervertrags stellt sich somit die Frage, welche Einflüsse der Umfang der Herstellungsverpflichtung und der Baufortschritt auf die Rechtsnatur des Vertrags haben.

I. Vor der Schuldrechtsmodernisierung

Vor der Schuldrechtsmodernisierung war die rechtliche Einordnung des Bauträgervertrags insbesondere im Hinblick auf die Sachmängelansprüche von höchster Relevanz. Werk- und Kaufvertragsrecht wiesen wesentliche Unterschiede hinsichtlich der Gewährleistungsansprüche und der Verjährungsfristen auf, welche erhebliche Auswirkungen auf die Rechtsstellung der Parteien haben konnten. Während im Werkvertragsrecht die Nachbesserung nach § 633 Abs. 2 Satz 1 BGB a. F. bei Mangelhaftigkeit des Werkes der vorrangige Anspruch des Bestellers war, sah das Kaufrecht keinen Nachbesserungsanspruch vor, sondern beschränkte die Ansprüche des Käufers im Falle eines Sachmangels auf Minderung, Wandelung oder Schadensersatz. Auch stand dem Käufer im Gegensatz zum Besteller kein Anspruch auf Selbstvornahme mit Vorschuss und Aufwendungsersatz zu.[80] Hinsichtlich der Verjährung galt im Werkvertragsrecht gem. § 638 Abs. 1 BGB a. F. bei mangelhaften Bauwerken eine fünfjährige Verjährungsfrist, wohingegen die Verjährungsfrist bei Grundstücken im Kaufrecht sich nach § 477 Abs. 1 BGB a. F. auf ein Jahr ab Übergabe beschränkte.[81]

Insbesondere aufgrund der kürzeren Verjährungsfristen lag es im Interesse der Bauträgerbranche eine Einordnung des Bauträgervertrags in das Kaufrecht zu erreichen.[82] Bis Anfang der 70er Jahre sah es so aus, als würde die Rechtsprechung sich diesem Weg anschließen und einer kaufrechtlichen Behandlung des Bauträgervertrags zustimmen.[83] Wesentliches Argument für eine kaufrechtliche Einordnung war der Umstand, dass der Bauträger nach dem Sinn und Zweck des Vertrags nur das eine fertiggestellte Bauwerk auf dem Grundstück schulde und es gerade nicht um die damit verbundene Bündelung der Leistungen gehe.[84]

---

79 *Hofmann/Joneleit*, NZBau 2003, 641.
80 *Koeble*, in: Kniffka/Koeble, Kompendium des Baurechts, 11. Teil, Rn. 206.
81 *Hofmann/Joneleit*, NZBau 2003, 641 (643).
82 *Derleder*, NZBau 2004, 237.
83 *Koeble*, in: Kniffka/Koeble, Kompendium des Baurechts, 11. Teil, Rn. 182.
84 *Basty*, ZWE 2002, 381 (384).

Seit Mitte der 70er Jahre war jedoch eine eindeutige Tendenz der Rechtsprechung zur Beurteilung des Bauträgervertrags nach den werkvertraglichen Vorschriften zu erkennen.[85] Es mache keinen Unterschied, ob der Erwerber zunächst ein Grundstück erwirbt und auf diesem ein Gebäude errichten lässt oder das Grundstück erst übereignet wird, wenn das noch zu errichtende Bauwerk fertiggestellt ist. In beiden Fällen übernehme der Unternehmer die Verpflichtung zur Errichtung des Bauwerks. Zudem entspreche die Anwendung des Werkvertragsrechts eher der Interessenlage der Vertragsparteien, da der Erwerber Nachbesserung verlangen kann und der Bauträger Gelegenheit zur Nachbesserung hat. Des Weiteren würden sich Mängel bei Bauwerken typischerweise erst nach einem längeren Zeitraum zeigen, sodass die fünfjährige Verjährungsfrist interessengerechter sei.[86] Insofern sei die Errichtungsverpflichtung im Rahmen des Bauträgervertrags werkvertraglich einzuordnen. Dies gelte, zur Vermeidung zufälliger Ergebnisse und da weiterhin eine dem Werkvertragsrecht entsprechende Herstellungsverpflichtung bestehe, auch für Gebäude, die zur Zeit des Vertragsschlusses schon teilweise fertiggestellt sind.[87]

Im konsequenten Fortgang des eingeschlagenen Weges entschied der BGH im Mai 1977, dass selbst dann das Werkvertragsrecht anzuwenden sei, wenn das Gebäude bei Vertragsschluss bereits vollständig fertiggestellt ist.[88] Wesentlicher Inhalt des Bauträgervertrags sei die Verpflichtung des Bauträgers zur Errichtung des Werkes. Diese Herstellungsverpflichtung werde vom Baufortschritt zurzeit des Vertragsschlusses nicht berührt. Das gelte auch vor dem Hintergrund der Interessenlage der Vertragsparteien, die unabhängig von dem Fertigstellungsgrad des Gebäudes für die Anwendbarkeit der werkvertraglichen Vorschriften spreche.[89]

Zudem sind nach der Rechtsprechung des BGH auch Veräußerungen renovierter Altbauwohnungen der Rechtsnatur des Werkvertrags zuzuordnen.[90] Dies entspreche wiederum der Interessenlage der Vertragsparteien und es mache keinen Unterschied, ob sich die Herstellungsverpflichtung auf die Errichtung eines Neubaus oder die Modernisierung bestehender Altbauten beziehe.

---

85 BGH, Urteil vom 07. Mai 1987 – VII ZR 366/85 –, BGHZ 100, 391 ff.; BGH, Urteil vom 09. Oktober 1980 – VII ZR 65/80 –, NJW 1981, 273; BGH, Urteil vom 10. Mai 1979 – VII ZR 30/78 –, BGHZ 74, 258 ff.; BGH, Urteil vom 05. Mai 1977 – VII ZR 36/76 –, BGHZ 68, 372 ff.; BGH, Urteil vom 04. Dezember 1975 – VII ZR 269/73 –, BGHZ 65, 359 ff.; BGH, Urteil vom 10. Oktober 1974 – VII ZR 28/73 –, BGHZ 63, 96 ff.; BGH, Urteil vom 16. April 1973 – VII ZR 155/72 –, BGHZ 60, 362 ff.

86 BGH, Urteil vom 16. April 1973 – VII ZR 155/72 –, BGHZ 60, 362 ff.

87 BGH, Urteil vom 04. Dezember 1975 – VII ZR 269/73 –, BGHZ 65, 359 ff.; BGH, Urteil vom 10. Oktober 1974 – VII ZR 28/73 –, BGHZ 63, 96 ff.; *Hofmann/Joneleit*, NZBau 2003, 641 (642).

88 BGH, Urteil vom 05. Mai 1977 – VII ZR 36/76 –, BGHZ 68, 372 ff.

89 BGH, Urteil vom 05. April 1979 – VII ZR 308/77 –, BGHZ 74, 204 ff.; BGH, Urteil vom 05. Mai 1977 – VII ZR 36/76 –, BGHZ 68, 372 ff.

90 BGH, Urteil vom 07. Mai 1987 – VII ZR 366/85 –, BGHZ 100, 391 ff.

Die zum geltenden Recht vor der Schuldrechtsmodernisierung ergangene Rechtsprechung bot grundsätzlich den Vorteil der Rechtssicherheit, da alle Bauträgerverträge konsequent und einheitlich rechtlich gleich betrachtet wurden. Eine werkvertragliche Herstellungsverpflichtung wurde unabhängig vom Fertigstellungsgrad und vom Inhalt der Arbeiten angenommen.

Die Rechtsprechung stieß jedoch auch auf Kritik. Die Anwendung des Werkvertragsrechts wirke insbesondere im Hinblick auf bei Vertragsschluss vollständig fertiggestellte Bauwerke konstruiert, um von der fünfjährigen Verjährungsfrist des § 638 Abs. 1 BGB a. F. zu profitieren. Die für einen Werkvertrag erforderliche Herstellungsverpflichtung sei bei zum Zeitpunkt des Vertragsschlusses bereits errichteten und möglicherweise sogar langjährig leerstehenden Bauwerken schwerlich anzunehmen.[91] Zudem gehe die Rechtssicherheit auf der einen Seite zu Lasten der Rechtssicherheit auf der anderen Seite. Die Abgrenzung zwischen der werkvertraglich einzuordnenden Veräußerung neuerrichteter Bauwerke und dem Verkauf alter bzw. gebrauchter Gebäude – ohne Sanierung – unterliege keinen klaren Kriterien.[92]

II. Nach der Schuldrechtsmodernisierung

Mit Gesetz vom 26. November 2001[93] wurde das in der Bundesrepublik Deutschland geltende Schuldrecht grundlegend modernisiert. Zu den Zielen der Schuldrechtsmodernisierung zählte aufgrund der Ähnlichkeit der Vertragstypen eine Annäherung der Gewährleistungsvorschriften im Kauf- und Werkvertragsrecht.[94] Im Rahmen der Reform wurde auch im Kaufrecht in den §§ 437 Nr. 1, 439 BGB ein Anspruch auf Nacherfüllung verankert. Zudem beträgt die Verjährungsfrist für Mängelansprüche bei hergestellten (§ 634a Abs. 1 Nr. 2 BGB) oder verkauften (§ 438 Abs. 1 Nr. 2 lit. a BGB) Bauwerken nun einheitlich fünf Jahre. Aufgrund dieser Annäherung der Vertragstypen wurde wieder verstärkt eine kaufrechtliche Einordnung der Bauträgerverträge gefordert, die ein bei Vertragsschluss bereits errichtetes Bauwerk zum Vertragsgegenstand haben. Die Anwendung des Werkvertragsrechts mit der Begründung der Interessenlage der Vertragsparteien sei nunmehr veraltet, da den Interessen auch im Rahmen der kaufrechtlichen Vorschriften ausreichend Rechnung getragen werden könne.[95]

Trotz der durch die Schuldrechtsreform erfolgten Annäherung verblieben allerdings noch Unterschiede zwischen dem Kauf- und dem Werkmängelrecht. Das in § 637 BGB verankerte Selbstvornahmerecht und der daraus resultierende Vorschussanspruch stehen weiterhin nur dem Besteller beim Werkvertrag zu. Zudem liegt das Wahlrecht hinsichtlich der Nacherfüllung gem. § 439 Abs. 1 BGB

---

91 *Köhler*, NJW 1984, 1321.

92 *Hofmann/Joneleit*, NZBau 2003, 641 (643); *Köhler*, NJW 1984, 1321 (1324).

93 Gesetz zur Modernisierung des Schuldrechts, BGBl. I S. 3138.

94 BT-Drucks. 14/6040, 14. Mai 2002, S. 260.

95 *Basty*, ZWE 2002, 381 (384); *Brambring*, DNotZ 2001, 904 (906); *Hofmann/Joneleit*, NZBau 2003, 641 (645); *Ott*, NZBau 2003, 233 (239); *Teichmann*, ZfBR 2002, 13 (19 f.).

beim Käufer, während im Rahmen des Werkvertrags der Unternehmer gem. § 635 Abs. 1 BGB nach seiner Wahl nachbessern oder nachliefern kann. Des Weiteren besteht zwar eine einheitliche fünfjährige Verjährungsfrist, die Verjährung beginnt jedoch zu unterschiedlichen Zeitpunkten. Im Kaufrecht beginnt die Frist gem. § 438 Abs. 2 BGB bereits mit Übergabe der Kaufsache zu laufen, wohingegen beim Werkvertrag gem. § 634a Abs. 2 BGB die Abnahme der maßgebliche Zeitpunkt für den Fristbeginn ist.[96] Diese verbleibenden Unterschiede stellen die wesentlichen Argumente für das Lager dar, das an der großzügigen Einordnung einer werkvertraglichen Errichtungsverpflichtung festhalten will. Das Werkvertragsrecht biete weiterhin eine bessere Grundlage für einen gerechten Interessenausgleich der Vertragsparteien. Das Selbstvornahmerecht und der Fristbeginn der Verjährung ab Abnahme liegen im Interesse der Erwerber. Zudem können die Erwerber durch eine Verweigerung der Abnahme i. S. v. § 640 Abs. 1 Satz 2 BGB bei wesentlichen Mängeln den Lauf der Verjährungsfrist gegebenenfalls erheblich hinausschieben. Ein weiterer Unterschied besteht hinsichtlich der Zurechnung des Verschuldens Dritter bei der Verursachung von Mängeln, welche im Rahmen eines Kaufvertrags nur in einem geringeren Umfang als bei einem Werkvertrag möglich ist. Der Unternehmer hingegen erhält das Recht im Falle der Mangelhaftigkeit des Werkes die Art der Nacherfüllung zu wählen.[97]

Diesen Argumenten schloss sich die Rechtsprechung an und wendet auch nach der Schuldrechtsreform weiterhin die werkvertraglichen Regelungen auf Bauträgerverträge an. Die Einordnung ist weiterhin unabhängig davon, ob das Bauwerk zurzeit des Vertragsschlusses noch zu errichten ist oder bereits fertiggestellt wurde sowie ob es sich um einen Alt- oder Neubau handelt.[98]

In Bezug auf das Bauwerk ist bei Bauträgerverträgen demnach im Grundsatz das Werkvertragsrecht anzuwenden. Eine Ausnahme besteht lediglich im Rahmen von Altbausanierungen, bei denen, je nach Gewicht der übernommenen Herstellungsverpflichtung, z. T. für die nicht zu sanierenden Bauteile die kaufrechtlichen Vorschriften einschlägig sind.[99]

Veräußert ein Erwerber das vom Bauträger erworbene Objekt weiter, sog. Zweiterwerb, ist auf den Vertrag vollständig Kaufrecht anzuwenden.[100]

---

96 *Basty*, ZWE 2002, 381 (384); *Derleder*, NZBau 2004, 237 (242 f.); *Koeble*, in: Kniffka/Koeble, Kompendium des Baurechts, 11. Teil, Rn. 211.

97 BGH, Urteil vom 12. Mai 2016 – VII ZR 171/15 –, Rn. 25, NJW 2016, 2878 ff.; *Derleder*, NZBau 2004, 237 (242 f.); *Koeble*, in: Kniffka/Koeble, Kompendium des Baurechts, 11. Teil, Rn. 211; *Pause*, Bauträgerkauf und Baumodelle, Rn. 72; *Bub*, in: Staudinger/Bub, WEG, § 21, Rn. 237; *Thode*, NZBau 2002, 397 (399).

98 BGH, Urteil vom 12. Mai 2016 – VII ZR 171/15 –, Rn. 23, NJW 2016, 2878 ff. (m. w. N.); BGH, Urteil vom 26. April 2007 – VII ZR 210/05 –, Rn. 18, NJW 2007, 3275.

99 BGH, Urteil vom 06. Oktober 2005 – VII ZR 117/04 –, Rn. 16, BGHZ 164, 225 ff.

100 *Bub*, in: Staudinger/Bub, WEG, § 21, Rn. 237; *Pflügl*, in: Bärmann/Seuß, Praxis des Wohneigentums, Kapitel A, Rn. 890.

III. Seit der Reform des Bauvertragsrechts

Im Rahmen des Gesetzes zur Reform des Bauvertragsrechts wurde der Bauträgervertrag nicht nur erstmals im BGB kodifiziert, sondern es wurde auch die Frage nach der Rechtsnatur vom Gesetzgeber beantwortet. Hinsichtlich der Errichtung oder des Umbaus gelten gem. § 650u Abs. 1 Satz 2 BGB die Vorschriften des Werkvertragsrechts. Bezüglich des Anspruchs auf Übertragung des Eigentums an dem Grundstück oder auf Übertragung oder Bestellung des Erbbaurechts finden hingegen nach § 650u Abs. 1 Satz 3 BGB die Vorschriften des Kaufrechts aus den §§ 433 ff. BGB Anwendung.

Die Regelung des § 650u Abs. 1 Satz 1 und 2 BGB entspricht der bisherigen Rechtsprechung zur Rechtsnatur des Bauträgervertrags.[101] Dabei umfasst der Verweis aus § 650u Abs. 1 Satz 3 BGB nicht nur die Eigentumsverschaffungspflicht, sondern, in Fortführung der bisherigen Rechtsprechung, auch die kaufvertragliche Rechts- und Sachmängelhaftung.[102]

Im Ergebnis handelt es sich um einen Bauträgervertrag i. S. d. § 650u Abs. 1 Satz 1 BGB, solange dem Inhalt der Verträge noch eine „Errichtungsverpflichtung"[103] zu entnehmen ist. Für deren Annahme ist es grundsätzlich unerheblich, ob die Errichtung bei Vertragsschluss noch aussteht, mit ihr bereits begonnen oder das Werk schon fertiggestellt wurde. Auch kann neben Neubauten die Sanierung oder der Umbau eines Altbaus vom Bauträgervertragsrecht erfasst sein.

D. Wirtschaftliche Bedeutung

Gebaut wird immer – im ersten Quartal des Jahres 2017 wurden insgesamt 79.151 Baugenehmigungen erteilt, davon 70.232 für Wohnungen in neuen Gebäuden.[104] Im Jahr 2015 wurden mit insgesamt 277.700 Wohnungen ca. 12 % mehr Wohnungen fertiggestellt als im Vorjahr.[105] Die Baubranche insgesamt ist einer der wichtigsten Wirtschaftszweige in der Bundesrepublik Deutschland. Im Jahr 2016 lag der für Bauinvestitionen verwendete Anteil des Bruttoinlandproduktes bei 9,9 %. Zudem waren ca. 5,6 % der bundesweit Beschäftigten in der Baubranche tätig, welche somit einen höheren Beschäftigungsanteil aufweisen kann, als beispielsweise weitere wichtige Industriezweige wie der Fahrzeug- und Maschinenbau oder die Chemieindustrie.[106]

Die Bauträgerschaft spielt innerhalb der Baubranche eine wichtige Rolle. Insbesondere bei denjenigen, die Immobilien zu privaten Zwecken, als Eigenheim oder Kapitalanlage, erwerben, geschieht dies häufig im Rahmen eines Bauträgerver-

---

101 *Pause/Vogel*, NZBau 2015, 667 (671).

102 *Pause*, BauR 2017, 430 (440), mit Kritik an der „unscharfen" Formulierung.

103 Vgl. BGH, Urteil vom 25. Februar 2016 – VII ZR 156/13 –, Rn. 25, NJW 2016, 1575 ff.; s. a. 2. Kapitel § 5 A. I.

104 *Statistisches Bundesamt*, Ausgewählte Zahlen für die Bauwirtschaft 2017, S. 12.

105 *Statistisches Bundesamt*, Pressemitteilung vom 23. Mai 2017–170/17, S. 1.

106 *Weitz*, Bedeutung der Bauindustrie, Grafik 1.

trags.[107] Der Bauträgervertrag stellt somit insbesondere in Bezug auf Immobiliengeschäfte mit privaten Vertragspartnern einen der wichtigsten Vertragstypen dar.[108]

Diese Beliebtheit des Vertragsmodells beim Immobilienerwerb resultiert neben oben dargestellten Vorteilen für den privaten Laien aus dem bestehenden Trend zum Eigenheim und den anhaltend niedrigen Zinsen, die eine Immobilie als Kapitalanlage attraktiv machen.

Im Jahr 2015 betrug der Gesamtumsatz der Bauträgerbranche in Deutschland ungefähr 6 Mrd. Euro, dies stellt im Vergleich zum Jahr 2008 mehr als eine Verdoppelung des Umsatzes dar. Der Bau oder Umbau von Gebäuden, die der Wohnnutzung dienen, bildet dabei mit Abstand den größten Wirtschaftszweig der Bauträgerbranche.[109]

E. Rahmenbedingungen

Vor dem Hintergrund der wirtschaftlichen Bedeutung des Bauträgervertrags und auch der typischen Konstellation aus gewerblichem Bauträger und privatem Erwerber wurden durch die Rechtsprechung und insbesondere auch durch den Gesetzgeber rechtliche Bedingungen geschaffen, die der Vertragsgestaltung und Durchführung einen Rahmen geben sollten.

Das größte Risiko der Bauträgerschaft stellt für die Erwerber die Vorleistungspflicht zur Realisierung des Bauvorhabens durch den Bauträger dar. Die Gegenleistung in Form der Übereignung des bebauten Grundstücks erhalten die Erwerber erst nach Fertigstellung des Bauwerks. Zwischen den jeweiligen Leistungen innerhalb des Vertragsverhältnisses liegen dementsprechend typischerweise mehrere Monate. Insbesondere vor dem Hintergrund der hohen Geldsummen bedarf es ausreichender Sicherheiten für die durch die Erwerber geleisteten Zahlungen. Zudem sind gewerbliche Bauträger in der Regel als Kapitalgesellschaft in Form einer GmbH organisiert, sodass sich die Haftung auf das Gesellschaftsvermögen beschränkt.[110]

Der gewerblich tätige Bauträger bedarf gem. § 34c Abs. 1 Nr. 3lit. a GewO der Erlaubnis der zuständigen Behörde. Es handelt sich dabei um ein präventives Verbot mit Erlaubnisvorbehalt. Der Gesetzgeber möchte durch die Vorschrift sicherstellen, dass von Anfang an in der Branche nur Personen tätig werden, die im Sinne des Gesetzes geeignet sind. Nur so könne der Verbraucher ausreichend vor Vermögensschädigungen geschützt werden.[111] Die Erlaubnis ist nach § 34c Abs. 2 GewO zu untersagen, wenn Tatsachen die Annahme rechtfertigen, dass die Person nicht die für den Betrieb des Gewerbes erforderliche Zuverlässigkeit besitzt oder in ungeordneten Vermögensverhältnissen lebt. Liegt kein Versagungsgrund im Sinne

107 *Basty*, MittBayNot 2007, 189.
108 *Kanzleiter*, DNotZ Sonderheft 2001, 89 (91).
109 *Statistisches Bundesamt*, Bauhauptgewerbe/Ausbaugewerbe/Bauträger 2016, S. 14.
110 *Grziwotz*, in: FS für Koeble, 297 (298); *Habscheid*, NZI 2001, 176.
111 *Marcks*, in: Landmann/Rohmer, GewO, § 34c, Rn. 60.

der Vorschrift vor, hat die Person einen Anspruch auf Erteilung der Erlaubnis. Der zuständigen Behörde steht dementsprechend kein Beurteilungsspielraum zu.[112]

Nach § 650v BGB kann der Bauträger von den Erwerbern Abschlagszahlungen nur nach Maßgabe der Verordnung über die Pflichten der Makler, Darlehensvermittler, Bauträger und Baubetreuer (MaBV) verlangen. Die Regelungen dienen dem Schutz der Erwerber und sollen sie insbesondere im Falle der Insolvenz des Bauträgers absichern.[113] Die §§ 3 und 7 MaBV regeln, unter welchen Umständen und Voraussetzungen der Bauträger Vorauszahlungen der Erwerber verlangen darf, sie regeln jedoch nicht, unter welchen Voraussetzungen die Erwerber vertraglich verpflichtet sind.[114] Grundsätzlich bedarf die erste Entgegennahme von Vermögenswerten gem. § 3 Abs. 1 MaBV u. a. eines wirksamen Bauträgervertrags, der Eintragung einer Auflassungsvormerkung und einer Baugenehmigung für das Bauvorhaben. Sofern die Voraussetzungen nach § 3 Abs. 1 MaBV erfüllt sind, kann der Bauträger die Leistungen der Erwerber nach der Maßgabe des § 3 Abs. 2 MaBV entgegennehmen. Die Vorschrift sieht einen Ratenplan vor, der sich am jeweiligen Baufortschritt des Vorhabens orientiert.[115] Zudem bestimmt § 4 MaBV, dass der Bauträger die von der Vertragspartei geleisteten Vermögenswerte nur objektbezogen zur Vorbereitung und Durchführung des Bauvorhabens verwenden darf.[116] Zusätzlich müssen die geleisteten Vermögenswerte der Erwerber gem. § 2 MaBV durch eine Bürgschaft oder Versicherung abgesichert werden.[117]

Die Vorschriften der §§ 3 und 7 MaBV sind gleichzeitig Verbotsgesetze i. S. d. § 134 BGB. Vertragliche Vereinbarungen zwischen den Parteien des Bauträgervertrags, die den Vorschriften widersprechen, sind nichtig.[118] Im Falle der Nichtigkeit der getroffenen Vereinbarung nach den §§ 3, 7 und 12 MaBV i. V. m. § 134 BGB treten als Ersatzregelung jedoch nicht die Regelungen der MaBV, sondern das dispositive Gesetzesrecht an die Stelle der nichtigen Vereinbarung.[119] Im Rahmen einer nichtigen Abschlagszahlungsvereinbarung würde dementsprechend die Vorschrift des § 641 Abs. 1 S. 1 BGB gelten, die die Fälligkeit der Vergütung des Bauträgers erst nach Fertigstellung des Werkes vorsieht.

Die MaBV hat dementsprechend sowohl für die Bauträger als auch deren Vertragspartner eine wesentliche Bedeutung. Dem Bauträger werden im Rahmen des § 650v BGB die notwendigen Abschlagszahlungen ermöglicht, während für die Erwerber das mit Vorauszahlungen typischerweise einhergehende Risiko begrenzt wird.[120]

---

112 *Ennuschat*, in: Tettinger/Wank/Ennuschat, GewO, § 34 c, Rn. 58.
113 *Blank*, Bauträgervertrag, Rn. 14; *Habscheid*, NZI 2001, 176 (177).
114 *Blank*, Bauträgervertrag, Rn. 14.
115 *Marcks*, in: Marcks, MaBV, § 3, Rn. 23.
116 *Marcks*, in: Marcks, MaBV, § 4, Rn. 1 und 4.
117 *Marcks*, in: Marcks, MaBV, § 2, Rn. 8.
118 *Blank*, Bauträgervertrag, Rn. 15.
119 BGH, Urteil vom 22. Dezember 2000 – VII ZR 310/99 –, BGHZ 146, 250 ff.; *Blank*, Bauträgervertrag, Rn. 15.
120 *Schmidt-Räntsch*, NZBau 2001, 356.

Bei schuldrechtlichen Verträgen im Baurecht spielt zudem häufig die Vergabe- und Vertragsordnung für Bauleistungen (VOB/B) eine wesentliche Rolle. Die VOB/B beinhaltet allgemeine Vertragsbedingungen für Bauleistungen, die vom Deutschen Vergabe- und Vertragsausschuss für Bauleistungen (DVA) er- und überarbeitet werden. Es handelt sich dabei um Allgemeine Geschäftsbedingungen, welche den speziellen Bedürfnissen des Baurechts Rechnung tragen sollen.[121] Die Ausrichtung der Vertragsbedingungen liegt jedoch auf Verträgen zwischen Bauherren und Bauunternehmern, sodass die VOB/B aufgrund der Natur des Bauträgervertrags nicht vollumfänglich inhaltlich anwendbar ist und aus diesem Grund auch nicht wirksam als Ganzes vereinbart werden kann.[122] Die VOB/B geht von einer Beauftragung der Bauleistungen durch den Bauherrn aus. Dies liegt jedoch bei einem Bauträgervertrag nicht vor, da die Erwerber in der Regel keine Änderungsbefugnisse hinsichtlich des Bauentwurfs haben und ihnen auch die in der Verordnung geregelten umfassenden Anordnungs-, Überwachungs-, Kündigungs- und Auskunftsrechte nicht zustehen.[123] Aus diesem Grund spielen die allgemeinen Vertragsbedingungen der VOB/B im Bauträgerrecht nur eine untergeordnete Rolle.

Der Bauträgervertrag unterliegt des Weiteren der Formvorschrift des § 311b Abs. 1 Satz 1 BGB. Beim Bauträgervertrag handelt es sich um einen einheitlichen Vertrag, der eine einheitliche Leistung in Form der Übereignung eines bebauten Grundstücks gegen Bezahlung eines Preises beinhaltet. Die Vertragsparteien haben nur ein Interesse an der Gesamtleistung, sodass die jeweiligen Verpflichtungen in Abhängigkeit zueinander stehen. Insofern sind sowohl das Grundstücksgeschäft als auch der Bauvertrag beurkundungspflichtig.[124] Die Beurkundungspflicht umfasst dabei sämtliche Vereinbarungen der Vertragsparteien, die das schuldrechtliche Veräußerungsgeschäft beinhaltet.[125] Es sind alle Unterlagen notariell zu beurkunden, die den konkreten Leistungsumfang des Vertrags bestimmen. Dazu zählen beispielsweise auch die Baubeschreibung und die Baugenehmigung.[126] Bei einem Verstoß gegen die Beurkundungspflicht aus § 311b Abs. 1 Satz 1 BGB ist grundsätzlich der gesamte Bauträgervertrag gem. § 125 BGB nichtig, solange der Formmangel nicht nach § 311b Abs. 1 Satz 2 BGB durch Auflassung und Eintragung des Erwerbers im Grundbuch geheilt wird.

---

121 *Medicus/Lorenz*, Schuldrecht II BT, Rn. 795; *Pause*, Bauträgerkauf und Baumodelle, Rn. 161.

122 *Voit*, in: Messerschmidt/Voit, Privates Baurecht, III. Teil, Kapitel A, Vorbemerkung vor § 1 VOB/B, Rn. 3; *Pause*, Bauträgerkauf und Baumodelle, Rn. 163.

123 *Pause*, Bauträgerkauf und Baumodelle, Rn. 164.

124 *Blank*, Bauträgervertrag, Rn. 17; *Koeble*, in: Kniffka/Koeble, Kompendium des Baurechts, 11. Teil, Rn. 235; *Pause*, Bauträgerkauf und Baumodelle, Rn. 75.

125 BGH, Urteil vom 22. März 2007 – VII ZR 268/05 –, BGHZ 171, 364 ff.; BGH, Urteil vom 23. Februar 1979 – V ZR 99/77 –, NJW 1979, 1495; BGH, Urteil vom 20. Dezember 1974 – V ZR 132/73 –, BGHZ 63, 359 ff.

126 *Koeble*, in: Kniffka/Koeble, Kompendium des Baurechts, 11. Teil, Rn. 236; *Pause*, NZBau 2006, 342.

§ 2 Gemeinschaftseigentum

A. Wohnungs- und Teileigentum

Die Bauträgertätigkeit beinhaltet in der Regel die Errichtung von Gebäuden mit mehreren Wohn- und zum Teil auch Gewerbeeinheiten innerhalb eines Gebäudes oder in mehreren Gebäuden auf einem Grundstück. Die jeweiligen Einheiten werden dann an unterschiedliche Erwerber veräußert. Vor diesem Hintergrund stellt sich zunächst die Frage der eigentumsrechtlichen Zuordnung des Grundstücks und des darauf errichteten Gebäudes.

Der Eigentümer eines Grundstücks ist gem. §§ 946, 94 Abs. 1 BGB grundsätzlich auch Eigentümer des auf dem Grundstück befindlichen Gebäudes. Die vor dem 1. Januar 1900 mögliche Bildung von Raum- und Stockwerkseigentum wurde durch das Inkrafttreten des BGB abgeschafft, sodass das BGB im Grundsatz kein Wohnungs- oder Raumeigentum kennt.[127] Erst die Einführung des Wohnungseigentumsgesetzes im Jahr 1951 ermöglichte Teileigentum in Mehrgeschossobjekten.[128]

Gem. § 2 WEG kann Wohnungseigentum durch die vertragliche Einräumung von Sondereigentum oder durch Teilung begründet werden. Es besteht somit einerseits die Möglichkeit eines Vertrags zwischen den jeweiligen Miteigentümern i. S. v. § 3 WEG und andererseits der einseitigen Teilungserklärung durch den Eigentümer gem. § 8 WEG, der eine natürliche oder eine juristische Person sein kann.[129] Sinn und Zweck des § 8 WEG ist in erster Linie die Ermöglichung einer frühestmöglichen Teilung durch den veräußernden Eigentümer vor Baubeginn, um im Zuge dessen den in der Bauträgerschaft verbreiteten Vorratsbau zu fördern. Im Rahmen der Bauträgerschaft wird das Wohnungseigentum somit in der Regel durch die Teilungserklärung des Bauträgers als Eigentümer des Grundstücks begründet.[130] Die Teilung erfolgt in diesem Fall durch Erklärung gegenüber dem Grundbuchamt.

Der Inhalt des Wohnungseigentums ergibt sich im Rahmen der Teilung nach § 8 WEG aus der Grundbucheintragung in Verbindung mit der Teilungserklärung und dem Aufteilungsplan.[131] Ist die Teilung des Grundstücks bereits vor Abschluss der Bauträgerverträge grundbuchrechtlich vollzogen, wirkt der Inhalt der Teilungserklärung bereits kraft Gesetzes, sodass die Teilungserklärung nicht mitbeurkundet werden muss.[132] Ist die Teilung jedoch noch nicht vollzogen, muss im zu beurkundenden Bauträgervertrag das zukünftig zur Entstehung gelangende Wohnungs- bzw. Teileigentum zur genauen Bezeichnung des Vertragsgegenstandes vollständig beschrieben werden. Dies ergibt sich aus der Teilungserklärung sowie dem Auf-

---

127 *Drasdo*, in: Bärmann/Seuß, Praxis des Wohneigentums, Kapitel A, Rn. 14 f.; *Häublein*, notar 2016, 179.

128 *Pause*, Bauträgerkauf und Baumodelle, Rn. 6.

129 *Bärmann/Pick*, WEG, § 2, Rn. 1.

130 *Bärmann/Pick*, WEG, § 8, Rn. 1.

131 BGH, Urteil vom 11. März 1999 – IX ZR 260/97 –, juris-Rn. 50, NJW-RR 1999, 1214.

132 *Pause*, Bauträgerkauf und Baumodelle, Rn. 104.

teilungsplan und der Gemeinschaftsordnung, welche durch eine Verlesung oder Bezugnahme i. S. v. § 13a BeurkG mitbeurkundet werden müssen.[133]

B. Gemeinschafts- und Sondereigentum

I. Unterscheidung

Hinsichtlich der eigentumsrechtlichen Stellung der Erwerber einer nach dem WEG geteilten Wohneinheit muss grundsätzlich zwischen dem Miteigentumsanteil am gemeinschaftlichen Eigentum und dem alleinigen Sondereigentum differenziert werden. Das Eigentum des Grundstücks wird in der Weise in Miteigentumsanteile geteilt, dass mit jedem Anteil am Gemeinschaftseigentum das Sondereigentum an einer bestimmten Wohnung oder an nicht zu Wohnzwecken dienenden bestimmten Räumen in einem auf dem Grundstück errichteten oder zu errichtenden Gebäude verbunden ist. Mit jedem Miteigentumsanteil ist zwingend Sondereigentum verbunden.[134] Hinsichtlich des Sondereigentums besteht alleiniges Eigentum, während das Gemeinschaftseigentum allen Wohnungseigentümern gemeinsam nach Bruchteilen i. S. d. §§ 741 ff. und 1008 ff. BGB zusteht. Die Zuordnung spielt für die jeweiligen Wohnungseigentümer bezüglich ihrer Rechte und Nutzungsbefugnisse eine wichtige Rolle. Nach § 13 Abs. 1 WEG kann jeder Wohnungseigentümer, soweit nicht das Gesetz oder Rechte Dritter entgegenstehen, mit den im Sondereigentum stehenden Gebäudeteilen nach seinem Belieben verfahren. Hinsichtlich der das gemeinschaftliche Eigentum betreffenden Gebäudeteile erhalten die Wohnungseigentümer hingegen nur ein Recht zum Mitgebrauch nach § 13 Abs. 2 Sstz 1 WEG. Zudem richten sich die Regelungen zur Instandhaltung und Kostentragung im WEG nach den Eigentumsverhältnissen und nicht nach etwaigen Gebrauchsmöglichkeiten.[135] Aus diesem Grund und auch hinsichtlich etwaig zu verfolgender Mängelansprüche hat die Unterscheidung zwischen Sonder- und Gemeinschaftseigentum eine wesentliche Bedeutung.[136]

Im gemeinschaftlichen Eigentum steht nach § 1 Abs. 5 WEG das Grundstück sowie Teile, Anlagen und Einrichtungen des Gebäudes, die nicht im Sondereigentum oder im Eigentum eines Dritten stehen. Gegenstand des Sondereigentums sind nach § 5 Abs. 1 WEG die gem. § 3 Abs. 1 WEG bestimmten Räume sowie die zu diesen Räumen gehörenden Bestandteile des Gebäudes, die verändert, beseitigt oder eingefügt werden können, ohne dass dadurch das gemeinschaftliche Eigentum beeinträchtigt oder die äußere Gestaltung des Gebäudes verändert wird. § 5 Abs. 2 WEG bestimmt zudem, dass Teile des Gebäudes, die für dessen Bestand oder Sicherheit erforderlich sind, sowie Anlagen und Einrichtungen, die dem gemeinschaftlichen Gebrauch der Wohnungseigentümer dienen, nicht Gegenstand des Sondereigentums

133 *Blank*, Bauträgervertrag, Rn. 119; *Pause*, Bauträgerkauf und Baumodelle, Rn. 105.
134 *Schneider*, in: Bärmann/Seuß, Praxis des Wohneigentums, Kapitel A, Rn. 181.
135 *Häublein*, notar 2016, 179 (181).
136 *Kümmel*, in: Bärmann/Seuß, Praxis des Wohneigentums, Kapitel C, Rn. 1; *Pause*, Bauträgerkauf und Baumodelle, Rn. 563.

sein können, selbst wenn sie sich im Bereich der im Sondereigentum stehenden Räume befinden. Die Vorschriften sind unabdingbar, sodass nicht sondereigentumsfähige Bestandteile nicht im Rahmen einer vertraglichen Vereinbarung zum Sondereigentum erklärt werden können.[137]

Das gemeinschaftliche Eigentum umfasst somit neben den überbauten und unbebauten Grundstücksflächen sämtliche Gebäudeteile, die für den Bestand und die Sicherheit des Gebäudes notwendig sind oder dem gemeinschaftlichen Gebrauch dienen. Dazu zählen beispielsweise das Fundament, die tragenden Innen- und Außenwände, die Fassaden, das Dach sowie auch das Treppenhaus, der Aufzug, gemeinschaftliche Versorgungsleitungen und die Heizungsanlage.[138] Zum Gemeinschaftseigentum gehören dementsprechend im Wesentlichen alle technisch und wirtschaftlich bedeutsamen Bestandteile des Bauwerkes, die in der Summe ca. 95 % des gesamten Bauwerkes ausmachen.[139]

Inhalt und Umfang des Wohnungseigentums und somit auch Inhalt und Umfang des Sonder- und Gemeinschaftseigentums ergeben sich grundsätzlich aus der Teilungserklärung.[140] In dieser können zusätzliche Regelungen i. S. v. § 5 Abs. 3 WEG getroffen werden, die bestimmen, dass Bestandteile des Gebäudes, die grundsätzlich Gegenstand des Sondereigentums sein könnten, zum gemeinschaftlichen Eigentum gehören. Zudem enthält der Aufteilungsplan gem. § 7 Abs. 4 Satz 1 Nr. 1 WEG eine ersichtliche Darstellung der Grenzen zwischen Sonder- und Gemeinschaftseigentum. Dies entspricht dem Bedürfnis nach einer festgelegten und einheitlichen Zuordnung im Rahmen einer verbindlichen Eintragung im Grundbuch.[141]

II. Anspruch auf Herstellung des Gemeinschaftseigentums

Der Anspruch der Erwerber auf mangelfreie Herstellung des Sonder- und Gemeinschaftseigentums gegenüber dem Bauträger ergibt sich jedoch nicht aus der Teilungserklärung samt Gemeinschaftsordnung und Aufteilungsplan, sondern gem. § 650u Abs. 1 Satz 2 i. V. m. § 631 Abs. 1 BGB aus den jeweiligen zwischen den beiden Parteien geschlossenen Bauträgerverträgen.[142] Die einzelnen Erwerber haben einen eigenen Anspruch auf Herstellung des Gemeinschaftseigentums gegen den Bauträger. Nach ständiger Rechtsprechung des BGH handelt es sich dabei nicht um eine Teilgläubigerschaft i. S. v. § 420 BGB, sondern jeder Erwerber ist berechtigt, vom Bauträger die gesamte Leistung in Form der Herstellung des Gemeinschaftseigentums zu verlangen.[143]

---

137 *Pause*, Bauträgerkauf und Baumodelle, Rn. 565.
138 *Pause*, Bauträgerkauf und Baumodelle, Rn. 567 f.
139 *Pauly*, ZfBR 2013, 3; *Schmid*, BauR 2009, 727 (729).
140 *Pause*, Bauträgerkauf und Baumodelle, Rn. 106.
141 *Schmid*, BauR 2009, 727 (730).
142 *Basty*, Der Bauträgervertrag, Rn. 803; *Kreuzer*, in: FS für Bub, 155 (156).
143 BGH, Urteil vom 21. Februar 1985 – VII ZR 72/84 –, juris-Rn. 27, NJW 1985, 1551 f.; BGH, Urteil vom 10. Mai 1979 – VII ZR 30/78 –, juris-Rn. 22, BGHZ 74, 258 ff.; auch

Dies gilt grundsätzlich auch bei der Errichtung von Anlagen, die mehrere selbstständige Gebäude beinhalten. Diese sogenannten Mehrhausanlagen umfassen beispielsweise die Errichtung von Reihen- oder Doppelhäusern oder mehreren Mehrfamilienhäusern auf einem Grundstück.[144] Jeder Erwerber hat auch in diesem Fall einen Anspruch auf eine mangelfreie Herstellung des Gemeinschaftseigentums der gesamten Anlage.[145] Es besteht jedoch die Möglichkeit, den Herstellungsanspruch hinsichtlich des Gemeinschaftseigentums im Bauträgervertrag auf das jeweilige selbstständige Gebäude zu beschränken, das der jeweilige Erwerber erwirbt oder in dem die Einheit des Erwerbers belegen ist, wenn gleichzeitig im Rahmen der Gemeinschaftsordnung eine Trennung hinsichtlich der Kostentragung und Instandhaltungsverpflichtung erfolgt.[146]

Der Inhalt des Anspruchs einschließlich Art und Umfang des herzustellenden Sonder- und Gemeinschaftseigentums ergibt sich dementsprechend aus dem jeweiligen Bauträgervertrag. Dabei ist es grundsätzlich möglich, dass aufgrund unterschiedlicher Ausgestaltungen der Verträge die Verpflichtungen des Bauträgers gegenüber den einzelnen Erwerbern divergieren.[147] Dies ist zum einen der Fall, wenn ein Vertrag eine Erweiterung des Sondereigentums für den Erwerber vorsieht, welches zu Lasten des Gemeinschaftseigentums der anderen Erwerber geht, und zum anderen, wenn die einzelnen Bauträgerverträge unterschiedliche Ausgestaltungen, wie Material oder Form, des Gemeinschaftseigentums vorsehen.[148] Die Teilungserklärung samt Aufteilungsplan kann in diesen Fällen dann grundsätzlich nur eine Ausgestaltung erfassen, die den Verpflichtungen des Bauträgers gegenüber dem Erwerber aus dem Vertrag entspricht. Gegenüber dem oder den anderen Erwerbern kann die schuldrechtliche Verpflichtung hingegen nicht erfüllt werden.

Der Bauträger verliert in grundbuchrechtlicher Sicht das Recht zur Änderung der Teilungserklärung trotz seiner Eigentümerstellung ab der ersten Eintragung der Auflassungsvormerkung eines Erwerbers, während dies in schuldrechtlicher Hinsicht gegenüber den Erwerbern bereits ab Abschluss des Bauträgervertrags der Fall ist.[149] Aus diesem Grund ist in den Bauträgerverträgen häufig eine Vollmacht zur nachträglichen Änderung der Teilungserklärung vorgesehen, wodurch der Bauträger eine Änderung des Vertragsgegenstandes erreichen kann.[150] Ein solcher Änderungsvorbehalt hält der AGB-rechtlichen Inhaltskontrolle nach § 308 Nr. 4 BGB

Suilmann, in: Bärmann, WEG, Anhang zu § 10, Rn. 54; *Suilmann*, ZWE 2013, 302 (305); s. a. 2. Kapitel § 5 B. II.

144 *Basty*, Der Bauträgervertrag, Rn. 805.

145 KG Berlin, Urteil vom 23. November 2010–7 U 8/09 –, IBR 2011, 740.

146 *Basty*, Der Bauträgervertrag, Rn. 805 f.; *Pause*, Bauträgerkauf und Baumodelle, Rn. 841.

147 *Basty*, Der Bauträgervertrag, Rn. 803 ff.; *Kreuzer*, in: FS für Bub, 155 f.; *Rapp*, MittBayNot 2012, 169 (175).

148 *Rapp*, MittBayNot 2012, 169 (175).

149 *Blank*, Bauträgervertrag, Rn. 123; *Pause*, Bauträgerkauf und Baumodelle, Rn. 111.

150 *Pause*, Bauträgerkauf und Baumodelle, Rn. 112.

jedoch nur stand, wenn die Vereinbarung der Änderung oder Abweichung unter Berücksichtigung der Interessen des Bauträgers für die Erwerber zumutbar ist. Dafür muss zum einen ein triftiger Grund für die Änderung vorliegen und zum anderen von der Klausel ein bestimmter Rahmen zur Ausübung der Vollmacht vorgegeben werden.[151] Die Klausel muss dabei den triftigen Grund, die Voraussetzungen und Folgen sowie eine angemessene Berücksichtigung der Interessen der Erwerber erkennen lassen.[152] Dies ist beispielsweise der Fall, wenn die Änderungen baurechtlich oder technisch notwendig sind oder wenn der Änderungsvorbehalt lediglich geringfügige Änderungen erfasst.[153]

Hinsichtlich der Abgrenzung zwischen Sonder- und Gemeinschaftseigentum ist im Ergebnis in Bezug auf die wohnungseigentumsrechtliche Beziehung zwischen den Wohnungseigentümern die Teilungserklärung maßgeblich, während das Verhältnis der einzelnen Erwerber zum Bauträger von dem jeweiligen Bauträgervertrag bestimmt wird.[154]

III. Gemeinschaftseigentum im Sondereigentum

Grundsätzlich ist jeder Wohnungseigentümer nach § 13 Abs. 2 Satz 1 WEG zum Mitgebrauch des gesamten gemeinschaftlichen Eigentums berechtigt. Aufgrund der Regelungen über die Abgrenzung von Sonder- und Gemeinschaftseigentum gibt es jedoch in jedem nach dem WEG geteilten Objekt nicht sondereigentumsfähiges Gemeinschaftseigentum, welches ausschließlich im Bereich des Sondereigentums eines Erwerbers belegen ist. Dazu gehören beispielsweise tragende Innenwände, Außenfenster, Balkone und Terrassen.[155]

Für diese Teile können den Wohnungseigentümern, in deren Sondereigentum das betreffende Gemeinschaftseigentum liegt, Sondernutzungsrechte eingeräumt werden. Sondernutzungsrechte gewähren dem Inhaber die ausschließliche Nutzung der im gemeinschaftlichen Eigentum stehenden Flächen, Räume oder Anlagen. Dem einzelnen Wohnungseigentümer wird somit auf der einen Seite positiv ein Recht zugewiesen, während das Sondernutzungsrecht auf der anderen Seite gegenüber den übrigen Wohnungseigentümern einen entziehenden Charakter hat.[156] Das Sondernutzungsrecht kann einzelne Flächen oder Gebäudeteile wie Abstellplätze, Gartenflächen, Balkone erfassen oder auch beispielsweise das gesamte Gemeinschaftseigentum innerhalb eines Reihen- oder Doppelhauses. Des Weiteren kommen

---

151 *Blank*, Bauträgervertrag, Rn. 145; *Pause*, Bauträgerkauf und Baumodelle, Rn. 112.

152 BGH, Urteil vom 23. Juni 2005 – VII ZR 200/04 –, juris-Rn. 18, NJW 2005, 3420.

153 OLG Frankfurt, Urteil vom 30. Juli 1998–15 U 191/97 –, juris-Rn. 52, BauR 2000, 1204.

154 *Pause*, Bauträgerkauf und Baumodelle, Rn. 107.

155 *Basty*, Der Bauträgervertrag, Rn. 1003; *Pause*, Bauträgerkauf und Baumodelle, Rn. 567 f.

156 *Pause*, Bauträgerkauf und Baumodelle, Rn. 572; *Suilmann*, in: Bärmann, WEG, § 13, Rn. 73.

sogenannte Gruppensondernutzungsrechte in Betracht, welche zum Beispiel die Nutzung des Gemeinschaftseigentums innerhalb eines Gebäudes einer Mehrhausanlage auf die jeweiligen Eigentümer der Einheiten innerhalb des Gebäudes beschränken.[157]

Die Einräumung von Sondernutzungsrechten ändert jedoch nichts an der Zugehörigkeit der betreffenden Flächen und Anlagen zum gemeinschaftlichen Eigentum.[158]

Zusammenfassend lässt sich festhalten, dass dem Gemeinschaftseigentum innerhalb des Leistungsgefüges im Bauträgervertrag eine herausragende Bedeutung zukommt. Es macht nicht nur ungefähr 95 % der herzustellenden Bausubstanz aus, sondern umfasst auch annähernd alle technisch und wirtschaftlich bedeutsamen Bestandteile.

§ 3 Abnahme

Der Besteller eines Werkes ist gem. § 640 Abs. 1 Satz 1 BGB verpflichtet, das vertragsmäßig hergestellte Werk abzunehmen, sofern nicht nach der Beschaffenheit des Werkes die Abnahme ausgeschlossen ist. Diese Verpflichtung trifft auch den Erwerber im Rahmen eines Bauträgervertrags hinsichtlich des herzustellenden Bauwerks. Die werkvertragliche Abnahme spielt seit jeher[159] eine zentrale Rolle im Werkvertragsrecht und wird mitunter als der „Dreh- und Angelpunkt"[160] in der Bauvertragsbeziehung bezeichnet. Die wesentliche Bedeutung der Abnahme resultiert in erster Linie aus dem Charakter des Werkvertrags. Der Unternehmer schuldet dem Besteller einen Erfolg in Form der Herstellung des Werkes. Bei Abschluss des Vertrags ist das Werk in der Regel noch nicht existent und besteht nur in der Vorstellung der Vertragsparteien. Aufgrund dieser Individualität der werkvertraglichen Leistung besteht ein besonderes Interesse an der Überprüfung der Vertragsmäßigkeit des Werkes, welchem die Abnahme aus § 640 Abs. 1 Satz 1 BGB gerecht werden soll.[161]

Die Erfolgsbezogenheit des Werkvertragsrecht stellt zudem den wesentlichen Unterschied zum Kaufvertragsrecht dar, welcher das unterschiedliche Verständnis der werkvertraglichen Abnahme zum Begriff der kaufvertraglichen Abnahme aus § 433 Abs. 2 BGB rechtfertigen soll. Im Gegensatz zum Kaufrecht, wo die Abnahme in der Regel eine Nebenpflicht des Käufers darstellt, ist die Abnahme beim Werkvertrag als Hauptpflicht des Bestellers ausgestaltet.[162]

Die Verpflichtung des Bestellers zur Abnahme des vertragsmäßig hergestellten Werkes i. S. v. § 640 Abs. 1 Satz 1 BGB ergibt sich aus dem Werkvertrag mit dem Unternehmer. Dementsprechend trifft die Hauptpflicht auch bei der Herstellung von

157 *Suilmann*, in: Bärmann, WEG, § 13, Rn. 97.
158 *Pause*, Bauträgerkauf und Baumodelle, Rn. 573.
159 Zur Gesetzgebungsgeschichte: *Busche*, in: MüKo-BGB, § 640, Rn. 1.
160 Vgl. *Jagenburg*, NJW 1974, 2264 (2265).
161 *Temming*, AcP 2015, 17 (20).
162 BGH, Urteil vom 26. Februar 1981 – VII ZR 287/79 –, juris-Rn. 28, NJW 1981, 1448; *Hartung*, NJW 2007, 1099.

Gebäuden mit mehreren Wohneinheiten grundsätzlich den einzelnen Erwerber als Vertragspartner des Bauträgers.[163] Diese Einordnung erklärt sich insbesondere aus den weitreichenden Wirkungen, die von der werkvertraglichen Abnahme ausgehen.[164]

A. Bedeutung der Abnahme

> *„[...] [D]ie Abnahme [ist] [...] Dreh- und Angelpunkt des Bauvertrags [...], an dem das Erfüllungsstadium endet und das Gewährleistungsstadium beginnt. Hier stellen sich – entsprechend der zentralen Funktion der Abnahme – die Weichen jedes baurechtlichen Falles [...] auch hinsichtlich Beweislast und Gefahrübergang, Gewährleistungsbeginn und Verjährung.“*[165]

Die wesentliche Bedeutung der Abnahme in der werkvertraglichen Beziehung resultiert insbesondere aus den weitreichenden mit ihr verbundenen Rechtsfolgen.

I. Ende des Erfüllungsstadiums

Mit der Abnahme des Werkes nach § 640 BGB ist der Herstellungsanspruch des Bestellers aus § 650u Abs. 1 Satz 2 i. V. m. § 631 Abs. 1 BGB erfüllt.[166] Der Unternehmer ist nicht mehr zur Herstellung eines Werkes, sondern nur noch zur Beseitigung etwaiger Mängel an dem konkret abgenommenen Werk verpflichtet.[167]

Gem. § 641 Abs. 1 Satz 1 BGB ist bei der Abnahme des Werkes die Vergütung zu entrichten[168] und nach § 641 Abs. 4 BGB gesetzlich zu verzinsen. Zusätzlich geht erst mit der Abnahme nach § 644 Abs. 1 Satz 1 BGB die Vergütungs- und Leistungsgefahr über. Bis zur Abnahme hat der Hersteller somit bei einem zufälligen Untergang, einer zufälligen Verschlechterung oder Unmöglichkeit keinen Anspruch auf die Vergütung. Zudem ist der Unternehmer bis zu diesem Zeitpunkt zur Leistung verpflichtet, sofern nicht nach Maßgabe des § 275 BGB die Leistungspflicht ausgeschlossen ist.[169] Der Gefahrübergang erfolgt auch, wenn der Besteller nach § 644 Abs. 1 Satz 2 BGB mit der Abnahme im Verzug ist.

---

163 *Ott*, ZWE 2010, 157 (160).

164 *Sprau*, in: Palandt, § 640, Rn. 8.

165 Vgl. *Jagenburg*, NJW 1974, 2264 (2265).

166 BGH, Urteil vom 19. Januar 2017 – VII ZR 235/15 –, Rn. 34; NZBau 2017, 211 ff.; BGH, Urteil vom 19. Januar 2017 – VII ZR 193/15 –, Rn. 27; MDR 2017, 390 ff.; BGH, Urteil vom 19. Januar 2017 – VII ZR 301/13 –, Rn. 33; BauR 2017, 875 ff.

167 BGH, Urteil vom 19. Januar 2017 – VII ZR 235/15 –, Rn. 36; NZBau 2017, 211 ff.; BGH, Urteil vom 19. Januar 2017 – VII ZR 193/15 –, Rn. 29; MDR 2017, 390 ff.; BGH, Urteil vom 19. Januar 2017 – VII ZR 301/13 –, Rn. 35; BauR 2017, 875 ff.; BGH, Urteil vom 25. Februar 2010 – VII ZR 64/09 –, Rn. 28, NJW-RR 2010, 748 ff.

168 Wobei im Rahmen der Bauträgerverträge die speziellen Fälligkeitsregelungen der MaBV zu beachten sind.

169 *Hartung*, NJW 2007, 1099 (1103); *Kniffka*, in: Kniffka/Koeble, Kompendium des Baurechts, 4. Teil, Rn. 10.

Eine weitere Rechtsfolge der werkvertraglichen Abnahme betrifft die Umkehr der Beweislast hinsichtlich des Vorliegens von Mängeln am Werk. Bis zur Abnahme trägt der Unternehmer die Beweislast für die Mangelfreiheit des Bauwerks.[170] Der Bauträger muss dementsprechend bis zur Abnahme beweisen, dass er den Vertrag erfüllt hat. Nach der durch die Abnahme bewirkten Umkehr der Beweislast kann der Besteller seine Ansprüche nur noch durchsetzen, wenn er beweisen kann, dass der Unternehmer nicht mangelfrei erfüllt hat. Dies entspricht dem Prinzip aus § 363 BGB, nach dem der Gläubiger nach Annahme einer ihm als Erfüllung angebotenen Leitung die Beweislast trägt, wenn er die Leistung nicht als Erfüllung gelten lassen möchte.

II. Beginn des Gewährleistungsstadiums

Die Abnahme beendigt nicht nur das Erfüllungsstadium, sondern stellt auch den Beginn des Gewährleistungsstadiums dar. Die Ansprüche des Bestellers richten sich nicht mehr nach § 631 Abs. 1 BGB, sondern beschränken sich auf die Gewährleistungsansprüche aus § 634 BGB.[171] Der Besteller hat bei Mangelhaftigkeit des Werkes einen Anspruch auf Nacherfüllung und u. U. auf einen Vorschuss zur Selbstvornahme und Schadensersatz. Zudem kann er gegebenenfalls vom Vertrag zurücktreten oder den Werklohn mindern.

Die Abnahme stellt nicht nur den Zeitpunkt für den Wechsel der Anspruchsgrundlagen dar, sondern beeinflusst auch die geltenden Verjährungsfristen. Vor der Abnahme verjähren die Ansprüche des Bestellers grundsätzlich in der regelmäßigen Verjährungsfrist des § 195 BGB. Die im Falle der Mangelhaftigkeit des Werkes bestehenden Ansprüche des Bestellers auf Nacherfüllung, Selbstvornahme und Schadensersatz verjähren hingegen nach Maßgabe des § 634a BGB. Die Verjährung beginnt gem. § 634a Abs. 2 BGB mit der Abnahme. Im Falle der bei Bauträgerverträgen typischerweise bestehenden Verpflichtung zur Errichtung eines Bauwerkes beträgt die Verjährungsfrist gem. § 634a Abs. 1 Nr. 2 BGB fünf Jahre. Während also der Anspruch des Erwerbers auf Erfüllung nach drei Jahren verjährt, sind die Gewährleistungsansprüche innerhalb von fünf Jahren nach Abnahme durchsetzbar.

Zudem droht dem Erwerber nach der Abnahme im Falle des § 640 Abs. 3 BGB ein Verlust von Ansprüchen Nimmt der Besteller das Werk ab, obwohl ihm bestehende Mängel bekannt sind, verliert er bezüglich des bekannten Mangels, mit Ausnahme des Anspruchs auf Schadensersatz, seine Gewährleistungsansprüche. Zudem ist ein etwaiger Vertragsstrafenanspruch gem. § 341 Abs. 3 BGB ausgeschlossen, wenn der Besteller sich den Anspruch nicht bei der Abnahme vorbehält.[172]

---

170 BGH, Urteil vom 24. Oktober 1996 – VII ZR 98/94 –, juris-Rn. 10, NJW-RR 1997, 339.

171 Hinsichtlich der umstrittenen Frage, ob Gewährleistungsrechte bereits vor Abnahme bestehen s. u. 3. Kapitel § 2 B. II. 1.

172 *Hartung*, NJW 2007, 1099 (1103).

Die Abnahme stellt somit sowohl für den Besteller als auch den Unternehmer aufgrund der Vielzahl der mit ihr einhergehenden Rechtsfolgen einen wichtigen Meilenstein innerhalb der Vertragsabwicklung dar.

B. Voraussetzungen der Abnahme

Nach § 640 Abs. 1 Satz 1 BGB ist der Besteller verpflichtet, das vertragsmäßig hergestellte Werk abzunehmen, sofern nicht nach der Beschaffenheit des Werkes eine Abnahme ausgeschlossen ist. Die Abnahmeverpflichtung des Erwerbers setzt dementsprechend die Abnahmefähigkeit und die Abnahmereife des Werkes voraus.[173]

I. Abnahmefähigkeit

Ein Werk ist abnahmefähig, sofern die Abnahme nicht nach der Beschaffenheit des Werkes ausgeschlossen ist. Bei Werken, die keine Abnahmefähigkeit i. S. d. § 640 Abs. 1 Satz 1 BGB aufweisen, tritt gem. § 646 BGB an die Stelle der Abnahme die Vollendung des Werkes.

Vertragsgegenstand bei Bauträgerverträgen ist in werkvertraglicher Hinsicht die Errichtung oder der Umbau eines Hauses oder eines vergleichbaren Bauwerks, sodass das abzunehmende Werk stets eine Körperlichkeit aufweist. Bei körperlichen Werken, die sich zur Zeit der Herstellung zumindest im Mitbesitz des Unternehmers befinden, kommt ein Ausschluss der Abnahme aufgrund der Beschaffenheit des Werkes grundsätzlich nicht in Betracht.[174] Körperliche Werke sind sowohl der Entgegennahme als auch einer wohl[175] erforderlichen Billigung zugänglich. Die Voraussetzung der Abnahmefähigkeit spielt dementsprechend bei Bauträgerverträgen keine große Rolle.

II. Abnahmereife

Die Verpflichtung des Bestellers zur Abnahme aus § 640 Abs. 1 Satz 1 BGB besteht zudem nur, wenn das Werk vertragsmäßig, d. h. vollständig und mangelfrei,[176] hergestellt wurde. Wegen unwesentlicher Mängel kann die Abnahme jedoch nach § 640 Abs. 1 Satz 3 BGB grundsätzlich nicht verweigert werden. Die Regelung dient einer angemessenen Abwägung der widerstreitenden Interessen von Unternehmer und Besteller.[177] Wann ein wesentlicher Mangel vorliegt, wird vom Gesetz nicht näher erläutert und richtet sich hinsichtlich Art, Umfang und Auswirkungen des Mangels[178] nach den Umständen des Einzelfalles sowie der Zumutbarkeit der

---

173 *Sprau*, in: Palandt, § 640, Rn. 8.
174 *Peters/Jacoby*, in: Staudinger, BGB, § 646, Rn. 2.
175 Zum umstrittenen Inhalt der Abnahme vgl. 1. Kapitel § 3 C. und 2. Kapitel §1.
176 Vgl. *Raab*, in: Dauner-Lieb/Langen, BGB Schuldrecht, § 640, Rn. 22.
177 BGH, Urteil vom 30. April 1992 – VII ZR 185/90 –, juris-Rn. 8, NJW 1992, 2481 f.
178 BGH, Urteil vom 26. Februar 1981 – VII ZR 287/79 –, juris-Rn. 21, NJW 1981, 1448 f.

Abnahme und damit einhergehenden Rechtsfolgen für den Erwerber. Der Mangel ist in der Regel wesentlich, wenn die Gebrauchstauglichkeit oder auch das äußere Erscheinungsbild mehr als nur unerheblich beeinträchtigt ist. Auch bei Vorliegen mehrerer unwesentlicher Mängel kann die Abnahmepflicht des Erwerbers ausgeschlossen sein, wenn sich aus der Addition der unwesentlichen Mängel insgesamt eine im Wesentlichen nicht vertragsgemäße Leistung ergibt.[179]

Der Erwerber ist dementsprechend bei Vorliegen eines wesentlichen Mangels nicht zur Abnahme verpflichtet. Dies schließt jedoch nicht aus, dass der Besteller auch dann das Werk abnehmen kann, wenn im Grundsatz keine Abnahmereife vorliegt.[180] Dies belegt zum einen die Existenz des § 640 Abs. 3 BGB, welcher sich nicht nur auf unwesentliche Mängel bezieht, und auch die Vorschrift des § 634a Abs. 2 BGB, welche als Verjährungsbeginn für Ansprüche wegen Mangelhaftigkeit des Werkes die Abnahme vorsieht. Könnte eine Abnahme bei fehlender Abnahmereife nicht erfolgen, würden nur Ansprüche in Bezug auf unwesentliche Mängel verjähren.[181]

Im Ergebnis setzt der Anspruch des Unternehmers auf Abnahme die Abnahmefähigkeit und Abnahmereife des Werkes voraus, während das Recht des Bestellers zur Abnahme auch dann besteht, wenn lediglich Abnahmefähigkeit vorliegt.[182]

C. Zweigliedriger Abnahmebegriff

Die Vorschrift des § 640 Abs. 1 Satz 1 BGB normiert, dass der Besteller verpflichtet ist, das vertragsmäßig hergestellte Werk abzunehmen. Das Gesetz beantwortet jedoch nicht die Frage, welche konkreten inhaltlichen Anforderungen an eine werkvertragliche Abnahme zu stellen sind. Vor dem Hintergrund der von der Abnahme ausgehenden umfassenden Rechtsfolgen und der damit einhergehenden erheblichen Bedeutung ist jedoch eine eindeutige Bestimmung des Inhalts notwendig. Dabei sind die jeweiligen Interessen der Vertragsparteien angemessen zu berücksichtigen.[183]

Nach ständiger Rechtsprechung und der herrschenden Lehre erfolgt die werkvertragliche Abnahme, wenn der Besteller das Werk körperlich entgegennimmt und zu erkennen gibt, er wolle das Werk als im Wesentlichen vertragsgemäß annehmen.[184]

---

179 *Ott*, ZWE 2010, 157; *Raab*, in: Dauner-Lieb/Langen, BGB Schuldrecht, § 640, Rn. 22 f.

180 OLG München, Urteil vom 29. Oktober 2013–9 U 773/13 Bau –, juris-Rn. 21, IBR 2014, 595.

181 *Peters*, BauR 2013, 381 (384).

182 So auch OLG München, Urteil vom 29. Oktober 2013–9 U 773/13 Bau –, juris-Rn. 21, IBR 2014, 595; zur Frage ob der Besteller auch gegen den Willen des Unternehmers abnehmen kann s. u. 3. Kapitel § 2 B. II. 1. c. (1).

183 *Raab*, in: Dauner-Lieb/Langen, BGB Schuldrecht, § 640, Rn. 3.

184 BGH, Urteil vom 25. April 1996 – X ZR 59/94 –, NJW-RR 1996, 883 ff.; BGH, Urteil vom 18. September 1967 – VII ZR 88/65 –, BGHZ 48, 257 ff.; RG, Urteil vom 24. April 1925 – VI 10/25 –, RGZ 110, 404 (406 f.); *Busche*, in: MüKo-BGB, § 640,

Diese Bestimmung des Inhalts der Abnahme fand ihren Ursprung bereits kurz nach Inkrafttreten des BGB durch die Rechtsprechung des Reichsgerichts.[185] Die Abnahme stellt somit im Grundsatz einen Doppeltatbestand dar.[186]

I. Körperliche Entgegennahme

Der Besteller muss im Rahmen des zweigliedrigen Abnahmebegriffs das Werk zunächst körperlich hinnehmen. Die körperliche Entgegennahme erfolgt grundsätzlich durch die Übernahme des Besitzes durch den Besteller. Auf eine Übertragung des Eigentums kommt es hingegen nicht an.[187] Für die Fälle, in denen sich der Besteller bereits vor der Abnahme im Besitz des Werkes befindet, beispielsweise bei Reparaturarbeiten in seiner Wohnung, oder das Werk einer Übergabe nicht fähig ist, ist die körperliche Entgegennahme im Rahmen der Abnahme entbehrlich.[188]

II. Billigung

Des Weiteren erfordert eine Abnahme im Sinne des zweigliedrigen Abnahmebegriffs, eine Billigung des Werkes als im Wesentlichen vertragsgemäß durch den Besteller. Inhalt der Billigung ist insofern nicht die Mangelfreiheit des Werkes, sondern eine Annahme als Erfüllung i. S. v. § 363 BGB.[189] Mit der Annahme als Erfüllung wird die grundsätzliche Ordnungsgemäßheit des Werkes bescheinigt.[190] Eine Abnahme i. S. d. § 640 BGB kann demnach auch dann vorliegen, wenn dem Besteller Mängel bekannt sind.[191]

Bereits im Jahr 1904 stellt das Reichsgericht mit einem obiter dictum in einer Entscheidung fest, dass die Begriffe Annahme der Erfüllung i. S. v. § 341 BGB, Annahme als Erfüllung (§ 363 BGB) und Abnahme aus § 640 BGB gleichbedeutend sind. Dabei sei es nicht erforderlich, dass der Besteller die Erfüllung als tadellos annehme. Es reiche grundsätzlich aus, wenn er neben der körperlichen Hinnahme,

---

Rn. 2; *Raab*, in: Dauner-Lieb/Langen, BGB Schuldrecht, § 640, Rn. 5; *Schwenker*, in: Erman, § 640, Rn. 3; *Sprau*, in Palandt, § 640, Rn. 3.

185 RG, Urteil vom 24. April 1925 – VI 10/25 –, RGZ 110, 404 (406 f.): *„Zu einer Abnahme im Sinne des § 640 BGB gehört nach der ständigen Rechtsprechung des Reichsgerichts regelmäßig die körperliche Hinnahme der Leistung des Unternehmers durch den Besteller, verbunden mit der – sei es ausdrücklich, sei es stillschweigenden – Erklärung des Bestellers, daß er die Leistung als eine der Hauptsache nach dem Vertrag entsprechende Erfüllung annehme."*

186 *Raab*, in: Dauner-Lieb/Langen, BGB Schuldrecht, § 640, Rn. 5.

187 *Havers*, in: Kapellmann/Messerschmidt, VOB-Kommentar Teil A/B, § 12 VOB/B, Rn. 11.

188 RG, Urteil vom 24. April 1925 – VI 10/25 –, RGZ 110, 404 (407); *Havers*, in: Kapellmann/Messerschmidt, VOB-Kommentar Teil A/B, § 12 VOB/B, Rn. 11; *Temming*, AcP 2015, 17 (23).

189 *Temming*, AcP 2015, 17 (22 f.).

190 *Fetzer*, in: MüKo-BGB, § 363, Rn. 3.

191 Vgl. auch § 640 Abs. 1 Satz 2, Abs. 3 BGB.

durch sein Verhalten ausdrücklich oder stillschweigend zum Ausdruck bringe, dass er die Leistung in der Hauptsache als vertragsmäßige Erfüllung anerkenne.[192] Eine Begründung für die Zweigliedrigkeit der Abnahme lieferte das Gericht erst einige Zeit später in einer Entscheidung aus dem Jahr 1923. Vor dem Hintergrund der herausragenden Bedeutung der Abnahme im Werkvertragsrecht sei „anzunehmen, daß die Beschränkung auf die Mangelbeseitigung nicht [eintrete], solange die Erfüllungspflicht nicht wenigstens in der Hauptsache erfüllt [sei], also [feststehe], daß die Arbeitstätigkeit in der Richtung auf das Endziel der Vertragserfüllung entfaltet [sei] und zu einem dem Vertragswillen entsprechenden Erfolg geführt [habe]“[193].

Aufgrund der für den Besteller mit der Abnahme verbundenen einschneidenden Rechtsfolgen, soll er im Rahmen der Abnahme die Möglichkeit haben zu überprüfen, ob die Werkleistung vom Unternehmer vertragsgerecht erbracht wurde.[194] Die Abnahme beinhaltet somit im Ergebnis ein positives Verhalten des Bestellers, welches die Billigung des Werkes als im Wesentlichen vertragsgemäß zum Ausdruck bringt.[195]

D. Abnahmeformen

Das Gesetz schreibt für die werkvertragliche Abnahme keine bestimmte Form vor, sodass der Ablauf grundsätzlich zur Disposition der Parteien steht und in unterschiedlichen Formen erfolgen kann. Zu unterscheiden sind dabei ausdrücklich und konkludent erklärte Abnahmen, sowie eine aufgrund einer gesetzlichen Vorschrift oder Parteivereinbarung eintretende Abnahmefiktion.

I. Rechtsgeschäftliche Abnahme

Die Grundkonzeption der Abnahme aus § 640 Abs. 1 Satz 1 BGB knüpft an ein Verhalten des Bestellers an. In der Regel erfolgt die Abnahme durch eine ausdrückliche Erklärung des Bestellers. Da es keine vom Gesetz vorgeschriebene Form gibt, muss die mündliche oder schriftliche Erklärung nicht explizit das Wort Abnahme enthalten, sodass es ausreicht, wenn der Erwerber zum Ausdruck bringt, das Werk in der vorliegenden Form als vertragsgemäß annehmen zu wollen. Die Abnahme kann ebenfalls stillschweigend durch schlüssiges Verhalten erfolgen.

Den Vertragsparteien steht es grundsätzlich frei, vertragliche Regelungen in Bezug auf die werkvertragliche Abnahme zu treffen. So können sie eine förmliche Abnahme, beispielsweise nach dem Vorbild des § 12 Abs. 4 VOB/B, vereinbaren.[196]

---

192 RG, Urteil vom 22. April 1904 – VII 490/03 –, RGZ 57, 337 (338 f.).

193 Vgl. RG, Urteil vom 09. Juli 1923 – VI 1324/22 –, RGZ 107, 339 (343); s. auch *Temming*, AcP 2015, 17 (49).

194 *Schwenker*, in: Erman, § 640, Rn. 3.

195 Der zweigliedrige Abnahmebegriff ist nicht unumstritten. Eine Auseinandersetzung mit der Kritik erfolgt im 2. Kapitel § 1 A.-C.

196 *Krick*, MittBayNot 2014, 401 (402); *Werner/Pastor*, Der Bauprozess, Rn. 1817.

Die Abnahme muss in diesem Fall dem vereinbarten förmlichen Verfahren gerecht werden, welches in der Regel eine gemeinsame Begehung, eine schriftliche Dokumentation und u. U. auch die Hinzuziehung eines Sachverständigen vorsieht. Diese Vorgehensweise sorgt zwischen den Parteien für Rechtssicherheit und beugt etwaigen Streitigkeiten vor, sodass die Vereinbarung einer förmlichen Abnahme die gängige Praxis im Bauwesen darstellt.[197] Eine Dokumentation der Abnahme kann nicht nur für die Frage vorbehaltener Mängelrechte eine wichtige Rolle spielen, sondern auch bezüglich der Frage, ob überhaupt eine Abnahme stattgefunden hat.

II. Fiktion der Abnahme

Für den Fall, dass der Besteller die Abnahme, trotz Fertigstellung und Übergabe des Werkes, nicht erklärt, besteht die Möglichkeit einer Abnahmefiktion. Diese kann zum einen kraft Gesetzes oder aufgrund einer vertraglichen Vereinbarung eintreten. Die Fiktion dient dem Schutz des Unternehmers, um auch in den Fällen der ungerechtfertigten Weigerung die für ihn mit der Abnahme verbundenen günstigen Rechtsfolgen, wie beispielsweise den Übergang der Vergütungs- und Leistungsgefahr, erreichen zu können.[198]

Im Rahmen der Reform des Bauvertragsrechts wurde die Regelung der gesetzlichen Abnahmefiktion zum 1. Januar 2018 geändert. Nach § 640 Abs. 1 Satz 3 BGB a. F. stand es der Abnahme gleich, wenn der Besteller das Werk nicht innerhalb einer ihm vom Unternehmer bestimmten angemessenen Frist abnimmt, obwohl er dazu verpflichtet ist. Neben der Abnahmefähigkeit war für das Eintreten der Abnahmefiktion demnach auch die Abnahmereife des Werkes erforderlich.[199] Andernfalls war der Besteller nicht i. S. v. § 640 Abs. 1 Satz 3 BGB a. F. zur Abnahme verpflichtet. Das Werk musste fertiggestellt sein und durfte keine wesentlichen Mängel aufweisen. Dies stellte für den Werkunternehmer ein nicht unerhebliches Risiko dar.[200] Stellte sich im Nachhinein heraus, dass das Werk mit wesentlichen Mängel behaftet war, konnte die Abnahme nicht wirksam fingiert werden und die Abnahmewirkungen waren nicht eingetreten.

Nach dem reformierten § 640 Abs. 2 BGB gilt ein Werk nunmehr als abgenommen, wenn der Unternehmer dem Besteller nach Fertigstellung des Werkes eine angemessene Frist zur Abnahme gesetzt und der Besteller die Abnahme nicht innerhalb dieser Frist unter Angabe mindestens eines Mangels verweigert hat. Die Angemessenheit der Frist richtet sich nach den Umständen des Einzelfalles. Dem Erwerber muss es innerhalb der Frist möglich und zumutbar sein, das Werk auf die Vertragsgemäßheit zu überprüfen.[201] Ist der Besteller ein Verbraucher, tritt die

---

197 *Basty*, Der Bauträgervertrag, Rn. 990; *Ott*, ZWE 2010, 157.
198 *Krick*, MittBayNot 2014, 401 (402).
199 *Busche*, in: MüKo-BGB, § 640; Rn. 26; *Pause*, Bauträgervertrag und Baumodelle, Rn. 582.
200 *Blank*, Bauträgervertrag, Rn. 401; *Orlowski*, ZfBR 2016, 419 (421).
201 *Raab*, in: Dauner-Lieb/Langen, BGB Schuldrecht, § 640 BGB, Rn. 29.

Abnahmefiktion nur ein, wenn der Unternehmer den Besteller auf die Folge der Abnahmefiktion in Textform hinweist.

Nach der neuen Rechtslage kann die Abnahmefiktion demnach auch dann eintreten, wenn das Werk mit wesentlichen Mängeln behaftet ist. Der Gesetzgeber erhofft sich davon eine effektivere Handhabung der Vorschrift und eine gerechtere Verteilung der Risiken und Belastungen.[202]

Die Abnahme wird nach der neuen Regelung fingiert, wenn der Besteller nicht innerhalb der vom Unternehmer gesetzten angemessenen Frist die Abnahme unter Angabe zumindest eines Mangels verweigert. Eine fiktive Abnahme liegt demnach vor, wenn der Besteller sich überhaupt nicht äußert oder die Abnahme ohne Nennung eines Mangels verweigert. Bei dem zur Verhinderung der Fiktion anzugebenden Mangel muss es sich allerdings nicht um einen wesentlichen Mangel handeln. Es reicht grundsätzlich die Nennung irgendeines Mangels. Eine Einschränkung besteht nur über den Einwand des Rechtsmissbrauchs, wenn der Mangel offensichtlich nicht besteht oder eindeutig nicht wesentlich ist.[203] Für die anzugebenden Mängel gilt zudem keine materielle Präklusion. Der Besteller muss lediglich einen Mangel angeben, um die Fiktion der Abnahme auszuschließen. Dies bedeutet, dass andere Mängel, die er nicht angegeben hat, bei der späteren Bewertung der Abnahmereife weiter berücksichtigt werden.[204] Nach der Vorstellung des Gesetzgebers kann durch die Mangelbenennungsobliegenheit des Bestellers seine Blockademöglichkeit ausgeräumt und das Instrument der Abnahmefiktion zukünftig effektiver genutzt werden.[205]

Die neue Regelung wird jedoch auch kritisiert.[206] Die Praxistauglichkeit der Abnahmefiktion werde durch die Neuregelung nicht erhöht, sondern gesenkt. Dem Besteller würde eine einfachere Blockademöglichkeit an die Hand gegeben, da er bereits durch die Benennung irgendeines Mangels die Fiktion der Abnahme verhindern könne.[207] Während der Unternehmer nach der alten Rechtslage die Wirkungen der Abnahme unabhängig vom Willen des Bestellers herbeiführen konnte, wenn dieser zur Erklärung der Abnahme verpflichtet war, kann der Besteller nunmehr, z. B. durch Nennung eines unwesentlichen Mangels oder eines nicht vorhandenen wesentlichen Mangels, die Fiktion verhindern, obwohl er zur Abnahme verpflichtet wäre. Dem Unternehmer verbleibt nur der hürdenvolle Einwand des Rechtsmissbrauchs.[208]

Auch besteht ein Wertungswiderspruch zwischen der Abnahmeverpflichtung aus § 640 Abs. 1 Satz 1 BGB und den Voraussetzungen des Eintritts der Abnahmefiktion

---

202 BT-Drucks. 18/8486, 18. Mai 2016, S. 48; auch *Breitling*, NZBau 2017, 393.
203 BT-Drucks. 18/8486, 18. Mai 2016, S. 48.
204 BT-Drucks. 18/8486, 18. Mai 2016, S. 48.
205 Vgl. *Deutscher Baugerichtstag e. V.*, Stellungnahme zum Referentenentwurf, S. 13.
206 *Breitling*, NZBau 2017, 393 ff.; *Kimpel*, NZBau 2016,734 f.; *Orlowski*, ZfBR 2016, 419 (421 f.); *Tschäpe/Werner*, ZfBR 2017, 419 (421).
207 *Kimpel*, NZBau 2016, 734; *Tschäpe/Werner*, ZfBR 2017, 419 (421).
208 *Orlowski*, ZfBR 2016, 419 (421).

aus § 640 Abs. 2 Satz 1 BGB.[209] Einerseits besteht die Verpflichtung des Bestellers zur Abnahme des Werkes auch bei Vorliegen unwesentlicher Mängel und er kann die Abnahme aus diesem Grund nicht verweigern. Im Rahmen der Abnahmefiktion reicht andererseits die Nennung eines unwesentlichen Mangels aus, um den Eintritt der Rechtswirkungen der Abnahme ausscheiden zu lassen. Der Unternehmer kann in diesen Fällen trotz des Vorliegens der Abnahmereife die Abnahme nicht mehr einseitig fingieren.

Zudem ist im Gleichlauf mit der alten Regelung die Fertigstellung des Werkes weiterhin Voraussetzung für den Eintritt der Abnahmefiktion. Dies wurde ausdrücklich in § 640 Abs. 2 Satz 1 BGB normiert. Nach der Gesetzesbegründung liegt eine Fertigstellung i. S. d. § 640 Abs. 2 BGB vor, „wenn das Werk nach der vertraglichen Vereinbarung der Parteien als „fertig" anzusehen ist. Dies [sei] der Fall, wenn die im Vertrag genannten Leistungen abgearbeitet beziehungsweise erbracht sind – unabhängig davon, ob Mängel vorliegen oder nicht."[210] Insofern liege ein Unterschied zum Begriff der Fertigstellung aus § 3 Abs. 2 Satz 2 Nr. 2 Spiegelstrich 12 MaBV vor, der eine vollständige Fertigstellung und somit eine Abnahmereife des Werkes voraussetzt.[211] Die Beweislast über das Vorliegen der Fertigstellung obliegt dem Unternehmer. Diese Einschätzung birgt ähnliche Schwierigkeiten wie die Bewertung der Abnahmereife, zumal zwischen der Fertigstellung nach § 640 Abs. 2 BGB und dem Vorliegen der Abnahmereife ein schmaler Grat bestehen dürfte.[212] Die von der Reform angestrebte Besserstellung des Unternehmers durch eine gerechtere Risikoverteilung kann deshalb bezweifelt werden.

Im Ergebnis schafft die Reform einerseits den bestehenden Unsicherheiten in der Praxis, über den Eintritt der Abnahmefiktion wegen der vorausgesetzten Abnahmereife, Abhilfe, öffnet jedoch auf der anderen Seite weitere Problemfelder. Die Blockademöglichkeiten des Bestellers werden erhöht. Zudem werden die bestehenden Unsicherheiten nicht behoben, sondern verlagert. Meinungsverschiedenheiten über das Vorliegen der Abnahmereife werden zukünftig von der Diskussion über das Vorliegen der Fertigstellung bzw. die rechtsmissbräuchliche Nennung eines Mangels abgelöst. Wie die Praxis damit umgeht und ob sich das Ziel der erhöhten Praxistauglichkeit erfüllt, kann nur abgewartet werden.

Neben der gesetzlichen Abnahmefiktion aus § 640 Abs. 2 BGB können die Vertragsparteien zudem weitere Regelungen zum Eintritt einer Abnahmefiktion treffen. Dabei muss grundsätzlich unterschieden werden, ob es sich lediglich um die vertragliche Bestimmung einer angemessenen Frist i. S. d. § 640 Abs. 2 Satz 1 BGB handelt oder ob die Vereinbarung die Voraussetzungen für den Eintritt der Abnahmefiktion modifiziert. Ersteres ist ohne weiteres zulässig, insbesondere weil die Ver-

---

209 Vgl. *Orlowski*, ZfBR 2016, 419 (422); auch *Breitling*, NZBau 2017, 393 (394).

210 Vgl. BT-Drucks. 18/8486, 18. Mai 2016, S. 49.

211 BT-Drucks. 18/8486, 18. Mai 2016, S. 49.

212 *Breitling*, NZBau 2017, 393 (395); *Kimpel*, NZBau 2016, 735; *Tschäpe/Werner*, ZfBR 2017, 419 (421).

einbarung einer unangemessenen Frist durch den Ablauf einer angemessenen Frist ersetzt wird.[213] In Betracht kommen beispielsweise Vereinbarungen in Anlehnung an § 12 Abs. 5 Nr. 1 VOB/B, wonach die Leistung mit Ablauf von zwölf Werktagen nach schriftlicher Mitteilung über die Fertigstellung als abgenommen gilt.

In Bezug auf die Modifikation der Voraussetzungen des § 640 Abs. 2 BGB sind vertragliche Regelungen kritisch zu sehen. § 640 Abs. 2 BGB stellt grundsätzlich eine abschließende Regelung zum Eintritt einer Abnahmefiktion dar,[214] sodass eine Vereinbarung, die die Abnahme für einen Zeitpunkt vor Fertigstellung des Werkes fingieren will, unwirksam ist. Bei Geltung des AGB-Rechts muss die Regelung zudem den Anforderungen des § 308 Nr. 5 BGB entsprechen. Demnach sind Klauseln unwirksam, die eine Erklärung fingieren, wenn dem Vertragspartner keine angemessene Frist zur Abgabe der ausdrücklichen Abnahme eingeräumt wird und der Verwender sich nicht verpflichtet, den Vertragspartner bei Beginn der Frist auf die vorgesehene Bedeutung seines Handelns hinzuweisen. Des Weiteren kann von der speziellen Vorschrift über den Eintritt der Abnahmefiktion zu Lasten eines Verbrauchers aus § 640 Abs. 2 Satz 2 BGB nach § 650o BGB nicht zum Nachteil des Verbrauchers abgewichen werden. Eine Anknüpfung der Vereinbarung an beispielsweise die vorzeitige Inbesitznahme oder das Nichterscheinen zum Abnahmetermin[215] ist demnach nur möglich, wenn die übrigen Wirksamkeitsvoraussetzungen erfüllt sind.

E. Getrennte Abnahme von Gemeinschafts- und Sondereigentum

Grundsätzlich umfasst die Abnahme nach § 640 Abs. 1 Satz 1 BGB das gesamte nach dem Werkvertrag geschuldete Werk. Im Rahmen von Bauträgerverträgen, die die Errichtung einer Wohneinheit auf einem nach WEG geteilten Grundstück beinhalten, umfasst das abzunehmende Werk sowohl den Gebäudeteil, der das Sondereigentum darstellt, als auch die Gebäudeteile, die im gemeinschaftlichen Eigentum der jeweiligen Wohnungseigentümer stehen. Der Bauträger hat jedoch regelmäßig ein Interesse daran, dass die das Sonder- und die das Gemeinschaftseigentum betreffenden Teile getrennt abgenommen werden, um die für ihn günstigen Rechtsfolgen der Abnahme frühestmöglich zu erreichen. Dies hängt einerseits mit den verschiedenen Fertigstellungszeitpunkten und andererseits mit den unterschiedlichen Zeitpunkten der Vertragsabschlüsse und der jeweiligen Inbesitznahmen ab.[216] Während das Gemeinschaftseigentum und die Außenanlagen in der Regel erst später fertiggestellt und infolgedessen abnahmereif werden, erfolgt die

213 Vgl. *Raab*, in: Dauner-Lieb/Langen, BGB Schuldrecht, § 640, Rn. 47.
214 *Basty*, Der Bauträgervertrag, Rn. 998.
215 *Basty*, Der Bauträgervertrag, Rn. 997; *Ott*, ZWE 2010, 157 (158).
216 *Sterner*, BauR 2012, 1160.

Übergabe der Wohneinheiten häufig schon zu einem früheren Zeitpunkt.[217] Das Interesse an einer möglichst frühen Besitzübergabe der Wohneinheit ist bei den Erwerbern evident.[218] Das diesbezügliche Interesse des Bauträgers ergibt sich aus § 3 Abs. 2 Satz 2 Nr. 2 Spiegelstrich 10 MaBV. Die Bezugsfertigkeit der Einheit stellt im Rahmen des Ratenplans einen weiteren Bauabschnitt dar, der Zug um Zug gegen die Besitzübergabe die Fälligkeit eines weiteren Prozentsatzes der Vergütung auslöst. Bezugsfertigkeit i. S. d. § 3 Abs. 2 Satz 2 Nr. 2 Spiegelstrich 10 MaBV setzt lediglich eine Zumutbarkeit des Bezugs voraus und erfordert keine vollständige Fertigstellung des Gemeinschaftseigentums. So muss beispielsweise zwar ein sicherer Zugang zur Wohnung gewährleistet sein, während der Außenputz hingegen noch nicht erforderlich ist.[219] Aus diesem Grund erfolgt die Besitzübergabe der Wohneinheit in der Regel vor Fertigstellung des Gemeinschaftseigentums. Im Rahmen einer einheitlichen späteren Abnahme des Gesamtwerks, würde der Bauträger sowohl die Leistungs- als auch die Vergütungsgefahr noch tragen, obwohl bereits eine Inbesitznahme der Wohnungen durch die Erwerber erfolgt ist.

Eine getrennte Abnahme ist nur dann möglich, wenn Teilabnahmen der Werkleistung nach dem Gesetz zulässig sind. Zwar sieht § 640 BGB dies grundsätzlich nicht vor, aus § 641 Abs. 1 Satz 2 BGB[220] ergibt sich jedoch, dass Teilabnahmen grundsätzlich möglich sind. Die dafür vorausgesetzte Teilbarkeit der Werkleistung liegt bei der Trennung von Sonder- und Gemeinschaftseigentum vor, da eine eindeutige Zuordnung erforderlich und auch tatsächlich möglich ist.[221] Eine dem § 12 Abs. 2 VOB/B vergleichbare gesetzliche Teilabnahmepflicht sieht das BGB jedoch nicht vor, sodass die getrennte Abnahme von Sonder- und Gemeinschaftseigentum vertraglich von den Parteien im Bauträgervertrag vereinbart werden muss.[222] Die Verträge sehen dementsprechend in der Regel vor, dass zunächst die Abnahme des Sondereigentums bei Fertigstellung und Übergabe erfolgt und die Abnahme des Gemeinschaftseigentums erst später mit dessen vollständiger Fertigstellung stattfindet.[223] Hinsichtlich des Gemeinschaftseigentums, welches sich ausschließlich im Bereich von Sondereigentum befindet, stellt sich das Problem, dass die einzelnen Wohneinheiten zur Zeit der Abnahme des Gemeinschaftseigentums in der Regel schon übergeben wurden und sich infolgedessen im Besitz der Erwerber befinden. Aus diesem Grund müsste vertraglich vereinbart werden, dass die einzelnen Erwerber zur Abnahme des Gemeinschaftseigentums in ihrer Wohnein-

---

217 *Blank*, Bauträgervertrag, Rn. 378.

218 Vgl. dazu auch LG München I, Beschluss vom 23. Juni 2016–11 O 10314/16 –, juris-Rn. 36, MittBayNot 2017, 371 f.

219 *Basty*, in: FS für Wenzel, 103 (104 f.); *Marcks*, in: Marcks, MaBV, § 3, Rn. 40 f.

220 *„Ist das Werk in Teilen abzunehmen [...]"*.

221 Vgl. BGH, Urteil vom 30. Juni 1983 – VII ZR 185/81 –, juris-Rn. 20, BauR 1983, 573 ff.

222 *Messerschmidt*, in: Messerschmidt/Voit, Privates Baurecht, II. Teil, § 640 BGB, Rn. 146; *Raab*, in: Dauner-Lieb/Langen, BGB Schuldrecht, § 640, Rn. 18.

223 *Basty*, Der Bauträgervertrag, Rn. 1002.

heit den betreffenden Personen Zugang gewähren.[224] Als Alternative hierzu wird häufig vereinbart, dass der jeweilige Erwerber bei Abnahme des Sondereigentums auch das darin befindliche Gemeinschaftseigentum abnimmt.[225]

Zum Teil wird zudem, insbesondere im Rahmen umfangreicher Vorhaben, aufgrund der schrittweisen Fertigstellung, die Abnahme der dem Gemeinschaftseigentum angehörenden Gebäudeteile in weitere Teilabnahmen untergliedert. So kommt beispielsweise eine einzelne Abnahme der Tiefgarage oder der Außenanlagen in Betracht.[226] Erfolgt eine getrennte Abnahme verschiedener im gemeinschaftlichen Eigentum stehender Werke, ohne dass diese Teilabnahmen vertraglich vereinbart wurden, ist das Gemeinschaftseigentum erst mit der letzten Abnahme abgenommen.[227]

Eine weitere Besonderheit stellt häufig die Abnahme des Gemeinschaftseigentums bei Mehrhausanlagen dar. Bei einer vertraglichen Beschränkung der Herstellungsverpflichtung auf ein selbstständiges Gebäude[228] gilt dies auch für die Abnahme.[229] Die jeweiligen Erwerber sind in diesem Fall nur zur Abnahme des Gemeinschaftseigentums in dem Gebäude verpflichtet, in dem ihre Einheit belegen ist.

Hinsichtlich der von ihr ausgehenden Rechtsfolgen unterscheidet sich die Teilabnahme nicht von der Abnahme des gesamten Werkes.[230] Insbesondere die Verjährung beginnt bereits mit Abnahme des jeweiligen Teils.[231]

§ 4 Problemstellung

Die Abnahme des Gemeinschaftseigentums erfolgt somit bei Bauträgerverträgen in der Regel getrennt von der Abnahme des Sondereigentums. Hinsichtlich der Abnahme des gemeinschaftlichen Eigentums stellt sich die Frage, ob sie mit jedem Erwerber einzeln oder gemeinschaftlich – in welcher Form auch immer – erfolgen kann. Während der Bauträger die Bauteile, die im gemeinschaftlichen Eigentum stehen, nur einmal errichtet, trägt er die Verpflichtung zur Errichtung dieser Teile gegenüber allen Erwerbern. Jeder Erwerber hat aus dem Bauträgervertrag gem. § 650u Abs. 1 Satz 2 BGB i. V. m. § 631 Abs. 1 BGB einen Anspruch auf mangelfreie Errichtung des Werks, welches im Gemeinschaftseigentum steht. Insofern ist auch jeder Erwerber aus dem Bauträgervertrag verpflichtet, das Gemeinschaftseigentum abzunehmen. Die Abnahme des einen Erwerbers entfaltet im Grundsatz

224 *Pause*, Bauträgerkauf und Baumodelle, Rn. 594.
225 *Basty*, Der Bauträgervertrag, Rn. 1003; zur Zulässigkeit dieser Vereinbarung s. u. 2. Kapitel § 3 C. IV. 1. g.
226 *Hogenschurz*, MDR 2012, 386 (387).
227 OLG Nürnberg, Urteil vom 12. Dezember 2006–9 U 429/06 –, juris-Rn. 62, BauR 2009, 1634; *Pause*, Bauträgerkauf und Baumodelle, Rn. 594.
228 S. o. 1. Kapitel § 2 B. II. 2.
229 *Krick*, MittBayNot 2014, 401 (411).
230 *Raab*, in: Dauner-Lieb/Langen, BGB Schuldrecht, § 640, Rn. 18.
231 BGH, Urteil vom 30. Juni 1983 – VII ZR 185/81 –, juris-Rn. 18, BauR 1983, 573 ff.

keine Wirkung für die anderen Erwerber.[232] Hinsichtlich des Zeitpunktes und der Form der Abnahme des Gemeinschaftseigentums bestehen verschiedene, zum Teil gegensätzliche Interessenlagen.

Es liegt in der Natur der Abnahme, dass der Unternehmer im Rahmen eines Werkvertrags ein Interesse an einer möglichst frühen Übergabe und Abnahme, alsbald nach Fertigstellung des Werkes, hat. Die Abnahme ist mit für ihn günstigen Rechtsfolgen, wie dem Übergang der Vergütungs- und Leistungsgefahr und dem Beginn der Verjährung von Gewährleistungsansprüchen verbunden. Zudem können mit dem Besitz des Werkes lästige Unannehmlichkeiten einhergehen, wenn Maßnahmen zur Obhut wie beispielsweise Verkehrssicherungspflichten notwendig werden.[233]

Es bestehen zudem durchaus Gründe, die das Interesse an einer einheitlichen Abnahme des Gemeinschaftseigentums rechtfertigen.

Im Rahmen der Bauträgerverträge hat der Bauträger zunächst ein beachtliches rechtliches Interesse an einer einheitlichen Abnahme. Dies hängt zunächst damit zusammen, dass die Abnahme den Übergang vom Erfüllungsstadium in das Gewährleistungsstadium darstellt. Erfolgen die Abnahmen des Gemeinschaftseigentums durch die verschiedenen Erwerber zu unterschiedlichen Zeitpunkten, folgt daraus, dass sich ein Teil der Bauträgerverträge noch im Erfüllungsstadium befindet, während die anderen Verträge zu demselben Gebäude bereits das Gewährleistungsstadium erreicht haben. Stellt sich nun ein Mangel am Gemeinschaftseigentum heraus, sieht sich der Bauträger zum einen Ansprüchen auf mangelfreie Herstellung aus § 631 Abs. 1 BGB und zum anderen den in § 634 BGB aufgeführten Gewährleistungsansprüchen gegenüber. Mindert einer der Erwerber, bei dem die Abnahme bereits erfolgt ist, die Vergütung i. S. v. § 638 BGB, bleibt der Herstellungsanspruch eines anderen Erwerbers, dessen Vertrag sich noch im Erfüllungsstadium befindet, trotzdem bestehen. Der Bauträger müsste mangelfrei leisten, ohne vollumfänglich vergütet zu werden, während der mindernde Erwerber ein mangelfreies Objekt erhält ohne die volle Vergütung entrichtet zu haben.[234]

Das Gleiche gilt für einen eventuellen Rechtsverlust i. S. v. § 640 Abs. 3 BGB. Behält sich ein Erwerber seine Rechte wegen eines bekannten Mangels bei der Abnahme nicht vor, verliert er seine Gewährleistungsansprüche in Bezug auf diesen Mangel. Kennt ein anderer Erwerber den Mangel bei Abnahme nicht, hat er einen Anspruch auf Nacherfüllung aus §§ 634 Nr. 1, 635 BGB. In diesem Fall erhält auch der erstgenannte Erwerber, trotz des eingetretenen Rechtsverlusts mangelfreies Eigentum. Die das Vertrauen des Unternehmers schützende Vorschrift des § 640 Abs. 3 BGB[235] hätte demnach im Rahmen getrennter Abnahmen des Gemeinschaftseigentums kaum noch praktische Relevanz.

---

232 BGH, Urteil vom 21. Februar 1985 – VII ZR 72/84 –, juris-Rn. 20, NJW 1985, 1551 f.; *Pause*, Bauträgerkauf und Baumodelle, Rn. 595.

233 *Peters/Jacoby*, in: Staudinger, BGB, § 640, Rn. 28.

234 *Rapp*, MittBayNot 2012, 169 (170).

235 *Raab*, in: Dauner-Lieb/Langen, BGB Schuldrecht, § 640, Rn. 35.

Ein weiterer Grund für das an einer einheitlichen Abnahme bestehende Interesse des Bauträgers liegt in dem Umstand, dass die Abnahme gem. § 634a Abs. 2 BGB den Beginn der Verjährung darstellt. Im Rahmen unterschiedlicher Abnahmen des Gemeinschaftseigentums durch die verschiedenen Erwerber beginnt auch die fünfjährige Verjährungsfrist der Gewährleistungsansprüche zu unterschiedlichen Zeitpunkten. Dies führt dazu, dass unter Umständen in Bezug auf denselben Mangel die Gewährleistungsansprüche zum Teil verjährt und zum Teil noch durchsetzbar sind.[236] Demzufolge ist der Bauträger, insbesondere in Fällen eines schleppenden Verkaufs, über einen deutlichen längeren Zeitraum als die vom Gesetz vorgeschriebenen fünf Jahren etwaigen Gewährleistungsansprüchen ausgesetzt. Hinzu kommt, dass die üblichen Gebrauchsspuren der früheren Erwerber für den späteren Erwerber einen Mangel am Gemeinschaftseigentum darstellen könnten.[237]

Diese Problematik erhöht sich bei Betrachtung des Inhalts der Mängelrechte. Wird der Umfang der Gewährleistungsansprüche dahingehend verstanden, dass jeder einzelne Erwerber einen uneingeschränkten Anspruch auf Beseitigung des Mangels am Gemeinschaftseigentums hat, könnte jeweils der „letzte“ Erwerber seinen Anspruch vollumfänglich gegen den Bauträger geltend machen, obwohl alle Ansprüche der übrigen Erwerber verjährt sind. Die Gewährleistungsfrist verlängerte sich dementsprechend zu Lasten des Bauträgers „um den Zeitraum zwischen der ersten und der letzten Abnahme“[238] des Gemeinschaftseigentums. Dies führt nicht nur zu einer erheblichen Kalkulationsunsicherheit, sondern auch zu einem deutlich erhöhten Kostenrisiko.[239]

Zudem errichtet der Bauträger das Bauwerk in der Regel nicht selber, sondern schließt Verträge mit einzelnen Subunternehmern. Hinsichtlich dieser Verträge gilt, genauso wie bei den Bauträgerverträgen, gem. § 634a Abs. 1 Nr. 2 BGB eine jeweilige Verjährungsfrist für etwaige Gewährleistungsansprüche von fünf Jahren, die mit Abnahme der Werkleistung beginnt. Diese liegt beispielsweise bei den Rohbauarbeiten in der Regel einige Zeit vor der Abnahme durch die Erwerber. Laufen die Verjährungsfristen aus den Bauträgerverträgen, wie oben beschrieben, über einen deutlich längeren Zeitraum als fünf Jahre, erhöht sich das Risiko des Bauträgers Gewährleistungsansprüchen der Erwerber ausgesetzt zu sein, ohne bei den eigenen Subunternehmern Regress nehmen zu können.[240]

Der Bauträger hat aus diesen Gründen nicht nur ein rechtliches Interesse an einer möglichst frühen Abnahme, sondern auch an einer einheitlichen Abnahme.

Zudem sprechen praktische Erwägungen für eine einheitliche Abnahme des Gemeinschaftseigentums. Der Bauträger spart bei einer einheitlichen Abnahme

---

236 *Rapp*, MittBayNot 2012, 169 (170).
237 *Basty*, Der Bauträgervertrag, Rn. 1006.
238 Vgl. *Lotz*, BauR 2003, 740 (744).
239 *Krick*, MittBayNot 2014, 401 (403).
240 *Häublein*, DNotZ 2002, 608 (611); *Pauly*, ZMR 2011, 532; *Rapp*, MittBayNot 2012, 169 (171).

mit allen Erwerbern, vor allen Dingen bei Vorhaben mit vielen Einheiten, nicht nur Geld, sondern auch Zeit.[241] Auch die Erwerber können ein Interesse an einer einheitlichen Abnahme des Gemeinschaftseigentums haben, insbesondere wenn der Abnahme ein neutraler, vom Bauträger bezahlter Sachverständiger beiwohnt. Die im gemeinschaftlichen Eigentum stehenden Bauteile machen ungefähr 95 % der herzustellenden Baumasse aus, sodass die Abnahme in wirtschaftlicher Hinsicht höchst bedeutsam und in technischer Hinsicht vielseitig und kompliziert ist. Die Abnahme bietet demnach eine Fülle technischer Fragestellungen, denen der durchschnittliche Erwerber als Laie nicht gewachsen ist.[242] Gerade bei größeren Wohnanlagen könnte es sich jedoch als schwierig erweisen, einen gemeinsamen Termin mit allen Erwerbern zu finden und durchzuführen. Insofern wäre es aus Praktikabilitätsgründen sinnvoll, eine Vertreterregelung für die einheitliche Abnahme zu treffen.[243]

Auf der anderen Seite handelt es sich bei der Abnahme des Gemeinschaftseigentums um eine individualrechtliche Pflicht aus dem Bauträgervertrag. Die Abnahme durch die einzelnen Erwerber betrifft nur das jeweilige Vertragsverhältnis zu dem Bauträger und hat grundsätzliche keine Auswirkungen auf die anderen Vertragsverhältnisse.[244]

Die Abnahme des Gemeinschaftseigentums hat auch für die Erwerber eine erhebliche Bedeutung und ist im Grundsatz „ausschließlich mit negativen Konsequenzen verbunden“[245]. Sie bildet die Zäsur für die Gefahrtragung des Bauträgers, stellt den Beginn der Verjährung dar und geht möglicherweise mit einem Rechtsverlust i. S. v. § 640 Abs. 3 BGB einher. Aus diesem Grund haben die Erwerber ein großes Interesse daran, das Werk eingehend auf Mängel zu überprüfen, sich Rechte wegen bekannter Mängel vorzubehalten und unter Umständen die Abnahme verweigern zu können.[246] Die für sie nachteiligen Rechtsfolgen dürfen erst eintreten, „wenn [sie] zuvor eine echte Möglichkeit zur sachgerechten Durchführung der werkvertraglichen Abnahme hatte[n]“[247].

Für die Erwerber sind zeitlich getrennte Abnahmen des gemeinschaftlichen Eigentums in der Regel von Vorteil. Insbesondere hinsichtlich der Verjährung etwaiger Gewährleistungsansprüche profitieren alle Erwerber in zeitlicher Hinsicht von später erfolgenden Abnahmen.[248]

Zudem ist bei Regelungen in Bezug auf die Abnahme des gemeinschaftlichen Eigentums eine gewisse Schutzbedürftigkeit der Erwerber zu berücksichtigen. Beim Erwerb eines Eigenheimes bringt der durchschnittliche Erwerber den Großteil seines

241 *Pauly*, ZfBR 2013, 3 (4).
242 *Basty*, BauR 2012, 316 (322); *Krick*, MittBayNot 2014, 401 (403); *Oefele*, DNotZ 2011, 249 (253, 257 f.); *Pause*, notar 2013, 262.
243 *Häublein*, DNotZ 2002, 608 (610); *Pauly*, ZMR 2011, 532.
244 *Pause*, Bauträgerkauf und Baumodelle, Rn. 595.
245 Vgl. *Pauly*, ZMR 2011, 532.
246 *Pause*, ZfIR 2014, 127 (130).
247 Vgl. *Krick*, MittBayNot 2014, 401 (402).
248 BGH, Urteil vom 21. Februar 1985 – VII ZR 72/84 –, juris-Rn. 22, NJW 1985, 1551 f.

Vermögens ein, während er auf der anderen Seite mit den komplexen technischen und juristischen Aspekten der Bauträgerschaft, des Hausbaus und des Grundstückserwerbs nicht vertraut ist.[249] Zudem handelt es sich bei den Erwerbern im Rahmen eines Bauträgervertrags typischerweise um Verbraucher i. S. v. § 13 BGB, sodass grundsätzlich an die Inhaltskontrolle aufgrund der Schutzbedürftigkeit strengere Maßstäbe zu setzen sind.[250]

Vor diesem Hintergrund könnten die Interessen des Bauträgers an einer frühzeitigen einheitlichen Abnahme zurücktreten. Es liegt grundsätzlich in der Hand des Bauträgers ein mangelfreies Bauwerk zu erstellen und durch die verlängerte Durchsetzbarkeit der Gewährleistungsansprüche entstandene Kostenrisiko zu minimieren,[251] zumal das erhöhte Risiko in die Gewinnkalkulation eingestellt werden kann.[252]

Des Weiteren ergeben sich bei einer einheitlichen Abnahme des Gemeinschaftseigentums aufgrund der Vielzahl der Erwerber mit jeweils eigenständigen Bauträgerverträgen, die zu unterschiedlichen Zeitpunkten geschlossen wurden, eine Reihe von rechtlichen Problemstellungen. Zunächst ist fraglich, wie spätere Erwerber an eine Abnahme gebunden werden sollen, die zu einem Zeitpunkt stattfand, als sich der eigene Vertrag noch nicht einmal anbahnte.[253] Ist dies nicht möglich, könnte eine einheitliche Abnahme erst erfolgen, wenn sämtliche Einheiten des Bauprojekts veräußert wurden, womit dem Bauträger, insbesondere bei schleppendem Verkaufserfolg, nicht geholfen wäre. Zudem stellt sich die Frage, wie im Rahmen einer einheitlichen Abnahme mit unterschiedlichen Herstellungsverpflichtungen in den einzelnen Bauträgerverträgen umgegangen wird. Was für den einen Erwerber eine mangelfreie Herstellung des Werkes darstellt, kann für andere Erwerber mangelhaft sein.

Aufgrund der unterschiedlichen betroffenen Rechtskreise (Gemeinschafts-, Wohnungseigentums- und Werkvertragsrecht) und der zum Teil stark divergierenden Interessenlage, gestaltet sich eine Regelung der Abnahme des Gemeinschaftseigentums, die allen schützenswerten Interessen gleichermaßen gerecht wird, als höchst problematisch.[254]

---

249 *Lucenti*, NZBau 2010, 469.
250 *Meyer*, RNotZ 2006, 497 (498).
251 *Ott*, ZWE 2013, 253 (254).
252 *Pauly*, ZfBR 2013, 3 (4).
253 *Basty*, Der Bauträgervertrag, Rn. 1007.
254 *Krick*, MittBayNot 2014, 401; *Vogel*, BauR 2010, 1992.

2. Kapitel: Abnahme des Gemeinschaftseigentums

§ 1 Inhalt der Abnahme

Vor dem Hintergrund der Problemstellung stellt sich zunächst die Frage, ob der von der Rechtsprechung entwickelte zweigliedrige Abnahmebegriff rechtlich haltbar ist.

Trotz der langen Tradition in der Rechtsprechung und der weiten Verbreitung im Schrifttum ist der zweigliedrige Abnahmebegriff immer wieder auf Kritik gestoßen. Dabei wird sowohl die Auffassung vertreten, dass die körperliche Entgegennahme für eine werkvertragliche Abnahme ausreiche als auch, dass es auf die Übergabe nicht ankomme und nur eine Billigung erforderlich sei.[255]

Schwierigkeiten bei der allgemeingültigen Bestimmung der Anforderungen an den Inhalt der Abnahme bereitet der Umstand, dass mit den Möglichkeiten der Werkvertragsgegenstände eine erhebliche Vielfalt einhergeht.[256] Neben beweglichen und unbeweglichen körperlichen Gegenständen, umfasst die werkvertragliche Herstellung auch unkörperliche Werke in Form eines durch Arbeit oder Dienstleistung herbeizuführenden Erfolgs, wie Planungs- und Überwachungsarbeiten. Zudem können sich die Besitzverhältnisse der körperlichen Werke zur Zeit der Herstellung unterscheiden. Sie können sich im Besitz des Unternehmers oder des Bestellers sowie im jeweiligen Mitbesitz befinden.

Die Bestimmung des Inhalts der Abnahme ist nicht nur im Allgemeinen vor dem Hintergrund der Rechtsklarheit und Rechtssicherheit bedeutsam, sondern spielt auch für die Frage einer Regelung der Abnahme des Gemeinschaftseigentums eine wesentliche Rolle.

A. Nur Entgegennahme des Werkes (Besitztheorie)

Die Erforderlichkeit einer Billigung durch den Besteller im Rahmen der Abnahme stößt teilweise in praktischer als auch rechtlicher Hinsicht auf erhebliche Kritik, sodass im logischen Fortgang die körperliche Entgegennahme als ausreichender Inhalt einer werkvertraglichen Abnahme gesehen wird.[257]

Zunächst könne aus der Existenz nicht abnahmefähiger Werke geschlossen werden, dass es im Rahmen einer Abnahme nicht auf eine Billigung ankommen könne, da grundsätzlich keine Werke vorstellbar seien, die einer Billigung nicht zugänglich wären. Die Unterscheidung zwischen abnahmefähigen und nicht abnahmefähigen Werken könne deshalb nur in einer zumindest theoretischen Übergabefähigkeit

255 *Busche*, in: MüKo-BGB, § 640, Rn. 2.
256 *Temming*, AcP 2015, 17 (45).
257 Insbesondere: *Peters* ZGS 2011, 304 ff.; *Peters*, BauR 2013, 381 ff.; *Peters/Jacoby*, in: Staudinger, BGB, § 640, Rn. 7 ff.

liegen.[258] Die Billigung des Werkes sei aus diesem Grund nicht Inhalt der Abnahme, sondern lediglich das Motiv für die Entgegennahme des Werkes.[259]

Dadurch, dass eine erfolgreiche Abnahme von dem Verhalten des Bestellers abhängig ist, berge dies zudem die Gefahr, dass der Besteller durch eine Verzögerung oder Blockade die für ihn mit der Abnahme verbundenen negativen Rechtsfolgen zeitlich nach hinten hinausschiebt.[260]

Durch die subjektive Komponente würde zudem die aufgrund der Bedeutung der Abnahme im Werkvertragsrecht erforderliche Rechtsklarheit und Rechtssicherheit verfehlt. Es könne grundsätzlich nicht darauf ankommen, was der Besteller von dem Werk hält, sondern nur ob es objektiv den Anforderungen des Vertrags gerecht wird. Auch im Rahmen des § 646 BGB komme es hinsichtlich des Gefahrübergangs und des Beginns der Gewährleistungsfristen lediglich auf das objektive Merkmal der Vollendung an.[261]

Zudem verstoße es gegen die Meinungsfreiheit aus Art. 5 Abs. 1 GG, dass der Unternehmer gem. § 640 Abs. 1 Satz 1 BGB einen Anspruch auf Abgabe eines Werturteils in Form einer Billigung habe.[262]

Aber auch aus rechtlicher Sicht erscheine es systemfremd, dass den identischen Begriffen der Abnahme im Kauf- und im Werkvertragsrecht unterschiedliche Bedeutungen zukommen sollen. Während der Käufer die Kaufsache nur entgegennimmt, ist beim herrschenden zweigliedrigen Abnahmebegriff beim Besteller zusätzlich eine Billigung des Werkes erforderlich.[263] Wie beim Kaufvertrag sei es auch im Werkvertrag ausreichend, dass die mit der Abnahme verbundenen Rechtsfolgen durch die Übergabe des Werkes eintreten. Mit dem Besitz an der Sache geht eine Prüfmöglichkeit und Risikobeherrschung einher, die den Übergang der Leistungs- und Preisgefahr sowie den Verjährungsbeginn der Gewährleistungsrechte rechtfertige.[264] Diese Parallelität der Gefahrtragungsregelungen im Kauf- und Werkvertragsrecht belege auch der Verweis in § 644 Abs. 2 BGB auf die kaufrechtliche Regelung zur Gefahrtragung beim Versendungskauf.[265]

Im Ergebnis würden somit sowohl der Wortlaut und die Systematik des BGB sowie praktische Erwägungen gegen die Erforderlichkeit einer Billigung des Werkes als im Wesentlichen vertragsgemäß sprechen, sodass sich die werkvertragliche Abnahme lediglich auf die körperliche Entgegennahme beschränke.

Vor dem Hintergrund der werkvertraglichen Abnahme der Bauteile, die im gemeinschaftlichen Eigentum stehen, hätte das Ausreichen der bloßen Entgegennahme des Werkes erhebliche Konsequenzen. Zur Zeit der Fertigstellung des

---

258 Ausführlich: *Peters*, BauR 2013, 381 (382).
259 *Peters*, ZGS 2011, 304 (308); *Peters*, BauR 2013, 381 (385).
260 *Böggering*, JuS 1978, 512; *Temming*, AcP 2015, 17 (23).
261 *Peters*, BauR 2013, 381 (386).
262 *Peters*, BauR 2013, 381 (382).
263 *Peters*, ZGS 2011, 304; *Peters*, BauR 2013, 381 (383).
264 *Peters*, BauR 2013, 381 (386); *Peters/Jacoby*, in: Staudinger, BGB, § 640, Rn. 9.
265 *Peters*, ZGS 2011, 304 (310); *Peters*, BauR 2013, 381 (388).

Gemeinschaftseigentums wurden den Erwerbern in der Regel die jeweiligen Wohnungen bereits übergeben, sodass sich das Gemeinschaftseigentum im Wesentlichen im alleinigen Besitz, zumindest aber im Mitbesitz der Erwerber befindet.[266] Die Übergabe des Gemeinschaftseigentums findet somit regelmäßig vor Abnahmereife statt. In diesen Fällen stellt sich die Frage, ob die Abnahme des Gemeinschaftseigentums bereits mit der Übergabe vor Abnahmereife erfolgt ist. Zwar besteht vor der Abnahmereife keine Verpflichtung des Bestellers zur Abnahme, es steht ihm jedoch grundsätzlich frei, das Werk trotzdem abzunehmen.[267] In der Entgegennahme könnte somit bereits die Abnahme liegen. Alternativ besteht die Möglichkeit, dass sich die Wirkungen der Abnahme beim sich im Besitz der Erwerber befindlichen Gemeinschaftseigentum aufgrund fehlender Abnahmefähigkeit gem. § 646 BGB mit Vollendung einstellen. Im Falle des Mitbesitzes könnte die Abnahme durch die Aufgabe des Mitbesitzes durch den Bauträger erfolgen.

B. Stellungnahme

Die Vorschriften des BGB enthalten keine explizite Bestimmung des Inhalts der werkvertraglichen Abnahme, sodass die diesbezüglichen Anforderungen durch Auslegung des Gesetzestextes zu ermitteln sind.

Der sog. Besitztheorie ist zuzugestehen, dass eine einheitliche Verwendung der Begrifflichkeit im Kauf- und Werkvertragsrecht der Rechtsklarheit und -sicherheit zugutekommt und grundsätzlich im Interesse der Rechtsanwendung steht. Auf der anderen Seite müssen die bestehenden Unterschiede zwischen den Vertragsarten berücksichtigt werden. Während Kaufverträge Kaufsachen zum Gegenstand haben, die bei Vertragsschluss schon existent sind, umfasst die Herstellungsverpflichtung im Rahmen von Werkverträgen in der Regel Werke, die bei Vertragsschluss nur in den Vorstellungen der Vertragsparteien existieren. Der Besteller hat ein anderes Interesse an der Begutachtung und Überprüfung des Werkes, wohingegen der Käufer dies häufig schon vor der Kaufentscheidung erledigt hat.

Auch kommt den beiden Abnahmebegrifflichkeiten im Gesetzestext des BGB ein unterschiedlicher Bedeutungsgehalt zu. Während die mit dem Übergang vom Erfüllungsstadium ins Gewährleistungsstadium verknüpften Rechtsfolgen beim Kaufvertrag im Wesentlichen auf die Übergabe der Kaufsache abstellen[268], bildet im Werkvertragsrecht, wie oben beschrieben, ausdrücklich die Abnahme diese Zäsur. Im Rahmen der Bestimmung des Inhalts der werkvertraglichen Abnahme, der vom Wortlaut des Gesetzes nicht eindeutig umschrieben wird, müssen auch die erheblichen mit der Abnahme verbundenen Rechtsfolgen Berücksichtigung finden, damit

266 *Pause*, Bauträgerkauf und Baumodelle, Rn. 578.

267 S. o. 1. Kapitel § 3 B. II.

268 § 438 Abs. 2 BGB: „*Die Verjährung beginnt bei Grundstücken mit der Übergabe. Im Übrigen mit Ablieferung der Sache.*“; § 446 Abs. 1 Satz 1 BGB: „*Mit der Übergabe der verkauften Sache geht die Gefahr des zufälligen Untergangs und der zufälligen Verschlechterung auf den Käufer über*“.

die Anforderungen der wesentlichen Bedeutung gerecht werden.[269] Eine unterschiedliche Auslegung der Begrifflichkeiten ist somit dem unterschiedlichen Sinn und Zweck geschuldet.

Entscheidend ist zudem, welche Vorstellungen der Gesetzgeber von dem Inhalt der werkvertraglichen Abnahme hatte. Nach den Motiven zum ersten Entwurf des BGB aus dem Jahr 1888 sollte die Abnahmeverpflichtung des Bestellers in Analogie zu der Abnahmepflicht des Käufers konzipiert werden.[270] In den Protokollen zum zweiten Entwurf des BGB von 1897 wurde hingegen aufgeführt, dass die werkvertragliche Abnahme ihrem Wesen nach aufgrund der Natur des Werkvertrags nicht der Abnahme im Kaufrecht gleichstehe. Die Abnahme im Werkvertragsrecht erfordere neben der tatsächlichen und räumlichen Entgegennahme des Werkes auch eine Anerkennung der Vertragsmäßigkeit in Form der Annahme als Erfüllung.[271] Aus dem Umstand, dass in Folge dieser Anmerkung der Gesetzesentwurf keine Änderung erfuhr, könnte geschlossen werden, dass der historische Gesetzgeber von einem eingliedrigen Abnahmebegriff ausging und die reine Entgegennahme des Werkes ausreichen lassen wollte.[272] Es ist allerdings nicht eindeutig, dass die Verfasser des ersten Entwurfs von einem reinen besitzbezogenen Verständnis der werkvertraglichen Abnahme ausgingen.[273] Auch den Verfassern war die wesentliche Bedeutung der werkvertraglichen Abnahme und der bestehende Unterschied zur Bedeutung der kaufvertraglichen Abnahme bewusst.[274] Zudem bezog sich die in den Motiven erklärte Analogie der Abnahmevorschrift im Werkvertragsrecht zu jener im Kaufvertragsrecht und die gewünschte Gleichstellung der Vertragsarten nicht auf den Inhalt der Abnahme, sondern auf die Überlegungen der Entwurfsverfasser zur Einführung einer etwaigen Prüfungspflicht des Werkes durch den Besteller.[275]

Ein weiterer Punkt, der dafürspricht, dass der historische Gesetzgeber von einem zweigliedrigen Abnahmebegriff ausging, ist, dass er eine grundsätzliche Abnahmefähigkeit unkörperlicher Werke annahm.[276] Das Gleiche gilt für den heutigen Gesetz-

---

269 *Raab*, in: Dauner-Lieb/Langen, BGB Schuldrecht, § 640, Rn. 3.

270 Motive zum BGB, Band II, S. 490.

271 *Mugdan*, Materialien zum BGB, Band II, S. 924.

272 *Temming*, AcP 2015, 17 (40).

273 *Temming*, AcP 2015, 17 (41 f.).

274 Motive zum BGB, Band II, S. 499: *„[...] als die Abnahme des Werkes, mindestens in vielen Fällen, von größerer Bedeutung ist, als der Übergabe der gekauften Sache regelmäßig zukommt."*

275 Motive zum BGB, Band II, S. 490: *„Der Entwurf hat [...] auch hier davon Abstand genommen, eine Prüfungspflicht des Bestellers vorzuschreiben, da kein Grund obwaltet, denselben nachteiliger zu stellen wie im Veräußerungsfalle den Erwerber der Sache."*

276 *Mugdan*, Materialien zum BGB, Band II, S. 283: *„Während nach gemeinem Rechte die Vorschriften über den Werkvertrag auch auf den Vertrag Anwendung finden, welcher nicht die Herstellung oder Veränderung einer Sache, sondern einen anderweiten, durch Arbeitsleistung oder Dienstleistung zu bewirkenden Erfolg, insbes. den Transport von Personen und Sachen, sowie sog. immaterielle wissenschaftliche und künstlerische*

geber.[277] Können demnach auch nicht körperliche Werke abgenommen werden, bedarf eine Abnahme mehr als nur einer körperlichen Entgegennahme, da die Abnahme unkörperlicher Werke sonst leerliefe.[278] Dies spricht für das Erfordernis einer Billigung.

Dem könnte wiederum entgegengehalten werden, dass Werke, die einer Billigung nicht zugänglich und damit abnahmeunfähig i. S. v. § 646 BGB sind, kaum vorstellbar seien. Der Norm würde durch dieses Verständnis der Anwendungsbereich geraubt, was nicht im Sinne des Gesetzgebers gewesen sein könne.[279] Die Entwurfsverfasser gingen jedoch, ohne Beispiele zu nennen, von möglichen Fallgestaltungen nicht billigungsfähiger Werke aus.[280] Eine Abnahmeunfähigkeit i. S. d. § 646 BGB ist demnach nicht erst gegeben, wenn das Werk einer Billigung nicht zugänglich ist, sondern wenn nach den Umständen und der Verkehrsanschauung eine Billigung nicht üblich und demnach nicht zu erwarten oder nach einer Vereinbarung der Parteien nicht erforderlich ist.[281]

Der historische Gesetzgeber ging bei Inkrafttreten des BGB im Jahr 1900 im Ergebnis von einem zweigliedrigen Abnahmebegriff aus. Es gibt keine Anhaltspunkte dafür, dass sich diese Sichtweise bis heute geändert hat. Im Angesicht der gefestigten, höchstrichterlichen Rechtsprechung zum zweigliedrigen Abnahmebegriff[282] hätte der Gesetzgeber bei gegenteiliger Auffassung im Rahmen zahlreicher Reformen die Möglichkeit zur Klarstellung gehabt.[283]

Das Erfordernis der Billigung des Werkes als im Wesentlichen vertragsgemäß neben der bloßen körperlichen Entgegennahme überzeugt zudem vor dem Hintergrund, dass der Unternehmer sonst u. U., beispielsweise durch die Aufgabe des Mitbesitzes, die Abnahme ohne Beteiligung des Bestellers herbeiführen könnte.[284] Des Weiteren wären Werke, die sich bereits im Besitz des Bestellers befinden, einer Abnahme nicht zugänglich. Dies erscheint nicht nur vor dem Hintergrund der wesentlichen Bedeutung der werkvertraglichen Abnahme unbillig, sondern ginge auch zu Lasten

---

Schöpfungen, zum Gegenstand haben [...]." sowie in dem Zusammenhang *Mugdan*, Materialien zum BGB, Band II, S. 284: *„Die entsprechende Anwendbarkeit des § 572 [= § 640 BGB] ist unbedenklich."*

277 § 15 Abs. 1 HOAI: Abnahmefähigkeit der unkörperlichen Architekten- und Ingenieursleistung.

278 *Temming*, AcP 2015, 17 (42).

279 *Peters*, BauR 2013, 381 (382).

280 *Mugdan*, Materialien zum BGB, Band II, S. 284: *„Kann nach den Umständen von einer Abnahme nicht die Rede sein, so verbietet sich die Anwendbarkeit des § 572 [= § 640 BGB] wegen Gegenstandslosigkeit von selbst."*

281 *Raab*, in: Dauner-Lieb/Langen, BGB Schuldrecht, § 646, Rn. 3; *Voit*, in: Bamberger/ Roth, BGB, § 640, Rn. 4; *Sprau*, in: Palandt, § 646, Rn. 1.

282 BGH, Urteil vom 12. Mai 2016 – VII ZR 171/15 –, NJW 2016, 2878 ff.; BGH, Urteil vom 25. April 1996 – X ZR 59/94 –, NJW-RR 1996, 883 ff.; BGH, Urteil vom 18. September 1967 – VII ZR 88/65 –, BGHZ 48, 257 ff.; RG, Urteil vom 24. April 1925 – VI 10/25 –, RGZ 110, 404 (406 f.).

283 Ausführlich: *Temming*, AcP 2015, 17 (47 ff.).

284 *Temming*, AcP 2015, 17 (43).

der Rechtsklarheit und Rechtssicherheit. Die Abnahmefähigkeit bzw. der Zeitpunkt der Abnahme wären nicht werkabhängig, sondern richteten sich nach den gerade bestehenden Besitzverhältnissen. Die daraus folgenden zufälligen Ergebnisse stehen nicht im Einklang mit dem Sinn und Zweck des Abnahmeerfordernisses.

Die einschneidenden und weitreichenden Rechtsfolgen der werkvertraglichen Abnahme für den Besteller erfordern, dass durch die Anforderungen, die an eine Abnahme zu stellen sind, zumindest die Möglichkeit gesichert ist, dass der Besteller die Gelegenheit zur Prüfung der Vertragsmäßigkeit des Werkes hatte. Die bloße körperliche Entgegennahme reicht vor diesem Hintergrund nicht aus, sondern es bedarf einer zusätzlichen Anerkennung des Werkes als im Wesentlichen vertragsgemäß, in Form einer Billigung durch den Erwerber.

C. Nur Billigung des Werkes

Zum Teil wird sogar die Ansicht vertreten, dass im Gegensatz zur oben genannten Auffassung lediglich die Billigung des Werkes als im Wesentlichen vertragsgemäß für den Vollzug der Abnahme notwendig ist.[285]

Mit der Billigung des Werkes würde zwar häufig auch die Entgegennahme einhergehen, da der Besteller das Werk in der Regel nicht billigen werde, bevor er es überprüft habe; die Übernahme des Besitzes sei jedoch nicht als konstitutive Voraussetzung für eine Abnahme erforderlich.[286] Der körperlichen Entgegennahme komme daher lediglich eine Indizwirkung in Bezug auf die Auslegung des Verhaltens vom Besteller hinsichtlich einer Billigung des Werkes zu.[287]

Gegen die Inbesitznahme als konstitutive Voraussetzung der Abnahme spreche zudem die mangelnde Stringenz im Rahmen des zweigliedrigen Abnahmebegriffs. Findet eine Entgegennahme des Werkes durch den Besteller nicht statt, weil er entweder schon im Besitz des Werkes ist, der Unternehmer zunächst den Besitz behält oder ein Dritter Besitzer wird, werde eine Ausnahme vom üblichen Doppeltatbestand gemacht und es komme nur auf eine Billigung an.[288] Auch nach dem herrschenden zweigliedrigen Abnahmebegriff sei das Element der körperlichen Entgegennahme somit nicht zwingend notwendig. Zudem reiche die Billigung des Werkes durch den Besteller als im Wesentlichen vertragsgemäß aus, um die mit der Abnahme verbundenen einschneidenden Rechtsfolgen eintreten zu lassen.[289]

---

285 Insbesondere: *Jakobs*, AcP 1983, 145 (158 ff.); *Messerschmidt*, in: Messerschmidt/Voit, Privates Baurecht, II. Teil, § 640, Rn. 18; *Raab*, in: Dauner-Lieb/Langen, BGB Schuldrecht, § 640, Rn. 6; *Voit*, in Bamberger/Roth, BGB, § 640, Rn. 18.

286 *Raab*, in: Dauner-Lieb/Langen, BGB Schuldrecht, § 640, Rn. 6; *Voit*, in: Bamberger/Roth, BGB, § 640, Rn. 18.

287 *Jakobs*, AcP 1983, 145 (158); *Raab*, in: Dauner-Lieb/Langen, BGB Schuldrecht, § 640, Rn. 6.

288 *Messerschmidt*, in: Messerschmidt/Voit, Privates Baurecht, II. Teil, § 640, Rn. 18; *Voit*, in: Bamberger/Roth, BGB, § 640, Rn. 18.

289 *Raab*, in: Dauner-Lieb/Langen, BGB Schuldrecht, § 640, Rn. 6.

Hinsichtlich der dem Werkvertragsrecht innewohnenden Vielfalt der Vertragsgegenstände, die auch der historische Gesetzgeber dem Abnahmebegriff zugrunde gelegt hat, erscheint es jedoch sinnvoll, am zweigliedrigen Abnahmebegriff festzuhalten, da durch ihn am besten auf die Besonderheiten des Einzelfalles reagiert werden kann.[290] In Bezug auf die werkvertragliche Abnahme der Bauwerke, die im gemeinschaftlichen Eigentum stehen, spielt es keine Rolle, da das Gemeinschaftseigentum den Erwerbern zur Zeit der Abnahmereife typischerweise schon übergeben wurde. Eine Billigung des Werkes durch den Besteller ist nach beiden Ansichten zwingend erforderlich.

D. Eigentumsverschaffung

Zum Teil wird die Auffassung vertreten, dass seit der Schuldrechtsreform die Übertragung des Eigentums an der Werkleistung neben der Abnahmefähigkeit und -reife Voraussetzung für die Abnahme sei.[291]

Im Zuge der Schuldrechtsmodernisierung wurde § 633 Abs. 1 BGB dahingehend geändert, dass der Unternehmer dem Besteller das Werk frei von Sach- und Rechtsmängeln zu verschaffen habe.[292] Die Verankerung der Verschaffungspflicht umfasse, im Gleichlauf zu § 433 Abs. 1 Satz 1 BGB, neben der Verschaffung des Besitzes auch die Verschaffung des Eigentums. Demnach müsse auch vor Abnahme das Eigentum übertragen werden, da andernfalls die Wirkungen der Abnahme einträten, ohne dass der Unternehmer den Vertrag vollständig erfüllt habe.[293]

Im Rahmen von Bauträgerverträgen erfolgt die Übertragung des Eigentums erst nach vollständiger Zahlung des Kaufpreises, welcher, in Abhängigkeit des Ratenzahlungsplanes der MaBV,[294] erst nach vollständiger Fertigstellung des Vertragsgegenstandes entrichtet wird. Wäre die Eigentumsverschaffung Voraussetzung für die Abnahme, würde dies die Abnahme und auch, aufgrund des Interesses des Bauträgers und entgegen der Vorstellung der MaBV[295], die Besitzverschaffung nicht unerheblich zeitlich nach hinten verschieben.[296] Es kann nicht angenommen werden, dass der Bauträger die Wohneinheit übergeben wollen wird, ohne auch die diesbezügliche Leistungs- und Vergütungsgefahr weiterzureichen.

Der Wortlaut des § 640 Abs. 1 Satz 1 BGB bezieht sich jedoch nur auf die in § 631 Abs. 1 BGB verankerte Herstellungsverpflichtung. Die Vorschrift des

---

290 *Temming*, AcP 2015, 17 (45).

291 *Bub*, in: Staudinger/Bub, WEG, § 21, Rn. 242; ausführlich: *Thode*, NZBau 2002, 297 (301 f.).

292 § 633 Abs. 1 BGB a. F.: *„Der Unternehmer ist verpflichtet, das Werk so herzustellen, daß es die zugesicherten Eigenschaften hat und nicht mit Fehlern behaftet ist [...]"*.

293 *Pause*, NZBau 2002, 648 (651 f.); *Thode*, NZBau 2002, 297 (302).

294 § 3 Abs. 2 Satz 2 Nr. 2 Spiegelstrich 12 MaBV.

295 § 3 Abs. 2 Satz 2 Nr. 2 Spiegelstrich 10 MaBV sieht die Besitzübergabe schon bei Bezugsfertigkeit vor

296 *Basty*, Der Bauträgervertrag, Rn. 986.

§ 640 Abs. 1 Satz 1 BGB und auch des § 646 BGB geben demnach keine Anhaltspunkte für das Erfordernis der Eigentumsübertragung zur Begründung der Abnahmeverpflichtung des Bestellers.[297]

Zudem richtet sich die Übertragung des Eigentums beim Bauträgervertrag nach dem Kaufvertragsrecht. Die Verpflichtung des Bauträgers zur Verschaffung des Wohneigentums ergibt sich dementsprechend aus § 433 Abs. 1 Satz 1 BGB und ist nicht Teil der werkvertraglichen Verschaffungspflicht.[298]

Die Verschaffung des Eigentums ist nicht Voraussetzung für die Verpflichtung des Bestellers zur Abnahme des Werkes i. S. v. § 640 Abs. 1 Satz 1 BGB.

E. Rechtsnatur der Abnahme

Auch die Rechtsnatur der Abnahme ist umstritten. Während sie zum Teil als empfangsbedürftige bzw. nicht empfangsbedürftige Willenserklärung eingestuft wird, sehen andere in ihr lediglich eine geschäftsähnliche Handlung oder einen rein tatsächlichen Vorgang.[299]

Die Abnahme umfasst die körperliche Entgegennahme und die Billigung des Werkes. Mit der Billigung bringt der Besteller zum Ausdruck, dass er das Werk als in der Hauptsache vertragsgemäße Leistung gelten lassen möchte. Die Abnahme beinhaltet dementsprechend ein Verhalten, das einen gewissen Willen zum Ausdruck bringt, und ist somit mehr als eine rein tatsächliche Handlung.[300]

Auf der anderen Seite treten die mit der Abnahme einhergehenden Rechtsfolgen unabhängig vom Willen des Bestellers kraft Gesetzes ein, sodass keine klassische Willenserklärung vorliegt.[301]

Bei der Abnahme handelt es sich dementsprechend um eine geschäftsähnliche Handlung[302], auf die die Vorschriften über Willenserklärungen weitestgehend analog angewendet werden können. Die Abnahme kann demnach nur bei Geschäftsfähigkeit erklärt werden.[303] Aufgrund des rechtsgestaltenden Elements ist die Abnahme bedingungs- und befristungsfeindlich.[304]

---

297 *Basty*, Der Bauträgervertrag, Rn. 985.

298 *Pause*, Bauträgerkauf und Baumodelle, Rn. 434 u. 579.

299 OLG Stuttgart, Urteil vom 08. Dezember 2010–4 U 67/10 – juris-Rn. 70, NJW-RR 2011, 669 ff. (m. w. N.); *Busche*, in: MüKo-BGB, § 640, Rn. 4 (m. w. N.).

300 *Raab*, in: Dauner-Lieb/Langen, BGB Schuldrecht, § 640, Rn. 7; a. A. *Peters/Jacoby*, in: Staudinger, BGB, § 640, Rn. 14.

301 *Busche*, in: MüKo-BGB, § 640, Rn. 4; *Raab*, in: Dauner-Lieb/Langen, BGB Schuldrecht, § 640, Rn. 7; *Temming*, AcP 2015, 17 (53); a. A. *Merl*, in: Kleine-Möller/Merl, Handbuch des privaten Baurechts, § 14, Rn. 1; *Werner/Pastor*, Der Bauprozess, Rn. 1798.

302 *Busche*, in: MüKo-BGB, § 133; Rn. 48.

303 *Busche*, in: MüKo-BGB, § 640, Rn. 4; *Raab*, in: Dauner-Lieb/Langen, BGB Schuldrecht, § 640, Rn. 8; *Schwenker*, in: Erman, § 640, Rn. 6.

304 *Schwenker*, in: Erman, § 640, Rn. 6.

Im Ergebnis bedarf die werkvertragliche Abnahme der körperlichen Entgegennahme des Werkes und einer Billigung durch den Besteller. Vor diesem Hintergrund stellt sich die Frage, ob und wie eine gemeinschaftliche Abnahme des Gemeinschaftseigentums bei Bauträgerverträgen erreicht werden kann.

§ 2 Vergemeinschaftung der Abnahme

Hinsichtlich einer einheitlichen Abnahme des Gemeinschaftseigentums bei Bauträgerverträgen ist zunächst eine Abnahme durch die Wohnungseigentümergemeinschaft in Betracht zu ziehen. Dabei stellt sich die Frage, ob aus dem WEG eine Zuständigkeit der Wohnungseigentümergemeinschaft abzuleiten ist. Nach § 640 Abs. 1 Satz 1 BGB ist der Besteller verpflichtet, das vertragsmäßig hergestellte Werk abzunehmen. Besteller des Werkes ist im Rahmen eines Bauträgervertrags jedoch nicht die Wohnungseigentümergemeinschaft, sondern der einzelne Erwerber.[305] Die Abnahme ist eine individuelle Pflicht des Erwerbers und er muss die Abnahme des gemeinschaftlichen Eigentums anderer Erwerber grundsätzlich nicht gegen sich gelten lassen.[306] Aufgrund der Besonderheiten, die sich aus der Teilung des Grundstückes und dem daraus resultierenden gemeinschaftlichen Eigentum ergeben, könnte allerdings die Möglichkeit bestehen, dass die Abnahme des Gemeinschaftseigentums für alle Erwerber einheitlich durch Beschluss der Wohnungseigentümergemeinschaft erfolgt. Eine durch Beschluss erfolgte Abnahme würde gem. § 10 Abs. 4 Satz 1 WEG auch diejenigen Erwerber binden, die ihre Einheit erst nach der Abnahme vom Bauträger erwerben.[307]

Ein Beschluss über die Abnahme des Gemeinschaftseigentums setzt dabei jedoch zunächst das Bestehen einer Gemeinschaft voraus.[308] Im Rahmen einer Teilung nach § 8 WEG liegt eine Eigentümergemeinschaft grundsätzlich erst vor, wenn neben dem teilenden Eigentümer ein weiterer Erwerber als Eigentümer im Grundbuch eingetragen wurde.[309] Dies erscheint jedoch, auch im Hinblick auf die Abnahme des Gemeinschaftseigentums und des daraus resultierenden Gefahrübergangs, unpraktikabel, da die Eintragung der Erwerber einige Zeit in Anspruch nehmen kann und frühestens nach vollständiger Bezahlung erfolgt. Eine Bewirtschaftung und Verwaltung ist jedoch schon vorher notwendig. Aus diesem Grund kann bereits vor der Eintragung im Grundbuch eine sog. werdende Wohnungseigentümergemeinschaft bestehen, auf die die Vorschriften des WEG entsprechend angewendet werden.[310] Mitglieder der werdenden Gemeinschaft sind diejenigen Erwerber mit

---

305 *Busche*, in: MüKo-BGB, § 640, Rn. 65.

306 BGH, Urteil vom 21. Februar 1985 – VII ZR 72/84 –, juris-Rn. 20, NJW 1985, 1551 f.

307 *Basty*, Der Bauträgervertrag, Rn. 1036; *Suilmann*, in: Bärmann, WEG, Anhang zu § 10, Rn. 55.

308 *Krick*, MittBayNot 2014, 401 (408).

309 BGH, Beschluss vom 05. Juni 2008 – V ZB 85/07 –, Rn. 12, BGHZ 177, 53 ff; *Rapp*, in: Staudinger/Bub, WEG, § 8, Rn. 24.

310 BGH, Beschluss vom 05. Juni 2008 – V ZB 85/07 –, Rn. 12, BGHZ 177, 53 ff.; *Pause*, Bauträgerkauf und Baumodelle, Rn. 620; *Rapp*, in: Staudinger/Bub, WEG, § 8, Rn. 25.

einem wirksamen Bauträgervertrag, deren Übereignungsanspruch durch Auflassungsvormerkung im Grundbuch gesichert ist und die sich bereits im Besitz der Wohneinheit befinden.[311] Die Abnahme des Gemeinschaftseigentums erfolgt in der Regel nach Eintragung der Auflassungsvormerkungen[312] und Übergabe der Wohneinheit, sodass zu diesem Zeitpunkt regelmäßig bereits die werdende Wohnungseigentümergemeinschaft besteht.[313]

Fraglich ist jedoch, ob die Abnahme des gemeinschaftlichen Eigentums durch Beschluss der Gemeinschaft erfolgen kann. Spätestens seit der sog. „Jahrtausendentscheidung“[314] des BGH im Jahr 2005[315] steht fest, dass die Gemeinschaft, soweit sie bei der Verwaltung des Gemeinschaftseigentums am Rechtsverkehr teilnimmt, rechtsfähig ist und in diesem Umfang Träger von Rechten und Pflichten sein kann. Es besteht dementsprechend grundsätzlich die Möglichkeit, dass die Eigentümergemeinschaft als Verband die Abnahme erklärt. Ein „An-Sich-Ziehen“ der Abnahme setzt dabei jedoch eine Beschlusskompetenz der Wohnungseigentümergemeinschaft voraus,[316] denn Beschlüsse des Verbandes ohne eine entsprechende Kompetenz sind nichtig.[317] Die Kompetenz kann sich entweder aus dem WEG oder aus einer Vereinbarung der Wohnungseigentümer ergeben.[318]

In Betracht käme eine Vereinbarung der Wohnungseigentümer i. S. v. § 10 Abs. 2 Satz 2 WEG in der zur Teilungserklärung gehörenden Gemeinschaftsordnung. Gegenstand von Vereinbarungen nach dieser Vorschrift können jedoch grundsätzlich nur Bestimmungen sein, die das Verhältnis der Wohnungseigentümer untereinander regeln.[319] Die Verpflichtung zur Abnahme des gemeinschaftlichen Eigentums ist im Bauträgervertrag begründet. Sie betrifft demnach nicht das Verhältnis der Erwerber untereinander, sondern das Rechtsverhältnis zu einem Dritten, dem Bauträger.[320] Eine etwaige Beschlusskompetenz der Wohnungseigentümer-

---

311 BGH, Urteil vom 11. Dezember 2015 – V ZR 80/15 –, Rn. 10, NJW-RR 2016, 461 ff.; *Commichau*, in MüKo-BGB, Vorbemerkung (Vor § 1 WEG), Rn. 70.

312 Die Eintragung der Auflassungsvormerkung ist nach § 3 Abs. 1 Satz 1 Nr. 2 MaBV für den Bauträger Voraussetzung für eine Entgegenahme von Vermögenswerten der Erwerber und wird deshalb früh vollzogen.

313 A. A. *Basty*, Der Bauträgervertrag, Rn. 1012.

314 Vgl. *Pause/Vogel*, ZMR 2007, 577.

315 BGH, Beschluss vom 02. Juni 2005 – V ZB 32/05 –, BGHZ 163, 154 ff.

316 *Popescu*, ZWE 2014, 109 (110).

317 BGH, Beschluss vom 20. September 2000 – V ZB 58/99 –, Rn. 15, BGHZ 145, 158 ff.; BGH, Urteil vom 09. März 2012 – V ZR 161/11 –, Rn. 11, NJW 2012, 1724 f.; BGH, Urteil vom 12. Mai 2016 – VII ZR 171/15 –, Rn. 36, NJW 2016, 2878 ff.

318 BGH, Beschluss vom 20. September 2000 – V ZB 58/99 –, juris-Rn. 13, BGHZ 145, 158 ff.

319 Vgl. § 10 Abs. 2 Satz 1 WEG.

320 BGH, Urteil vom 12. Mai 2016 – VII ZR 171/15 –, Rn. 33, NJW 2016, 2878 ff. (m. w. N.).

gemeinschaft bezüglich der Abnahme des Gemeinschaftseigentums kann dementsprechend nicht in der Gemeinschaftsordnung geregelt werden.[321]

Die Beschlusskompetenz könnte sich jedoch aus dem Gesetz ergeben. Insbesondere durch die WEG-Novelle im Jahr 2007[322] hat diese Thematik einen neuen Aufschwung erhalten. Nach dem dadurch eingefügten § 10 Abs. 6 Satz 3 WEG übt die Gemeinschaft die gemeinschaftsbezogenen Rechte der Wohnungseigentümer aus und nimmt die gemeinschaftsbezogenen Pflichten der Wohnungseigentümer wahr. Das Gleiche gilt für sonstige Rechte und Pflichten der Wohnungseigentümer, soweit diese gemeinschaftlich geltend gemacht werden können oder zu erfüllen sind. § 10 Abs. 6 Satz 3 WEG unterscheidet dementsprechend zwischen den sog. geborenen und den gekorenen Ausübungsbefugnissen der Gemeinschaft.[323] In beiden Fällen übt die Gemeinschaft fremde Rechte und Pflichten treuhänderisch in eigenem Namen aus.[324]

A. Geborene Ausübungsbefugnis

Im Rahmen der geborenen bzw. originären Wahrnehmungsberechtigung sind die Wohnungseigentümergemeinschaften bei gemeinschaftsbezogenen Rechten und Pflichten ausschließlich und ohne einen weiteren Übertragungsakt zuständig.[325] Es müsste sich demnach bei der werkvertraglichen Abnahme des Gemeinschaftseigentums um eine gemeinschaftsbezogene Verpflichtung handeln.

Das Gemeinschaftseigentum wird grundsätzlich gem. § 21 Abs. 1 WEG von den Wohnungseigentümern gemeinschaftlich verwaltet. Dies kann jedoch nicht dazu führen, dass jede Verpflichtung im Zusammenhang mit dem gemeinschaftlichen Eigentum zu einer gemeinschaftsbezogenen Pflicht i. S. d. § 10 Abs. 6 Satz 3 WEG wird. Andernfalls wäre beispielsweise auch der Anspruch auf Übereignung des Gemeinschaftseigentums aus dem Bauträgervertrag ein gemeinschaftsbezogenes Recht.[326] Die Erforderlichkeit einer engeren Auslegung des Begriffs ergibt sich zusätzlich aus der Gesetzesbegründung zur WEG-Novelle, nach der lediglich der bis dahin bestehende Rechtszustand normiert werden sollte.[327] Die Gemeinschaftsbezogenheit i. S. d. Vorschrift erfordert demnach vielmehr, dass die jeweiligen Rechte und Pflichten im Interesse der Gemeinschaft und auch vor dem Hintergrund des

321 A. A. *Elzer*, DNotZ 2017, 163 (167 f.): *„[Es] steht [...] Wohnungseigentümern frei, sich gegenseitig zu versprechen, jeweils einen Dritten mit ihrer Vertretung zu beauftragen.“*; auch *Elzer*, ZWE 2017, 113 (115).

322 Gesetz zur Änderung des Wohnungseigentumsgesetzes und anderer Gesetze vom 26. März 2007, BGBl. I S. 370.

323 *Suilmann*, in: Bärmann, WEG, § 10, Rn. 258d.

324 *Bärmann/Pick*, WEG, § 10, Rn. 40.

325 *Krick*, MittBayNot 2014, 401 (408); *Popescu*, ZWE 2014, 109 (110).

326 *Pause*, Bauträgerkauf und Baumodelle, Rn. 596.

327 BT-Drucks. 16/887, 9. März 2006, S. 61.

Schuldnerschutzes gemeinsam wahrgenommen werden müssen.[328] Vor dem Hintergrund des gravierenden Eingriffs in die Privatautonomie, den der Entzug der materiellen Ausübungsbefugnis darstellt, ist in Bezug auf die Annahme der Erforderlichkeit Zurückhaltung geboten.[329] Im Zuge dessen müssten Gründe vorliegen, die eine Abnahme des Gemeinschaftseigentums durch die Wohnungseigentümergemeinschaft zwingend erforderlich machen.[330]

Dies ist jedoch bei der Abnahme des Gemeinschaftseigentums nicht der Fall. Für die Erwerber ist die Abnahme zu verschiedenen Zeitpunkten eher vorteilhaft, insbesondere, wenn dies zu einer Verlängerung der Gewährleistungsfristen führt. Das Interesse des Bauträgers an einer einheitlichen Abnahme ist zwar nachvollziehbar, führt jedoch nicht dazu, dass die Abnahme des Gemeinschaftseigentums zwingend von der Gemeinschaft erklärt werden muss.[331] Es handelt sich demnach nicht um eine gemeinschaftsbezogene Pflicht i. S. d. § 10 Abs. 6 Satz 3 Hs. 1 WEG, deren Ausübung ausschließlich durch die Gemeinschaft erfolgen kann.

B. Gekorene Ausübungsbefugnis

Die Abnahme des gemeinschaftlichen Eigentums könnte jedoch eine sonstige Pflicht i. S. v. § 10 Abs. 6 Satz 3 Hs. 2 WEG darstellen. Bei der gekorenen Wahrnehmungsbefugnis besteht im Gegensatz zur geborenen Wahrnehmungsbefugnis lediglich ein Zugriffsermessen, sodass es ausreicht, wenn die Pflichtenerfüllung „durch den Verband förderlich ist“[332]. Im Rahmen des Zugriffsermessens könnte die Gemeinschaft die Abnahme des gemeinschaftlichen Eigentums durch Beschluss zu einer Angelegenheit gemeinschaftlicher Verwaltung machen.

Dafür spricht in erster Linie der rechtliche Zusammenhang zwischen der werkvertraglichen Abnahme und der Geltendmachung von Gewährleistungsrechten.[333]

---

328 BGH, Urteil vom 24. Juli 2015 – V ZR 167/14 –, Rn. 12, NJW 2015, 2874 ff.; BGH, Urteil vom 14. Februar 2014 – V ZR 100/13 –, Rn. 6, NJW 2014, 1093 ff.; *Krick*, MittBayNot 2014, 401 (408); s. a. zum Rechtszustand vor der WEG-Novelle: BGH, Urteil vom 15. Februar 1990 – VII ZR 269/88 –, BGHZ 110, 258 ff.; BGH, Urteil vom 06. Juni 1991 – VII ZR 372/89 –, BGHZ 114, 383 ff.

329 Vgl. BGH, Urteil vom 24. Juli 2015 – V ZR 167/14 –, Rn. 12, NJW 2015, 2874 ff.; *Ott*, ZWE 2017, 106 (107); *Pause/Vogel*, NZM 2007, 577 (582).

330 *Popescu*, ZWE 2014, 109 (110).

331 BGH, Urteil vom 21. Februar 1985 – VII ZR 72/84 –, juris-Rn. 23, NJW 1985, 1551 f.; LG München I, Urteil vom 07. April 2016–36 S 17586/15 WEG –, juris-Rn. 24, ZfIR 2016, 642; *Basty*, Der Bauträgervertrag, Rn. 1011; *Krick*, MittBayNot 2014, 401 (408 f.); i. E. auch *Elzer*, DNotZ 2017, 163 (169); a. A. *Rapp*, MittBayNot 2012, 169 (173 f.), der die Gemeinschaftsbezogenheit der Abnahme aus Gründen des Schuldnerschutzes annimmt.

332 Vgl. BGH, Urteil vom 14. Februar 2014 – V ZR 100/13 –, Rn. 6, NJW 2014, 1093 ff.; BGH, Urteil vom 17. Dezember 2010 – V ZR 125/10 –, Rn. 9, NJW 2011, 1351 f.

333 LG München I, Urteil vom 07. April 2016–36 S 17586/15 WEG –, juris-Rn. 26, ZfIR 2016, 642; *Oefele*, DNotZ 2011, 249 (256 f.).

Nach der Rechtsprechung des BGH kann die Wohnungseigentümergemeinschaft teilweise die Rechte wegen Mängeln am Gemeinschaftseigentum durch Beschluss an sich ziehen.[334] Die Abnahme ist grundsätzlich Voraussetzung dieser Rechte und hat als Übergang zwischen dem Erfüllungs- und dem Gewährleistungsstadium einen wesentlichen Einfluss auf die Ausübung der Mängelrechte. Aus diesem engen Zusammenhang wird teilweise die Kompetenz der Gemeinschaft geschlossen, die Abnahme zur Angelegenheit der gemeinschaftlichen Verwaltung zu machen.[335] Auf der anderen Seite können nicht alle Gewährleistungsrechte vergemeinschaftet werden,[336] sondern verbleiben teilweise im individuellen Bauträgervertragsverhältnis zwischen Bauträger und Erwerber. Zudem geht die Bedeutung der Abnahme über den Zusammenhang mit den Gewährleistungsrechten hinaus und hat auch, insbesondere aus individualrechtlicher Sicht, zusätzliche weitreichende Rechtsfolgen. Sie betrifft die Fälligkeit und Verzinsung des Vergütungsanspruchs, den Gefahrübergang und den Ausschluss eines etwaigen Vertragsstrafenanspruchs.[337] Vor dem Hintergrund des individualrechtlichen Charakters der werkvertraglichen Abnahme wird eine Beschlusskompetenz der Gemeinschaft häufig abgelehnt.[338] Dies gelte insbesondere aufgrund des verfassungsrechtlichen Gebots der Zurückhaltung bei Eingriffen in die Privatautonomie (Art. 2 Abs. 1 GG) und in das Eigentumsrecht (Art. 14 GG).[339]

Eine höchstrichterliche Entscheidung zur Beschlusskompetenz der Wohnungseigentümergemeinschaft bezüglich der Abnahme des Gemeinschaftseigentums ließ lange auf sich warten. Mit seinem Urteil vom 12. Mai 2016[340] hat der BGH die Möglichkeit der Gemeinschaft, die Abnahme an sich zu ziehen, verneint. Der Beschluss sei „mangels Beschlusskompetenz jedenfalls insoweit nichtig, als damit die Wirkung der [...] erklärten Abnahme auf Nachzügler-Erwerber[341] [...] erstreckt werden

---

334 S. u. 4. Kapitel § 2 A.

335 BayObLG, Beschluss vom 30. April 1999–2Z BR 153/98 –, juris-Rn. 29, NJW-RR 2000, 13 ff.; AG Tettnang, Urteil vom 21. April 2011–4 C 1132/10 –, IMR 2011, 510; AG München, Urteil vom 07. Juli 2010–482 C 287/10 –, juris-Rn. 22, NJW 2011, 2222 f.; *Bub/Bernhard*, FD-MietR 2016, 380193; *Busche*, in: MüKo-BGB, § 640, Rn. 65; *Oefele*, DNotZ 2011, 249 (260).

336 Das Rücktrittsrecht und der große Schadensersatzanspruch können nicht vergemeinschaftet werden, s. u. 4. Kapitel § 2 A.

337 BGH, Urteil vom 12. Mai 2016 – VII ZR 171/15 –, Rn. 34, NJW 2016, 2878 ff.

338 BGH, Urteil vom 12. Mai 2016 – VII ZR 171/15 –, Rn. 34, NJW 2016, 2878 ff.; LG München I, Urteil vom 07. April 2016–36 S 17586/15 WEG –, ZfIR 2016, 642; *Blank*, Bauträgervertrag, Rn. 384; *Hogenschurz*, MDR 2012, 386 (388); *Kümmel*, ZfIR 464 (473); *Ott*, ZWE 2010, 157 (162 f.); *Pauly*, ZMR 2011, 532 (535); *Pause*, Bauträgerkauf und Baumodelle, Rn. 596; *Popescu*, ZWE 2014, 109 (111).

339 Vgl. LG München I, Urteil vom 07. April 2016–36 S 17586/15 WEG –, juris-Rn. 38, ZfIR 2016, 642.

340 BGH, Urteil vom 12. Mai 2016 – VII ZR 171/15 –, NJW 2016, 2878 ff.

341 Erwerber, die ihre Wohneinheit erst nach der Fertigstellung des Gebäudes und der Abnahme des Gemeinschaftseigentums erwerben; vgl. 2. Kapitel § 5.

soll“[342]. Eine mit der Beschlusskompetenz für Mängelrechte vergleichbare Situation bestehe nicht, da die Abnahme keinen unmittelbaren Bezug zur gemeinschaftlichen Verwaltung aufweise.[343] Der individuelle Charakter stehe im Vordergrund.

Die Formulierung des BGH („insoweit“) klärt nicht eindeutig, inwieweit die Kompetenz eingeschränkt ist und ob möglicherweise doch Beschlüsse des Verbandes zur Abnahme des gemeinschaftlichen Eigentums wirksam sein könnten, wenn keine Bindung der Nachzügler erfolgt.[344] Die aufgeführte Begründung gilt aber grundsätzlich nicht nur für die Nachzügler, sondern auch für die übrigen Erwerber,[345] sodass eine vollumfängliche Ablehnung der Beschlusskompetenz am wahrscheinlichsten erscheint.

Die Argumentation des BGH ist jedoch nicht ohne Widersprüche. Während im Rahmen der Bewertung der Abnahme der individuelle Charakter hervorgehoben wird, steht dieser hingegen der Beschlusskompetenz bezüglich der An-Sich-Ziehung primärer Mängelrechte nicht entgegen. Beides hat jedoch den Ursprung im individuellen Bauträgervertrag. Es ist auch gerade der Sinn und Zweck der Ausübungskompetenz aus § 10 Abs. 6 Satz 3 WEG, individuelle Rechte und Pflichten zu vergemeinschaften. Dazu reicht es im Rahmen der gekorenen Zuständigkeit grundsätzlich aus, dass die Vergemeinschaftung „förderlich“[346] bzw. „sinnvoll“[347] ist. Eine nutzbringende Funktion einer vergemeinschafteten Abnahme kann dieser nicht abgeschrieben werden. Insbesondere in pragmatischer Hinsicht bietet eine einheitliche Abnahme einige Vorteile. Es besteht ein praktisches Bedürfnis nach Organisation und Koordination sowie nach einer Teilung der Kosten für einen u. U. beauftragten Sachverständigen.[348] Auch in rechtlicher Hinsicht ist die Vergemeinschaftung der Abnahme aufgrund des engen Zusammenhangs mit den Mängelrechten sinnvoll.[349] Die Abnahme ist maßstabgebend für Inhalt und Umfang der Mängelrechte. Sie bewirkt den Gefahrübergang und die Beweislastumkehr, kann i. S. v. § 640 Abs. 3 BGB zu einem Rechtsverlust führen und leitet nach § 634a Abs. 2 BGB die Verjährung ein. Sie bildet in vielfacher Hinsicht den Grundstein für die Mängelrechte. Vor dem

---

342 Vgl. BGH, Urteil vom 12. Mai 2016 – VII ZR 171/15 –, Rn. 37, NJW 2016, 2878 ff.

343 BGH, Urteil vom 12. Mai 2016 – VII ZR 171/15 –, Rn. 34, NJW 2016, 2878 ff.

344 *Cramer*, MittBayNot 2017, 41; *Gritschneder*, ZfIR 2016, 571 (577); *Thode*, jurisPR-PrivBauR 12/2016, Anm. 1, C.

345 *Cramer*, MittBayNot 2017, 41; *Thode*, jurisPR-PrivBauR 12/2016, Anm. 1, C. u. D; *Bub/Bernhard*, FD-MietR 2016, 380193, sehen in der Entscheidung sogar ein *„obiter dictum“* für alle Erwerber.

346 Vgl. BGH, Urteil vom 17. Dezember 2010 – V ZR 125/10 –, Rn. 9, NJW 2011, 1351 f.

347 Vgl. BGH, Urteil vom 24. Juli 2015 – V ZR 167/14 –, Rn. 13, NJW 2015, 2874 ff.

348 *Bub/Bernhard*, FD-MietR 2016, 380193; *Elzer*, ZWE 2017, 113 (116); *Hügel*, NZM 2010, 8 (18); *Oefele*, DNotZ 2011, 249 (260).

349 BayObLG, Beschluss vom 30. April 1999–2Z BR 153/98 –, juris-Rn. 29, NJW-RR 2000, 13 ff.; AG Tettnang, Urteil vom 21. April 2011–4 C 1132/10 –, IMR 2011, 510; AG München, Urteil vom 07. Juli 2010–482 C 287/10 –, juris-Rn. 22, NJW 2011, 2222 f.; *Elzer*, ZWE 2017, 113 (116); *Oefele*, DNotZ 2011, 249 (256 f.).

Hintergrund dieser Vernetzung erscheint eine gemeinschaftliche Abnahme vor einer etwaigen gemeinschaftlichen Geltendmachung von Mängelrechten sinnvoll.

Die individuelle Bedeutung der Abnahme für den einzelnen Erwerber steht dem nicht entgegen. Im Gegensatz zur geborenen Ausübungsbefugnis besteht im Rahmen der gekorenen Ausübungsbefugnis lediglich ein Zugriffsermessen. Die Wohnungseigentümer können durch Mehrheitsbeschluss entscheiden, wobei der Bauträger gem. § 25 Abs. 5 WEG von der Abgabe seiner Stimme ausgeschlossen wäre. Solange ein derartiger Beschluss nicht gefasst wird, kann weiterhin jeder Erwerber individuell die Abnahme des gemeinschaftlichen Eigentums erklären oder wegen wesentlicher Mängel verweigern. Dass die Erwerber an Beschlüsse, die der ordnungsgemäßen Verwaltung entsprechen, gebunden sind, ist eine notwendige Folge der Konstruktion des Wohnungseigentums und dem Bauträgervertrag somit von Anfang an immanent.[350]

Es sprechen somit im Ergebnis gute Gründe für die Annahme einer Beschlusskompetenz der Gemeinschaft zur Abnahme des Gemeinschaftseigentums.

Vor dem Hintergrund der restriktiven Rechtsprechung des BGH zu den Regelungsversuchen einer einheitlichen Abnahme in Bauträgerverträgen[351] erscheint es jedoch sicher, dass der BGH sich insgesamt gegen die Möglichkeit einer Vergemeinschaftung aussprechen würde. Ein An-Sich-Ziehen der Abnahme des Gemeinschaftseigentums durch Beschluss der Wohnungseigentümergemeinschaft würde Möglichkeiten eröffnen, die in einem eklatanten Widerspruch zur Rechtsprechung bei entsprechenden rechtsgeschäftlichen Regelungen stünden.[352]

Die Entscheidung des BGH vom 12. Mai 2016[353] erging zwar zur Rechtslage vor der WEG-Novelle im Jahr 2007,[354] die Begründung ist jedoch auch auf das reformierte Wohnungseigentumsrecht übertragbar, die Bedeutung der Abnahme hat sich nicht geändert. Zudem diente die Einfügung des § 10 Abs. 6 Satz 3 WEG im Rahmen der WEG-Novelle nach der Vorstellung des Gesetzgebers der gesetzlichen Kodifizierung der bisherigen höchstrichterlichen Rechtsprechung zur Geltendmachung von Individualansprüchen durch Mehrheitsbeschluss.[355] Auch nach dieser Rechtsprechung stand der individualrechtliche Charakter der Abnahme im Vordergrund und es bestand keine Erforderlichkeit einer gemeinschaftlichen Abnahme aufgrund der Interessen der einzelnen Erwerber.[356]

---

350 BGH, Urteil vom 12. April 2007 – VII ZR 236/05 –, Rn. 22, BGHZ 172, 42 ff.; AG München, Urteil vom 07. Juli 2010–482 C 287/10 –, juris-Rn. 23, NJW 2011, 2222 f.;

351 S. u. 2. Kapitel § 3 C. III.

352 Auch *Basty*, Der Bauträgervertrag, Rn. 1011, 1036; i. E. auch *Dötsch*, ZWE 2016, 315 (317).

353 BGH, Urteil vom 12. Mai 2016 – VII ZR 171/15 –, NJW 2016, 2878 ff.

354 *Bub/Bernhard*, FD-MietR 2016, 380193; *Elzer*, ZWE 2017, 113 (116).

355 BT-Drucks. 16/887, 9. März 2006, S. 61.

356 BGH, Urteil vom 21. Februar 1985 – VII ZR 72/84 –, NJW 1985, 1551 f.

Im Ergebnis besteht nach derzeitigem Recht[357] wohl weder eine geborene noch eine gekorene Wahrnehmungsbefugnis der Wohnungseigentümergemeinschaft zur Abnahme des Gemeinschaftseigentums.

§ 3 Ermächtigung durch Vollmacht

Die Abnahme des Gemeinschaftseigentums ist somit grundsätzlich Sache der einzelnen Erwerber. Dem Bedürfnis nach einer einheitlichen Abnahme der im Gemeinschaftseigentum stehenden Bauteile könnte jedoch durch die Bevollmächtigung eines Abnahmevertreters Rechnung getragen werden. Der Bevollmächtigte könnte alsbald nach Fertigstellung des Gemeinschaftseigentums die Leistung prüfen und billigen, sowie etwaige Mängel vorbehalten.

Eine einheitliche Abnahme durch einen Vertreter während eines Termins lässt sich leichter und schneller organisieren. Neben der gesteigerten Praktikabilität bietet diese Vorgehensweise für die Erwerber den Vorteil, dass bei einer geeigneten Auswahl des Vertreters, die Abnahme des Werkes durch eine geschulte und sachkundige Überprüfung der Vertragsmäßigkeit erfolgt.[358] Zudem befriedigt eine Vollmachtslösung das Interesse des Bauträgers an einer einheitlichen Abnahme. Durch eine Wirkung der Abnahmeerklärung des Vertreters für alle Erwerber wäre ein einheitliches Vertragsstadium und ein einheitlicher Beginn der Verjährung gesichert. Eine Vollmachtslösung entspricht demnach grundsätzlich sowohl den Interessen der Erwerber als auch denen des Bauträgers.[359]

A. Zulässigkeit der Stellvertretung

Für die Vollmachtslösung müsste zunächst die Erklärung der werkvertraglichen Abnahme i. S. v. § 640 Abs. 1 BGB durch einen Stellvertreter möglich und zulässig sein.

Die §§ 164 ff. BGB regeln die Stellvertretung bei Rechtsgeschäften, wobei es grundsätzlich um die Zurechnung einer fremden Willenserklärung geht.[360] Bei der Abnahme handelt es sich jedoch, aufgrund der kraft Gesetzes eintretenden Rechtsfolgen, nicht um Willenserklärungen, sondern um geschäftsähnliche Handlungen. Beide Handlungen knüpfen allerdings an einen Erklärungstatbestand in Form einer Willensäußerung an, sodass die Vorschriften für Willenserklärungen einschließlich des Rechts der Stellvertretung entsprechend anzuwenden sind.[361] Bei der Vorschrift des § 640 Abs. 1 BGB handelt es sich zudem um dispositives Recht, welches durch eine vorrangige vertragliche Regelung abbedungen werden kann.[362] Im Er-

357 Zur Reformbedürftigkeit und den gesetzgeberischen Bestrebungen s. u. 2. Kapitel § 6.
358 *Basty*, in FS für Wenzel, 103 (110).
359 *Pause*, ZfIR 2014, 127 (131).
360 *Schubert*, in: MüKo-BGB, § 164, Rn. 89.
361 *Schubert*, in: MüKo-BGB, § 164, Rn. 89; *Ulrici*, NJW 2003, 2053 ff.
362 OLG Nürnberg, Urteil vom 12. Dezember 2006–9 U 429/06 –, juris-Rn. 58, BauR 2009, 1634; *Sprau*, in: Palandt, § 640, Rn. 12.

gebnis steht einer werkvertraglichen Abnahme durch einen Stellvertreter i. S. d. §§ 164 ff. BGB nichts entgegen, wenn eine rechtsgeschäftliche Vollmacht vorliegt.[363] Dabei bestehen grundsätzlich keine Besonderheiten im Rahmen des Bauträgervertragsverhältnisses.[364]

Nach § 164 Abs. 1 Satz 1 BGB wirkt eine Willenserklärung, die jemand innerhalb der ihm zustehenden Vertretungsmacht im Namen des Vertretenen abgibt, unmittelbar für und gegen den Vertretenen. Im Rahmen der rechtsgeschäftlichen Stellvertretung beruht die Vertretungsmacht auf der gegenüber dem Vertreter oder dem Geschäftspartner erfolgten Vollmacht.[365]

Der Besteller kann somit den Vertreter mit der Abnahme bevollmächtigen, wobei grundsätzlich zwischen dem Innenverhältnis zwischen Vertretenem und Vertreter, der Vollmacht und dem Vertretergeschäft zu unterscheiden ist.[366] Die Erteilung der Vollmacht wird im Rahmen der Abnahmevollmachten in der Regel auf einem unentgeltlichen Auftrag i. S. v. § 662 BGB oder auch einer entgeltlichen Geschäftsbesorgung nach §§ 675, 631 ff. BGB beruhen.[367] Im Interesse der Erwerber sollte der Inhalt des der Vollmacht zugrunde liegenden Auftrags zumindest grob vereinbart werden. Der Abnahmevertreter sollte das Werk vollständig auf die Vertragsmäßigkeit überprüfen und feststellen, ob wesentliche Mängel vorliegen.[368]

Für eine einheitliche Abnahme des Gemeinschaftseigentums sind demnach sowohl der Auftrag als auch die Vollmacht grundsätzlich von jedem Erwerber zu erteilen.[369]

B. Regelung der Bevollmächtigung

Nachdem die Bevollmächtigung eines Abnahmevertreters zur Erreichung einer einheitlichen Abnahme des Gemeinschaftseigentums grundsätzlich möglich ist, stellt sich im Folgenden die Frage, in welcher Form die Vollmachtslösung vertraglich umgesetzt werden kann. Welchen Inhalt hat die Vollmacht (I.), wo wird die Bevollmächtigung vertraglich geregelt (II.), wer trägt die etwaigen Kosten der Stellvertretung (III.) und kann eine vertragliche Bindung erreicht werden (IV.)?

I. Inhalt der Vollmacht

Von der Erteilung einer Abnahmevollmacht sind zunächst Regelungen zu trennen, die nur organisatorische Voraussetzungen für eine einzelne Abnahme durch die

---

363 BGH, Urteil vom 27. Mai 1999 – VII ZR 291/97 –, juris-Rn. 18, BauR 1999, 1472 ff.; *Leupertz/Halfmeier*, in: Prütting/Wegen/Weinreich, § 640, Rn. 8.

364 OLG Dresden, Urteil vom 08. Januar 2010–1 U 1371/09 –, juris-Rn. 9 f., IBR 2013, 82.

365 *Schubert*, in: MüKo-BGB, § 164, Rn. 7.

366 *Scheffelt*, BauR 2014, 163 (166).

367 *Häublein*, DNotZ 2002, 608 (615 f.).

368 *Pause*, Bauträgerkauf und Baumodelle, Rn. 601.

369 *Basty*, in FS für Wenzel, 103 (111).

Erwerber schaffen oder lediglich die Durchführung einer technischen Abnahme zur Vorbereitung der werkvertraglichen Abnahme beinhalten.[370] Ziel der Vollmacht ist, dass der Bevollmächtigte die Befugnis erhält, im Namen der Erwerber die rechtsgeschäftliche Abnahme des Gemeinschaftseigentums einheitlich zu erklären.[371] Die Erteilung der Vollmacht erfolgt gem. § 167 Abs. 1 BGB gegenüber dem Vertreter (Innenvollmacht) oder dem Dritten, dem gegenüber die Vertretung stattfinden soll (Außenvollmacht), in diesem Fall gegenüber dem Bauträger. Es handelt sich um eine einseitige empfangsbedürftige Willenserklärung, die mit Zugang beim Empfänger wirksam wird.[372]

Grundsätzlich kommen zwei verschiedene Regelungen in Betracht, die die Bevollmächtigung eines Abnahmevertreters zum Ziel haben.[373] Zunächst können sich die Erwerber gegenüber dem Bauträger verpflichten, eine dritte Person mit der Abnahme des Gemeinschaftseigentums zu beauftragen. Beispielsweise:

> *"Die Abnahme des gemeinschaftlichen Eigentums erfolgt, sobald der Verkäufer seine Leistungsverpflichtungen hinsichtlich des gemeinschaftlichen Eigentums voll erfüllt hat. Für die Abnahme des gemeinschaftlichen Eigentums haben die Wohnungseigentümer 3 Personen zu ihrer Vertretung zu beauftragen."*[374]

Diese Klausel enthält lediglich die Pflicht zur Erteilung der Vollmacht, wobei die Auswahl des Vertreters bei den Erwerbern verbleibt.[375] Die Erwerber erteilen dann, in Folge der Verpflichtung, die Vollmacht als Innenvollmacht gegenüber dem Abnahmevertreter. Im Rahmen dieser Klauseln bestehen verschiedene Möglichkeiten für die Zuweisung des Benennungsrechts. So können die Regelungen vorsehen, dass beispielsweise der Bauträger, die Erwerber oder ein unabhängiger Dritter, wie der Präsident der zuständigen IHK, die Auswahl des Abnahmevertreters trifft.[376]

Alternativ kann die Erteilung der Vollmacht, als Außenvollmacht, unmittelbar gegenüber dem Bauträger erfolgen:

> *„Der Erwerber bevollmächtigt den nachgenannten vereidigten Sachverständigen mit der Abnahme des Gemeinschaftseigentums."*[377]

Im Rahmen der Außenvollmacht muss unterschieden werden, ob der Bevollmächtigte zur Zeit der Erteilung schon feststeht und konkret benannt werden kann oder

370 *Krick*, MittBayNot 2014, 401 (404), Fn. 24.
371 *Krick*, MittBayNot 2014, 401 (404).
372 *Schubert*, in: MüKo-BGB, § 167, Rn. 5.
373 *Basty*, Der Bauträgervertrag, Rn. 1014; *Basty*, in FS für Wenzel, 103 (111); *Krick*, MittBayNot 2014, 401 (404); *Scheffelt*, BauR 2014, 163 f.
374 Vgl. OLG Nürnberg, Urteil vom 12. Dezember 2006–9 U 429/06 –, juris-Rn. 7, BauR 2009, 1634.
375 *Scheffelt*, BauR 2014, 163.
376 *Basty*, Der Bauträgervertrag, Rn. 1014; *Pause*, notar 2013, 262 (263).
377 So ähnlich in: BGH, Beschluss vom 12. September 2013 – VII ZR 308/12 –, Rn. 2, NJW 2013, 3360 f.

ob die Auswahl des Abnahmevertreters noch getroffen werden muss.[378] In letzterem Fall muss die Person des Abnahmevertreters zumindest bestimmbar sein.[379]

Als potenzielle Abnahmevertreter kommen mehrere Personen bzw. Personengruppen sinnvollerweise in Betracht. So bietet sich zum einen die Bevollmächtigung des Verwalters der Wohnungseigentumsanlage oder eines Gremiums der Wohnungseigentümer, wie des Verwaltungsbeirats oder eines Abnahmeausschusses, an. Auf der anderen Seite kann auch die Bestimmung eines sachkundigen Dritten, wie eines Sachverständigen oder des Architekten oder eine Kombination aus den genannten Personen oder Personengruppen, ratsam sein.[380]

II. Regelungsort der Vollmacht

Die Entscheidung für eine Vollmachtslösung bei der werkvertraglichen Abnahme beruht in der Regel auf einer rechtsgeschäftlichen Vereinbarung zwischen den Parteien des Bauträgervertrags. Zu klären ist demnach, wo die Verpflichtung zur Erteilung einer Innenvollmacht oder die Erteilung der Außenvollmacht zwischen Erwerber und Bauträger geregelt werden kann.

Grundsätzlich bietet sich als Regelungsort für eine solche Klausel zur Bevollmächtigung eines Abnahmevertreters der jeweilige Bauträgervertrag an. Die Verpflichtung der Erwerber zur Abnahme i. S. v. § 640 Abs. 1 BGB ergibt sich aus den mit dem Bauträger geschlossenen Werkverträgen, sodass eine dortige Regelung der Abnahme einleuchtend und konsequent erscheint.

Teilweise wird jedoch auch die zur Teilungserklärung gehörende Gemeinschaftsordnung als Regelungsort vorgeschlagen. Bei der Gemeinschaftsordnung handelt es sich um eine Vereinbarung i. S. d. § 10 Abs. 2 Satz 2 WEG, die eine autonom gesetzte Grundordnung der Wohnungseigentumsgemeinschaft darstellt.[381] Die Gemeinschaftsordnung kann auch vor Entstehen der Gemeinschaft einseitig vom Bauträger erstellt und bei Teilung des Grundstücks im Wege der Verweisung in § 8 Abs. 2 WEG auf § 5 Abs. 4 WEG zum Inhalt des Sondereigentums gemacht werden.[382] Fraglich ist allerdings, ob die Bevollmächtigung eines Abnahmevertreters Gegenstand der Gemeinschaftsordnung sein kann. Dem wird teilweise entgegengehalten, dass solche Regelungen in einer Vereinbarung nach § 10 Abs. 2 Satz 2 WEG sachfremd und überraschend seien.[383] Eine Vereinbarung i. S. d. Vorschrift dient der Regelung des Verhältnisses der Wohnungseigentümer untereinander. Die werkvertragliche Abnahme betrifft jedoch die dem Bauträgervertrag entsprungene Herstellungsverpflichtung des Wohnungseigentums und somit das Verhältnis zwischen dem einzelnen Erwerber und dem Bauträger. Insofern befinden die höchstrichterliche

378 *Basty*, in FS für Wenzel, 103 (111).
379 *Krick*, MittBayNot 2014, 401 (404); ausführlich: *Häublein*, DNotZ 2002, 608 (619).
380 *Basty*, Der Bauträgervertrag, Rn. 1014.
381 *Suilmann*, in: Bärmann, WEG, § 10, Rn. 83.
382 *Häublein*, DNotZ 2002, 608 (612); *Suilmann*, in: Bärmann, WEG, § 10, Rn. 68.
383 *Basty*, in FS für Wenzel, 103 (111).

Rechtsprechung und auch Teile der Literatur, dass die betreffenden Vollmachtsklauseln nicht zum Regelungsgegenstand der Gemeinschaftsordnungen gehören und grundsätzlich unwirksam sind.[384] Regelungsort der Bevollmächtigung eines Abnahmevertreters könne somit nur der jeweilige Bauträgervertrag sein.[385]

III. Kosten der Stellvertretung

Ob für die Stellvertretung Kosten anfallen, ist grundsätzlich vom Grundgeschäft abhängig. Insbesondere bei Bevollmächtigung eines Dritten, eines Sachverständigen oder eines Architekten, wird es sich in der Regel um eine entgeltliche Geschäftsbesorgung i. S. d. §§ 675, 631 ff. BGB handeln.

Ohne eine entgegenstehende Vereinbarung tragen die Kosten grundsätzlich die Erwerber. Sie schulden die werkvertragliche Abnahme aus dem Bauträgervertrag, sind Vertragspartner des Vertreters im Grundgeschäft und diejenigen, für und gegen die die Willenserklärung des Vertreters wirkt.[386] Bauträger und Erwerber können jedoch im Innenverhältnis vereinbaren, dass der Bauträger die Kosten für die Stellvertretung übernimmt.[387] Auch eine Kostenübernahme aus der Gemeinschaftskasse der Wohnungseigentümergemeinschaft müsste gesondert vereinbart werden. Um Ungerechtigkeiten zu verhindern, bietet es sich an, jeden Erwerber in Höhe seines Miteigentumsanteils an den Kosten für die Abnahme des Gemeinschaftseigentums zu beteiligen.[388]

IV. Widerruflichkeit der Vollmacht

Es besteht grundsätzlich ein Interesse des Bauträgers daran, dass die Vereinbarung der einheitlichen Abnahme auch für die Erwerber bindend ist, damit es nicht doch noch zu einem Mehraufwand und Verzögerungen kommt. Eine weitere Frage, die sich demnach bei Gestaltung der Vollmachtsklauseln stellt, ist, inwieweit die Erwerber an die Bevollmächtigung eines Abnahmevertreters gebunden werden können. So kommen einerseits Vertragsgestaltungen in Betracht, die ausdrücklich darauf hinweisen, dass den Erwerbern trotz der Vereinbarung der Abnahme des Gemeinschaftseigentums durch einen Abnahmevertreter das Recht zu einer Individualabnahme verbleibt. Auf der anderen Seite könnte auf einen solchen Hinweis verzichtet werden oder sogar ein ausdrücklicher Ausschluss einer Einzelabnahme durch den jeweiligen Erwerber erfolgen.[389] Ob eine solche Vereinbarung grund-

384 BGH, Urteil vom 12. Mai 2016 – VII ZR 171/15 –, Rn. 33, NJW 2016, 2878 ff.; *Ott*, ZWE 2013, 253 (257); *Vogel*, NZM 2010, 377 (381 f.); z. T. a. A. *Häublein*, DNotZ 2002, 608 (613 f.).

385 *Vogel*, NZM 2010, 377 (382).

386 *Häublein*, DNotZ 2002, 608 (617); *Pause*, notar 2013, 262 (266).

387 *Hogenschurz*, MDR 2012, 386 (388).

388 *Häublein*, DNotZ 2002, 608 (618).

389 *Pauly*, ZMR 2011, 532 (533).

sätzlich möglich ist, richtet sich zunächst danach, ob die Erwerber überhaupt nach dem deutschen Recht wirksam von der Abnahme ausgeschlossen werden können. Dafür müsste eine diesbezügliche Vollmachtsklausel in Form einer sog. unwiderruflichen bzw. verdrängenden Vollmacht mit dem geltenden Recht vereinbar sein.

Die Erteilung einer unwiderruflichen Vollmacht ist im Prinzip möglich, wie sich aus § 168 Satz 2 BGB und § 176 Abs. 3 BGB ergibt. Es darf jedoch nicht zu einer mit der Rechtsordnung nicht zu vereinbarenden Fremdbestimmung des Vertretenen führen, sodass die Wirksamkeit der Unwiderruflichkeit von der jeweiligen Interessenlage im Einzelfall abhängig ist.[390] Eine unwiderrufliche Vollmacht ist zudem nicht gleichbedeutend mit einer verdrängenden Vollmacht. Die Erteilung einer Vollmacht, unabhängig von einer etwaigen Unwiderruflichkeit, hindert den Vertretenen grundsätzlich nicht daran, die diesbezüglichen Rechtsgeschäfte selber zu tätigen.[391] Die sog. verdrängenden Vollmachten sind somit generell unzulässig, sodass selbst bei Erteilung einer Abnahmevollmacht die Erwerber stets berechtigt bleiben, die Abnahme eigenständig zu erklären.

Wann eine sog. verdrängende Vollmacht vorliegt, ob die Erteilung einer unwiderruflichen Abnahmevollmacht beim Bauträgervertrag möglich ist sowie ob und inwieweit ein ausdrücklicher Hinweis auf eine Widerruflichkeit der Abnahmevollmacht in der Vereinbarung erfolgen muss, ist abhängig von den Umständen des Einzelfalles und den Maßstäben der Inhaltskontrolle.[392]

C. Wirksamkeit der Klauseln

Für die Frage, ob die Bevollmächtigung eines Abnahmevertreters in Bauträgerverträgen wirksam vereinbart werden kann, müssen zunächst die Maßstäbe bestimmt werden, die an die Inhaltskontrolle der Klausel zu stellen sind.

I. Vorliegen von AGB

Allgemeine Geschäftsbedingungen müssen grundsätzlich den Anforderungen der §§ 305 ff. BGB genügen. Dabei handelt es sich nach § 305 Abs. 1 Satz 1 BGB um für eine Vielzahl von Verträgen vorformulierte Vertragsbedingungen, die eine Vertragspartei (Verwender) der anderen Vertragspartei bei Abschluss eines Vertrags stellt. Für die Absicht der mehrmaligen Verwendung ist es in der Regel ausreichend, wenn eine dreimalige Verwendung beabsichtigt ist.[393] Dem steht nicht entgegen, dass die den Vertragsgegenstand betreffenden Angaben, wie Größe, Lage und Preis

390 BGH, Urteil vom 13. Mai 1971 – VII ZR 310/69 –, JuS 1972, 48; *Schubert*, in: MüKo-BGB, § 168, Rn. 20.

391 *Ackermann*, in: Heidel/Hüßtege/Mansel/Noack, BGB AT, § 167, Rn. 7; *Schilken*, in: Staudinger, BGB, § 168, Rn. 15.

392 S. u. 2. Kapitel § 3 C. III. 2.

393 BGH, Urteil vom 11. Dezember 2003 – VII ZR 31/03 –, juris-Rn. 17, NJW 2004, 1454 f.

variieren oder einzelne Vertragsteile, wie beispielsweise die Baubeschreibung oder der Fertigstellungszeitpunkt voneinander abweichen.[394] Vertragsbedingungen sind vorformuliert i. S. d. § 305 Abs. 1 Satz 1 BGB, wenn sie bereits vor Vertragsschluss feststehen, um zukünftig als Vertragsbestandteil Geltung zu erlangen.[395]

Die Vertragsbedingungen sind vom Verwender i. S. v. § 305 Abs. 1 Satz 1 BGB gestellt, wenn ihm der Klauselvorschlag oder die Einführung eines Vertragsformulars zugerechnet werden kann.[396] Der Bauträger ist demnach nicht nur Verwender der Vertragsbedingungen i. S. v. § 305 Abs. 1 Satz 1 BGB, wenn er die Klauseln selber formuliert hat, sondern u. U. auch dann, wenn der Vertrag von einem Notar entworfen wurde. Bauträger haben in der Regel einen sog. Hausnotar. Der Bauträger übermittelt dem Notar die einzelnen Daten des jeweiligen Vertragsinhalts und bittet um den Entwurf des Vertrags. Erfolgt eine derartige Beauftragung oder ist der Vertrag offensichtlich an die Interessen des Bauträgers angelehnt, muss er sich die Verwendung der Klauseln zurechnen lassen und ist Verwender i. S. v. § 305 Abs. 1 Satz 1 BGB.[397]

Etwas anderes gilt, wenn das Vertragswerk von einem unparteiischen Dritten, insbesondere einem unparteiischen Notar, entworfen wurde. In diesem Fall wurden die Vertragsbedingungen nicht von einer Vertragspartei i. S. v. § 305 Abs. 1 Satz 1 BGB gestellt. Die Standardformulierungen des Notars stellen dementsprechend nicht automatisch AGB dar,[398] sondern erst, wenn sie einer Vertragspartei, in der Regel dem Bauträger, zugerechnet werden können. Ein von einem unabhängigen Notar entworfener Vertrag bedarf dabei grundsätzlich eines angemessenen Interessenausgleichs beider Vertragsparteien.[399] Wird der Notar demnach auf Initiative des Erwerbers tätig oder verwendet er Formulierungen aus den in gängigen Formularbüchern enthaltenen Vertragsmustern, die typischerweise einen angemessenen Interessenausgleich bieten, handelt es sich nicht um die AGB des Bauträgers.[400]

Es kann sich jedoch bereits aus dem Inhalt und der Gestaltung eines Vertrags der Anschein ergeben, dass die beinhalteten Vertragsbedingungen für eine Vielzahl

---

394 BGH, Urteil vom 14. Mai 1992 – VII ZR 204/90 –, juris-Rn. 31, BGHZ 118, 229 ff.

395 *Basedow*, in: MüKo-BGB, § 305, Rn. 13.

396 *Schmidt*, NZM 2016, 377 (378), *Schulze-Hagen*, NZBau 2016, 395 (397).

397 BGH, Urteil vom 27. September 2001 – VII ZR 388/00 –, juris-Rn. 20, NJW 2002, 138 ff.; BGH, Urteil vom 14. Mai 1992 – VII ZR 204/90 –, juris-Rn. 32, BGHZ 118, 229 ff.; *Basty*, Der Bauträgervertrag, Rn. 24; *Blank*, Bauträgervertrag, Rn. 9; *Pause*, Bauträgerkauf und Baumodelle, Rn. 148.

398 BGH, Urteil vom 13. September 2001 – VII ZR 487/99 –, juris-Rn. 24, NJW-RR 2002, 13 f.; noch offengelassen, in: BGH, Urteil vom 14. Mai 1992 – VII ZR 204/90 –, juris-Rn. 33, BGHZ 118, 229 ff.

399 BGH, Urteil vom 14. Mai 1992 – VII ZR 204/90 –, juris-Rn. 33, BGHZ 118, 229 ff.

400 *Basty*, Der Bauträgervertrag, Rn. 24; *Pause*, Bauträgerkauf und Baumodelle, Rn. 148.

von Verträgen vom Verwender vorformuliert wurden.[401] Dies ist insbesondere der Fall, wenn der Vertrag hauptsächlich formelhafte Klauseln aufweist und nicht auf die individuellen Verhältnisse des jeweiligen Vertrags abgestimmt ist.[402] Im Rahmen dieses Anscheins muss nicht der Vertragspartner des Verwenders das Vorliegen von AGB beweisen, sondern kann sich auf den Anschein stützen. Dem Verwender obliegt in diesem Zusammenhang die Widerlegung des Anscheins.[403]

Bauträgerverträge enthalten typischerweise formelhafte Klauseln, da Vertragsgegenstand und -abwicklung wenig variieren und das Interesse der Bauträger bei der Ausgestaltung des Vertragswerkes in der Regel, insbesondere innerhalb eines Bauvorhabens, auf einen einheitlichen Inhalt ausgerichtet ist. Aus diesem Grund besteht bei Bauträgerverträgen eine grundsätzliche Vermutung dafür, dass es sich um AGB handelt.[404]

Die in den §§ 307 ff. BGB verankerte AGB-rechtliche Inhaltskontrolle betrifft zudem gem. § 310 Abs. 3 BGB die Bauträgerverträge, die zwischen einem Unternehmer und einem Verbraucher (Verbrauchervertrag) geschlossen werden. Die Inhaltskontrolle findet in diesem Fall auch bei einer einmaligen Verwendung statt und die AGB gelten grundsätzlich als vom Unternehmer gestellt. Dies führt dazu, dass der Unternehmer jeweils darlegen und beweisen muss, dass einzelne Klauseln vom Verbraucher eingeführt wurden, oder dass der Verbraucher auf den Klauselinhalt Einfluss nehmen konnte.[405]

Bei Bauträgern handelt es sich, mit Ausnahme des Gelegenheitsbauträgers, der nicht mehr als zwei Einheiten verkauft,[406] regelmäßig um einen Unternehmer i. S. v. § 14 BGB. Verbraucher ist hingegen gem. § 13 BGB jede natürliche Person, die ein Rechtsgeschäft zu Zwecken abschließt, die überwiegend weder ihrer gewerblichen noch ihrer selbstständigen beruflichen Tätigkeit zugerechnet werden können. Der Erwerb vom Bauträger geschieht in der Regel, um die Wohneinheit zu eigenen Wohnzwecken oder als private Kapitalanlage zu nutzen. Die Erwerber sind somit typischerweise Verbraucher i. S. v. § 13 BGB, sodass es sich bei Bauträgerverträgen in den meisten Fällen um einen Verbrauchervertrag i. S. v. § 310 Abs. 3 BGB handelt.[407]

Die notarielle Beurkundung des Bauträgervertrags macht eine Inhaltskontrolle nach den §§ 305 ff. BGB nicht entbehrlich. Für die Einordnung einer Klausel als AGB ist die Form des Vertrags gem. § 305 Abs. 1 Satz 2 BGB grundsätzlich ohne Belang,

---

401 BGH, Urteil vom 27. November 2003 – VII ZR 53/03 –, juris-Rn. 24, BGHZ 157, 102 ff.; BGH, Urteil vom 14. Mai 1992 – VII ZR 204/90 –, juris-Rn. 30 f., BGHZ 118, 229 ff.

402 Vgl. BGH, Urteil vom 27. November 2003 – VII ZR 53/03 –, BGHZ 157, 102 ff.

403 *Schulze-Hagen*, NZBau 2016, 395 (396).

404 BGH, Urteil vom 14. Mai 1992 – VII ZR 204/90 –, juris-Rn. 31 f., BGHZ 118, 229 ff.; *Basty*, Der Bauträgervertrag, Rn. 19.

405 *Ott*, ZWE 2013, 253 (255).

406 *Wolfsteiner*, in: Kersten/Bühling, Formularhandbuch und Praxis der freiwilligen Gerichtsbarkeit, 3. Teil, 2. Abschnitt, § 33, Rn. 50.

407 *Glöckner*, in: FS für Koeble, 271 (272 f.); *Meyer*, RNotZ 2006, 497 (498).

sondern es kommt ausschließlich darauf an, ob die Klausel das für AGB typische Gepräge aufweist.[408]

Im Ergebnis muss sich die Wirksamkeit einer Abnahmeklausel in Bauträgerverträgen überwiegend an den AGB-rechtlichen Maßstäben der §§ 307 ff. BGB messen lassen.

II. Inhaltskontrolle

Allgemeine Geschäftsbedingungen unterliegen der besonderen Inhaltskontrolle der §§ 307 ff. BGB. Diese eingehende Klauselkontrolle trägt dem Umstand Rechnung, dass dem Vertragspartner des Verwenders Regelungen vorgesetzt werden, auf die er keinen Einfluss nehmen kann.[409]

Bevor überprüft werden kann, ob die einzelnen Klauseln den Anforderungen der §§ 307 ff. BGB gerecht werden, müssen sie zuerst ausgelegt werden. „[AGB] sind gemäß ihrem objektiven Inhalt und typischen Sinn einheitlich so auszulegen, wie sie von verständigen und redlichen Vertragspartnern unter Abwägung der Interessen der normalerweise beteiligten Verkehrskreise verstanden werden, wobei die Verständnismöglichkeiten des durchschnittlichen Vertragspartners des Verwenders zugrunde zu legen sind."[410] Im Zuge dessen werden die Klauseln zunächst so kundenfeindlich wie möglich ausgelegt und erst, wenn sie nach dieser Auslegung der AGB-Kontrolle standhalten, kommt die im § 305c Abs. 2 BGB verankerte kundenfreundlichste Auslegung zum Tragen.[411] Innerhalb der Inhaltskontrolle sind zuerst die spezielleren Verbotstatbestände der § 309 BGB und § 308 BGB zu prüfen und im Anschluss daran, ob ein Verstoß gegen das allgemeine Benachteiligungsverbot aus § 307 BGB vorliegt.[412]

Bei Verbraucherverträgen sind bei der Beurteilung der unangemessenen Benachteiligung auch die den Vertragsschluss begleitenden Umstände zu berücksichtigen. Diese Berücksichtigung kann grundsätzlich in beide Richtungen ausschlagen.[413] So kann eine nach § 307 BGB unzulässige Klausel nach Berücksichtigung der Begleitumstände als angemessen erscheinen oder andersherum eine zulässige Klausel unangemessen werden. Bei der Inhaltkontrolle von Bauträgerverträgen spielt dementsprechend die Schutzbedürftigkeit der Erwerber, vor allen Dingen vor dem Hintergrund der Verbrauchereigenschaft eine Rolle. Es wird in der Regel ein Großteil

---

408 BGH, Urteil vom 29. März 1974 – V ZR 22/73 –, juris-Rn. 17, BGHZ 62, 251 ff.; OLG Karlsruhe, Urteil vom 27. September 2011–8 U 106/10 –, juris-Rn. 82, NJW 2012, 237 ff.; *Pause*, Bauträgerkauf und Baumodelle, Rn. 149.

409 *Kollmann*, in: Dauner-Lieb/Langen, BGB Schuldrecht, Vorbemerkung zu §§ 305 ff., Rn. 4.

410 Vgl. BGH, Urteil vom 12. Mai 2016 – VII ZR 171/15 –, Rn. 42, NJW 2016, 2878 ff.; BGH, Urteil vom 25. Februar 2016 – VII ZR 49/15 –, Rn. 35, NJW 2016, 1572 ff.; BGH, Urteil vom 09. Juli 2015 – VII ZR 5/15 –, Rn. 26, BGHZ 206, 203 ff.

411 *Glöckner*, in: FS für Koeble, 271 (281); *Schulze-Hagen*, NZBau 2016, 395 (396).

412 *Kollmann*, in: Dauner-Lieb/Langen, BGB Schuldrecht, Vorbemerkung zu §§ 307 ff., Rn. 9.

413 *Kollmann*, in: Dauner-Lieb/Langen, BGB Schuldrecht, § 310, Rn. 46 f.

des Vermögens eingesetzt, wobei die Erwerber, im Gegensatz zum Bauträger, im Bereich der Vertragsmaterie typischerweise Laien und nicht fachkundig sind.[414] Die AGB-Kontrolle dient auch dem Ausgleich ungleich verteilter Kräfteverhältnisse.[415] Auf der anderen Seite kann eine eingehende Belehrung und Erläuterung durch den Notar die Hürde der unangemessenen Benachteiligung erhöhen.[416]

Bei Verträgen zwischen einem Bauträger und einem Unternehmer sind gem. § 310 Abs. 1 Satz 1 BGB die Verbotstatbestände der §§ 308 f. BGB nicht zu prüfen, sodass sich die Wirksamkeit der Klausel grundsätzlich nur nach der Inhaltskontrolle des § 307 BGB richtet. Nach der Rechtsprechung des BGH kommt den §§ 308 f. BGB jedoch in diesem Zusammenhang eine Indizwirkung für eine unangemessene Benachteiligung i. S. d. § 307 BGB zu.[417]

Halten die zu überprüfenden Vertragsbestimmungen der AGB-rechtlichen Inhaltskontrolle nicht stand, sind sie unwirksam und es gelten gem. § 306 Abs. 2 BGB die gesetzlichen Regelungen. Im Rahmen unwirksamer Vollmachtsklauseln in Bauträgerverträgen würde dementsprechend die Vorschrift des § 640 BGB greifen, sodass jeder Erwerber individuell abnehmen müsste.

III. Inhaltskontrolle im Einzelfall – Stand der Rechtsprechung

„In der Rechtsprechung [. .][hat] sich eine stark auf die Einzelumstände des Falles abstellende Sichtweise durchgesetzt.“[418]

Die Gerichte haben sich insbesondere in der jüngsten Vergangenheit vielfach mit der AGB-rechtlichen Wirksamkeit von Abnahmeklauseln in Bauträgerverträgen beschäftigt. Eine tragende Rolle für die Inhaltskontrolle spielte in diesem Zusammenhang das Benachteiligungsverbot des § 307 Abs. 1 Satz 1 BGB. Demnach sind Klauseln unwirksam, die die Erwerber entgegen dem Gebot von Treu und Glauben unangemessen benachteiligen. Vergleichsmaßstab für die Beurteilung der unangemessenen Benachteiligung sind zunächst die Vorschriften des dispositiven Rechts, die ohne die Klausel gelten würden. Ein Verstoß gegen das Benachteiligungsverbot liegt vor, wenn die Abweichung von den gesetzlichen Vorschriften den Vertragspartner in unangemessener Weise schlechter stellt.[419] Die Beurteilung der Angemessenheit steht insofern in Abhängigkeit zu den jeweiligen im Einzelfall bestehenden Interessen der Vertragsparteien.[420] Vor diesem Hintergrund ist wiederum die we-

---

414 *Lucenti*, NZBau 2010, 469.
415 *Kollmann*, in: Dauner-Lieb/Langen, BGB Schuldrecht, Vorbemerkung zu §§ 305 ff., Rn. 4.
416 *Glöckner*, in: FS für Koeble, 271 (278).
417 BGH, Urteil vom 26. Februar 2016 – V ZR 208/14 –, Rn. 30, NJW 2016, 2173 ff.; BGH, Urteil vom 01. März 2013 – V ZR 31/12 –, Rn. 53, NJW-RR 2013, 1028 ff.; BGH, Urteil vom 19. Dezember 2007 – XII ZR 13/06 –, Rn. 18, NJW 2008, 1148 ff.
418 Vgl. *Pauly*, ZMR 2011, 532 (533).
419 OLG Stuttgart, Urteil vom 12. Mai 2015–10 U 114/14 –, juris-Rn. 13, BauR 2016, 511 ff.
420 *Wurmnest*, in: MüKo-BGB, § 307, Rn. 33.

sentliche Bedeutung der Abnahme und ihre Rechtsstellung als originäres Recht der Erwerber maßgeblich.[421] Die Erwerber sind nach § 640 Abs. 1 BGB nicht nur zur Abnahme verpflichtet, sondern sie haben wegen der weitreichenden Konsequenzen auch das Recht über die Abnahme selbst zu entscheiden.[422]

Das Benachteiligungsverbot enthält zudem das Transparenzgebot des § 307 Abs. 1 Satz 2 BGB. Eine unangemessene Benachteiligung kann sich demnach auch daraus ergeben, dass die Vertragsbestimmung nicht klar und verständlich ist.

1. Anforderungen an die Person des Abnahmevertreters

Nach mittlerweile gefestigter Rechtsprechung[423] ist eine Vollmachtsklausel in Bauträgerverträgen nach § 307 Abs. 1 Satz 1 BGB unwirksam, wenn die Neutralität des Abnahmevertreters nicht gesichert ist. Bei Bevollmächtigten, die wirtschaftlich oder rechtlich mit dem Bauträger verflochten sind, bestehe die Gefahr, dass sie die Abnahme nicht objektiv durchführen, wodurch die Erwerber unangemessen benachteiligt seien.[424] Die Abnahme des Werkes hat für die Erwerber weitreichende Konsequenzen, sodass gewährleistet sein muss, dass die Überprüfung des Werkes ordnungsgemäß und objektiv erfolgt.[425] Die Klauseln halten der richterlichen Kontrolle sowohl dann nicht stand, wenn sie die Bevollmächtigung einer Person „aus dem Lager"[426] des Bauträgers vorsehen als auch wenn das Benennungsrecht des Vertreters beim Bauträger liegt.[427]

Die Person steht im Lager des Bauträgers, wenn sie mit ihm wirtschaftlich oder rechtlich verbunden ist. Dies sind in erster Linie die Mitarbeiter des Bauträgers, ein mit ihm verbundenes Unternehmen[428] und der von ihm beauftragte Architekt.[429] Aber auch, wenn durch die Klauseln ein Sachverständiger bevollmächtigt wird, der vom Bauträger und auf dessen Rechnung beauftragt wird.[430] Wegen der Hoffnung

---

421 OLG Brandenburg, Urteil vom 13. Juni 2013–12 U 162/12 –, juris-Rn. 108 f.; MittBayNot 2014, 434 ff.

422 BGH, Urteil vom 12. Mai 2016 – VII ZR 171/15 –, Rn. 45, NJW 2016, 2878 ff.

423 BGH, Urteil vom 30. Juni 2016 – VII ZR 188/13 –, Rn. 22, NJW-RR 2016, 1143 ff.; BGH, Beschluss vom 12. September 2013 – VII ZR 308/12 –, Rn. 8, NJW 2013, 3360 f.; OLG Brandenburg, Urteil vom 13. Juni 2013–12 U 162/12, juris-Rn. 110; MittBayNot 2014, 434 ff.; OLG Karlsruhe, Urteil vom 27. September 2011–8 U 106/10 –, juris-Rn. 84, NJW 2012, 237 ff.; OLG Dresden, Urteil vom 08. Januar 2010–1 U 1371/09 –, juris-Rn. 10, IBR 2013, 82.

424 *Basty*, Der Bauträgervertrag, Rn. 1015.

425 *Pause*, Bauträgerkauf und Baumodelle, Rn. 598.

426 Vgl. OLG Brandenburg, Urteil vom 13. Juni 2013–12 U 162/12–, juris-Rn. 110; MittBayNot 2014, 434 ff.

427 OLG Karlsruhe, Urteil vom 27. September 2011–8 U 106/10 –, juris-Rn. 84, NJW 2012, 237 ff.

428 *Ott*, ZWE 2013, 253 (255).

429 *Basty*, Der Bauträgervertrag, Rn. 1015.

430 *Pause/Vogel*, BauR 2014, 764 (765).

auf Folgeaufträge und der daraus resultierenden wirtschaftlichen Abhängigkeit, sei die erforderliche Neutralität nicht gewährleistet.[431] Das Gleiche gilt, wenn die Vertragsbestimmungen den Erstverwalter der Wohnungseigentümergesellschaft als Vertreter bestimmen, der nach der Teilungserklärung nebst Gemeinschaftsordnung vom Bauträger ausgewählt wird,[432] insbesondere, wenn der Bauträger sich selbst zum Erstverwalter bestimmt.[433] Auch eine Klausel, die bestimmt, dass der Abnahmevertreter durch die Eigentümergemeinschaft, beispielsweise in der ersten Eigentümerversammlung, bevollmächtigt wird, kann problematisch sein. Es muss gewährleistet sein, dass die Erwerber einen ausreichenden Einfluss auf die Auswahl des Vertreters haben.[434] Der Bauträger darf jedenfalls sein etwaig noch bestehendes Stimmrecht nicht ausüben.[435]

Dem ist zuzustimmen. Die Bevollmächtigung eines befangenen Abnahmevertreters benachteiligt die Erwerber unangemessen. Der Einsatz eines Abnahmevertreters soll das Interesse an einer einheitlichen Abnahme des Gemeinschaftseigentums befriedigen. Gleichwohl vertritt der Bevollmächtigte die Erwerber, deren Interesse die umfangreiche und unvoreingenommene Prüfung der Mangelfreiheit des Werkes ist. Ist eine objektive Überprüfung der Abnahmereife aufgrund der Befangenheit nicht gewährleistet, benachteiligt dies die Erwerber. Die Unangemessenheit der Benachteiligung ergibt sich aus der wesentlichen Bedeutung der Abnahme.

Befangen i. S. d. Benachteiligungsverbots sind jedenfalls der Bauträger, seine Mitarbeiter, mit ihm verbundene Unternehmen oder der „Hausarchitekt“. Sie haben ein unbestreitbares Interesse an der Abnahme des Werkes, sodass eine neutrale Überprüfung nicht ausreichend gewährleistet ist. Die grundsätzliche Annahme der Befangenheit eines Verwalters, der vom Bauträger bestimmt wurde, oder eines Sachverständigen, der vom Bauträger bezahlt wird, erscheint jedoch zu misstrauisch und lebensfremd. Die Bereitschaft zu einer derartigen vorsätzlichen und Schadensersatzansprüche auslösenden Pflichtverletzung, um weitere Folgeaufträge zu erhalten, kann nicht generell angenommen werden. Der Sachverständige lebt auch von seinem Ruf als neutraler Gutachter. Der Verwalter trägt Sorge für die ordnungsgemäße Verwaltung des Objekts[436] und hofft auf eine erneute Bestellung i. S. d. § 26 Abs. 2 WEG.

Nach den Entscheidungen des BGH kommt es jedoch für die Unwirksamkeit der Klauseln nicht auf die konkrete Feststellung der Bevollmächtigung eines ungeeig-

---

431 *Basty*, Der Bauträgervertrag, Rn. 1015.

432 BGH, Beschluss vom 12. September 2013 – VII ZR 308/12 –, Rn. 8, NJW 2013, 3360 f.; OLG Düsseldorf, Urteil vom 23. Oktober 2012 – I-23 U 112/11 –, juris-Rn. 65, BauR 2013, 470 ff.

433 BGH, Urteil vom 30. Juni 2016 – VII ZR 188/13 –, Rn. 22, NJW-RR 2016, 1143 ff.

434 *Pause*, Bauträgerkauf und Baumodelle, Rn. 599.

435 *Basty*, Der Bauträgervertrag, Rn. 1017.

436 *Merle/Becker*, in: Bärmann, WEG, § 26, Rn. 2.

neten Vertreters an, sondern es reicht grundsätzlich die abstrakte Gefahr.[437] Ob der befangene Vertreter die Abnahme gewissenhaft erkläre oder nicht, beeinflusse die Wirksamkeit der Klausel nicht. Die Klauseln sind demnach bereits unwirksam, wenn nur die Möglichkeit besteht, dass ein Abnahmevertreter bestimmt wird, der nicht neutral handelt. Dies leuchtet vor dem Hintergrund des Schutzzwecks der AGB-rechtlichen Inhaltskontrolle ein. Solange objektive Umstände die Gefahr einer Interessenkollision begründen, werden die Erwerber unangemessen benachteiligt. Der Verweis auf den zu beweisenden Einwand des Missbrauchs der Vertretungsmacht stellt keinen ausreichenden Schutz der Interessen der Erwerber dar.[438]

Offen bleibt, inwiefern diese zusätzliche Einschränkung relevant für Klauseln ist, die den zukünftigen Abnahmevertreter nicht direkt benennen, sondern lediglich die Auswahl des Vertreters regeln. Vor dem Hintergrund des Benachteiligungsverbots können diese Klauseln nur wirksam sein, wenn durch sie eine neutrale Auswahl des Abnahmevertreters gewährleistet ist. Ist sichergestellt, dass der Bauträger oder mit ihm rechtlich oder wirtschaftlich verflochtene Personen keinen Einfluss auf die Benennung des Abnahmevertreters haben, werden die Erwerber durch die Klausel nicht unangemessen benachteiligt. Das gilt auch, wenn auf Grundlage einer diesen Anforderungen entsprechenden Klausel ein Vertreter bevollmächtigt wird, der „im Lager des Bauträges steht", jedoch ohne seine Beeinflussung von den Erwerbern bestimmt wurde.[439] Die reine Möglichkeit einer freien und unbeeinflussten Entscheidung für einen potenziell ungeeigneten Vertreter führt nicht zur Unwirksamkeit der Klausel.

Eine diesbezügliche Rechtsprechung gibt es bisher nicht.

2. *Widerruflichkeit der Vollmacht*

Nach der Rechtsprechung[440] ist auch eine in Bauträgerverträgen unwiderruflich erteilte Abnahmevollmacht unwirksam, da es den Erwerbern die Möglichkeit nehme, die Abnahme durch den Abnahmevertreter zu verhindern. Durch die Erteilung einer unwiderruflichen Vollmacht würde den Erwerbern ihr originäres Abnahmerecht genommen und damit in den Kernbereich ihrer Rechtsstellung eingegriffen. Dies benachteilige sie unangemessen i. S. v. § 307 Abs. 1 Satz 1 BGB.[441]

---

437 BGH, Beschluss vom 12. September 2013 – VII ZR 308/12 –, Rn. 10, NJW 2013, 3360 f.; *Blank*, DNotZ 2014, 166 (174).

438 Vgl. auch BGH, Beschluss vom 12. September 2013 – VII ZR 308/12 –, Rn. 10, NJW 2013, 3360 f.

439 So auch *Basty*, Der Bauträgervertrag, Rn. 1019; a. A. *Blank*, DNotZ 2014, 166 (175) (m. w. N.); *Krick*, MittBayNot 2014, 401 (405).

440 OLG Stuttgart, Urteil vom 31. März 2015–10 U 46/14 –, juris-Rn. 83, BauR 2015, 1688 ff.; OLG Brandenburg, Urteil vom 13. Juni 2013–12 U 162/12 –, juris-Rn. 110; MittBayNot 2014, 434 ff.; OLG Düsseldorf, Urteil vom 23. Oktober 2012 – I-23 U 112/11 –, juris-Rn. 61, BauR 2013, 470 ff.; OLG Karlsruhe, Urteil vom 27. September 2011–8 U 106/10 –, juris-Rn. 84, NJW 2012, 237 ff.

441 Vgl. OLG Karlsruhe, Urteil vom 27. September 2011–8 U 106/10 –, juris-Rn. 84, NJW 2012, 237 ff.

Dem ist zuzustimmen. Vor dem Hintergrund der wesentlichen Bedeutung der Abnahme des Gemeinschaftseigentums stellen Klauseln, die das Recht zur Abnahme beschränken, eine unangemessene Benachteiligung dar. Bekommen die Erwerber Zweifel an der Tauglichkeit des Vertreters oder haben sie aus anderen Gründen kein Interesse mehr an einer Abnahmevertretung, müssen sie die Möglichkeit haben, es sich anders zu überlegen und ihr Recht selber auszuüben.

Darüber hinaus wird teilweise gefordert, dass die Wirksamkeit einer Abnahmeklausel im Lichte des Transparenzgebotes aus § 307 Abs. 1 Satz 2 BGB eine Klarstellung erfordere, dass die Bevollmächtigung für die Erwerber frei widerruflich ist und sie jederzeit selber die Abnahme erklären bzw. verweigern können.[442] Ohne die Klarstellung würde einem rechtlich nicht vorgebildeten Erwerber durch die Vollmachtsklausel suggeriert, dass die Bevollmächtigung für ihn bindend und unwiderruflich sei.[443] Dem wird auf der anderen Seite entgegen gehalten, dass dieser Anschein nicht automatisch ohne die Klarstellung erweckt werde und dass es zum Schutz der Erwerber ausreiche, dass die Abnahmebevollmächtigung aus rechtlicher Sicht jederzeit widerruflich sei.[444]

Im Rahmen des Transparenzgebots aus § 307 Abs. 1 Satz 2 BGB sind Klauseln unwirksam, deren Bestimmungen nicht klar und verständlich sind und der Vertragspartner dadurch unangemessen benachteiligt wird. Die erforderliche Transparenz betrifft die äußere und die inhaltliche Gestaltung. Vor dem Hintergrund der materiellen Anforderungen des Transparenzgebots müssen die AGB dem Bestimmtheitsgebot genügen und dürfen die Rechtslage nicht irreführend darstellen oder verschleiern.[445]

Vollmachten sind im Grundsatz frei widerruflich,[446] wohingegen die Unwiderruflichkeit einer Vollmacht einer gesonderten Vereinbarung bedarf.[447] Solange die Klauseln keine Regelung zur Unwiderruflichkeit der Abnahmevollmacht treffen, gilt dieser Grundsatz. Dies ist für sich genommen weder unbestimmt noch verschleiert es die Rechtslage oder führt darüber in die Irre. Dass der Grundsatz gilt, bis eine Ausnahmeregelung getroffen wird, ist ein allgemeines Muster.

Der Verstoß gegen das Transparenzgebot könnte sich lediglich daraus ergeben, dass den Erwerbern der geltende Grundsatz nicht bekannt ist. Die Wahrung des Transparenzgebots aus § 307 Abs. 1 Satz 2 BGB erfordert jedoch keine umfassende

442 OLG Düsseldorf, Urteil vom 23. Oktober 2012 – I-23 U 112/11 –, juris-Rn. 61, BauR 2013, 470 ff.

443 OLG Stuttgart, Urteil vom 31. März 2015–10 U 46/14 –, juris-Rn. 85, BauR 2015, 1688 ff.; OLG Karlsruhe, Urteil vom 27. September 2011–8 U 106/10 –, juris-Rn. 83, NJW 2012, 237 ff.

444 OLG Dresden, Urteil vom 08. Januar 2010–1 U 1371/09 –, juris-Rn. 13, IBR 2013, 82.

445 *Kollmann*, in: Dauner-Lieb/Langen, BGB Schuldrecht, § 307 BGB, Rn. 16; *Schmidt*, in: Bamberger/Roth, BGB, § 307, Rn. 42; *Wurmnest*, in: MüKo-BGB, § 307, Rn. 58 ff.

446 *Schubert*, in: MüKo-BGB, § 168, Rn. 16.

447 *Schubert*, in: MüKo-BGB, § 168, Rn. 26.

Belehrung über bestehende Rechte.[448] Eine Klarstellung des Geltenden ist insofern nicht geboten, solange die Formulierung der Klausel nicht auf etwas anderes hindeutet. Die Anforderungen an das Transparenzgebot dürfen nicht überspannt werden.[449] Dass die Klausel nicht ausdrücklich auf die Widerruflichkeit der Vollmacht hinweist, stellt demnach im Ergebnis keine unangemessene Benachteiligung der Erwerber i. S. d. § 307 Abs. 1 Satz 2 BGB dar.

Der BGH hat die Entscheidung, ob die Vollmachtsklauseln in Bauträgerverträgen dem AGB-rechtlichen Transparenzgebot gerecht werden, bisher ausdrücklich offengelassen.[450] In Anbetracht der restriktiven Rechtsprechung des BGH zu Abnahmevollmachten in den AGB von Bauträgerverträgen, erscheint es jedoch wahrscheinlich, dass er im Rahmen des Transparenzgebotes eine Klarstellung für erforderlich halten wird. So deutete er bereits an, dass eine bestehende Widerrufsmöglichkeit praktisch leerlaufe, falls nicht sichergestellt sei, dass die Erwerber von dem Termin der Abnahme Kenntnis erlangen.[451]

IV. Möglichkeiten der Vertragsgestaltung

Insgesamt haben die vorstehenden Ausführungen gezeigt, dass die Rechtsprechung im Allgemeinen und insbesondere des BGH eine sehr restriktive Linie zur Wirksamkeit von Abnahmeklauseln bei Bauträgerverträgen fährt. Insofern ist zunächst fraglich, ob überhaupt Abnahmevollmachten in AGB vereinbart werden können, die den richterlichen Anforderungen gerecht werden. Des Weiteren ist zu klären, ob weitere Vertragsgestaltungen in AGB oder als Individualvereinbarung oder die Regelung der individuellen Abnahme der Problemstellung Abhilfe schaffen können.

1. Rechtsprechungskonforme Abnahmevollmachten in AGB

Vor dem Hintergrund der starken Betonung des individualrechtlichen Charakters der werkvertraglichen Abnahme, könnte zunächst die Frage aufgeworfen werden, ob Klauseln in AGB, die die Abnahme des Gemeinschaftseigentums durch einen Vertreter vorsehen, grundsätzlich i. S. v. § 307 Abs. 2 Nr. 1 BGB vom gesetzlichen Leitgedanken abweichen und aus diesem Grund unwirksam sind.[452] Dies ist jedoch nicht der Fall. Bei der Abnahme durch den Besteller gem. § 640 BGB handelt es

---

448 BGH, Urteil vom 14. Mai 1996 – XI ZR 257/94 –, juris-Rn. 31, BGHZ 133, 25 ff.; *Grüneberg*, in: Palandt, § 307, Rn. 22; *Kollmann*, in: Dauner-Lieb/Langen, BGB Schuldrecht, § 307 BGB, Rn. 18 (m. w. N.).

449 Vgl. BGH, Urteil vom 02. Februar 1999 – KZR 11/97 –, juris-Rn. 52, BGHZ 140, 342 ff.; *Grüneberg*, in: Palandt, § 307, Rn. 22; *Schmidt*, in: Bamberger/Roth, BGB, § 307, Rn. 46.

450 BGH, Beschluss vom 12. September 2013 – VII ZR 308/12 –, Rn. 12, NJW 2013, 3360 f.

451 Vgl. BGH, Beschluss vom 12. September 2013 – VII ZR 308/12 –, Rn. 11, NJW 2013, 3360 f.

452 So: *Sturmberg*, BauR 2010, 163 (165).

sich um dispositives Recht. Es ist Ausdruck der vorherrschenden Privatautonomie, dass die Erwerber entscheiden können, ob sie die Abnahme selber durchführen oder sich von einem, möglicherweise sachkundigeren, Dritten vertreten lassen.[453] Auch nach der Rechtsprechung des BGH sind Vollmachtsklauseln zur Abnahme des Gemeinschaftseigentums in AGB grundsätzlich zulässig, wenn sie den von ihm entwickelten Anforderungen an die Inhaltskontrolle standhalten. Sie verstoßen gegen das Benachteiligungsverbot des § 307 BGB, wenn die Gefahr besteht, dass der bevollmächtigte Abnahmevertreter nicht neutral ist und die Klausel unwiderruflich ausgestaltet ist. Zur Sicherheit sollte zusätzlich in der Klausel klargestellt werden, dass die Vollmacht jederzeit widerruflich ist und der Erwerber selbstständig die Abnahme erklären oder verweigern kann.[454] Die Klausel sollte zudem sicherstellen, dass die Erwerber von dem Termin der Abnahme Kenntnis erlangen.[455]

Eine wirksame Abnahmeklausel in den AGB muss dementsprechend die von der Rechtsprechung entwickelten Kriterien einhalten und auch den weiteren Anforderungen der AGB-rechtlichen Inhaltskontrolle entsprechen.

a. Benennung durch einen neutralen Dritten

Zunächst könnte es zur Wahrung der Neutralität sinnvoll erscheinen, das Benennungsrecht für den Abnahmevertreter einem unabhängigen Dritten, beispielsweise dem Präsidenten der zuständigen IHK, zu übertragen.[456]

Schwierigkeiten könnte vor diesem Hintergrund jedoch die Rechtsprechung des BGH zu Schiedsgutachterklauseln bereiten.[457] In seiner Entscheidung zum sog. Fertighausfall[458] hat der BGH klargestellt, dass obligatorische Schiedsgutachterklauseln in Verbraucherverträgen[459] wegen einer Verkürzung des Rechtsschutzes gem. § 307 Abs. 1 Satz 1 BGB unwirksam sind. Die Klauseln beschränken regelmäßig Einwendungen gegen die Richtigkeit des Gutachtens und schließen somit den Rückgriff auf den staatlichen Rechtsschutz weitestgehend aus. Dies führt zu einer unangemessenen Benachteiligung des Verbrauchers.

In dem der Entscheidung zugrunde liegenden Sachverhalt ging es um einen Bauvertrag über ein Fertighaus. Die Grundsätze der Entscheidung sind jedoch auch

---

453 Vgl. auch *Pauly*, ZWE 2011, 451 (454).

454 *Blank*, Bauträgervertrag, Rn. 398.

455 BGH, Beschluss vom 12. September 2013 – VII ZR 308/12 –, Rn. 11, NJW 2013, 3360 f.

456 Z. B. *Messerschmidt/Leidig*, BauR 2014, 1 (2 f.).

457 *Basty*, Der Bauträgervertrag, Rn. 1023; *Blank*, Bauträgervertrag, Rn. 396; *Pause*, Bauträgerkauf und Baumodelle, Rn. 598.

458 BGH, Urteil vom 10. Oktober 1991 – VII ZR 2/91 –, BGHZ 115, 329 ff.

459 Nicht, wenn beide Vertragsparteien Unternehmer sind oder die AGB vom Verbraucher gestellt wurden; vgl. BGH, Urteil vom 27. November 2003 – VII ZR 53/03 –, juris-Rn. 66 BGHZ 157, 102 ff.

auf den Bauträgervertrag anwendbar.[460] Ähnlich wie der Erwerb eines Fertighauses, stellt auch der Erwerb vom Bauträger in der Regel einen besonders bedeutsamen Lebenssachverhalt dar. Zudem sind Umfang und Tragweite der Werkleistung sowie die sich daraus ergebende Schwierigkeit der fehlerfreien Begutachtung[461] vergleichbar. Demnach sind auch in den AGB von Bauträgerverträgen obligatorische Schiedsgutachterklauseln unwirksam, wenn der Erwerber Verbraucher ist und die AGB vom Bauträger gestellt wurden.

Fraglich ist jedoch, ob eine Abnahmeklausel, die bestimmt, dass der Abnahmevertreter von einem unabhängigen Dritten ausgesucht wird, eine nach § 307 Abs. 1 BGB unwirksame obligatorische Schiedsgutachterklausel darstellt. Durch ein Schiedsgutachten werden zwischen Vertragsparteien strittige Sachverhalte verbindlich durch einen neutralen Dritten geklärt. Schiedsgutachtervereinbarungen sollen demnach in erster Linie Gerichtsprozesse vermeiden und die außergerichtliche Streitbeilegung fördern.[462] Dabei liegt die Aufgabe des Schiedsgutachters bei Bauverträgen typischerweise in der Feststellung von Mängeln oder der Vornahme vergleichbarer Bewertungen.[463] Teilweise wird angenommen, dass auch eine Abnahmeklausel eine solche Schiedsgutachterklausel darstelle, da die Entscheidung über die Abnahmereife des Gemeinschaftseigentums einem Dritten überlassen wird.[464]

Dies ist jedoch nicht der Fall. Die Bevollmächtigung zur Abnahme des Gemeinschaftseigentums dient nicht der Klärung einer rechtlichen Streitigkeit. Es handelt sich nicht um die bindende Bewertung eines Dritten zur Ausräumung eines Streites, sondern die Erklärung der Abnahme in Vertretung für die Erwerber. Der Abnahmevertreter erfüllt somit die Pflicht der Besteller aus § 640 Abs. 1 BGB.

Auch droht keine der Entscheidung des BGH zum sog. Fertighausfall zugrunde liegende, vergleichbare Verkürzung des Rechtsschutzes. Schiedsgutachten unterliegen einer sehr beschränkten inhaltlichen Kontrolle durch den Richter. Eine mündliche Anhörung und Erläuterung sowie eine richterliche Beweiswürdigung finden nicht statt. Zudem kann das Gericht keine erneute Begutachtung anordnen.[465] Eine dem Schiedsgutachten entsprechende Einschränkung liegt jedoch bei einer in Stellvertretung erklärten Abnahme nicht vor. Durch die Abnahme wird grundsätzlich nicht die Mangelfreiheit des Werkes erklärt, sondern nur, dass das Werk im Wesentlichen vertragsgemäß hergestellt wurde. Eine Verkürzung der Möglichkeit, Gewährleistungsrechte geltend zu machen, droht den Erwerbern durch die Abnahmevertretung nicht.

---

460 OLG Düsseldorf, Urteil vom 20. Juli 1994–22 U 19/94 –, BauR 1995, 559 ff.; OLG Düsseldorf, Urteil vom 18. Juni 1993–22 U 293/92 –, BauR 1994, 128 f.; *Basty*, Der Bauträgervertrag, Rn. 1159; *Blank*, Bauträgervertrag, Rn. 428; *Pause*, Bauträgerkauf und Baumodelle, Rn. 863.

461 BGH, Urteil vom 10. Oktober 1991 – VII ZR 2/91 –, juris-Rn. 14, BGHZ 115, 329 ff.

462 *Würdinger*, in: MüKo-BGB, § 317, Rn. 28.

463 *Würdinger*, in: MüKo-BGB, § 317, Rn. 32.

464 *Pause*, Bauträgerkauf und Baumodelle, Rn. 598.

465 BGH, Urteil vom 10. Oktober 1991 – VII ZR 2/91 –, juris-Rn. 10, BGHZ 115, 329 ff.

Der Abnahmevertreter erklärt die Abnahme und beendet so das Erfüllungsstadium des Bauträgervertrags. In Bezug auf den damit im Zusammenhang stehenden Verlust des Erfüllungsanspruchs besteht keine Vergleichbarkeit zur Entscheidung des BGH zum sog. Fertighausfall. Die Erwerber sind ausreichend geschützt. Die Neutralität des Vertreters wird gerade durch die Regelung gewährleistet. Zudem kann der jeweilige Erwerber die Bevollmächtigung des Abnahmevertreters jederzeit widerrufen und die Abnahme eigenständig vornehmen. Er ist dementsprechend nicht wie bei Vereinbarung einer Schiedsgutachterklausel gebunden.

Insofern schlägt auch der Einwand fehl, dass ein technischer Sachverständiger nicht, vergleichbar einem Richter, in der Lage sei, den Vertragsinhalt der Parteien zu ermitteln und andere erhebliche Rechtsfragen zu erörtern.[466] Der Sachverständige beurteilt die Abnahmereife nicht an Stelle eines ordentlichen Richters, sondern an Stelle der Erwerber. Der Sachverständige wird in der Regel besser in der Lage sein diese Beurteilung vorzunehmen, als die weniger fachkundigen Erwerber.

Im Ergebnis handelt es sich somit bei einer Abnahmeklausel, die die Auswahl eines Sachverständigen zum Abnahmevertreter einem unabhängigen Dritten überträgt, nicht um eine nach § 307 Abs. 1 BGB unwirksame Schiedsgutachterklausel.

b. Sachkunde

Fraglich ist des Weiteren, ob die AGB-rechtliche Wirksamkeit einer Vollmachtsklausel in Bauträgerverträgen die Sicherstellung einer angemessenen Sachkunde des Abnahmevertreters erfordert. Eine gerichtliche Entscheidung, die diese Frage beantwortet, existiert bisher nicht.[467] Teilweise wird in der Literatur gefordert, dass der Abnahmevertreter zur Vermeidung einer unangemessenen Benachteiligung der Erwerber über eine ausreichende Sachkunde verfügen müsse, um die Abnahmereife des Werkes sachgerecht beurteilen zu können.[468] Welche Anforderungen dabei an die Qualifikation des Stellvertreters zu stellen sind, wird dabei unterschiedlich beurteilt. Die Überprüfung der Abnahmereife eines Werkes beinhaltet grundsätzlich eine technische und eine rechtliche Komponente.[469] Es ist einerseits festzustellen, ob die hergestellten Bauteile nach den Regeln der Technik mangelfrei sind und andererseits, ob sie dem aus dem Bauträgervertrag Geschuldeten entsprechen. Insofern seien einzelne Erwerber, der Verwalter sowie auch ein Verwaltungsbeirat aufgrund fehlender Fachkunde ungeeignet für die Erklärung der Abnahme des Gemeinschaftseigentums.[470] Die beruflichen Qualifikationen von Sachverständigen,

---

466 *Blank*, Bauträgervertrag, Rn. 397.

467 S. z. B. OLG Düsseldorf, Urteil vom 23. Oktober 2012 – I-23 U 112/11 –, juris-Rn. 68, BauR 2013, 470 ff.

468 *Häublein*, DNotZ 2002, 608 (611); *Oefele*, DNotZ 2011, 249 (258 f.); *Pauly*, ZMR 2011, 532 (534); *Pause*, notar 2013, 262 (264); *Vogel*, NZM 2010, 377 (379).

469 *Krick*, MittBayNot 2014, 401 (405).

470 *Oefele*, DNotZ 2011, 249 (258 f.); *Pauly*, ZMR 2011, 532 (534); *Pause*, notar 2013, 262 (264); *Vogel*, NZM 2010, 377 (379).

Ingenieuren und Architekten würden hingegen eine ordnungsgemäße Beurteilung der Abnahmereife gewährleisten.[471]

Dem wird jedoch wiederum entgegengehalten, dass der Sachverständige den rechtlichen Teil, die Beurteilung des Vertragsinhalts, nicht fachgerecht übernehmen könne. Dies sei Aufgabe der Juristen und würde Sachverständige sowie Architekten und Ingenieure überfordern.[472] Insofern sei auch die Bevollmächtigung dieser Berufsgruppen nach § 307 Abs. 1 BGB unwirksam.

Die Übertragung der Abnahmeerklärung auf Sachverständige, Ingenieure oder Architekten erfolgt jedoch gerade aufgrund der umfangreicheren Sachkunde dieser Berufsgruppen. Insbesondere die Bauteile, die das Gemeinschaftseigentum bilden, stellen den Abnehmenden vor umfangreiche technische Fragestellungen. Die gesteigerte Fachkompetenz, ohne jeweils einzeln einen Sachverständigen beauftragen und vergüten zu müssen, ist für die Erwerber der gewinnbringendste Vorteil einer einheitlichen Abnahme des Gemeinschaftseigentums durch einen Sachverständigen. Der Sachverständige wird regelmäßig viel besser in der Lage sein die Abnahmereife des Werkes zu überprüfen, als der durchschnittliche Erwerber. Dafür können ihm zusätzlich die Baubeschreibung, Aufteilungspläne und auch einzelne Sonderregelungen zur Verfügung gestellt werden.

Die ausreichende Qualifikation der Sachverständigen wird auch durch den Umstand unterstrichen, dass Gerichte bei Bauprozessen zur Klärung der Mangelhaftigkeit des Werkes oder der Wesentlichkeit eines Mangels in der Regel Sachverständige einschalten.[473] Insofern stellen Ingenieure, Architekten und Sachverständige die geeignetsten Berufsgruppen für die Abnahme des Gemeinschaftseigentums dar.[474] Ihre Bevollmächtigung benachteiligt die Erwerber nicht.

Fraglich ist jedoch, ob die jeweilige Fachkunde des Abnahmevertreters überhaupt für die Beurteilung einer unangemessenen Benachteiligung i. S. v. § 307 Abs. 1 BGB eine Rolle spielt. Vergleichsmaßstab ist grundsätzlich das dispositive Recht. Die unangemessene Benachteiligung muss dementsprechend aus der Abweichung von den gesetzlichen Vorschriften resultieren.[475] Die Vorschrift des § 640 Abs. 1 BGB stellt jedoch keine Anforderungen an die Qualifikation des Abnehmenden, sondern verpflichtet jeden Besteller, unabhängig von etwaigen Fach- und Sachkenntnissen, zur Abnahme des abnahmefähigen und -reifen Werkes. Insofern erscheint es verfehlt, im Rahmen der AGB-rechtlichen Inhaltskontrolle strengere Anforderungen an die Qualifikation des Abnehmenden zu stellen.[476] Die AGB-rechtliche Wirksamkeit der

---

471 *Pauly*, ZMR 2011, 532 (534); *Pause*, notar 2013, 262 (264).

472 *Oefele*, DNotZ 2011, 249 (258 f.); *Vogel*, NZM 2010, 377 (379).

473 *Esser*, RNotZ 2005, 69 (88).

474 So auch *Pauly*, ZfBR 2014, 523 (525); *Pauly*, ZWE 2011, 453 (454).

475 OLG Stuttgart, Urteil vom 12. Mai 2015–10 U 114/14 –, juris-Rn. 13, BauR 2016, 511 ff.

476 So auch *Blank*, DNotZ 2014, 166 (175 f.); *Elzer*, ZWE 2017, 113 (114); *Krick*, MittBayNot 2014, 401 (405).

Vollmachtsklauseln kann dementsprechend nicht in Abhängigkeit zur jeweiligen Sachkunde des Abnahmevertreters stehen.

c. Verstoß gegen das Rechtsdienstleistungsgesetz

Die Tätigkeit des Abnahmevertreters könnte jedoch möglicherweise eine unzulässige Rechtsdienstleistung i. S. d. Rechtsdienstleistungsgesetzes (RDG) darstellen.

Diese Frage ist bisher höchstrichterlich nicht geklärt,[477] wird allerdings seit längerer Zeit in der Literatur kontrovers diskutiert[478]. Ein Großteil dieser Diskussion erging noch zum Rechtsberatungsgesetz (RBerG), welches zum 1. Juli 2008 vom RDG abgelöst wurde.

Eine Unzulässigkeit der Abnahmevertretung nach dem RDG erfordert zunächst die Eröffnung des Anwendungsbereichs des RDG. Das Gesetz regelt die Befugnis außergerichtliche Rechtsdienstleistungen zu erbringen. Rechtsdienstleistungen sind gem. § 2 Abs. 1 RDG alle Tätigkeiten in konkreten fremden Angelegenheiten, sobald sie eine rechtliche Prüfung des Einzelfalls erfordern. Die Abnahmeerklärung enthält grundsätzlich auch eine rechtliche Prüfung. Neben der Entgegennahme wird das Werk als im Wesentlichen vertragsgemäß gebilligt. Die Bewertung der Abnahmereife des Gemeinschaftseigentums beinhaltet dabei nicht nur eine technische Überprüfung, sondern auch einen Vergleich mit der vereinbarten Beschaffenheit. Hierfür ist grundsätzlich eine Überprüfung des Vertragsinhalts notwendig.[479] Auch vor dem Hintergrund der wesentlichen rechtlichen Bedeutung und vielfältigen Rechtsfolgen, beinhaltet die Abnahme durch einen beauftragten Abnahmevertreter grundsätzlich eine Rechtsdienstleistung i. S. d. § 2 Abs. 1 RDG, sodass der Anwendungsbereich des Gesetzes eröffnet ist.[480]

Die selbstständige Besorgung fremder Rechtsangelegenheiten ist nach § 3 RDG nur zulässig, wenn es durch das RDG oder ein anderes Gesetz erlaubt ist. Erlaubt sind gem. § 6 Abs. 1 RDG zunächst Rechtsdienstleistungen, die nicht im Zusammenhang mit einer entgeltlichen Tätigkeit stehen. Dies ist beispielsweise bei einer Abnahme durch den Verwaltungsbeirat der Fall, dessen Mitglieder hauptsächlich unentgeltlich tätig werden.[481] Der Verwalter und insbesondere Sachverständige, Architekten und Ingenieure werden die Abnahme hingegen in der Regel im Rahmen eines Geschäftsbesorgungsvertrags gegen Entgelt vornehmen.

Erlaubt sind zudem nach § 5 Abs. 1 Satz 1 RDG alle Rechtsdienstleistungen, die in Zusammenhang mit einer anderen Tätigkeit als Nebenleistung zum Be-

---

477 *Krick*, MittBayNot 2014, 401 (406); *Schulz*, BWNotZ 2012, 62 (63).

478 Vgl. bspw. *Basty*, Der Bauträgervertrag, Rn. 1027 f.; *Häublein*, DNotZ 2002, 608 (620 f.); *Pauly*, ZMR 2011, 532 (534); *Pauly*, ZfBR 2014, 523 (525); *Pause*, Bauträgerkauf und Baumodelle, Rn. 605; *Riesenberger*, NZM 2004, 537 (539); *Schulz*, BWNotZ 2012, 62 (63).

479 *Schulz*, BWNotZ 2012, 62 (63).

480 *Basty*, Der Bauträgervertrag, Rn. 1025 f.; *Schulz*, BWNotZ 2012, 62 (63).

481 *Häublein*, DNotZ 2002, 608 (611).

rufs- oder Tätigkeitsbild gehören. Dies könnte insbesondere für Sachverständige von Bedeutung sein. Ob eine Nebenleistung i. S. v. § 5 Abs. 1 Satz 1 RDG vorliegt, beurteilt sich gem. § 5 Abs. 1 Satz 2 RDG nach ihrem Inhalt, Umfang und sachlichen Zusammenhang mit der Haupttätigkeit unter Berücksichtigung der Rechtskenntnisse, die für die Haupttätigkeit erforderlich sind. Gegen die Einordnung der Rechtsdienstleistung als Nebentätigkeit könnte die rechtliche Bedeutung der werkvertraglichen Abnahme sprechen.[482] Der Übergang vom Erfüllungs- in das Gewährleistungsstadium ist für die Erwerber mit weitreichenden, zumeist negativen Rechtsfolgen verbunden. Auf der anderen Seite steht bei der Abnahme, insbesondere bei Teilen eines Bauwerks, die im Gemeinschaftseigentum stehen, die technische Prüfung im Vordergrund. Den Schwerpunkt für die Feststellung der Abnahmereife bildet die Prüfung, ob nach den anerkannten Regeln der Technik gearbeitet wurde. Ist dies der Fall, spricht vieles dafür, dass das Werk im Wesentlichen vertragsgemäß hergestellt wurde. Der Aspekt der ordnungsgemäßen Erfüllung des Bauträgervertrags durch Feststellung der vereinbarten Beschaffenheit, tritt in diesem Zusammenhang, insbesondere hinsichtlich des Umfanges, in den Hintergrund.[483] Die mit der werkvertraglichen Abnahme des Gemeinschaftseigentums einhergehende Rechtsdienstleistung stellt dementsprechend bei einer Überprüfung durch einen Sachverständigen eine Nebenleistung der eigentlichen technischen Überprüfung i. S. v. § 5 Abs. 1 RDG dar.[484]

Diese Einschätzung entspricht auch dem Sinn und Zweck des § 5 Abs. 1 RDG. Rechtliche Aspekte spielen in vielen Lebenssachverhalten eine Rolle. Insbesondere die Berufsgruppe der Sachverständigen wird regelmäßig im Rahmen eines Vertragsverhältnisses zur Feststellung streitiger Sachverhalte beauftragt. Um das Berufsbild des Sachverständigen nicht zu stark einzugrenzen und auch vor dem verfassungsrechtlichen Hintergrund existiert § 5 Abs. 1 RDG.[485]

Auch der Schutzzweck des RDG im Allgemeinen spricht nicht gegen die Einordnung der Rechtsdienstleistung innerhalb der Abnahme als Nebentätigkeit. Das Gesetz dient gem. § 1 Abs. 1 Satz 2 RDG dem Schutz der Rechtssuchenden, des Rechtsverkehrs und der Rechtsordnung vor unqualifizierten Rechtsdienstleistungen. Im Rahmen der Abnahme durch einen Sachverständigen ist ein solcher Schutz nicht notwendig.[486] Für die Überprüfung der Abnahmereife ist der Sachverständige regelmäßig ausreichend qualifiziert und bietet dem durchschnittlichen Erwerber somit die notwendige Hilfestellung.

---

482 *Basty*, Der Bauträgervertrag, Rn. 1028.

483 *Pauly*, ZMR 2011, 532 (534); *Pauly*, ZfBR 2014, 523 (525); *Pause*, Bauträgerkauf und Baumodelle, Rn. 605.

484 Auch *Esser*, RNotZ 2005, 69 (88); *Pauly*, ZWE 2011, 453 (454).

485 *Schulz*, BWNotZ 2012, 62 (63); *Vogel*, NZM 2010, 377 (380); auch *Esser*, RNotZ 2005, 69 (88), noch zum RBerG.

486 So auch OLG Düsseldorf, Urteil vom 20. September 2005 – I-20 U 213/04 –, NZBau 2006, 517 f.; *Krick*, MittBayNot 2014, 401 (406).

Etwas anderes könnte jedoch für den Verwalter der Wohnungseigentümergemeinschaft gelten. Teilweise wird die Erlaubnis des Verwalters ohne weitere Begründung auf den Tatbestand des § 5 Abs. 2 Nr. 2 i. V. m. Abs. 1 Satz 1 RDG gestützt.[487] Demnach gelten Rechtsdienstleistungen im Zusammenhang mit der Haus- und Wohnungsverwaltung als erlaubte Nebenleistungen.

Dies erscheint jedoch vor dem Hintergrund der umstrittenen Vergemeinschaftungsfähigkeit der Abnahme des Gemeinschaftseigentums[488] zumindest fragwürdig.[489]

Der besondere Erlaubnistatbestand des § 5 Abs. 2 Nr. 2 RDG soll eine sachgerechte Ausübung der Tätigkeiten des Verwalters nach dem WEG ermöglichen. Es müssen jedoch auch in diesem Fall die Voraussetzungen des § 5 Abs. 1 RDG vorliegen.[490] Die der Abnahme innewohnende Rechtsdienstleistung müsste demnach als Nebentätigkeit zum Berufs- oder Tätigkeitsbild des Wohnungsverwalters gehören. Der Verwalter ist grundsätzlich nach § 27 Abs. 1 Nr. 1 WEG berechtigt und verpflichtet, die Beschlüsse der Wohnungseigentümer durchzuführen. Die Beschlusskompetenz der Wohnungseigentümergemeinschaft für die Abnahme des Gemeinschaftseigentums ist jedoch höchstrichterlich nicht geklärt. Vor dem Hintergrund des individualrechtlichen Charakters der Abnahme und der restriktiven Rechtsprechung des BGH zu Abnahmevollmachten, ist eine Vergemeinschaftung der Abnahme nach dem geltenden Recht eher zu verneinen.

Andererseits könnte jedoch die werkvertragliche Abnahme durch den Verwalter als Abnahmevertreter zu seinem Tätigkeitsbild i. S. v. § 5 Abs. 1 Satz 1 RDG gehören. Die Abnahme von Werkleistungen durch Bevollmächtigung ist insbesondere bei Werkverträgen der Wohnungseigentümergemeinschaft weit verbreitet.[491] Seine Befugnis hierzu ergibt sich bei entsprechender Ermächtigung aus § 27 Abs. 3 Satz 1 Nr. 7 WEG.[492] Die werkvertragliche Abnahme gehört dementsprechend grundsätzlich zur Verwaltertätigkeit. Auch handelt es sich bei der Rechtsdienstleistung um eine Nebentätigkeit der im Vordergrund stehenden technischen Überprüfung des Werkes, sodass auch die Abnahme des Gemeinschaftseigentums durch den Verwalter als Vertreter der Erwerber nach § 5 Abs. 2 Nr. 2 i. V. m. Abs. 1 RDG erlaubt ist.[493]

d. Bevollmächtigung des Erstverwalters

Die Bevollmächtigung des Erstverwalters der Wohnungseigentümergemeinschaft zur Abnahme des Gemeinschaftseigentums ist grundsätzlich möglich, wenn die

---

487 *Pause*, Bauträgerkauf und Baumodelle, Rn. 605; *Pause*, notar 2013, 262 (265); *Vogel*, NZM 2010, 377 (379).

488 S. o. 2. Kapitel § 2.

489 *Basty*, Der Bauträgervertrag, Rn. 1027.

490 *Offermann-Burckart*, in: Krenzler, RDG, § 5, Rn. 118 f.

491 *Esser*, RNotZ 2005, 69 (88).

492 *Ott*, ZWE 2010, 157 (159).

493 A. A. *Elzer*, ZWE 2017, 113 (114).

erforderliche Neutralität gewährleistet ist. Dabei darf der Verwalter weder wirtschaftlich noch rechtlich mit dem Bauträger verbunden und insbesondere nicht von diesem bestellt worden sein.[494]

Über die Bestellung und Abberufung des Verwalters beschließen die Wohnungseigentümer gem. § 26 Abs. 1 Satz 1 WEG mit Stimmmehrheit. Im Rahmen einer Teilung nach § 8 WEG bestimmt der Bauträger, als teilender Eigentümer, jedoch häufig den Verwalter bereits in der Teilungserklärung.[495] Dies ist grundsätzlich möglich, wenn die Vorgaben des § 26 WEG[496] Beachtung finden.[497] Der Bauträger hat dabei die Möglichkeit, sich selbst oder einen Dritten in der Teilungserklärung zum Erstverwalter zu bestellen.[498] Dieses Vorgehen ist jedoch mit einer Bevollmächtigung des Erstverwalters nicht vereinbar. Zur Wahrung der erforderlichen Neutralität müsste in der Gemeinschaftsordnung das Recht des teilenden Eigentümers zur Bestellung des Erstverwalters in der Teilungserklärung und auch das Stimmrecht des Bauträgers im Rahmen der Bestellung des Verwalters durch Mehrheitsbeschluss der Wohnungseigentümer ausgeschlossen sein.[499]

Die frühzeitige Bestellung des Verwalters in der Teilungserklärung folgt jedoch aus dem praktischen Bedürfnis, die Handlungsfähigkeit der Verwaltung zu gewährleisten. Der Verwalter kann bereits vorbereitendende Maßnahmen treffen, um die zukünftige (werdende) Wohnungseigentümergemeinschaft in Gang zu setzen.[500] Aus diesen Erwägungen heraus wird sich der Bauträger das Recht zur Bestellung des Erstverwalters in der Teilungserklärung nicht nehmen lassen, sodass eine Bevollmächtigung des Erstverwalters in der Praxis regelmäßig ausscheidet.[501]

e. Bevollmächtigung des Verwaltungsbeirats

Es kommt jedoch die Bevollmächtigung des Verwaltungsbeirats zur Abnahme des Gemeinschaftseigentums in Betracht. Nach § 29 Abs. 1 Satz 1 WEG können die Wohnungseigentümer durch Stimmmehrheit die Bestellung eines Verwaltungsbeirats beschließen. Der Beirat besteht aus drei Wohnungseigentümern: Einem Vorsitzenden und zwei Beisitzern.

Die Bevollmächtigung des Verwaltungsbeirats zur Abnahmevertretung ist grundsätzlich möglich.[502] Insbesondere liegt ein Erlaubnistatbestand nach § 6 Abs. 1 RDG

---

494 BGH, Beschluss vom 12. September 2013 – VII ZR 308/12 –, Rn. 6, NJW 2013, 3360 f.

495 *Merle/Becker*, in: Bärmann, WEG, § 26, Rn. 72.

496 Insbesondere muss die Bestellung auf höchstens drei Jahre beschränkt werden.

497 BGH, Beschluss vom 20. Juni 2002 – V ZB 39/01 –, juris-Rn. 29, BGHZ 151, 164 ff.

498 *Drasdo*, RNotZ 2008, 87 (88); *Merle/Becker*, in: Bärmann, WEG, § 26, Rn. 72.

499 *Blank*, Bauträgervertrag, Rn. 388 f.

500 *Blank*, Bauträgervertrag, Rn. 390; *Drasdo*, RNotZ 2008, 87 (88).

501 *Blank*, Bauträgervertrag, Rn. 390.

502 BayObLG, Beschluss vom 30. April 1999–2Z BR 153/98 –, NJW-RR 2000, 13 ff.; *Blank*, Bauträgervertrag, Rn. 392; *Merle/Becker*, in: Bärmann, WEG, § 29, Rn. 93; *Schmidt*, ZWE 2001, 137 (142); a. A. *Hogenschurz*, MDR 2012, 386 (389); *Pauly*, ZMR 2011, 532 (535).

vor, da die Tätigkeit typischerweise ehrenamtlich erfolgt.[503] Es ist jedoch auch in diesem Fall eine ausreichende Neutralität der Abnahmevertreter erforderlich. Insofern muss gesichert sein, dass der Bauträger auf die Wahl der Verwaltungsbeiratsmitglieder keinen Einfluss nehmen kann und insbesondere sein Stimmrecht bei der Beschlussfassung über die Bestellung ausgeschlossen ist.[504] Das Vorliegen einer besonderen Sachkunde ist hingegen nicht erforderlich.[505] Es kann jedoch sinnvoll sein, die Abnahme durch den Verwaltungsbeirat unter Einbeziehung eines Sachverständigen erfolgen zu lassen.[506] Auch in einem solchen Fall muss die Neutralität des Sachverständigen gewährleistet sein.

Die Bevollmächtigung des Beirats erfolgt in der Regel bereits in den jeweiligen Bauträgerverträgen.[507] Voraussetzung ist dann, dass eine zumindest werdende Wohnungseigentümergemeinschaft besteht und diese die Bestellung des Verwaltungsbeirats auch tatsächlich beschließt. Andernfalls läuft die Delegation auf den Beirat leer und es müsste eine Individualabnahme durch die einzelnen Erwerber erfolgen.[508] Auch im Falle der Bestellung eines Beirats muss der Auftrag über die Abnahme des Gemeinschaftseigentums zunächst von den Verwaltungsbeiratsmitgliedern noch angenommen werden.[509] Davon wird teilweise, mit Hinweis auf die bestehenden Haftungsrisiken, abgeraten.[510]

Der Verwaltungsbeirat kann dementsprechend zwar grundsätzlich wirksam in den AGB bevollmächtigt werden, die praktische Umsetzung birgt jedoch, neben der Widerruflichkeit der Bevollmächtigung, weitere Unsicherheiten.

Die Stimmbildung im Verwaltungsbeirat erfolgt nach dem Kopfprinzip, solange nichts anderes festgelegt wird. Jedes Mitglied hat grundsätzlich eine Stimme.[511] Es kann jedoch auch bestimmt werden, dass die Abnahme des Gemeinschaftseigentums durch den Verwaltungsbeirat nur bei Einstimmigkeit erfolgt.

f. „Modell OLG Nürnberg"

Ähnlich wie die Bevollmächtigung des Verwaltungsbeirats verhält es sich mit einer Klauselformulierung, die in einer Entscheidung des OLG Nürnberg im Jahr 2006 Anerkennung gefunden hat:

503 *Bub*, ZWE 2002, 7 (9).
504 *Blank*, Bauträgervertrag, Rn. 391.
505 S. o. 2. Kapitel § 3 C. IV. 1. b.; a. A. *Pauly*, ZMR 2011, 532 (535).
506 *Blank*, Bauträgervertrag, Rn. 394.
507 *Merle/Becker*, in: Bärmann, WEG, § 29, Rn. 93.
508 *Blank*, Bauträgervertrag, Rn. 392.
509 *Merle/Becker*, in: Bärmann, WEG, § 29, Rn. 93.
510 *Hogenschurz*, MDR 2012, 386 (389); vgl. 2. Kapitel § 3 C. IV. 2.
511 *Merle/Becker*, in: Bärmann, WEG, § 29, Rn. 43.

„Für die Abnahme des gemeinschaftlichen Eigentums haben die Wohnungseigentümer 3 Personen zu ihrer Vertretung zu beauftragen."[512]

Die Besonderheit dieser Klausel liegt darin, dass die Erwerber die Abnahmevertreter eigenständig aussuchen und die Bevollmächtigung sowie die Beauftragung der Vertreter in einem gesonderten Akt, außerhalb des Bauträgervertrags, erfolgt.[513] Auch diese Konstellation ist grundsätzlich wirksam, wenn die Neutralität der Abnahmevertreter und die Widerruflichkeit der Bevollmächtigung gesichert sind.[514]

g. Abnahmevollmachten für Gemeinschaftseigentum im Sondereigentum

In jedem nach dem WEG geteilten Objekt gibt es nicht sondereigentumsfähiges Gemeinschaftseigentum, welches ausschließlich im Bereich des Sondereigentums eines Erwerbers belegen ist.[515] Auch diese Anlagen bedürfen grundsätzlich, soweit sie vom Herstellungsanspruch[516] der Erwerber erfasst sind, einer Abnahme i. S. v. § 640 BGB durch jeden einzelnen Erwerber.

Der einzelne Erwerber muss neben dem Sondereigentum das Gemeinschaftseigentum abnehmen. Das abzunehmende Gemeinschaftseigentum umfasst die Anlagen, die im gemeinschaftlichen Gebrauch stehen, die Teile des Gemeinschaftseigentums, die ausschließlich im Bereich seines Sondereigentums liegen, und die Teile, die ausschließlich im Bereich des Sondereigentums der anderen Erwerber liegen.

Teilweise wird angenommen, dass die Abnahme des Sondereigentums durch den einzelnen Erwerber auch die Teile des Gemeinschaftseigentums erfasst, die ausschließlich im Bereich seiner Wohnung liegen.[517] Dies entspreche dem Interesse der regelmäßig juristisch nicht vorgebildeten Erwerber. Ihnen sei die exakte Unterscheidung zwischen Sonder- und Gemeinschaftseigentum in der Regel nicht bekannt und auch ihr Interesse beziehe sich insgesamt auf „ihre Wohnung".[518] Aus Sicht eines durchschnittlichen Erwerbers umfasse die Wohnung nicht nur das Sondereigentum, sondern insbesondere auch das darin befindlich Gemeinschaftseigentum, wie tragende Innenwände, Außenwände, Terrassen etc.[519] Der Abnahmewille erstrecke sich somit bei der Abnahme des Sondereigentums auch auf das darin befindliche Gemeinschaftseigentum.

---

512 OLG Nürnberg, Urteil vom 12. Dezember 2006–9 U 429/06 –, juris-Rn. 7, BauR 2009, 1634; der BGH hatte die Nichtzulassungsbeschwerde zurückgewiesen: BGH, Beschluss vom 18. Juni 2009 – VII ZR 3/07 –, IMR 2009, 358.

513 *Scheffelt*, BauR 2014, 163 (164).

514 *Werner*, NZBau 2014, 80 (81); a. A. *Ott*, ZWE 2013, 253 (255).

515 S. o. 1. Kapitel § 2 B. III.

516 *Basty*, Der Bauträgervertrag, Rn. 1005.

517 *Basty*, Der Bauträgervertrag, Rn. 1003; *Bub*, in: Staudinger/Bub, WEG, § 21, Rn. 243.

518 *Basty*, Der Bauträgervertrag, Rn. 1003.

519 *Basty*, Der Bauträgervertrag, Rn. 1003.

Auf der anderen Seite wird vorgetragen, dass die Frage, ob die Abnahme des Sondereigentums auch das darin befindliche Gemeinschaftseigentum umfasse, nicht generell beantwortet werden könne, sondern von den Umständen des Einzelfalles abhinge.[520] Entscheidend sei nicht, wovon die Parteien ausgehen, sondern ob eine Abnahme des Gemeinschaftseigentums tatsächlich stattgefunden habe.

Irrelevant wird der Streit, wenn in den Bauträgerverträgen ausdrücklich eine getrennte Abnahme von Sonder- und Gemeinschaftseigentum vereinbart wurde.[521] In diesen Fällen wird das gesamte Gemeinschaftseigentum erst nach der vollständigen Fertigstellung abgenommen. Zudem beschränkt sich der Abnahmewille der Erwerber in der Regel bei der Abnahme des Sondereigentums ausschließlich auf dieses, auch wenn die Unterscheidung häufig nicht vollumfänglich bekannt ist.[522] Wird demnach – wie üblicherweise – eine getrennte Abnahme von Sonder- und Gemeinschaftseigentum vereinbart, muss in den Bauträgerverträgen eine gesonderte Regelung getroffen werden, damit das Gemeinschaftseigentum, welches sich ausschließlich im Sondereigentum eines Erwerbers befindet, schon bei der Abnahme des Sondereigentums abgenommen werden kann. Eine weitere Unterteilung der Abnahme des Gemeinschaftseigentums ist grundsätzlich möglich.[523] Der einzelne Erwerber nimmt dann bei Bezugsfertigkeit seiner Wohneinheit sämtliche in seiner Wohnung befindlichen Bauteile ab, unabhängig davon, ob sie Gemeinschafts- oder Sondereigentum darstellen.

Die Abnahme des einen Erwerbers entfaltet dabei jedoch keine Wirkung für die anderen Erwerber.[524] Im Grundsatz müssten demnach auch die anderen Erwerber die Abnahme des Gemeinschaftseigentums, welches sich in den Einheiten der anderen Erwerber befindet, erklären. Dies bereitet jedoch, insbesondere vor dem Hintergrund der schrittweisen Fertigstellung und der unterschiedlichen Einzugstermine, erhebliche praktische Schwierigkeiten.

An einer Lösung dieses Problems versuchte sich das OLG Hamm in seinem Beschluss vom 14. Oktober 2003.[525] Demnach kann die Abnahme des Gemeinschaftseigentums, welches sich ausschließlich im Sondereigentum eines Erwerbers befindet, durch den nutzungsberechtigten Erwerber zugleich eine konkludente Abnahme der übrigen Erwerber darstellen, wenn eine angemessene Prüffrist unbeanstandet abgelaufen ist. In dem dieser Entscheidung zugrunde liegenden Sachverhalt hatte der Bauträger mit den Erwerbern vereinbart, dass der jeweilige Erwerber bei Be-

520 OLG Schleswig, Beschluss vom 27. August 2009–5 U 49/08 –, juris-Rn. 95, BauR 2011, 1215 f.; OLG Hamm, Urteil vom 14. Dezember 1995–17 U 3/94 –, juris-Rn. 7, BauR 1996, 722 f.; *Werner/Pastor*, Der Bauprozess, Rn. 504.

521 *Basty*, Der Bauträgervertrag, Rn. 1003; *Pause*, Bauträgerkauf und Baumodelle, Rn. 593.

522 Auch *Sterner*, BauR 2012, 1160 (1162).

523 S. o. 1. Kapitel § 3 B.

524 BGH, Urteil vom 21. Februar 1985 – VII ZR 72/84 –, NJW 1985, 1551 f.

525 OLG Hamm, Beschluss vom 14. Oktober 2003–21 U 116/03 –, MittBayNot 2005, 226 ff.

zugsfertigkeit seiner Wohneinheit sowohl das Sondereigentum als auch das Gemeinschaftseigentum, welches ausschließlich in seiner Einheit belegen oder ihm zur Sondernutzung zugewiesen ist, abnimmt. Das „sonstige Gemeinschaftseigentum" sollte nach Fertigstellung unter Mitwirkung eines Sachverständigen abgenommen werden.

Der Bauträgervertrag enthielt demnach keine ausdrückliche Regelung, wie das Gemeinschaftseigentum, welches ausschließlich im Bereich des Sondereigentums liegt, von den übrigen Erwerbern abgenommen werden soll. Aus dieser im Vertrag bestehenden Lücke schloss das OLG Hamm, dass die Abnahme auch durch ein schlüssiges Verhalten der Erwerber erfolgen kann.[526]

Die einzelnen Erwerber könnten aus dem Vertragstext erkennen, dass das Gemeinschaftseigentum im Sondereigentum durch den nutzungsberechtigten Erwerber abgenommen werde. Auch wenn aufgrund der fehlenden Erteilung einer Vollmacht keine Stellvertretung vorliege, müsse den übrigen Erwerbern bewusst sein, dass die Abnahme des einzelnen Erwerbers auch für sie eine Bedeutung entfalte.[527] Nach dem Beschluss des OLG Hamm liegt eine konkludente Abnahme vor, wenn die übrigen Erwerber nicht nach der Abnahme des nutzungsberechtigten Erwerbers innerhalb einer angemessenen Prüffrist Einwände dagegen erheben. Im Rahmen des zugrunde liegenden Sachverhalts hielt das Gericht eine Prüfzeit von vier Wochen für angemessen.[528]

Nach Ansicht des OLG Hamm ist diese Auslegung des Vertrags interessengerecht. Die übrigen Erwerber hätten kein weitergehendes Interesse an einer Überprüfung des Gemeinschaftseigentums als der Erwerber, dem die alleinige Sondernutzung zugewiesen ist.[529]

Der Beschluss des OLG Hamm muss jedoch kritisch gesehen werden. Nach vornehmlicher Ansicht[530] ist auch bei Abgabe einer konkludenten Abnahmeerklärung grundsätzlich ein Erklärungsbewusstsein erforderlich. Fraglich ist, ob den übrigen Erwerbern tatsächlich bewusst ist, dass sie das Gemeinschaftseigentum, das ausschließlich in der Wohneinheit der anderen Erwerber liegt, abnehmen müssen. Zudem haben sie in der Regel, insbesondere vor dem eigenen Einzug, keine Kennt-

---

526 OLG Hamm, Beschluss vom 14. Oktober 2003–21 U 116/03 –, juris-Rn. 7, MittBayNot 2005, 226 ff.

527 OLG Hamm, Beschluss vom 14. Oktober 2003–21 U 116/03 –, juris-Rn. 11, MittBayNot 2005, 226 ff.

528 OLG Hamm, Beschluss vom 14. Oktober 2003–21 U 116/03 –, juris-Rn. 17, MittBayNot 2005, 226 ff.

529 OLG Hamm, Beschluss vom 14. Oktober 2003–21 U 116/03 –, juris-Rn. 9, MittBayNot 2005, 226 ff.

530 BGH, Urteil vom 25. Februar 2016 – VII ZR 49/15 –, Rn. 40, NJW 2016, 1572 ff.; OLG Karlsruhe, Urteil vom 27. September 2011–8 U 106/10 –, juris-Rn. 88, NJW 2012, 237 ff.; OLG München, Beschluss vom 15. Dezember 2008–9 U 4149/08 –, juris-Rn. 2, BauR 2009, 1444 f.; *Basty*, Der Bauträgervertrag, Rn. 994; *Pause*, ZfIR 2014, 127 (132).

nis von den Abnahmeterminen der anderen Erwerber.[531] Ein Bewusstsein dahingehend, dass eine Frist für Einwände zu laufen beginnt und nach Ablauf von ca. vier Wochen stillschweigend die Abnahme erklärt wird, ist schwerlich anzunehmen. Eine konkludente Abnahme, trotz eines fehlenden Erklärungsbewusstseins, setzt nach der Rechtsprechung des BGH voraus, dass der Erklärende bei Anwendung der im Verkehr erforderlichen Sorgfalt hätte erkennen können, dass sein Verhalten als Abnahme aufgefasst wird.[532] Kann der Erwerber noch möglicherweise aus dem Vertrag erkennen, dass er auch das Gemeinschaftseigentum abnehmen muss, welches seiner Nutzung entzogen ist, und dass die Abnahme der anderen Erwerber für ihn von Bedeutung ist, so gestaltet es sich schwierig von einem potenziellen Erklärungsbewusstsein auszugehen, wenn der Erwerber keine Kenntnis vom Lauf der Prüffrist erlangt. Auch erscheint es unlogisch, den Erwerbern eine Prüffrist zuzugestehen, ohne dass dabei jedoch eine Prüfmöglichkeit besteht. Entgegen der Entscheidung des OLG Hamm liegt demnach in der Abnahme des einzelnen Erwerbers keine konkludente Abnahme der übrigen Erwerber. Aus diesem Grund kann auch bezweifelt werden, dass sich die Rechtsprechung dem Beschluss des OLG Hamm anschließen wird.

Richtigerweise sollte auch hier eine Abnahmevollmacht vereinbart werden.[533] Den jeweiligen nutzungsberechtigten Erwerbern wird durch eine Klausel im Bauträgervertrag die Vollmacht erteilt, bei der Abnahme des Sondereigentums auch Teile des Gemeinschaftseigentums für alle Erwerber abzunehmen.

Eine höchstrichterliche Entscheidung zur Zulässigkeit der Abnahmebevollmächtigung eines Erwerbers für Gemeinschaftseigentum, welches ausschließlich im Bereich seines Sondereigentums liegt, gibt es bisher nicht.

Nach einem Urteil des OLG Stuttgart[534] verstoßen solche Klauseln nicht gegen das Benachteiligungsverbot des § 307 BGB, auch wenn die Vollmacht unwiderruflich erteilt wird. In der Entscheidung ging es um eine Mehrhausanlage mit Reihenhäusern. Die Teilungserklärung nebst Gemeinschaftsordnung wies im zugrunde liegenden Sachverhalt den jeweiligen Erwerbern ein Sondernutzungsrecht für das Gemeinschaftseigentum in den Reihenhäusern mit alleiniger Instandsetzungs- und Kostentragungspflicht zu

Das OLG Stuttgart entschied, dass, im Gegensatz zu unwiderruflichen Abnahmeklauseln in Bezug auf das gesamte Gemeinschaftseigentum, durch diese Klauseln keine schützenswerten Belange der übrigen Erwerber beeinträchtigt würden.[535] Bei der Veräußerung von Reihenhäusern auf einem nach dem WEG geteilten Grundstück wird dem jeweiligen Erwerber die ausschließliche Nutzungsbefugnis zuge-

531 *Basty*, MittBayNot 2005, 228; *Basty*, Der Bauträgervertrag, Rn. 1005.
532 Vgl. BGH, Urteil vom 07. Juni 1984 – IX ZR 66/83 –, juris-Rn. 22, BGHZ 91, 324 ff.
533 So auch *Basty*, MittBayNot 2005, 228.
534 OLG Stuttgart, Urteil vom 12. Mai 2015–10 U 114/14 –, BauR 2016, 511 ff.
535 Vgl. OLG Stuttgart, Urteil vom 12. Mai 2015–10 U 114/14 –, juris-Rn. 20, BauR 2016, 511 ff.

wiesen. Dies führe zu einer faktischen Realteilung des Gemeinschaftseigentums, sodass die nicht nutzungsberechtigten Erwerber hinsichtlich der Nutzung und auch etwaiger Kosten kein schützenswertes Interesse an der Mangelfreiheit der betroffenen Bauteile hätten.[536]

Dem wird teilweise entgegengehalten, dass der aus der Unwiderruflichkeit folgende Ausschluss der übrigen Erwerber von der Abnahme des Gemeinschaftseigentums gegen § 307 Abs. 2 Nr. 2 BGB verstoße, da die Erwerber in ihrem originären Recht zur Abnahme beschränkt werden.[537]

Dies entspricht im Wesentlichen der Begründung zur Unwirksamkeit von unwiderruflichen Abnahmeklauseln, die das gesamte Gemeinschaftseigentum betreffen.[538] Auch bei der Abnahme eines Teils des Gemeinschaftseigentums handelt es sich grundsätzlich um ein originäres Recht der Erwerber.

Auf der anderen Seite beinhaltet die AGB-rechtliche Prüfung der Angemessenheit von Vertragsklauseln eine Berücksichtigung aller Umstände und Interessen. Die Interessen des Kunden, die gegen die Klausel sprechen, sind gegen die Interessen des Verwenders, die für eine Aufrechterhaltung sprechen, abzuwägen.[539] Vor diesem Hintergrund erklärt sich eine unterschiedliche Bewertung von unwiderruflichen Abnahmevollmachten, die das gemeinschaftlich genutzte Gemeinschaftseigentum beinhalten, und von Abnahmevollmachten, die das Gemeinschaftseigentum betreffen, welches zur ausschließlichen Nutzung durch einen Erwerber bestimmt ist.

Zunächst besteht bei letzterem ein höheres Interesse an einer Abnahme durch einen Abnahmevertreter in Person des jeweiligen Erwerbers. Neben den ohnehin bestehenden Interessen an einer einheitlichen Abnahme muss berücksichtigt werden, dass die Abnahme des Gemeinschaftseigentums eine Begehung des Sondereigentums erfordert. Zum Zeitpunkt der Abnahme des Gemeinschaftseigentums wurde das Sondereigentum in der Regel bereits übergeben und bezogen und befindet sich demnach bereits im Besitz der jeweiligen Erwerber. Eine Begehung durch jeden einzelnen Erwerber des Wohnkomplexes widerspricht nicht nur dem Interesse des Wohnungsbesitzers, sondern stößt auch auf rechtliche Schwierigkeiten. In den jeweiligen Bauträgerverträgen müsste demnach geregelt werden, dass die Erwerber den anderen Erwerbern und u. U. Sachverständigen den Zugang zur Wohnung zum

536 Vgl. OLG Stuttgart, Urteil vom 12. Mai 2015–10 U 114/14 –, juris-Rn. 28 f., BauR 2016, 511 ff.; auch OLG Hamm, Beschluss vom 14. Oktober 2003–21 U 116/03 –, juris-Rn. 9, MittBayNot 2005, 226 ff.

537 *Ott*, ZWE 2013, 253 (256); *Ott*, NZBau 2003, 233 (241).

538 OLG Stuttgart, Urteil vom 31. März 2015–10 U 46/14 –, juris-Rn. 83, BauR 2015, 1688 ff.; OLG Brandenburg, Urteil vom 13. Juni 2013–12 U 162/12, juris-Rn. 110; MittBayNot 2014, 434 ff.; OLG Düsseldorf, Urteil vom 23. Oktober 2012 – I-23 U 112/11 –, juris-Rn. 61, BauR 2013, 470 ff.; OLG Karlsruhe, Urteil vom 27. September 2011–8 U 106/10 –, juris-Rn. 84, NJW 2012, 237 ff.

539 *Wurmnest*, in: MüKo-BGB, § 307, Rn. 33.

Zwecke der Abnahme des darin befindlichen Gemeinschaftseigentums gewähren müssen.[540]

Des Weiteren ist das Interesse der Erwerber an der Abnahme des Gemeinschaftseigentums, für welches sie keinerlei Instandhaltungs- oder Kostenlasten treffen, nicht derart ausgeprägt wie beim sonstigen Gemeinschaftseigentum. Die, normalerweise mit der werkvertraglichen Abnahme einhergehende, wesentliche Bedeutung für die Besteller besteht in diesem Fall nicht. Im Zuge dessen spielt der drohende Verlust von Ansprüchen, der Übergang der Leistungsgefahr und der Beginn der Verjährung keine Rolle.

Im Ergebnis sind die Interessen bei der Abnahme des Gemeinschaftseigentums, welches dem jeweiligen Erwerber zur Sondernutzung mit alleiniger Instandsetzungs- und Kostentragungspflicht zugewiesen ist, anders gelagert.[541] Unangemessen benachteiligt werden kann nur derjenige, der „ein (rechtlich geschütztes) Interesse an der vom Gesetz vorgesehenen Rechtsposition hat“[542]. Vor diesem Hintergrund stellt die unwiderrufliche Bevollmächtigung des Erwerbers zur Abnahme dieses Gemeinschaftseigentums keine unangemessene Benachteiligung der anderen Erwerber i. S. d. § 307 Abs. 1 Satz 1 BGB dar.

Fraglich ist jedoch, ob sich die Grundsätze der Entscheidung des OLG Stuttgart auch auf Bauträgerverträge übertragen lassen, deren Vertragsgegenstand Wohnungen in Mehrparteienhäusern sind. Eine faktische Realteilung des Grundstücks liegt in diesen Fällen nicht vor. Eine vergleichbare Interessenlage ist nur gegeben, wenn auch in den Fällen der Mehrparteienhäuser die übrigen Erwerber hinsichtlich der Nutzung, Instandhaltung und etwaiger Kosten kein schützenswertes Interesse an der Abnahme des Gemeinschaftseigentums im Sondereigentum der anderen Erwerber haben.

Jedem Wohnungseigentümer gebührt grundsätzlich nach § 16 Abs. 1 Satz 1 WEG ein seinem Anteil entsprechender Bruchteil der Nutzungen des gemeinschaftlichen Eigentums. Auf der anderen Seite sind die Eigentümer nach § 16 Abs. 2 WEG verpflichtet, die Lasten sowie die Kosten der Instandhaltung und Instandsetzung des Gemeinschaftseigentums anteilig zu tragen. Häufig wird jedoch im Zusammenhang mit Sondernutzungsrechten vereinbart, dass jeder Wohnungseigentümer die Kosten der Instandhaltung und -setzung von Bauteilen innerhalb seines Sondereigentums alleine trägt.[543] Diese Vereinbarung betrifft in der Regel insbesondere Fenster und Türen[544] sowie Balkone[545]. Welche Kosten und Verpflichtungen von der Vereinbarung umfasst sind, ist grundsätzlich im Wege der Auslegung zu er-

540 *Pause*, Bauträgerkauf und Baumodelle, Rn. 594.
541 A. A. *Ott*, MietRB 2016, 15.
542 Vgl. *Scheibengruber*, notar 2015, 368.
543 *Becker*, in: Bärmann, WEG, § 16, Rn. 52; *Commichau*, in: MüKo-BGB, § 10 WEG, Rn. 19; *Ott*, NZM 2017, 1 (4).
544 BGH, Urteil vom 22. November 2013 – V ZR 46/13 –, NJW-RR 2014, 126 f.
545 BayObLG, Beschluss vom 01. Oktober 1998–2Z BR 144/98 –, ZfIR 1999, 288 f.

mitteln.[546] Die Reichweite sollte demnach klar und eindeutig geregelt werden.[547] Die zugewiesenen Sondernutzungsrechte und auch die Vereinbarungen über die Kostentragung beinhalten jedoch regelmäßig nicht das gesamte Gemeinschaftseigentum im Bereich des Sondereigentums. Im Gegensatz zu Reihenhäusern handelt es sich nicht um klar abgrenzbare Baukörper. Problematisch gestaltet sich zum Beispiel die Abgrenzung hinsichtlich tragender Wände, die zwischen zwei Wohneinheiten liegen.[548] Aus diesem Grund erfolgt keine vollständige Übertragung der Kosten und Lasten auf den einzelnen Wohnungseigentümer. So richtet sich beispielsweise die Pflicht zur Instandhaltung und die Kostenlast in Bezug auf die tragenden Wände oder Leitungen und Rohre in Mehrparteienhäusern grundsätzlich weiterhin nach der gesetzlichen Regelung des § 16 Abs. 2 WEG. Die Interessenlage der übrigen Erwerber hinsichtlich des gemeinschaftlichen Eigentums im Bereich des Sondereigentums ist bei den Erwerbern von Eigentumswohnungen nicht dieselbe wie bei dem Erwerb eines Reihenhauses.

Hinsichtlich der Wirksamkeit unwiderruflicher Abnahmeklauseln zur Abnahme des Gemeinschaftseigentums, welches sich ausschließlich im Bereich von Sondereigentum befindet, ist demnach zu unterscheiden, ob die Instandhaltungspflicht gem. § 16 Abs. 2 WEG bei allen Wohnungseigentümern liegt oder ob sie auf einen Sondereigentümer übertragen wurde. Die Verpflichtung zur Instandhaltung beinhaltet nicht nur die Kostentragung, sondern auch sämtliche Handlungspflichten. Die Geltendmachung von Mängelrechten obliegt den bzw. dem Instandhaltungsverpflichteten.[549] Wurde einem Sondereigentümer die Pflicht zur Instandhaltung und Kostentragung des in seinem Sondereigentum befindlichen Gemeinschaftseigentums vollständig übertragen, haben die übrigen Wohnungseigentümer kein schützenswertes Interesse an der Abnahme dieses Gemeinschaftseigentums. Die unwiderrufliche Bevollmächtigung des Sondereigentümers zur diesbezüglichen Abnahme stellt keine unangemessene Benachteiligung i. S. d. § 307 Abs. 1 Satz 1 BGB dar. Etwas anderes gilt im Rahmen der gesetzlichen Instandhaltungsverpflichtung aus § 16 Abs. 2 WEG. Ein eigenes Interesse der einzelnen Erwerber an der Mangelfreiheit des im Sondereigentum der anderen Erwerber befindlichen Gemeinschaftseigentums kann nicht gänzlich verneint werden.[550] Insofern gilt der Grundsatz[551], dass unwiderrufliche Vollmachten zur Abnahme des Gemeinschaftseigentums eine unangemessene Benachteiligung darstellen. Die Belegenheit des Gemeinschaftseigentums macht für die Bewertung keinen Unterschied.

546 *Becker*, in: Bärmann, WEG, § 16, Rn. 52.
547 Vgl. BGH, Urteil vom 22. November 2013 – V ZR 46/13 –, Rn. 10, NJW-RR 2014, 126 f.
548 *Lotz*, BauR 2008, 740 (743).
549 OLG München, Beschluss vom 23. Mai 2007–32 Wx 30/07 –, juris-Rn. 18, NJW 2007, 2418, mit Verweis auf: BGH, Urteil vom 12. April 2007 – VII ZR 236/05 –, Rn. 16, BGHZ 172, 42 ff.
550 So auch *Scheibengruber*, notar 2015, 368.
551 Vgl. 2. Kapitel § 3 C. III. 2.

Es bestehet jedoch die Möglichkeit, wie bei der Abnahme des gesamten Gemeinschaftseigentums, den jeweiligen Erwerbern eine widerrufliche Abnahmevollmacht zu erteilen. Die Gefahr, dass die erforderliche Neutralität des Abnahmebevollmächtigten fehlt, besteht indes nicht. Die Erwerber haben bei der Abnahme des Gemeinschaftseigentums, welches sich ausschließlich in ihrem Sondereigentum befindet, das gleiche, wenn nicht sogar ein größeres Interesse an der Mangelfreiheit des Werkes.

Für den Fall, dass hinsichtlich des Gemeinschaftseigentums im Sondereigentum in den Bauträgerverträgen keine Bevollmächtigung der jeweiligen Erwerber vorgesehen ist oder die Vollmacht widerrufen wird, muss ein Zugangsrecht für die einzelnen Wohneinheiten durch die Abnahmeberechtigten oder deren Vertreter gesichert sein.[552] Eine wirksame Abnahme kann nur gefordert werden, wenn zumindest die Möglichkeit einer Überprüfung des Werkes besteht.[553]

2. *Praktische Tauglichkeit von Abnahmeklauseln*

Selbst im Rahmen wirksamer Abnahmeklauseln besteht jedoch die weitere Schwierigkeit der tatsächlichen Tauglichkeit. Neben der praktischen Umsetzung stellt sich auch die Frage nach der verbliebenen Zweckmäßigkeit.

Die Umsetzbarkeit der Abnahmevollmachten in der Praxis könnte zunächst an der fehlenden Bereitschaft der Abnahmevertreter aufgrund der hohen Haftungsrisiken scheitern.[554] Die Vertreter haften grundsätzlich aus dem zugrunde liegenden Auftragsverhältnis wegen einer vorsätzlichen oder fahrlässigen Pflichtverletzung auf Schadensersatz nach § 280 BGB.[555] Dabei kommt sowohl eine Haftung wegen einer erklärten Abnahme trotz fehlender Abnahmereife als auch wegen einer unzulässigen Abnahmeverweigerung in Betracht. Aufgrund des Übergangs der Beweislast, des Gefahrübergangs und der in Gang gesetzten Verjährungsfristen werden den Erwerbern Ansprüche gegen den Bauträger abgeschnitten, was bei einer zu Unrecht erklärten Abnahme einen erheblichen Schaden darstellen kann. Auch bei einer pflichtwidrigen Abnahmeverweigerung entstünde den Erwerbern im Rahmen einer Klage des Bauträgers auf Abnahme ein Schaden in Höhe der Prozesskosten.[556] Es besteht somit eine subsidiäre Haftung des Abnahmevertreters hinter dem Bauträger.[557]

Fraglich ist jedoch, ob mit der Abnahmevertretung ein außergewöhnlich hohes Haftungsrisiko einhergeht, welches der praktischen Umsetzung im Wege steht. Der Sachverständige haftet auch im Rahmen der rein technischen Überprüfung des

552 *Pause*, Bauträgerkauf und Baumodelle, Rn. 594.

553 *Pause*, Bauträgerkauf und Baumodelle, Rn. 593, auf eine tatsächliche Inaugenscheinnahme kommt es hingegen nicht an.

554 *Krick*, MittBayNot 2014, 401 (410).

555 *Pause*, notar 2013, 262 (267).

556 Ausführlich: *Ott*, ZWE 2010, 157 (160).

557 *Pause*, notar 2013, 262 (267).

Bauwerkes bei Pflichtverletzungen aus dem zugrunde liegenden Werkvertrag.[558] Es besteht eine „kausale Ausfallhaftung für diejenigen Mängel, die [der Sachverständige] im Rahmen seines Auftrags bei der Abnahme hätte erkennen können und müssen“[559]. Die Haftung innerhalb der sonstigen üblichen Tätigkeiten des Sachverständigen ist vergleichbar. Der Unterschied besteht in der zu erbringenden Leistung. Der Abnahmevertreter schuldet nicht nur die technische Überprüfung des Werkes, sondern auch einen Vergleich mit der vereinbarten Beschaffenheit. Für die Feststellung der Abnahmereife sind dementsprechend auch die vertragsgegenständlichen Baubeschreibungen maßgeblich.[560] Die Qualifikation des Sachverständigen konzentriert sich jedoch in erster Linie auf die Feststellung und Bewertung des tatsächlichen Zustandes und nicht auf die Feststellung des geschuldeten Vertragsgegenstandes.[561] Aufgrund dieses Unterschiedes könnte dem Sachverständigen das mit der Abnahmevertretung einhergehende Haftungsrisiko zu hoch erscheinen.

Auf der anderen Seite stehen dem Sachverständigen bei der Überprüfung der Abnahmereife des Gemeinschaftseigentums sämtliche Erwerbsverträge nebst Baubeschreibungen und Vertragsplänen zur Verfügung. Auch bei der Darstellung des Leistungssolls in den Verträgen handelt es sich grundsätzlich um technische Darstellungen, für deren Feststellung und Überprüfung der Sachverständige ausreichend qualifiziert ist. Es besteht somit kein gravierender Unterschied zur sonstigen Haftung des Sachverständigen bei Pflichtverletzungen im Rahmen seiner üblichen Tätigkeiten.

Etwaigen Bedenken aufgrund des Haftungsrisikos könnte auch durch eine Begrenzung der Haftung für Schäden, die auf einer grob fahrlässigen oder vorsätzlichen Pflichtverletzung beruhen, begegnet werden.[562]

Ein weiteres Problem der praktischen Umsetzung könnte sich im Zusammenhang mit unterschiedlichen Baubeschreibungen in den jeweiligen Bauträgerverträgen ergeben. Beziehen sich die Unterschiede auch auf das Gemeinschaftseigentum, gibt es grundsätzlich kein gegenüber allen Erwerbern einheitlich geschuldetes Gemeinschaftseigentum. Was gegenüber dem einen Erwerber vertragsgemäß ist, stellt möglicherweise gegenüber einem anderen Erwerber einen Mangel dar.[563] Der Abnahmevertreter stünde in diesem Fall vor der Frage, welche Vertragsgrundlage für die Feststellung der Abnahmereife als Prüfungsmaßstab maßgeblich ist.

Aus diesem Grund wird zum Teil vertreten, dass eine einheitliche Abnahme des Gemeinschaftseigentums nur möglich sei, wenn auch einheitliche Anfor-

---

558 BGH, Urteil vom 10. Juni 1976 – VII ZR 129/74 –, BGHZ 67, 1 ff.; *Pause*, notar 2013, 262 (267).

559 Vgl. OLG Celle, Urteil vom 04. Juli 2007–7 U 14/07 –, juris-Rn. 20, BauR 2008, 1925 ff.

560 *Ott*, ZWE 2010, 157 (159); *Pause*, notar 2013, 262 (266).

561 *Hogenschurz*, MDR 2012, 386 (389).

562 *Häublein*, DNotZ 2001, 608 (611 f.); *Ott*, ZWE 2010, 157 (159).

563 *Basty*, Der Bauträgervertrag, Rn. 800; *Oefele*, DNotZ 2011, 249 (251).

derungen an das Gemeinschaftseigentum bestehen.[564] Auf der anderen Seite kann der Abnahmevertreter im Rahmen sich widersprechender Baubeschreibungen die Abweichungen als Mangel vorbehalten oder bei wesentlichen Abweichungen die Abnahme verweigern.[565] Das Problem der divergierenden Baubeschreibungen ist keines der Abnahme, sondern stellt sich erst im Rahmen der Geltendmachung von Ansprüchen wegen Mängeln am Gemeinschaftseigentum.[566]

Es stellt sich jedoch die Frage, ob der mit den Abnahmeklauseln verfolgte Zweck vor dem Hintergrund der AGB-rechtlichen und sonstigen Vorgaben erreicht werden kann. Das Interesse an einer einheitlichen Abnahme beruht einerseits auf dem Bestreben der Vertragsparteien den Organisations- und Zeitaufwand sowie die Kosten zu senken und andererseits darauf, dass der Bauträger die für ihn günstigen Rechtsfolgen der Abnahme einheitlich und möglichst frühzeitig in Gang setzen möchte.

Dieses Ziel kann nur erreicht werden, wenn der Abnahmevertreter die Abnahme des Gemeinschaftseigentums auch tatsächlich für alle Erwerber einheitlich erklärt. Die Bevollmächtigung des Abnahmevertreters ist für die einzelnen Erwerber jedoch ausdrücklich und jederzeit widerruflich. Der Vollzug der einheitlichen Abnahme ist aus diesem Grund auch bei der Vereinbarung einer Abnahmeklausel nicht mit Sicherheit gewährleistet.[567]

Vor diesem Hintergrund stellt sich die Frage, ob der Problemstellung nicht besser durch eine ausgewogene Regelung der Individualabnahme durch die einzelnen Erwerber abgeholfen werden kann.

§ 4 Regelung der Individualabnahme

Wird im Bauträgervertrag nicht die Bevollmächtigung eines Abnahmevertreters geregelt oder ist die Bevollmächtigung unwirksam, muss die werkvertragliche Abnahme durch jeden Erwerber individuell erfolgen. Die Individualabnahme entspricht dem gesetzlichen Normalfall aus § 640 Abs. 1 BGB und bedarf demnach grundsätzlich keiner weiteren vertraglichen Regelung.[568]

Im Interesse einer rechtssicheren und einheitlichen Abnahme des Gemeinschaftseigentums können jedoch im Bauträgervertrag besondere Regelungen getroffen werden. Zu Beweiszwecken und zur Erhöhung der Rechtssicherheit bietet es sich an, eine förmliche Abnahme zu verabreden.[569] Im Rahmen der förmlichen Abnahme wird, neben der Überprüfung und Bewertung der Abnahmereife des Werkes, das Ergebnis schriftlich festgehalten und von den Parteien unterschrieben.[570] Es wird

---

564 *Basty*, Der Bauträgervertrag, Rn. 1007; *Elzer*, WE 2017, 113.
565 *Pause*, Bauträgerkauf und Baumodelle, Rn. 598.
566 *Oefele*, DNotZ 2011, 249 (251 f.); *Pause*, notar 2013, 262 (267).
567 *Krick*, MittBayNot 2014, 401 (410).
568 Vgl. *Krick*, MittBayNot 2014, 401 (411).
569 *Basty*, Der Bauträgervertrag, Rn. 990; *Pause*, Bauträgerkauf und Baumodelle, Rn. 585.
570 *Werner/Pastor*, Der Bauprozess, Rn. 505.

dokumentiert, dass eine Abnahme stattgefunden hat und welche Mängel festgestellt wurden.[571]

Teilweise wird angenommen, dass die Vereinbarung einer förmlichen Abnahme den Ausschluss der anderen Abnahmen zur Folge hat.[572] Aus diesem Grund sollte im Bauträgervertrag darauf hingewiesen werden, dass die anderen Abnahmeformen, wie die fiktive und die konkludente Abnahme, weiterhin möglich sind.[573]

A. Abnahmefiktion

Im Rahmen einer fiktiven Abnahme steht ein bestimmtes Verhalten des Bestellers einer ausdrücklich oder schlüssig erklärten Abnahme gleich. In diesen Fällen wird die werkvertragliche Abnahme fingiert, um die mit der Abnahme verbundenen Rechtsfolgen eintreten zu lassen. Im Unterschied zur Abnahme i. S. d. § 640 Abs. 1 Satz 1 BGB kommt es bei der fiktiven Abnahme grundsätzlich nicht auf eine Erklärung des Bestellers oder einen vorhandenen Abnahmewillen an.[574] Neben der gesetzlichen Abnahmefiktion aus § 640 Abs. 2 BGB können die Vertragsparteien auch gesonderte Vereinbarungen über den Eintritt einer Abnahmefiktion treffen.

Zur Vereinheitlichung der Abnahme des Gemeinschaftseigentums sehen die Bauträgerverträge teilweise eine förmliche Abnahme in Verbindung mit einer Abnahmefiktion vor. Nach dieser Regelung werden alle Erwerber zu einem gemeinsamen Abnahmetermin eingeladen. Bei diesem überprüft ein Sachverständiger im Rahmen einer technischen Abnahme die Abnahmereife des Gemeinschaftseigentums. Nach Feststellung der Abnahmereife können die anwesenden Erwerber die Abnahme erklären. Den abwesenden Erwerbern wird das Abnahmeprotokoll mit der Aufforderung zur individuellen Abnahme des Gemeinschaftseigentums übermittelt. Für den Fall, dass eine ausdrückliche Abnahmeerklärung trotz des Ablaufs eines angemessenen Zeitraums unterbleibt, wird die Abnahme fingiert.[575] Für den Bauträger bietet ein derartiges Vorgehen den Vorteil, dass die Rechtsfolgen der Abnahme annähernd zeitgleich eintreten und die praktische Durchführbarkeit der Abnahme des Gemeinschaftseigentums erleichtert wird. Es gibt einen Termin und die Begehung erfolgt nicht mit jedem einzelnen Erwerber. Auch die einzelnen Erwerber

---

571 *Basty*, Der Bauträgervertrag, Rn. 990.

572 *Basty*, in: FS für Wenzel, 103 (114); *Basty*, Der Bauträgervertrag, Rn. 991, mit Hinweis auf OLG Karlsruhe, Urteil vom 27. September 2011–8 U 106/10 –, juris Rn. 88, NJW 2012, 237 ff.; *Pause*, Bauträgerkauf und Baumodelle, Rn. 586, mit Hinweis auf BGH, Urteil vom 10. November 1983 – VII ZR 373/82 –, juris-Rn. 15, NJW 1984. 725 ff.; *Raab*, in: Dauner-Lieb/Langen, BGB Schuldrecht, § 640 BGB, Rn. 46, a. A. *Werner/Pastor*, Der Bauprozess, Rn. 505.

573 *Basty*, IBR 2011, 642; *Krick*, MittBayNot 2014, 401 (411).

574 *Messerschmidt*, in: Messerschmidt/Voit, Privates Baurecht, II. Teil, § 640 BGB, Rn. 184.

575 *Elzer*, DNotZ 2017, 163 (164): Bezeichnung der Vorgehensweise als *„Stufenmodell“*; *Pauly*, ZMR 2011, 532 (536); *Pause*, ZfIR 2014, 127 (133); *Pause*, notar 2013, 262 (263 f.).

profitieren von der Klausel. Sie werden als regelmäßige Laien von einem Sachverständigen unterstützt, ohne alleine für dessen Kosten aufkommen zu müssen.

Verweigert ein Erwerber die Abnahme jedoch unter Angabe mindestens eines Mangels, tritt die Abnahmefiktion nach § 640 Abs. 2 Satz 1 BGB für ihn nicht ein. Gegenüber Verbrauchern ist zudem zu beachten, dass die Abnahme nur fingiert werden kann, wenn sie gem. § 640 Abs. 2 Satz 2 BGB vorher auf die Folgen ihres Schweigens oder die Verweigerung ohne die Angabe eines Mangels in Textform hingewiesen wurden.

Soll dieses Prozedere bereits im Bauträgervertrag verankert werden, müssen die die Abnahmefiktion betreffenden Klauseln zusätzlich der AGB-rechtlichen Inhaltskontrolle standhalten. Dafür sollte zunächst die Neutralität des Sachverständigen gewährleistet sein.[576] Obwohl es sich bei dem Protokoll des Sachverständigen nicht um eine werkvertragliche Abnahme i. S. d. § 640 BGB, sondern um eine rein technische Abnahme handelt, kommt der Erklärung trotzdem eine wesentliche Bedeutung zu, da sie als Abnahmeempfehlung häufig die Grundlage für die später erklärte Abnahme der einzelnen Erwerber darstellt. Die Auswahl des Sachverständigen sollte durch die Wohnungseigentümergemeinschaft oder einen unabhängigen Dritten erfolgen. Der Sachverständige wird von der Wohnungseigentümergemeinschaft beauftragt und vergütet.[577]

Regelungen in AGB, nach denen Erklärungen fingiert werden, müssen zudem der Klauselkontrolle des § 308 Nr. 5 BGB entsprechen. Demnach sind Bestimmungen in AGB, wonach eine Erklärung des Vertragspartners des Verwenders bei Vornahme oder Unterlassung einer bestimmten Handlung als von ihm abgegeben oder nicht abgegeben gilt, grundsätzlich unwirksam. Die Wirksamkeit der Klauseln ist nur zu erreichen, wenn dem Vertragspartner eine angemessene Frist zur Abgabe einer ausdrücklichen Erklärung eingeräumt wird und der Verwender sich verpflichtet, den Vertragspartner bei Beginn der Frist auf die vorgesehene Bedeutung seines Verhaltens besonders hinzuweisen.

Klauseln in AGB, die eine Abnahme schon für den Fall fingieren, dass die Erwerber nicht zum Abnahmetermin erscheinen, sind bspw. nach § 308 Nr. 5 lit. a BGB unwirksam.[578]

In der Klausel des Bauträgervertrags muss den Erwerbern nach Zugang der Abnahmeempfehlung des Sachverständigen eine angemessene Frist zur Abgabe der Abnahmeerklärung i. S. d. § 308 Nr. 5 lit. a BGB eingeräumt werden. In Anlehnung an § 12 Abs. 5 Nr. 1 VOB/B erscheinen zwölf Tage als angemessen.[579]

Den einzelnen Erwerbern darf vor dem Hintergrund des Benachteiligungsverbots aus § 307 Abs. 1 Satz 1 BGB durch die Klausel ihr originäres Abnahmerecht nicht genommen werden. Zu diesem Recht gehört nicht nur die Abgabe der Erklärung an

576 *Pauly*, ZMR 2011, 532 (536).
577 *Pause*, ZfIR 2014, 127 (133); *Pause*, notar 2013, 262 (263 f.).
578 *Ott*, ZWE 2013, 253 (256); Ott; ZWE 2010, 157 (161).
579 *Häublein*, DNotZ 2002, 608 (630); *Pause*, Bauträgerkauf und Baumodelle, Rn. 588.

sich, sondern auch die Möglichkeit zur Überprüfung der Abnahmereife des Gemeinschaftseigentums. Aus diesem Grund muss den Erwerbern die Möglichkeit eingeräumt werden, der Begehung und Überprüfung des Gemeinschaftseigentums durch den Sachverständigen beizuwohnen. Die Erwerber müssen über den Termin der Abnahme und die Möglichkeit der Teilnahme mit einem angemessenen Vorlauf benachrichtigt werden.

B. Konkludente Abnahme

Bei der Abnahme handelt es sich um eine geschäftsähnliche Handlung[580], auf die die Vorschriften über Willenserklärungen weitesgehend analog angewendet werden können. Die Abnahme kann demnach grundsätzlich auch stillschweigend durch schlüssiges Verhalten erfolgen.[581]

I. Voraussetzungen

Eine konkludente Abnahme liegt vor, wenn der Besteller „gegenüber dem Auftragnehmer ohne ausdrückliche Erklärung erkennen lässt, dass er dessen Werk als im Wesentlichen vertragsgemäß billigt“[582]. Ob die Abnahme schlüssig erklärt wurde, ist grundsätzlich von den Umständen des Einzelfalls abhängig. Es muss jedoch zumindest ein tatsächliches Verhalten des Bestellers vorliegen, welches einem verständigen Beobachter nach Treu und Glauben unter Berücksichtigung der Verkehrssitte als werkvertragliche Abnahme erscheint.[583]

Teilweise wird angenommen, dass als Voraussetzung für eine konkludente Abnahme die Abnahmereife des Werkes erforderlich sei. Ist das Werk mit wesentlichen Mängeln behaftet, müsse eine konkludente Abnahme, trotz eines schlüssigen Verhaltens, das auf eine Billigung schließen lässt, ausscheiden.[584]

Nach der Rechtsprechung des BGH kann eine konkludente Abnahme erst angenommen werden, wenn alle vertraglich geschuldeten Leistungen vollständig erbracht wurden.[585] Diese Formulierung zielt jedoch nicht auf eine erforderliche Abnahmereife, sondern setzt für die Annahme einer konkludenten Abnahme grund-

---

580 *Busche*, in: MüKo-BGB, § 133; Rn. 48; vgl. auch 2. Kapitel § 1 E.

581 BGH, Urteil vom 20. Februar 2014 – VII ZR 26/12 –, Rn. 14 (m. w. N.), BauR 2014, 1023 ff.; *Basty*, Der Bauträgervertrag, Rn. 994; *Messerschmidt/Leidig*, BauR 2014, 1 (3); *Pause*, Bauträgerkauf und Baumodelle, Rn. 584; *Raab*, in: Dauner-Lieb/Langen, BGB Schuldrecht, § 640 BGB, Rn. 12.

582 Vgl. BGH, Urteil vom 26. September 2013 – VII ZR 220/12 –, Rn. 18, NJW 2013, 3513.

583 BGH, Urteil vom 26. September 2013 – VII ZR 220/12 –, Rn. 18, NJW 2013, 3513; *Raab*, in: Dauner-Lieb/Langen, BGB Schuldrecht, § 640 BGB, Rn. 12; *Voit*, in: Bamberger/Roth, BGB, § 640, Rn. 7.

584 *Krick*, MittBayNot 2014, 401 (407); *Lotz*, BauR 2008, 740 (747).

585 BGH, Beschluss vom 27. Januar 2011 – VII ZR 175/09 –, Rn. 14, BauR 2011, 876 f.; BGH, Urteil vom 20. Oktober 2005 – VII ZR 155/04 –, Rn. 12, BauR 2006, 396 f.; auch OLG Koblenz, Urteil vom 29. Mai 2008–6 U 1042/07 –, juris-Rn. 33, IBR 2009, 34.

sätzlich die Vollendung des Werkes voraus.[586] Vor der Vollendung des Werkes könne kein Verhalten des Bestellers als Billigung des Werkes als im Wesentlichen vertragsgemäß aufgefasst werden. Dies gilt insbesondere auch für die Abnahme des Gemeinschaftseigentums. Vor der Fertigstellung des Gemeinschaftseigentums oder der eine Teilabnahme betreffenden Teile des Gemeinschaftseigentums kann ein verständiger Dritter nicht davon ausgehen, dass das Werk in dieser Form gebilligt werde. Die Fertigstellung ist demnach grundsätzlich Voraussetzung für das Vorliegen einer konkludenten Abnahme,[587] die Abnahmereife hingegen nicht.

Eine konkludente Abnahme des Gemeinschaftseigentums ist im Ergebnis auch möglich, wenn das Werk mit wesentlichen Mängeln behaftet ist.[588] Dies ist auch dogmatisch richtig. Eine ausdrückliche Abnahmeerklärung ist eindeutig vor der Abnahmereife des Werkes möglich.[589] Inhaltlich besteht kein Unterschied zwischen ausdrücklich und konkludent erklärten Abnahmen. Beide Erklärungen beinhalten die Billigung des Werkes als im Wesentlichen vertragsgemäß und lösen die damit verbundenen Rechtsfolgen aus. Demzufolge müssen stringenterweise auch für beide Abnahmeformen die gleichen Voraussetzungen gelten. Bei fehlender Abnahmereife besteht keine Verpflichtung des Bestellers zur Abnahme, sie ist jedoch sowohl ausdrücklich als auch schlüssig möglich.[590]

Etwas anderes gilt, wenn der Bauträger aufgrund der Umstände des Einzelfalles nicht davon ausgehen kann, dass der Erwerber das Gemeinschaftseigentum als im Wesentlichen vertragsgemäß hergestellt billigt.[591] Dies gilt zum einen, wenn der Besteller das Vorliegen wesentlicher Mängel beanstandet.[592] Rügt er hingegen lediglich unwesentliche Mängel, kann darin eine konkludente Abnahme gesehen werden, da der Erwerber in diesem Fall grundsätzlich zur Abnahme des Werkes verpflichtet ist.[593] Zum anderen kann der Bauträger nicht von einer konkludenten Abnahme ausgehen, wenn ihm das Vorliegen wesentlicher Mängel am Gemeinschaftseigentum

---

586 BGH, Urteil vom 20. Oktober 2005 – VII ZR 155/04 –, Rn. 12, BauR 2006, 396 f.; BGH, Urteil vom 18 Februar 2003 – X ZR 245/00 –, juris-Rn. 27, BauR 2004, 337 ff.; BGH, Urteil vom 25. Februar 1999 – VII ZR 190/97 –, juris-Rn. 13, NJW 1999, 2112 f.; fälschlicherweise auf die Abnahmereife abstellend: OLG Koblenz, Urteil vom 29. Mai 2008–6 U 1042/07 –, juris-Rn. 33, IBR 2009, 34.

587 BGH, Urteil vom 18 Februar 2003 – X ZR 245/00 –, juris-Rn. 27, BauR 2004, 337 ff.; nach dem die Abnahme vorher nicht notwendigerweise ausgeschlossen ist, allerdings gewichtige Gründe vorliegen müssen, um eine Abnahme vor Vollendung annehmen zu können.

588 So auch OLG München, Urteil vom 10. November 2015–9 U 4218/14 Bau –, juris-Rn. 42, BauR 2016, 346 ff.

589 S. o. 1. Kapitel § 3 E. II.

590 So auch *Messerschmidt/Leidig*, BauR 2014, 1 (5).

591 *Kniffka*, in: Kniffka/Koeble, Kompendium des Baurechts, 4. Teil, Rn. 32.

592 BGH, Urteil vom 10. Juni 1999 – VII ZR 170/98 –, juris-Rn. 19; NJW-RR 1999, 1246 f.; OLG München, Urteil vom 10. November 2015–9 U 4218/14 Bau –, juris-Rn. 42, BauR 2016, 346 ff.; *Krick*, MittBayNot 2014, 401 (407).

593 *Kniffka*, in: Kniffka/Koeble, Kompendium des Baurechts, 4. Teil, Rn. 33.

bekannt ist. Er verhielte sich treuwidrig, würde er sich trotz Kenntnis der fehlenden Abnahmereife auf eine konkludente Abnahme berufen.[594]

Eine stillschweigende Abnahme des Gemeinschaftseigentums liegt vor, wenn das Verhalten des Erwerbers eine Billigung des Werkes als im Wesentlichen vertragsgemäß hergestellt erkennen lässt. Für eine stillschweigende Abnahme des Gemeinschaftseigentums kommen verschiedene Verhaltensweisen des Erwerbers einer Eigentumswohnung in Betracht. Dieses Verhalten kann möglicherweise in der Besitznahme des Werkes, aber auch in der vorbehaltlosen Zahlung des restlichen Werklohnes, in der Veräußerung des Werkes oder in der Auszahlung des Sicherheitsbetrages liegen.[595]

Die häufigste Verhaltensform, die auf eine schlüssige Billigung des Werkes als im Wesentlichen vertragsgemäß hinweist, stellt der Einzug in die Wohnung und die Nutzung des Gebäudes dar.[596] Aus der Benutzung des Gemeinschaftseigentums nach Einzug in die Wohneinheit kann jedoch nicht in jedem Fall das Vorliegen einer stillschweigenden Abnahme hergeleitet werden. Der Einzug kann auch aus anderen Gründen, ohne gleichzeitige Billigung erfolgen. So kommen beispielsweise ein „Einzug unter dem Zwang der Verhältnisse"[597] oder eine Ingebrauchnahme zur Mangelbeseitigung durch Selbstvornahme[598] in Betracht. Aus diesem Grund kann von einer konkludenten Abnahme durch Benutzung des Werkes erst nach dem vorbehaltlosen Ablauf einer angemessenen Prüfzeit ausgegangen werden.[599] Die Angemessenheit der Prüfzeit ist von den Umständen des Einzelfalles abhängig.[600] Aufgrund der Vielfältigkeit, des Umfangs, der Technik und der Verteilung im ganzen Objekt muss der Zeitraum für die Prüfung des Gemeinschaftseigentums grundsätzlich länger bemessen werden als beim Sondereigentum.[601] Auf der anderen Seite müssen auch die Interessen des Unternehmers berücksichtigt werden, sodass der

---

594 Vgl. *Messerschmidt/Leidig*, BauR 2014, 1 (5).

595 *Basty*, Der Bauträgervertrag, Rn. 994 f.; *Kniffka*, in: Kniffka/Koeble, Kompendium des Baurechts, 4. Teil, Rn. 33; *Mertins*, NJ 2014, 409 (412).

596 BGH, Urteil vom 10. Juni 1999 – VII ZR 170/98 –, juris-Rn. 16; NJW-RR 1999, 1246 f.

597 Vgl. *Kniffka*, in: Kniffka/Koeble, Kompendium des Baurechts, 4. Teil, Rn. 32.

598 *Ott*, ZWE 2010, 157 (158).

599 BGH, Urteil vom 20. September 1984 – VII ZR 377/83 –, juris-Rn. 12, NJW 1985, 731 f.; OLG Düsseldorf, Urteil vom 08. April 2016 – I-22 U 165/15 –, juris-Rn. 8, BauR 2017, 1540 ff.; OLG Hamm, Urteil vom 29. Oktober 1992–23 U 3/92 –, juris-Rn. 9, NJW-RR 1993, 340 f.; *Basty*, Der Bauträgervertrag, Rn. 994; *Kniffka*, in: Kniffka/Koeble, Kompendium des Baurechts, 4. Teil, Rn. 32; *Krick*, MittBayNot 2014, 401 (407); *Ott*, ZWE 2010, 157 (158); *Pause*, Bauträgerkauf und Baumodelle, Rn. 584.

600 BGH, Urteil vom 20. September 1984 – VII ZR 377/83 –, juris-Rn. 12, NJW 1985, 731 f.

601 So auch *Pause*, Bauträgerkauf und Baumodelle, Rn. 584; laut *Krick*, MittBayNot 2014, 401 (407): sicherheitshalber mindestens ein Jahr; nach BGH, Urteil vom 26. September 2013 – VII ZR 220/12 –, Rn. 22, NJW 2013, 3513 ff.: sechs Monate bei einer Architektenleistung; OLG Düsseldorf, Urteil vom 06. Mai 1999–5 U 152/98 –, juris-Rn. 51, BauR 2000, 614 f.: drei Monate; OLG Jena, Urteil vom 14. Juli 2009–5 U 736/06 –, juris-Rn. 92, BauR 2012, 993: sechs bis acht Wochen.

Prüfzeitraum nicht unangemessen erweitert wird.[602] Wird das Gemeinschaftseigentum erst nach dem Bezug der Wohneinheit durch den Erwerber fertiggestellt, so beginnt der Prüfzeitraum erst zu diesem Zeitpunkt.[603]

Vor dem Hintergrund des neu eingefügten § 640 Abs. 2 Satz 2 BGB könnte die Frage aufgeworfen werden, ob zukünftig die schlüssige Abnahmeerklärung eines Verbrauchers eines vorherigen diesbezüglichen Hinweises auf die möglichen Folgen des Verhaltens in Textform bedarf. Auf den ersten Blick erscheint es widersprüchlich, dass zwischen dem Nichtreagieren auf die Abnahmeaufforderung und der rügelosen Nutzung ein Unterschied gemacht wird.[604] In beiden Fällen unternimmt der Verbraucher nichts – er schweigt.

Der Unterschied erklärt sich jedoch bei einem näheren Vergleich der Rechtsfiguren. Im Rahmen der Abnahmefiktion kommt es auf den Willen des Erwerbers nicht an, sie tritt unabhängig von diesem ein. Dies macht vor dem Hintergrund des Verbraucherschutzes einen Hinweis nach § 640 Abs. 2 Satz 2 BGB erforderlich. Bei konkludenten Willenserklärungen kommt es hingegen auf den im Verhalten zum Ausdruck kommenden Willen an. Die Abnahme wird zwar nicht ausdrücklich erklärt, lässt sich jedoch aus dem Verhalten ableiten. Es ist somit grundsätzlich mehr als nur ein einfaches Schweigen erforderlich.

Insofern ist ein vorheriger Hinweis auf die möglichen Folgen des Verhaltens zur Annahme einer konkludenten Abnahme weiterhin – auch bei Verbrauchern – grundsätzlich nicht erforderlich.

II. Bei vereinbarter förmlicher Abnahme

Haben der Bauträger und die einzelnen Erwerber im Bauträgervertrag eine förmliche Abnahme vereinbart, ist grundsätzlich jede andere Abnahmeform ausgeschlossen, solange die Vereinbarung nicht aufgehoben wird.[605]

Der beiderseitige Verzicht der Vertragsparteien auf die förmliche Abnahme kann auch konkludent erfolgen.[606] Die häufigste Fallgruppe ist in diesem Zusammenhang die sog. „vergessene förmliche Abnahme“.[607] Für die Annahme des Verzichts auf die vereinbarte förmliche Abnahme ist es unerheblich, ob den Parteien bewusst ist, dass

602 BGH, Urteil vom 26. September 2013 – VII ZR 220/12 –, Rn. 20, NJW 2013, 3513 ff.

603 *Häublein*, DNotZ 2002, 608 (609).

604 So: *Breitling*, NZBau 2017, 393 (395).

605 *Blank*, Bauträgervertrag, Rn. 382; etwas anderes gilt jedoch, wenn im Bauträgervertrag neben der förmlichen Abnahme ausdrücklich auf die Möglichkeiten anderer Abnahmeformen hingewiesen wird, vgl. 2. Kapitel § 4 vor A.

606 *Blank*, Bauträgervertrag, Rn. 382; *Pause*, Bauträgerkauf und Baumodelle, Rn. 587; *Werner/Pastor*, Der Bauprozess, Rn. 1820.

607 *Hochstein*, BauR 1975, 321; *Messerschmidt*, in: Messerschmidt/Voit, Privates Baurecht, II. Teil, § 640 BGB, Rn. 226 ff.; *Messerschmidt/Leidig*, BauR 2014, 1 (5); *Pause*, Bauträgerkauf und Baumodelle, Rn. 587.

sie die Regelung abbedingen oder ob sie die förmliche Abnahme vergessen.[608] Wird die vereinbarte förmliche Abnahme nach Fertigstellung des Gemeinschaftseigentums unbeabsichtigt oder beabsichtigt nicht vorgenommen, entspricht es in der Regel nicht dem im Verhalten zum Ausdruck kommenden Willen der Vertragsparteien, den Bauträgervertrag dauerhaft im Erfüllungsstadium zu belassen.[609] An einen konkludenten Verzicht auf die förmliche Abnahme sind nach der Rechtsprechung allerdings strenge Anforderungen zu stellen.[610] Das Vorliegen des Verzichts wird nicht vermutet, sondern muss positiv festgestellt werden.[611] Auch bei einer Vereinbarung im Bauträgervertrag, dass auf die förmliche Abnahme nicht durch mündliche oder schlüssige Erklärung verzichtet werden kann, kommt es im Ergebnis nur auf den tatsächlichen Willen der Vertragsparteien an.[612] Der Verzichtswille der Parteien muss demnach eindeutig erkennbar sein.

Wird beispielsweise von den Parteien eine Abnahme vorgenommen, ohne die vereinbarten Förmlichkeiten einzuhalten, kann darauf geschlossen werden, dass sie auf eine Einhaltung verzichten wollen.[613] Auf einen konkludenten Verzichtswillen der Parteien kann insbesondere geschlossen werden, wenn das Werk bereits einige Zeit in Benutzung ist und die Parteien die vereinbarte förmliche Abnahme nicht einfordern.[614] Ein weiterer Hinweis kann die vorbehaltlose Zahlung der Schlussrechnung durch die Erwerber sein.[615]

Verzichten die Parteien einvernehmlich auf den vereinbarten Formzwang, kann die Abnahme des Gemeinschaftseigentums formlos – ausdrücklich oder stillschweigend – erfolgen.[616]

---

608 BGH, Urteil vom 21. April 1977 – VII ZR 108/76 –, juris-Rn. 19, BauR 1977, 344 ff.; *Werner/Pastor*, Der Bauprozess, Rn. 1820.

609 *Pause*, Bauträgerkauf und Baumodelle, Rn. 587.

610 BGH, Urteil vom 22. Dezember 2000 – VII ZR 310/99 –, juris-Rn. 37, BGHZ 146, 250 ff.; BGH, Urteil vom 03. November 1992 – X ZR 83/90 –, juris-Rn. 22, NJW 1993, 1063 ff.; OLG Düsseldorf, Urteil vom 04. Februar 2011 – I-22 U 76/10, 22 U 76/10 –, juris-Rn. 68, NJW-RR 2011, 597 ff.; OLG Hamm, Urteil vom 17. Juni 2008–19 U 152/04 –, juris-Rn. 29, BauR 2009, 1600 ff.

611 BGH, Urteil vom 22. Dezember 2000 – VII ZR 310/99 –, juris-Rn. 37, BGHZ 146, 250 ff.; BGH, Urteil vom 03. November 1992 – X ZR 83/90 –, juris-Rn. 21 f., NJW 1993, 531 f.

612 OLG Hamm, Urteil vom 17. Juni 2008–19 U 152/04 –, juris-Rn. 29, BauR 2009, 1600 ff.

613 *Kniffka*, in: Kniffka/Koeble, Kompendium des Baurechts, 4. Teil, Rn. 37.

614 BGH, Urteil vom 21. April 1977 – VII ZR 108/76 –, juris-Rn. 18, BauR 1977, 344 ff.; OLG Düsseldorf, Urteil vom 04. Februar 2011 – I-22 U 76/10, 22 U 76/10 –, juris-Rn. 68, NJW-RR 2011, 597 ff.; *Kniffka*, in: Kniffka/Koeble, Kompendium des Baurechts, 4. Teil, Rn. 37; *Messerschmidt*, in: Messerschmidt/Voit, Privates Baurecht, II. Teil, § 640 BGB, Rn. 226; *Werner/Pastor*, Der Bauprozess, Rn. 1820.

615 OLG Düsseldorf, Urteil vom 04. Februar 2011 – I-22 U 76/10, 22 U 76/10 –, juris-Rn. 68 f., NJW-RR 2011, 597 ff.; OLG Stuttgart, Urteil vom 21. April 2009–10 U 9/09 –, juris-Rn. 89, BauR 2010, 1083 ff.

616 Zur Möglichkeit einer konkludenten Abnahme bei einer unwirksamen förmlichen Abnahme s. u. 3. Kapitel § 1 B.

III. Durch Schweigen

In Einzelfällen kann eine konkludente Abnahme der Erwerber auch in einem Schweigen liegen. Eine mögliche Fallgestaltung bietet sich im Rahmen der Abnahmeempfehlungen durch einen Sachverständigen an.[617] Nach einer Beurteilung der Abnahmereife durch den unabhängigen Sachverständigen wird den einzelnen Erwerbern das Protokoll übermittelt. Erklären oder verweigern die Erwerber im Falle der Abnahmereife des Werkes nicht innerhalb eines gewissen Zeitraums ausdrücklich die Abnahme, könnte in dem Schweigen eine konkludent erklärte Abnahme des Gemeinschaftseigentums liegen.

Vergleichbar zur Regelung der Abnahmefiktion könnte auch die konkludente Abnahme geregelt werden.[618] Im Bauträgervertrag wird dafür eine bestimmte Frist festgesetzt, innerhalb dieser die Erwerber sich zur Abnahmeempfehlung des Sachverständigen erklären müssen. Unterbleibt diese Erklärung, liegt in dem Schweigen die Abnahme des Gemeinschaftseigentums i. S. d. § 640 Abs. 1 Satz 1 BGB. Im Gegensatz zur fiktiven Abnahme, bei der die werkvertragliche Abnahme bei einem gewissen Verhalten des Erwerbers unabhängig von dessen Willen fingiert wird, kommt es bei der konkludenten Abnahme grundsätzlich auf den hergeleiteten Willen der Erwerber an.[619] Ein derartiger tatsächlicher oder potenzieller Wille kann den Erwerbern nur eindeutig zugeschrieben werden, wenn sie bei Übermittlung des Protokolls auf die Folgen ihres etwaigen Schweigens hingewiesen werden. Dies gilt vor dem Hintergrund des § 640 Abs. 2 Satz 2 BGB insbesondere bei Verbrauchern.

Auch im Rahmen einer individuell erklärten Abnahme des Gemeinschaftseigentums durch die einzelnen Erwerber bestehen somit Regelungsmöglichkeiten, durch die das Interesse der Parteien nach Praxistauglichkeit und Einheitlichkeit unterstützt wird. In der Praxis finden bereits einige dieser Regelungen immer häufiger Anwendung. Vor dem Hintergrund der restriktiven Rechtsprechung zu den Abnahmevollmachten erscheint die sog. Flucht in die Individualabnahme[620] für den Bauträger zunehmend sicherer.

§ 5 Nachzügler

Von besonderer Bedeutung im Rahmen der Abnahme des Gemeinschaftseigentums bei Bauträgerverträgen ist die sog. Nachzüglerproblematik. Als Nachzügler werden diejenigen Erwerber bezeichnet, die ihre Wohneinheit erst nach der Fertigstellung des Gebäudes und der Abnahme des Gemeinschaftseigentums erwerben.[621] Problematisch ist, dass die Nachzügler das Gemeinschaftseigentum erst mitunter Jahre später abnehmen und die Gewährleistungsfrist für Mängel am Gemeinschafts-

617 S. o. 2. Kapitel § 4 A.
618 *Pause*, notar 2013, 262 (264).
619 *Havers*, in: Kapellmann/Messerschmidt, VOB-Kommentar Teil A/B, § 12 VOB/B, Rn. 22.
620 Vgl. *Pause/Vogel*, NZBau 2015, 667 (672).
621 Vgl. *Basty*, Der Bauträgervertrag, Rn. 1035; *Vogel*, BauR 2010, 1992.

eigentum für sie erst zu diesem Zeitpunkt zu laufen beginnt.[622] Nach ständiger Rechtsprechung des BGH kann auch der „letzte" Erwerber mit unverjährten Gewährleistungsansprüchen diese vollumfänglich geltend machen, ohne dabei auf seinen Miteigentumsanteil beschränkt zu sein.[623] Jeder Erwerber habe einen eigenen Anspruch auf die mangelfreie Herstellung des gesamten Gemeinschaftseigentums, sodass auch die einzelnen Mängelrechte vollumfänglich auf die gesamte Beseitigung der Mängel gerichtet seien. Eine Reduzierung des Anspruchs aus Billigkeitsgründen auf den Miteigentumsanteil würde, nach Ansicht des BGH, den Nacherfüllungsanspruch der Erwerber entwerten. Zudem entstünde den Erwerbern mit verjährten Ansprüchen kein unangemessener Vorteil, da ihre Ansprüche durch die Verjährung nicht erloschen, sondern lediglich nicht mehr durchsetzbar sind.[624] Auch besteht wegen §§ 813 Abs. 1 Satz 2, 214 Abs. 2 BGB kein Recht des Bauträgers auf Abschöpfung einer ungerechtfertigten Bereicherung.[625]

Aufgrund dieser Rechtsprechung hat der Bauträger ein großes Interesse daran, bei den Nachzüglererwerbern auf irgendeine Art und Weise einen Gleichlauf mit der Verjährung der bisherigen Erwerber erreichen zu können. Die Bedeutung der Nachzüglerproblematik ist für den Bauträger in der Praxis immens, da er regelmäßig nicht in der Lage ist, alle Einheiten des Vorhabens vor der Fertigstellung zu veräußern.[626]

Auch in der Rechtsprechung spielt die Nachzüglerproblematik im Rahmen der Abnahme des Gemeinschaftseigentums eine wesentliche Rolle. Der BGH hat sich in der jüngeren Vergangenheit zweimal mit vertraglichen Lösungsansätzen der Bauträger befassen müssen.[627] Dabei hat er eine klare Stellung sowohl zur Einordnung der Vertragsart als auch zur AGB-rechtlichen Unzulässigkeit von Klauseln im Zusammenhang mit der Abnahme des Gemeinschaftseigentums bezogen.

A. Einordnung der Vertragsart

Wesentlicher Ausgangspunkt für die Betrachtung der Nachzüglerproblematik ist die Rechtsnatur der Verträge zwischen dem Bauträger und den Nachzüglern. Auf der einen Seite handelt es sich um den gleichen Veräußerungsgegenstand wie bei den werkvertraglich einzuordnenden Bauträgerverträgen mit den früheren Erwerbern. Die Interessenlage ist demnach vergleichbar. Auf der anderen Seite wurde der Ver-

---

622 *Pause*, Bauträgerkauf und Baumodelle, Rn. 608.

623 BGH, Urteil vom 12. Mai 2016 – VII ZR 171/15 –, NJW 2016, 2878 ff; BGH, Urteil vom 15. Januar 2010 – V ZR 80/09 –, NJW 2010, 933 f.; BGH, Urteil vom 21. Februar 1985 – VII ZR 72/84 –, NJW 1985, 1551 f.; *Basty*, Der Bauträgervertrag, Rn. 1006; *Pauly*, ZMR 2011, 532.

624 BGH, Urteil vom 21. Februar 1985 – VII ZR 72/84 –, juris-Rn. 29, NJW 1985, 1551 f.

625 *Cramer/Cziupka*, RNotZ 2016, 289.

626 *Cramer/Cziupka*, RNotZ 2016, 289.

627 BGH, Urteil vom 25. Februar 2016 – VII ZR 49/15 –, NJW 2016, 1572 ff.; BGH, Urteil vom 12. Mai 2016 – VII ZR 171/15 –, NJW 2016, 2878 ff.; s. auch 2. Kapitel § 5 C.

äußerungsgegenstand zum Zeitpunkt des Vertragsschlusses bereits vollständig hergestellt. Das dem Werkvertragsrecht innewohnende Herstellungselement könnte demnach bezweifelt werden.

Nach der Rechtsprechung des BGH[628] richten sich auch bei Bauträgerverträgen, die ein bei Vertragsschluss bereits fertiggestelltes Bauwerk zum Gegenstand haben, die Ansprüche der Erwerber wegen Mängeln grundsätzlich nach dem Werkvertragsrecht, sodass auch im Rahmen eines Nachzüglererwerbs eine Abnahme i. S. d. § 640 BGB erforderlich ist. Der BGH hält somit an seiner vor der Schuldrechtsmodernisierung ergangenen Rechtsprechung zu Bauträgerverträgen fest. Trotz der Annäherung des Kaufrechts an das Werkvertragsrecht sei die Anwendung der werkvertraglichen Vorschriften weiterhin sach- und interessengerechter.[629]

Die am 1. Januar 2018 in Kraft getretene Reform des Bauvertragsrechts hat an dieser Einordnung der Nachzüglerverträge in das Werkvertragsrecht nichts geändert.[630] Nach § 650u Abs. 1 Satz 1 BGB handelt es sich um einen Bauträgervertrag, wenn der Vertrag die Errichtung oder den Umbau eines Hauses oder eines vergleichbaren Bauwerkes zum Gegenstand hat und der Unternehmer zugleich verpflichtet ist, dem Besteller das Eigentum an dem Grundstück zu übertragen. In diesem Fall finden hinsichtlich der Errichtung oder des Umbaus nach § 650u Abs. 1 Satz 2 BGB die Vorschriften des Werkvertragsrechts Anwendung. Eine Klarstellung im Gesetzestext oder in den Materialien der Reform, wann Nachzüglerverträge ein werkvertragliches Errichtungs- oder Umbauelement aufweisen, erfolgte nicht. Die Argumentationsgrundlage der Rechtsprechung für die werkvertragliche Einordnung hat sich jedoch nicht verändert.

I. *Abgrenzung zwischen Kauf- und Werkvertrag*

Fraglich ist jedoch, wo nach der Rechtsprechung des BGH die Grenze zwischen der Anwendung des Werkvertragsrechts und des Kaufrechts zu ziehen ist. Dabei besteht grundsätzlich die Möglichkeit, dass die Erwerbsvorgänge innerhalb eines Bauvorhabens unterschiedlich eingeordnet werden.[631] Das führt dazu, dass sich die Ansprüche wegen eines Mangels am Gemeinschaftseigentum teilweise nach dem Werkvertragsrecht richten und teilweise in Bezug auf den gleichen Mangel nach Kaufrecht beurteilt werden müssen.

Der BGH schließt sich auch hinsichtlich der Abgrenzung zwischen Kauf- und Werkvertrag der Rechtsprechung zum alten Schuldrecht an und stellt darauf ab, ob „den Verträgen unter Berücksichtigung des Vertragszwecks, der wirtschaftlichen Bedeutung und der beiderseitigen Interessenlage im Regelfall [noch eine] Errich-

---

628 BGH, Urteil vom 12. Mai 2016 – VII ZR 171/15 –, Rn. 21, NJW 2016, 2878 ff.

629 BGH, Urteil vom 12. Mai 2016 – VII ZR 171/15 –, Rn. 25, NJW 2016, 2878 ff.

630 *Basty*, MittBayNot 2017, 445 (447); *Orlowski*, ZfBR 2016, 419 (439); *Pause/Vogel*, NZBau 2015, 667 (671).

631 BGH, Urteil vom 25. Februar 2016 – VII ZR 156/13 –, NJW 2016, 1575 ff.; *Poschitz*, GWR 2016, 353 (355).

tungsverpflichtung [...] entnommen werden [kann und die Einheiten] nach der Verkehrsanschauung im Allgemeinen [...] als neu errichtete Objekte zu qualifizieren [sind]"[632]. Das zentrale Kriterium ist somit die „Neuheit" des Objekts. Diese liege vor, wenn das Werk bis zu zwei Jahre vor dem Vertragsschluss fertiggestellt wurde.[633] Auf der anderen Seite findet das Kaufvertragsrecht Anwendung, wenn der Erwerbsvertrag drei Jahre nach Errichtung der Wohneinheit geschlossen wird und diese bis zu diesem Zeitpunkt vermietet war.[634] Der BGH sieht demnach zum einen die Länge des Zeitraums zwischen Errichtung und Vertragsschluss sowie zum anderen die bisherige Nutzungsart als maßgebliche Beurteilungskriterien der Neuheit an. Trotz dieser Rechtsprechung verbleiben jedoch erhebliche Unsicherheiten bei der Einordnung der Verträge über fertiggestellte Vertragsobjekte.[635] Wie verhält es sich beispielsweise hinsichtlich Wohneinheiten, deren Fertigstellung zwischen zwei und drei Jahren zurückliegt oder deren Errichtung länger als drei Jahre vor dem Vertragsschluss liegt, die allerdings nicht vermietet waren? Aufgrund der Abhängigkeit von den jeweiligen Umständen des Einzelfalles kann eine eindeutige Einordnung mit ausreichender Rechtssicherheit nicht vorgenommen werden. Aus diesem Grund empfiehlt es sich bei diesen Verträgen eine Abnahme durchzuführen, um mit Sicherheit den Übergang vom Erfüllungs- ins Gewährleistungsstadium zu erreichen.[636]

Diese Unsicherheiten offenbaren die Schwächen der Rechtsprechung des BGH. Zudem wird bei der Argumentation das Pferd von hinten aufgezäumt. Die Prüfung der Rechtsnatur ist ergebnisorientiert. Sie ist darauf angelegt zur Anwendung des – nach Ansicht des BGH – interessengerechteren Werkvertragsrechts zu gelangen. Dem liegt das Bestreben nach einem umfassenden Schutz der Erwerber zugrunde.[637]

Die Bestimmung der Rechtsnatur von Verträgen richtet sich jedoch in erster Linie nach dem Vertragsinhalt. Ein Bauträgervertrag hat nach § 650u Abs. 1 Satz 1 BGB die Errichtung oder den Umbau eines Hauses oder vergleichbaren Bauwerkes zum Gegenstand. Im Rahmen eines Kaufvertrags ist der Verkäufer verpflichtet, Eigentum und Besitz an der Kaufsache zu verschaffen. Es geht typischerweise um die Verschaffung einer bereits existenten Sache, wohingegen das Werk erst noch hergestellt werden muss. Ist das Bauwerk bei Vertragsschluss bereits vollständig errichtet oder umgebaut, wird der Vertragsinhalt lediglich noch von der Verpflichtung zur Übereignung bestimmt. Die das Werkvertragsrecht prägende Erfolgsbezogenheit geht ins Leere, da der Erfolg bereits eingetreten ist. Die Erwerber können das Objekt vor Vertragsschluss besichtigen und begutachten, um sich daraufhin zu entscheiden. Es handelt sich um eine reine Sachverschaffung.

---

632 Vgl. BGH, Urteil vom 25. Februar 2016 – VII ZR 156/13 –, Rn. 25, NJW 2016, 1575 ff.

633 BGH, Urteil vom 12. Mai 2016 – VII ZR 171/15 –, Rn. 25, NJW 2016, 2878 ff.; *Ott*, NZM 2016, 576.

634 BGH, Urteil vom 25. Februar 2016 – VII ZR 156/13 –, Rn. 25, NJW 2016, 1575 ff.

635 *Cramer*, MittBayNot 2017, 41; *Ott*, ZWE 2016, 212 213), *Ott*, NZM 2016, 576 (577).

636 *Ott*, NZM 2016, 576 (577).

637 So auch *Busche*, in: MüKo-BGB, § 631 BGB, Rn. 227.

Insofern erscheint die Ansicht des BGH, das Vorliegen einer Errichtungsverpflichtung vom Kriterium der „Neuheit" abhängig zu machen, konstruiert und wird der Unterscheidung zwischen dem Werk- und dem Kaufvertragsrecht nicht gerecht. Bei anderen Vertragsgegenständen käme niemand auf die Idee, Verträge über bei Vertragsschluss bereits fertiggestellte Objekte, ausschließlich aufgrund ihrer Neuheit, dem Werkvertragsrecht zuzuordnen.

Seit der Modernisierung des Schuldrechts kann auch die angemessene Berücksichtigung der Interessen zu keinem anderen Ergebnis führen.[638] Die Verjährungsfrist beträgt nun einheitliche, für Bauwerke angemessene fünf Jahre und auch im Kaufrecht wurde ein Nacherfüllungsanspruch des Käufers statuiert. Die übrigen, auch nach der Schuldrechtsmodernisierung noch bestehenden Unterschiede mögen zwar ein Interesse der Erwerber an der Anwendung des Werkvertragsrechts begründen, können jedoch keine für das Werkvertragsrecht notwendige Errichtungsverpflichtung erzeugen. Im Ergebnis müssten Verträge über den Erwerb bereits fertiggestellter Häuser oder Eigentumswohnungen vollständig dem Kaufvertragsrecht zugeordnet werden.

Die Judikatur des BGH zur Rechtsnatur wird sich jedoch aller Wahrscheinlichkeit nach nicht ändern und ist zudem seit dem Gesetz zur Reform des Bauvertragsrechts – jedenfalls konkludent – vom Willen des Gesetzgebers gedeckt. Insofern wird im Folgenden, bei der Abgrenzung zwischen Kauf- und Werkvertrag im Rahmen von Nachzüglerverträgen, auf das Kriterium der „Neuheit" im Sinne der Rechtsprechung abgestellt.

Diese sich aus der Rechtsprechung des BGH ergebenen Kriterien zur Einordnung der Vertragsart eines Nachzüglererwerbs beinhalten jedoch bisher nur eine einheitliche Einordnung für das gesamte Werk bzw. Kaufobjekt. Möglich erscheint hingegen grundsätzlich auch eine Unterscheidung zwischen gebrauchten und neuen Bauteilen eines Bauwerkes innerhalb eines Erwerbsvertrags.[639] Dies würde dazu führen, dass sich Ansprüche wegen Mängeln am neuwertigen Sondereigentum nach Werkvertragsrecht beurteilten, während die Mängelansprüche bezüglich des schon benutzten Gemeinschaftseigentums kaufrechtlicher Natur wären.

Ob eine derartige Unterscheidung bei Erwerbsverträgen mit Nachzüglern im Grundsatz möglich ist, wurde bisher von der Rechtsprechung des BGH nicht beantwortet.[640] Eine differenzierte Betrachtung ist dem Bauträgerrecht jedoch nicht fremd. So wird beispielsweise im Rahmen der vertraglichen Einordnung zwischen der Übereignung des Grundstücks und der Herstellung des Bauwerkes unterschie-

638 So auch *Kanzleiter*, DNotZ 2006, 246 (247 f.); a. A. BGH, Urteil vom 12. Mai 2016 – VII ZR 171/15 –, R 25, NJW 2016, 2878 ff.

639 *Basty*, BauR 2012, 316 (319); *Brambring*, NJW 1987, 97 (102); *Bub*, in: Staudinger/Bub, WEG, § 21, Rn. 238; *Pause*, NZBau 2017, 22 (23); *Pause*, Bauträgerkauf und Baumodelle, Rn. 610

640 *Basty*, MittBayNot 2016, 502; *Pause*, NZBau 2017, 22 (23).

den. Das Gleiche gilt im Rahmen von Altbausanierungen für die Differenzierung zwischen Herstellungsverpflichtung und Verkauf der Altsubstanz.[641]

Teilweise wird aus diesen Gründen befürwortet, bei Mängeln am gebrauchten Gemeinschaftseigentum Kaufrecht Anwendung finden zu lassen. Die „Neuheit" wird den Bauteilen bereits nach einem halben bzw. einem Jahr abgesprochen.[642] Das Gemeinschaftseigentum wird in dieser Zeit schon von den übrigen Erwerbern genutzt und zeigt schnell Gebrauchsspuren.

Diese Differenzierung zwischen dem Sonder- und dem Gemeinschaftseigentum ist jedoch nicht ohne praktische Probleme. Die Grenze kann in diesem Fall nicht klar zwischen Sonder- und Gemeinschaftseigentum gezogen werden, sondern bedürfte weiterer Differenzierungen. Gemeinschaftseigentum, welches von sämtlichen Erwerbern genutzt wird, sowie die Teile, die sich ausschließlich im Bereich bereits veräußerten Sondereigentums befinden, müssten als gebraucht eingeordnet werden und unterlägen dem Kaufrecht. Diejenigen im gemeinschaftlichen Eigentum stehenden Bauteile, welche sich ausschließlich im Sondereigentum des einzelnen Nachzüglers und weiterer bisher unveräußerter (und ungenutzter) Wohneinheiten befinden, wären hingegen aufgrund ihrer „Neuheit" werkvertraglich einzuordnen. Vor dem Hintergrund der Rechtsicherheit und -klarheit bedürfte es eindeutiger und transparenter Regelungen im jeweiligen Vertrag mit den Nachzüglern.

Die Rechtsprechung des BGH zur Abgrenzung des Kaufrechts vom Werkvertragsrecht bei Veräußerungen an Nachzügler steht dieser Unterscheidung grundsätzlich nicht entgegen. Die Abgrenzungskriterien resultieren aus der Fragestellung, bis wann die Verkehrsanschauung im Allgemeinen noch von einem neu errichteten Objekt und damit einer Herstellungsverpflichtung des Bauträgers ausgeht.[643] Die Allgemeinheit unterscheidet zwar grundsätzlich nicht zwischen Sonder- und Gemeinschaftseigentum, denn beim Erwerb einer Eigentumswohnung steht das einheitliche Objekt im Vordergrund;[644] sie unterscheidet jedoch zwischen der eigenen „neuen" Wohnung und den von sämtlichen Eigentümern genutzten, schon länger im Gebrauch befindlichen und daher „alten" Gemeinschaftsanlagen.[645] Die Verkehrsanschauung stünde einer differenzierten Anwendbarkeit vertraglicher Mängelrechte demnach nicht entgegen.

Es spricht jedoch vieles dafür, dass der BGH eine unterschiedliche vertragliche Behandlung des Gemeinschafts- und des Sondereigentums verneinen würde. Die

641 BGH, Urteil vom 06. Oktober 2005 – VII ZR 117/04 –, Rn. 16, BGHZ 164, 225 ff.; OLG Frankfurt, Urteil vom 23. Mai 1984–17 U 109/83 –, NJW 1984, 2586 f.; *Pause*, Bauträgerkauf und Baumodelle, Rn. 610; ob differenziert wird, ist jedoch vom Grad des Sanierungsumfangs abhängig: BGH, Urteil vom 07. Mai 1987 – VII ZR 366/85 –, juris-Rn. 26, BGHZ 100, 391 ff.

642 *Bub*, in: Staudinger/Bub, WEG, § 21, Rn. 238; *Pause*, Bauträgerkauf und Baumodelle, Rn. 611.

643 Vgl. BGH, Urteil vom 25. Februar 2016 – VII ZR 156/13 –, Rn. 25, NJW 2016, 1575 ff.

644 So: *Vogel*, BauR 2010, 1992 (1997).

645 So auch *Pause*, NZBau 2017, 22 (23).

Einordnung der Vertragsart erfolgte bisher stets einheitlich.[646] Der Unterschied zur Rechtsprechung zu Altbausanierungen besteht darin, dass bezüglich der kaufvertraglich zu bewertenden Altsubstanz nie eine Herstellung durch den Bauträger erfolgte. Wurden die Bauteile hingegen vom Bauträger errichtet, ist die Rechtsprechung auch nach der Fertigstellung bei der Aufrechterhaltung einer vertraglichen Herstellungsverpflichtung sehr großzügig. So richten sich bei Gemeinschaftseigentum, das sich bereits zwei Jahre in der Nutzung der bisherigen Erwerber befindet, die Mängelansprüche weiterhin nach dem Werkvertragsrecht.[647] Im Folgenden erfolgt die Einordnung der Vertragsart daher auch bei Nachzüglern einheitlich für das gesamte Vertragsobjekt.

II. Folgen der Einordnung als Kaufvertrag

Fraglich ist, ob die Einordnung des Nachzüglervertrags in das Kaufrecht überhaupt etwas an dem Interesse des Bauträgers an einer einheitlichen Abnahme bzw. den vertraglichen Regelungsmöglichkeiten einer einheitlichen Abnahme ändern würde. Grundsätzlich verjähren auch die Mängelansprüche im Kaufrecht bei Bauwerken gem. § 438 Abs. 1 Nr. 2 lit. a BGB in fünf Jahren. Die Frist beginnt zwar anders als im Werkvertragsrecht nicht mit der Abnahme, sondern mit der Übergabe, aber auch dies führt bei Nachzüglererwerbern dazu, dass der Bauträger wesentlich länger Gewährleistungsansprüchen ausgesetzt ist.[648]

1. Haftungsausschlüsse

Auf der anderen Seite könnte sich die Einordnung der Vertragsart auf die Inhaltskontrolle der AGB auswirken. Nach § 309 Nr. 8 lit. b BGB besteht eine AGB-rechtliche Unwirksamkeit für Haftungsausschlüsse in Bezug auf vorliegende Mängel bei Verträgen über Werkleistungen und über Lieferungen neu hergestellter Sachen. Während ein Haftungsausschluss beim Erwerb noch zu errichtender oder neu errichteter Bauwerke somit prinzipiell ausscheidet, ist dies im Kaufrecht u. U. möglich.[649]

2. Umfang der Gewährleistung

Ein weiterer Unterschied zwischen der kauf- und der werkvertraglichen Einordnung des Erwerbsvertrags könnte sich in Bezug auf die Rechte der Nachzügler gegen den Bauträger bei Mangelhaftigkeit des Gemeinschaftseigentums ergeben. Während die Nachzügler den werkvertraglichen Anspruch auf Nacherfüllung nach ständiger Rechtsprechung vollumfänglich geltend machen können, hat der BGH dies für

---

646 Vgl. BGH, Urteil vom 25. Februar 2016 – VII ZR 156/13 –, NJW 2016, 1575 ff.; BGH, Urteil vom 25. Februar 2016 – VII ZR 156/13 –, NJW 2016, 1575 ff.; so auch *Pause*, NZBau 2017, 22 (23).

647 BGH, Urteil vom 25. Februar 2016 – VII ZR 156/13 –, Rn. 22, NJW 2016, 1575 ff.

648 *Vogel*, BauR 2010, 1992 (1997).

649 S. unten 2. Kapitel § 5 C. II.

den Kauf einer gebrauchten Eigentumswohnung ausdrücklich offengelassen.[650] Im Gegensatz zu den werkvertraglichen Ansprüchen könnten sich die Ansprüche der Käufer auf eine Freistellung von den Kosten der Mangelbeseitigung in Höhe der Quote seines Miteigentumsanteils (§ 16 Abs. 2 WEG) beschränken.

Die Begründung für diese unterschiedliche Behandlung liegt an der unterschiedlichen Prägung der beiden Vertragsarten. Im Werkvertragsrecht steht der Erfolg im Vordergrund, wohingegen im Kaufrecht der individualisierte Marktwert der gekauften Wohnung den Maßstab bildet.[651] An dieser grundsätzlichen Unterscheidung hat sich auch durch die Schuldrechtsreform nichts geändert.[652] Nach einem Urteil des KG Berlin im Jahr 2007 zum sog. kleinen Schadensersatz habe zwar nunmehr auch der Käufer einen Anspruch auf Nacherfüllung, der Verkäufer habe allerdings im Gegensatz zum Unternehmer keine Herstellungsverpflichtung zur Herbeiführung eines bestimmten Erfolges übernommen. Aus diesem Grund sei die unterschiedliche Behandlung gerechtfertigt und der Käufer könne auf einen quotenmäßigen Schadensersatz, bemessen an seinem Miteigentumsanteil, beschränkt werden.[653] Auch nach einer Entscheidung des BGH vom 12. März 2010[654] steht es der Beseitigung eines Mangels am Gemeinschaftseigentum grundsätzlich gleich, wenn der Verkäufer den Käufer von den anteiligen Kosten der Beseitigung des Mangels freistellt.

Grundlage dieser Überlegungen bildet die Rechtsprechung des BGH zu Mängelansprüchen des Käufers vor der Schuldrechtsmodernisierung. Ein dem § 633 Abs. 2 Satz 1 BGB a. F. entsprechender Nachbesserungsanspruch existierte im Kaufrecht nicht, sodass die Grundsätze zur Haftung des Bauträgers bei Mängeln am Gemeinschaftseigentum keine Anwendung fanden.[655] Zur Beseitigung des Mangels verblieb dem Käufer in der alten Rechtslage lediglich der Anspruch auf Schadensersatz. Der Käufer konnte großen Schadensersatz statt der ganzen Leistung verlangen oder im Rahmen des kleinen Schadensersatzes das mangelhafte Werk behalten und einen Anspruch in Höhe des Minderwertes geltend machen.[656] Nach der Rechtsprechung des BGH verteilte sich dabei der Minderwert des Bauwerkes bei Mängeln am Gemeinschaftseigentum im Verhältnis der Miteigentumsanteile auf die einzelnen Wohnungseigentümer.[657] Die Summe der Schadensersatzansprüche

---

650 BGH, Urteil vom 25. Februar 2016 – VII ZR 156/13 –, Rn. 39, NJW 2016, 1575 ff.; BGH, Urteil vom 24. Juli 2015 – V ZR 167/14 –, Rn. 22, NJW 2015, 2874 ff.

651 BGH, Urteil vom 24. Juli 2015 – V ZR 167/14 –, Rn. 20, NJW 2015, 2874 ff.

652 BGH, Urteil vom 24. Juli 2015 – V ZR 167/14 –, Rn. 20, NJW 2015, 2874 ff.; KG Berlin, Urteil vom 16. Oktober 2007–6 U 140/06 –, Rn. 70, BauR 2008, 1149 ff.

653 Vgl. KG Berlin, Urteil vom 16. Oktober 2007–6 U 140/06 –, Rn. 70, BauR 2008, 1149 ff.

654 BGH, Urteil vom 12. März 2010 – V ZR 147/09 –, NJW 2010, 1805.

655 BGH, Urteil vom 23. Juni 1989 – V ZR 40/88 –, juris-Rn. 18, BGHZ 108, 156 ff.

656 Vgl. BGH, Urteil vom 23. Juni 1989 – V ZR 40/88 –, juris-Rn. 19, BGHZ 108, 156- ff.

657 BGH, Urteil vom 22. Dezember 1995 – V ZR 52/95 –, juris-Rn. 16, NJW 1996, 1056 ff.; BGH, Urteil vom 23. Juni 1989 – V ZR 40/88 –, juris-Rn. 20, BGHZ 108, 156 ff.

der einzelnen Erwerber könne den gesamten mangelbedingten Minderwert des Gemeinschaftseigentums nicht überschreiten.[658]

Im Rahmen der Schuldrechtsmodernisierung wurde die kaufrechtliche Konzeption der Mängelgewährleistung an die des Werkvertragsrechts angepasst.[659] Seitdem ist auch ein primärer Anspruch des Käufers auf Nacherfüllung im BGB verankert. Dies entspricht dem vorrangigen Interesse des Käufers an einer Reparatur bzw. einem Umtausch, um das ursprünglich Gewollte noch zu erhalten.[660] Eine Beschränkung des Nacherfüllungsanspruchs auf eine Kostenfreistellung würde grundsätzlich dem Sinn und Zweck der Nacherfüllung widersprechen.

Vor diesem Hintergrund könnte es angemessen erscheinen, die von der Rechtsprechung entwickelten Grundsätze zur werkvertraglichen Haftung des Bauträgers bei Mängeln am Gemeinschaftseigentum[661] auf das Kaufrecht zu übertragen. Die Begründung für den vollständigen Anspruch auf Nacherfüllung gilt auch im Kaufrecht. Jeder Käufer hat aus dem Kaufvertrag einen eigenen Anspruch auf Übereignung der mangelfreien Kaufsache. Eine unterschiedliche Prägung der Vertragsarten hinsichtlich der Interessenlage besteht zwar weiterhin, sie geht allerdings nicht so weit, das Interesse des Käufers auf einen reinen Wertersatz zu beschränken.[662]

Im Ergebnis hätte auch der Käufer einen vollen Anspruch auf Beseitigung des Mangels am Gemeinschaftseigentum aus §§ 439, 437 Nr. 1 BGB. Eine Beschränkung der Ansprüche käme nur im Rahmen von Haftungsausschlüssen in Betracht.[663]

Auf der anderen Seite handelt es sich bei dem Nacherfüllungsanspruch um eine „Modifikation des ursprünglichen Erfüllungsanspruchs"[664]. Im Rahmen dieser Fortentwicklung ergibt sich der Inhalt des Anspruchs auf Nacherfüllung aus dem Inhalt des Erfüllungsanspruchs des Käufers aus § 433 Abs. 1 BGB. Hinsichtlich des Gemeinschaftseigentums schuldet der Verkäufer nach § 433 Abs. 1 BGB die Übereignung des Miteigentumsanteils. Während demnach im Werkvertrag die Herstellung des gesamten Gemeinschaftseigentums geschuldet wird, beschränkt sich die Verpflichtung des Verkäufers auf die Übereignung eines Anteils. Der unterschiedliche Inhalt des ursprünglichen Erfüllungsanspruchs könnte einen unterschiedlichen Inhalt des Nachbesserungsanspruchs rechtfertigen.

Zu beachten ist, dass es sich auch beim Erwerb des Miteigentumsanteils am Gemeinschaftseigentum nicht um einen bloßen Rechtskauf, sondern um einen Sachkauf handelt.[665] Der Verkäufer schuldet aus § 433 Abs. 1 BGB die Eigentums- und

---

658 BGH, Urteil vom 23. Juni 1989 – V ZR 40/88 –, juris-Rn. 20, BGHZ 108, 156 ff.
659 BT-Drucks. 14/6040, 14. Mai 2002, S. 260.
660 BT-Drucks. 14/6040, 14. Mai 2002, S. 230.
661 BGH, Urteil vom 21. Februar 1985 – VII ZR 72/84 –, NJW 1985, 1551 f.
662 So auch *Häublein*, ZfIR 2015, 805 (806).
663 *Cramer/Cziupka*, RNotZ 2016, 289 (292).
664 Vgl. BGH, Urteil vom 17. Oktober 2012 – VIII ZR 226/11 –, Rn. 24, BGHZ 195, 135 ff.; *Faust*, in: Bamberger/Roth, BGB, § 439, Rn. 6; so ähnlich BT-Drucks. 14/6040, 14. Mai 2002, S. 221; *Weidenkaff*, in: Palandt, § 439, Rn. 1.
665 *Cramer/Cziupka*, RNotZ 2016, 289 (292).

Besitzverschaffung an einer mangelfreien Sache. Die Mangelfreiheit einer Sache und somit auch die Beseitigung eines Mangels kann, im Gegensatz zu Schadensersatzansprüchen, nicht quotal aufgeteilt werden. Eine Aufteilung der Nacherfüllung nach Maßgabe des Miteigentumsanteils kommt demnach nicht in Betracht.[666]

Bei einer Beurteilung des Umfangs der Gewährleistung im Rahmen des sog. Zweiterwerbs sprechen hingegen einige Argumente für die Beschränkung des Anspruchs auf eine Freistellung von den Kosten der Mangelbeseitigung in Höhe der Quote des Miteigentumsanteils. Erfolgt der Erwerb der Eigentumswohnung nicht von einem Bauträger, sondern einer anderen natürlichen oder juristischen Person, die die Wohnung selbst nicht hergestellt hat, ist auf den Vertrag vollständig Kaufrecht anzuwenden.[667] Ist der Verkäufer lediglich Eigentümer der einzelnen verkauften Wohneinheit, kann kaum eine Haftung für die Mangelfreiheit des gesamten Gemeinschaftseigentums der Wohnanlage angenommen werden.[668] Der durch den Mangel eingetretene Minderwert verteilt sich in diesen Fällen auf die einzelnen Wohnungseigentümer, in Abhängigkeit des jeweiligen Miteigentumsanteils.[669] Zweiterwerber sind demnach bei Mängeln am Gemeinschaftseigentum grundsätzlich auf eine Freistellung von den Kosten zur Mangelbeseitigung nach Maßgabe ihres Anteils am Gemeinschaftseigentum beschränkt.

Eine unterschiedliche Behandlung von Erst- und Zweitverkäufen kann dogmatisch kaum gerechtfertigt werden. Eine Berücksichtigung der Interessen der Erwerber und der allgemeinen Verkehrsanschauung erfolgte bereits im Rahmen der Einordnung der Vertragsart. Sprechen die von der Rechtsprechung entwickelten Kriterien für eine Einordnung des Nachzüglervertrags ins Kaufrecht, muss die Anwendung des Kaufrechts konsequent erfolgen.[670]

Der Unterschied zwischen den Gewährleistungsansprüchen der Erst- und der Zweiterwerber liegt in der Beziehung der übrigen Wohnungseigentümer zum Verkäufer. Im Rahmen des klassischen Zweiterwerbs bestehen zwischen dem Verkäufer der einzelnen Wohneinheit und den anderen Wohnungseigentümern keine vertraglichen Beziehungen, die Gewährleistungsansprüche begründen könnten. Beim Nachzüglererwerb haben hingegen grundsätzlich auch die übrigen, früheren Erwerber einen Anspruch auf Beseitigung des Mangels am Gemeinschaftseigentum gegen den Veräußerer (Bauträger). Dieser ist jedoch häufig aufgrund der eingetretenen Verjährung nicht mehr durchsetzbar.

Das kann jedoch keinen unterschiedlichen Umfang der kaufrechtlichen Gewährleistungsrechte rechtfertigen. Dies würde dazu führen, dass der Inhalt der ver-

---

666 Auch *Cramer/Cziupka*, RNotZ 2016, 289 (292); *Vogel*, BauR 2010, 1992 (1998); *Vogel*, ZWE 2016. 442 (446).

667 BGH, Urteil vom 24. Juli 2015 – V ZR 167/14 –, NJW 2015, 2674 ff.; OLG Celle, Urteil vom 26. Juni 1996–6 U 173/95 –, NJW-RR 1996, 1416 f.; *Bub*, in: Staudinger/Bub, WEG, § 21, Rn. 237; *Poschitz*, GWR 2016, 353 (355).

668 *Poschitz*, GWR 2016, 353 (355).

669 BGH, Urteil vom 24. Juli 2015 – V ZR 167/14 –, Rn. 20, NJW 2015, 2674 ff.

670 Auch *Poschitz*, GWR 2016, 353 (355 f.).

traglichen Ansprüche von der Person des Verkäufers und dessen anderweitigen vertraglichen Beziehungen abhinge. Dies widerspricht den Grundsätzen des Schuldrechts und sprengte das Synallagma des Vertrags. Der Inhalt der schuldrechtlichen Verpflichtung bestimmt sich nach dem zugrunde liegenden Schuldverhältnis. Handelt es sich um einen Kaufvertrag, muss konsequenterweise auch das Kaufrecht Anwendung finden und nicht Werkvertragsrecht „im kaufrechtlichen Gewand“[671].

Der Umfang der kaufrechtlichen Gewährleistung bei Mängeln am Gemeinschaftseigentum muss demnach einheitlich beurteilt werden. Der Nacherfüllungsanspruch würde sich grundsätzlich, in Fortsetzung des ursprünglichen Erfüllungsanspruchs, auf Beseitigung des Mangels am Miteigentumsanteil am Gemeinschaftseigentum richten. Eine quotale Nacherfüllung ist jedoch nicht möglich. Bei dem Miteigentumsanteil handelt es sich um einen abstrakten Wert, der nicht individualisiert nachgebessert bzw. nachgeliefert werden kann.[672] Infolge der Unmöglichkeit der Nachbesserung beschränken sich die Ansprüche der Nachzügler auf eine Freistellung von den Kosten der Mangelbeseitigung nach Maßgabe ihres Anteils am Gemeinschaftseigentum.

Zur Sicherheit sollte in den Nachzüglerverträgen die Beschränkung des Nacherfüllungsanspruchs klargestellt werden.[673] Insbesondere sollten Formulierungen vermieden werden, die auf einen kaufvertraglichen Nacherfüllungsanspruch in vollem Umfang schließen lassen.[674]

Ob sich der BGH der hier vertretenen Ansicht anschließen wird, bleibt abzuwarten.

B. Vollumfänglicher Anspruch der Nachzügler

Die Wurzel der Nachzüglerproblematik liegt in der Rechtsprechung des BGH, dass die Nachzügler aus dem werkvertraglich einzuordnenden Bauträgervertrag grundsätzlich einen Anspruch auf Herstellung des gesamten Gemeinschaftseigentums haben und im Falle der Mangelhaftigkeit des Gemeinschaftseigentums die Mängelrechte vollumfänglich geltend machen können, auch bei Verjährung der Ansprüche der anderen Erwerber.

I. Modifikation des Herstellungsanspruchs

Der Inhalt des Nacherfüllungsanspruchs, ergibt sich aus dem Inhalt des ursprünglichen Erfüllungsanspruchs. Die einzelnen Erwerber haben aus dem jeweiligen mit

671 Vgl. *Poschitz*, GWR 2016, 353 (355).
672 *Poschitz*, GWR 2016, 353 (355).
673 *Basty*, MittBayNot 2016, 502; *Thode*, jurisPR-PrivBauR 12/2016, Anm. 2, D.
674 Vgl. BGH, Urteil vom 25. Februar 2016 – VII ZR 156/13 –, NJW 2016, 1575 ff., der der Formulierung *„Der Käufer kann innerhalb von 5 Jahren ab Übergabe bzw. Abnahme Beseitigung eines Sachmangels (Nacherfüllung) durch den Verkäufer verlangen.“* (Rn. 4) die Vereinbarung eines vollumfänglichen Nacherfüllungsanspruchs entnommen hat (Rn. 40).

dem Bauträger geschlossenen Werkvertrag grundsätzlich einen eigenen Anspruch auf Herstellung des gesamten Gemeinschaftseigentums.[675] Würde sich der Herstellungsanspruch aus dem Bauträgervertrag jedoch auf eine anteilige Herstellung des Gemeinschaftseigentums beschränken, hätten die einzelnen Erwerber in logischer Konsequenz auch nur Gewährleistungsrechte in Bezug auf den jeweiligen Teil des Gemeinschaftseigentums.

Fraglich ist, ob eine derartige Modifikation des werkvertraglichen Herstellungsanspruchs rechtlich möglich ist. In Betracht käme eine Beschränkung auf den jeweiligen Miteigentumsanteil am gemeinschaftlichen Eigentum der einzelnen Erwerber. Die Verpflichtung des Unternehmers würde nicht die Herstellung eines konkreten Werkes, sondern eines abstrakten Anteils betreffen.

Während jedoch beispielsweise im Rahmen eines Kaufvertrags die Verpflichtung zur Übereignung eines Miteigentumsanteils möglich ist, gilt dies für die einzelne Herstellung eines Miteigentumsanteils nicht. Durch die Herstellung wird ein bisher nicht vorhandenes Werk geschaffen.[676] Ein einzelner Anteil eines Werkes kann jedoch aufgrund der Abstraktheit nicht geschaffen werden. Die Herstellung des Miteigentumsanteils beinhaltet immer auch die Herstellung des gesamten Werkes. Bei der Herstellung handelt es sich demnach um eine unteilbare Leistung.[677]

Eine Modifikation des Herstellungsanspruchs durch Beschränkung auf den Miteigentumsanteil am gemeinschaftlichen Eigentum ist nicht möglich. Die einzelnen Erwerber haben dementsprechend aus dem Bauträgervertrag einen Anspruch auf Herstellung des gesamten Gemeinschaftseigentums.[678]

II. Gläubigerstellung der Erwerber

Ein weiterer Ausgangspunkt für das Dilemma des Bauträgers in Nachzüglerfällen ist der Umstand, dass nach ständiger Rechtsprechung des BGH hinsichtlich der Ansprüche der Erwerber auf mangelfreie Herstellung des Gemeinschaftseigentums keine Teilgläubigerschaft i. S. d. § 420 BGB vorliegt, sondern der einzelne Erwerber die gesamte Leistung verlangen kann.[679] Dabei wurde bisher offengelassen, ob es sich bei den Erwerbern um Gesamtgläubiger i. S. d. § 428 BGB oder um Mitgläubiger gem. § 432 BGB handelt.[680]

Gesamtgläubiger sind grundsätzlich berechtigt, die gesamte Leistung an sich zu fordern, während der Mitgläubiger lediglich die Leistung an alle verlangen kann.

675 S. o. 1. Kapitel § 2 B. II.
676 *Busche*, in: MüKo-BGB, § 631 BGB, Rn. 69.
677 *Voit*, in: Bamberger/Roth, BGB, § 631, Rn. 97.
678 Etwas anderes gilt nur im Rahmen der Herstellung von Mehrhausanlagen. In diesem Fall ist die Herstellung teilbar und eine Beschränkung der Herstellungsverpflichtung u. U. möglich; s. o. 1. Kapitel § 2 B. II.
679 BGH, Urteil vom 21. Februar 1985 – VII ZR 72/84 –, juris-Rn. 27, NJW 1985, 1551 f.; BGH, Urteil vom 10. Mai 1979 – VII ZR 30/78 –, juris-Rn. 22, BGHZ 74, 258 ff.
680 BGH, Urteil vom 21. Februar 1985 – VII ZR 72/84 –, juris-Rn. 27, NJW 1985, 1551 f.

Die Teilgläubigerschaft ist hingegen dadurch gekennzeichnet, dass der Gläubiger im Zweifel nur zu einem gleichen Anteil berechtigt ist und nicht die gesamte Leistung verlangen kann.[681]

Im Rahmen der Gesamt- und Mitgläubigerschaft können die Nachzügler demnach die Mängelansprüche unabhängig von den Ansprüchen der anderen Erwerber vollumfänglich geltend machen. Die Verjährung der Ansprüche bei den anderen Erwerbern entfaltet für die Nachzügler keine Wirkung (vgl. §§ 425 Abs. 2 i. V. m. 429 Abs. 3, 432 Abs. 2 BGB). Läge hingegen bei dem Anspruch der Erwerber auf Herstellung des Gemeinschaftseigentums eine Teilgläubigerschaft vor, wären die Gewährleistungsansprüche auf den jeweiligen Anteil beschränkt. Jeder Erwerber könnte lediglich eine Quote in Höhe seines Miteigentumsanteils beanspruchen. Im Rahmen der Nachzüglerproblematik bedeutete dies, dass die Verjährung der früheren Erwerber für die Höhe der Ansprüche relevant würde. Die Haftung des Bauträgers wäre im Ergebnis auf die gesetzliche Verjährungsfrist begrenzt.

Haben nach § 420 BGB mehrere eine teilbare Leistung zu fordern, ist im Zweifel jeder Gläubiger nur zu einem gleichen Anteil berechtigt. Nach dem Wortlaut der Norm handelt es sich bei der Teilgläubigerschaft um den gesetzlichen Regelfall im Rahmen einer Gläubigermehrheit.[682] Eine der Vermutung der Gesamtschuld i. S. v. § 427 BGB vergleichbare Regelung besteht für Gläubigermehrheiten nicht.

Die Teilgläubigerschaft setzt jedoch eine Teilbarkeit der Leistung voraus. Bei unteilbaren Leistungen liegt grundsätzlich Mitgläubigerschaft i. S. v. § 432 BGB vor, wenn nicht durch Gesetz oder vertragliche Vereinbarung eine Gesamtgläubigerschaft nach § 428 BGB besteht.[683]

Leistungen sind nach der Rechtsprechung des Reichgerichts teilbar, „wenn ein beliebiger Leistungsteil seinem Wesen und Werte nach verhältnismäßig (anteilig) der Gesamtleistung entspricht, d. h. sich nur der Größe, nicht der Beschaffenheit nach von ihr unterscheidet“[684]. Die Teilung muss demnach ohne Wesens- und Wertänderung erfolgen können. Geldforderungen bilden dabei den praktisch relevantesten Typus der teilbaren Leistung. Die Teilbarkeit kann allerdings auch beispielsweise über Menge oder Gewicht erfolgen.[685]

Die werkvertraglichen Ansprüche der Erwerber im Falle der Mangelhaftigkeit des Gemeinschaftseigentums müssten demnach für die Annahme einer Teilgläu-

681 *Bydlinski*, in: MüKo-BGB, Vorbemerkung zu §§ 420 ff. BGB, Rn. 10 ff.; *Völzmann-Stickelbrock*, in: Dauner-Lieb/Langen, BGB Schuldrecht, Vorbemerkung zu §§ 420 ff. BGB, Rn. 11.

682 *Bydlinski*, in: MüKo-BGB, § 420, Rn. 6; *Müller*, in: Prütting/Wegen/Weinreich, § 420, Rn. 1; *Völzmann-Stickelbrock*, in: Dauner-Lieb/Langen, BGB Schuldrecht, § 420 BGB, Rn. 1.

683 *Völzmann-Stickelbrock*, in: Dauner-Lieb/Langen, BGB Schuldrecht, Vorbemerkung zu §§ 420 ff. BGB, Rn. 14.

684 Vgl. RG, Urteil vom 18. August 1937 – I 23/37 –, RGZ 155, 306 (313).

685 *Böttcher*, in Ermann, BGB, § 420, Rn. 2; *Bydlinski*, in: MüKo-BGB, § 420, Rn. 4; *Völzmann-Stickelbrock*, in: Dauner-Lieb/Langen, BGB Schuldrecht, § 420 BGB, Rn. 4.

bigerschaft teilbar i. S. d. § 420 BGB sein. Im Rahmen der Nacherfüllung muss der Bauträger gem. § 635 Abs. 1 BGB den Mangel nach seiner Wahl beseitigen oder ein neues Werk herstellen. Die Nacherfüllung besteht dabei in einer Handlung, die nicht in verschiedene wesens- und wertgleiche Teile aufgeteilt werden kann. Bei der Nacherfüllung handelt es sich demnach grundsätzlich um eine unteilbare Leistung und es kann keine Teilgläubigerschaft i. S. d. § 420 BGB vorliegen.[686]

Das Gleiche gilt für den Vorschussanspruch aus § 637 Abs. 3 BGB.[687] Der Vorschuss ist zweckgebunden und kann ausschließlich der Beseitigung des Mangels dienen. Im Rahmen einer Abrechnung müssen bei der Beseitigung des Mangels nicht verbrauchte Beträge an den Unternehmer zurückgezahlt werden.[688] Die Beseitigung des Mangels am Gemeinschaftseigentum ist nicht teilbar, sodass im Rahmen des Vorschussanspruchs auch die zur Beseitigung des Mangels erforderlichen Aufwendungen nicht in unterschiedliche wesens- und wertgleiche Teile aufgeteilt werden können. Es liegt keine Teilgläubigerschaft i. S. d. § 420 BGB vor.

Im Grundsatz kann demnach jeder Erwerber die Nacherfüllung bzw. den Vorschussanspruch bei Mängeln am Gemeinschaftseigentum vollumfänglich geltend machen. Eine Beschränkung der Ansprüche nach Maßgabe des Miteigentumsanteils aus Billigkeitsgründen kommt nach der Rechtsprechung des BGH nicht in Betracht.[689] Die übrigen Erwerber, deren Ansprüche bereits verjährt sind, erhielten keinen ungerechtfertigten Vorteil, da die Verjährung lediglich die Durchsetzbarkeit, aber nicht den Bestand der Ansprüche betreffe. Zudem resultiere der Umstand, dass auch diese Erwerber nun in den Genuss mangelfreien Gemeinschaftseigentums kämen, nicht daraus, dass der Bauträger an die anderen Erwerber leisten müsse, sondern daraus, dass er sich gegenüber allen Erwerbern zu derselben Leistung verpflichtet habe.[690]

Dem ist grundsätzlich zuzustimmen. Jeder Erwerber, auch die Nachzügler, haben einen eigenen Anspruch auf mangelfreie Herstellung des Gemeinschaftseigentums. Eine Beschränkung dieser Ansprüche aus Billigkeitsgründen, weil auch andere von der Durchsetzung der Ansprüche profitieren, scheidet aus. Ein Ausschluss der Nacherfüllungsansprüche käme allenfalls unter der Anwendung des Grundsatzes von Treu und Glauben aus § 242 BGB in Betracht, wenn den Nachzüglern jegliches sachliches Eigeninteresse an der Durchsetzung der Ansprüche fehlt.[691] So sind Fallgestaltungen vorstellbar, in denen sich der Mangel des Gemeinschaftseigentums

---

686 Auch *Koeble*, in: Kniffka/Koeble, Kompendium des Baurechts, 11. Teil, Rn. 362; *Pause*, Bauträgerkauf und Baumodelle, Rn. 917.

687 BGH, Urteil vom 21. Februar 1985 – VII ZR 72/84 –, NJW 1985, 1551 f.

688 BGH, Urteil vom 05. Mai 1977 – VII ZR 36/76 –, juris-Rn. 39, BGHZ 68, 372 ff.; *Rosenberger*, BauR 1978, 741 (746).

689 BGH, Urteil vom 21. Februar 1985 – VII ZR 72/84 –, juris-Rn. 30, NJW 1985. 1551 f.

690 BGH, Urteil vom 21. Februar 1985 – VII ZR 72/84 –, juris-Rn. 29, NJW 1985, 1551 f.

691 *Olzen/Looschelders*, in: Staudinger, BGB, § 242, Rn. 860; *Schmidt-Kessel/Kramme*, in: Prütting/Wegen/Weinreich, § 242, Rn. 49; *Schubert*, in: MüKo-BGB, § 242, Rn. 459.

ausschließlich negativ auf das Sondereigentum eines anderen Erwerbers auswirkt.[692] Die Beseitigung des Mangels macht für die Nachzügler keinerlei Unterschied und ist vollständig „nutzlos“[693].

Im Gegensatz zur Unteilbarkeit der primären Mängelrechte könnte jedoch für die sekundären Mängelrechte der Erwerber etwas anderes gelten. Das Recht zur Minderung und der Anspruch auf kleinen Schadensersatz sind grundsätzlich auf die Zahlung bzw. Einbehaltung eines bestimmten Geldbetrages gerichtet. Diese sind teilbar i. S. v. § 420 BGB.[694]

Hinsichtlich der sekundären Mängelrechte ist diesbezüglich zwischen Ausübung von Wahlrechten und der Geltendmachung der Ansprüche bzw. Ausübung des Gestaltungsrechts zu unterscheiden.

Im Rahmen eines durch Nacherfüllung behebbaren Mangels kann die Entscheidung für die sekundären Mängelrechte nur in der Gemeinschaft erfolgen. Der Bauträger ist vor einer doppelten Inanspruchnahme durch die Beseitigung des Mangels einerseits und den kleinen Schadensersatz bzw. die Minderung andererseits zu schützen. Primäre und sekundäre Mängelrechte können demnach nicht nebeneinander stehen. Die Erwerber können als Mitgläubiger (bzw. Gesamtgläubiger) des Nacherfüllungsanspruchs die Entscheidung nur gemeinschaftlich treffen.[695]

Fraglich ist jedoch, ob auch der Anspruch auf Erstattung des Minderungsbetrags bzw. kleinen Schadensersatz nur vollständig an die Gemeinschaft gefordert werden kann oder ob jeder Erwerber im Rahmen der Teilgläubigerschaft jeweils anteilig zu fordern berechtigt ist.

In der Rechtsprechung und in weiten Teilen der Literatur wird die Teilgläubigerschaft im Rahmen der Minderung und des kleinen Schadensersatzes trotz der Teilbarkeit verneint.[696] Im Interesse der Gläubiger könne nur eine gesamte Leistungserbringung erfolgen. Nach der Intention des Gewährleistungsrechts dienen auch die Minderung und der kleine Schadensersatz noch der Herstellung des ursprünglich geschuldeten Erfolgs.[697] Es handele sich demnach nur um ein Surrogat für die Erfüllungs- bzw. Nacherfüllungsansprüche und auch diese Forderungen seien deshalb konsequenterweise unteilbar.[698]

---

692 Z. B. Geruchsbelästigung aus Kaminen oder Tritt- und Luftschallschutzmängel; s. u. Fn. 709.

693 Vgl. *Schmidt-Kessel/Kramme*, in: Prütting/Wegen/Weinreich, § 242, Rn. 49.

694 *Voit*, in: Bamberger/Roth, BGB, § 631, Rn. 97.

695 Vgl. *Bub*, in: Staudinger/Bub, WEG, § 21, Rn. 278; *Bydlinski*, in: MüKo-BGB, § 432, Rn. 6; *Pause*, Bauträgerkauf und Baumodelle, Rn. 918; *Pause*, NZBau 2002, 648 (653); *Werner/Pastor*, Der Bauprozess, Rn. 488.

696 BGH, Urteil vom 06. Juni 1991 – VII ZR 372/89 –, juris-Rn. 11; BGHZ 114, 383 ff.; BGH, Urteil vom 10. Mai 1979 – VII ZR 30/78 –, juris-Rn. 22, BGHZ 74, 258–272; *Koeble*, in: Kniffka/Koeble, Kompendium des Baurechts, 11. Teil, Rn. 362; *Schulze-Hagen*, ZWE 2007, 113 (114); *Wenzel*, ZWE 2006, 109 (111).

697 *Wenzel*, ZWE 2006, 109 (111).

698 *Schulze-Hagen*, ZWE 2007, 113 (114).

Zudem sei die Ablehnung der Teilgläubigerschaft im Interesse der Gläubiger und zur Vermeidung von Wertungswidersprüchen geboten. Der innerhalb der sekundären Mängelansprüche zu erhaltene geldwerte Vorteil könne zwar, müsse jedoch nicht zwangsläufig zur Beseitigung des Mangels eingesetzt werden.[699] Stünde im Rahmen der Teilgläubigerschaft jedem Erwerber nur ein anteiliges Recht auf Minderung oder ein anteiliger Anspruch auf Schadensersatz zu, wäre das Ziel der Herstellung des ursprünglich geschuldeten Erfolgs gefährdet. Jeder Erwerber könnte die Mängelrechte selbstständig geltend machen und über die Verwendung seines Anteils frei verfügen. Aus diesem Grund sei es auch bei Minderung und kleinem Schadensersatz interessengerechter, dass die Leistung von den Erwerbern nur im Gesamten an die Gemeinschaft gefordert werden kann.[700] Zudem solle der Bauträger durch den Übergang von den primären zu den sekundären Mängelrechten nicht bessergestellt werden.[701]

Diese Ansicht erscheint jedoch zweifelhaft.[702] Die sekundären Mängelrechte der einzelnen Erwerber sind „weder auf ein und dieselbe noch auf eine unteilbare Leistung gerichtet"[703]. Bei der Minderung und dem kleinen Schadensersatz handelt es sich, entgegen der oben dargestellten Ansicht, nicht um eine Verlängerung des ursprünglichen Nacherfüllungsanspruchs. Die sekundären Mängelrechte sind nicht in der Form zweckgebunden wie der Vorschussanspruch aus § 637 Abs. 3 BGB. Es handelt sich vielmehr um einen Ausgleich für den Minderwert der erhaltenen Leistung.[704] Durch die Geltendmachung der Minderung bzw. des Schadensersatzanspruchs wird das Verhältnis von Leistung und Gegenleistung bereinigt. Die beiderseitigen Ansprüche werden abgerechnet.[705] Es steht die individuelle finanzielle Leistung im Vordergrund, welche klassischerweise teilbar ist.[706] Für teilbare Forderungen gilt die gesetzliche Regelvermutung für die Teilgläubigerschaft nach § 420 BGB.

Auch eine Einordnung als Mitgläubigerschaft aufgrund der Interessen der Erwerber erscheint nicht geboten. Bei den sekundären Mängelrechten handelt sich um ein individuelles Recht bzw. einen individuellen Anspruch aus dem jeweiligen

---

699 BGH, Urteil vom 10. Mai 1979 – VII ZR 30/78 –, juris-Rn. 22, BGHZ 74, 258 ff.

700 Insofern wird von einer Mitgläubigerschaft ausgegangen; BGH, Urteil vom 16. Dezember 2004 – VII ZR 257/03 –, juris-Rn. 48, NJW 2005, 1115 ff.; BGH, Urteil vom 10. Mai 1979 – VII ZR 30/78 –, juris-Rn. 22, BGHZ 74, 258 ff.; *Koeble*, in: Kniffka/Koeble, Kompendium des Baurechts, 11. Teil, Rn. 362; *Schulze-Hagen*, ZWE 2007, 113 (114); *Wenzel*, ZWE 2006, 109 (111).

701 *Bub*, in: Staudinger/Bub, WEG, § 21, Rn. 283; *Wenzel*, ZWE 2006, 109 (111).

702 Auch *Bub*, in: Staudinger/Bub, WEG, § 21, Rn. 285 ff.; *Pause*, Bauträgerkauf und Baumodelle, Rn. 920 ff.

703 Vgl. *Bub*, NZM 1999, 530 (534).

704 *Busche*, in: MüKo-BGB, § 638, Rn. 2; *Ernst*, in: MüKo-BGB, § 281, Rn. 132; *Raab*, in: Dauner-Lieb/Langen, BGB Schuldrecht, § 638 BGB, Rn. 3.

705 BGH, Urteil vom 19. Januar 2017 – VII ZR 193/15 –, Rn. 38, MDR 2017, 390 ff.

706 So ähnlich auch schon: *Riedler*, DB 1976, 853 (857).

Bauträgervertrag. Während der primäre Anspruch auf Nacherfüllung bzw. der zweckgebundene Vorschussanspruch vom Interesse der Wohnungseigentümergemeinschaft auf Herstellung des ursprünglich vereinbarten Werkes gekennzeichnet wird, sind bei den sekundären Mängelrechten die Individualinteressen der Erwerber ausschlaggebend.[707]

Dies wird insbesondere mit Blick auf die Minderung deutlich. Nach § 638 Abs. 3 Satz 1 BGB ist bei der Minderung die Vergütung in dem Verhältnis herabzusetzen, in welchem zur Zeit des Vertragsschlusses der Wert des Werkes in mangelfreiem Zustand zu dem wirklichen Wert stand. Die Berechnung des Minderungsbetrages ist demnach nicht nur abhängig vom Minderwert des Werkes, sondern auch von der vertraglich vereinbarten Höhe der Vergütung. Diese kann sich bei den Erwerbern innerhalb einer Wohnungseigentumsanlage nicht nur aufgrund des unterschiedlichen Wertes der Wohneinheiten, sondern auch beispielsweise aufgrund eines besonderen Verhandlungsgeschicks unterscheiden. Auch liegt die individuelle Geltendmachung der Minderung in der Natur des Rechts. Wird die Minderung vor vollständiger Entrichtung des Werklohnes erklärt, behält jeder Erwerber den für ihn anfallenden Minderungsbetrag ein. Jeder Erwerber kann demnach in logischer Konsequenz auch die für ihn geltenden anteilige Erstattung des Minderungsbetrages verlangen.[708]

Dies wird in der Regel der Minderwert in Bezug auf den jeweiligen Miteigentumsanteil am Gemeinschaftseigentum sein. In besonderen Fällen kommt jedoch auch eine andere quotale Aufteilung in Betracht. Wirkt sich ein Mangel am Gemeinschaftseigentum besonders oder ausschließlich auf das Sondereigentum eines Erwerbers aus,[709] erhöht sich die Quote des Minderungsbetrages, den der Erwerber erstattet verlangen kann, entsprechend der Betroffenheit. Dies kann sogar zum ausschließlichen Minderungsrecht eines Sondereigentümers führen.[710]

Im Ergebnis kann die Gläubigerstellung der Erwerber im Rahmen der Gewährleistungsrechte nicht einheitlich beurteilt werden. Während die primären Ansprüche aufgrund der Unteilbarkeit der Leistung in Mit- bzw. Gesamtgläubigerschaft stehen, sind die Erwerber im Rahmen der sekundären Rechte nur anteilig berechtigt i. S. v. § 420 BGB.[711]

---

707 *Bub*, in: Staudinger/Bub, WEG, § 21, Rn. 286; *Pause*, Bauträgerkauf und Baumodelle, Rn. 921; *Pause*, NJW 1993, 553 (555).

708 *Pause*, Bauträgerkauf und Baumodelle, Rn. 921 u. 959.

709 Z. B. Geruchsbelästigung aus Kaminen (vgl. BGH, Urteil vom 15. Februar 1990 – VII ZR 269/88 –, BGHZ 110, 258 ff.) oder Tritt- und Luftschallschutzmängel (vgl. OLG München, Urteil vom 23. August 2016–9 U 4327/15 Bau –, BauR 2017, 574 f.).

710 So auch *Pause*, Bauträgerkauf und Baumodelle, Rn. 959; mit Hinweis auf: BGH, Urteil vom 15. Februar 1990 – VII ZR 269/88 –, BGHZ 110, 258 ff.; im Anschluss daran: OLG München, Urteil vom 23. August 2016–9 U 4327/15 Bau –, BauR 2017, 574 f.

711 Auch *Bub*, in: Staudinger/Bub, WEG, § 21, Rn. 285 ff.; *Pause*, Bauträgerkauf und Baumodelle, Rn. 917 ff.; a. A. BGH, Urteil vom 06. Juni 1991 – VII ZR 372/89 –, juris-Rn. 11; BGHZ 114, 383 ff.; BGH, Urteil vom 10. Mai 1979 – VII ZR 30/78 –, juris-

Für die Nachzüglerproblematik bedeutet dies, dass die Nachzügler den Anspruch auf Nacherfüllung bzw. auf Zahlung des Vorschusses gem. § 637 Abs. 3 BGB vollumfänglich geltend machen können. Die etwaige Verjährung der Ansprüche der übrigen Erwerber entfaltet für sie dabei keine Wirkung (vgl. §§ 425 Abs. 2 i. V. m. 429 Abs. 3, 432 Abs. 2 BGB). Die Verjährung wird erst im Rahmen der Geltendmachung sekundärer Mängelrechte relevant. Im Rahmen des kleinen Schadensersatzes und der Minderung besteht eine Beschränkung „auf die Quote der (nur noch) berechtigten Erwerber“[712].

C. Regelungen in AGB

Zur Lösung der Nachzüglerproblematik würden sich grundsätzlich Regelungen in den Nachzüglerverträgen anbieten, die eine Anpassung des Verjährungsendes der Nachzügler mit dem der übrigen Erwerber herstellen. Fraglich ist jedoch, ob derartige Klauseln AGB-rechtlich zulässig sind.

Die Versuche des Bauträgers in den AGB eine einheitliche Verjährungsfrist der Nachzügler mit den übrigen Erwerbern zu erreichen, sind vielfältig und infolgedessen häufig Gegenstand einer gerichtlichen Überprüfung. Im Grundsatz bestehen zwei Möglichkeiten einen Gleichlauf der Verjährungsfristen zu erreichen. Zum einen könnten die Nachzügler an die bereits erfolgte Abnahme gebunden werden und zum anderen könnte die Verjährungsfrist für die Mängelansprüche der Nachzügler verkürzt werden.[713] Der BGH hat sich in der jüngsten Vergangenheit mit zwei solcher Klauselformulierungen beschäftigt:

> *„Die Abnahme des Gemeinschaftseigentums ist durch ... am ... erfolgt. Die Verjährungsfrist für Ansprüche und Rechte wegen Mängeln am Gemeinschaftseigentum läuft für den Erwerber zum selben Termin ab wie für diejenigen Käufer, welche die gemeinschaftliche Abnahme durchgeführt haben.“*[714]

Und:

> *„Das Bauwerk ist durch die Vertragsparteien oder mit schriftlicher Vollmacht ausgestattete Vertreter förmlich abzunehmen. Der Abnahmetermin wird vom Veräußerer bestimmt. [...] Die Abnahme des gemeinschaftlichen Eigentums ist bereits erfolgt. Der Verkauf gilt nach Maßgabe dieser Abnahme als vereinbart.“*[715]

Rn. 22, BGHZ 74, 258 ff.; *Koeble*, in: Kniffka/Koeble, Kompendium des Baurechts, 11. Teil, Rn. 362; *Schulze-Hagen*, ZWE 2007, 113 (114); *Wenzel*, ZWE 2006, 109 (111).

712 Vgl. *Pause*, Bauträgerkauf und Baumodelle, Rn. 940.

713 *Cramer/Cziupka*, RNotZ 2016, 289 (290); *Pause*, Bauträgerkauf und Baumodelle, Rn. 609.

714 Vgl. BGH, Urteil vom 12. Mai 2016 – VII ZR 171/15 –, Rn. 4, NJW 2016, 2878 ff.

715 Vgl. BGH, Urteil vom 25. Februar 2016 – VII ZR 49/15 –, Rn. 3, NJW 2016, 1572 ff.

In beiden Fällen hat der BGH die Zulässigkeit dieser Klauseln mit den Urteilen vom 25. Februar 2016[716] und vom 12. Mai 2016[717] verneint. Die Klauseln verkürzen mittelbar die Verjährung und sind deshalb gem. § 309 Nr. 8 lit. b ff BGB unwirksam. Mit der Bindung an die bereits durchgeführte Abnahme würde der Beginn der Verjährung auf einen Zeitpunkt vorverlagert, lange bevor der Vertrag geschlossen und das Werk körperlich entgegengenommen wurde.[718] Zudem liege ein Verstoß gegen das Benachteiligungsverbot des § 307 Abs. 1 Satz 1, Abs. 2 Nr. 1 BGB vor. Durch die Klausel würde den Nachzüglern ihr originäres Abnahmerecht entzogen, was mit dem wesentlichen Grundgedanken des § 640 Abs. 1 BGB nicht vereinbar sei. Das Interesse des Bauträgers an einer möglichst frühen und einheitlichen Abnahme des Gemeinschaftseigentums rechtfertige nicht den Entzug des Rechts auf Abnahme.[719]

I. Bindung an die bereits erfolgte Abnahme

Eine Bindung der Nachzügler an die bereits erfolgte Abnahme ist in den AGB nach der Rechtsprechung des BGH somit grundsätzlich nicht möglich. Sie verstößt sowohl gegen § 307 Abs. 1 Satz 1, Abs. 2 Nr. 1 BGB als auch gegen § 309 Nr. 8 lit. b ff BGB. Das gilt auch für den Versuch die Bindung über eine rückwirkende Genehmigung i. S. d. §§ 177 Abs. 1, 184 Abs. 2 BGB nach einer vorherigen Prüfung des Gemeinschaftseigentums herzustellen.[720] Während ein Verstoß gegen das Benachteiligungsverbot dadurch möglicherweise ausgeräumt wird,[721] verbleibt immer noch eine mittelbare Verkürzung der Verjährungsfrist, die der AGB-rechtlichen Inhaltskontrolle bei Bauträgerverträgen nicht standhält.

Die Rechtsprechung des BGH überzeugt. Bei dem Klauselverbot des § 309 Nr. 8 lit. b ff BGB handelt es sich um eine Regelung ohne Wertungsmöglichkeit. Die mittelbare oder unmittelbare Verkürzung der Verjährungsfrist ist im Rahmen von Werkverträgen, die die Errichtung eines Bauwerkes betreffen, nicht möglich. Die Bindung an die zu einem früheren Zeitpunkt bereits erfolgte Abnahme hat jedoch gerade die Beschränkungen der Durchsetzbarkeit der Mängelansprüche zum Zweck und ist aus diesem Grund unwirksam. Etwaige berechtigte Interessen des Bauträgers sind vor dem Hintergrund der fehlenden Wertungsmöglichkeit unbeachtlich.

Auch stellt die Bindung an die bereits erfolgte Abnahme eine unangemessene Benachteiligung der Erwerber dar. Ähnlich wie bei den Klauselgestaltungen mit unwiderruflichen Abnahmevollmachten wird den Erwerbern das originäre Recht zur Abnahme endgültig entzogen. Es findet darüber hinaus gar keine ihnen zu-

716 BGH, Urteil vom 25. Februar 2016 – VII ZR 49/15 –, NJW 2016, 1572 ff.
717 BGH, Urteil vom 12. Mai 2016 – VII ZR 171/15 –, NJW 2016, 2878 ff.
718 BGH, Urteil vom 12. Mai 2016 – VII ZR 171/15 –, Rn. 47 ff., NJW 2016, 2878 ff.; BGH, Urteil vom 25. Februar 2016 – VII ZR 49/15 –, Rn. 37, NJW 2016, 1572 ff.
719 BGH, Urteil vom 12. Mai 2016 – VII ZR 171/15 –, Rn. 44 ff., NJW 2016, 2878 ff.
720 *Vogel*, BauR 2010, 1992 (1996); *Derleder*, NZBau 2004, 237 (243).
721 So: *Derleder*, NZBau 2004, 237 (243).

zurechnende Billigung statt. Dies ist mit dem wesentlichen Grundgedanken des § 640 Abs. 1 BGB nicht zu vereinbaren.

Die Bindung eines Nachzüglers an die bereits erfolgte Abnahme des Gemeinschaftseigentums ist im Ergebnis unter dem Gesichtspunkt des Benachteiligungsverbots aus § 307 BGB lediglich möglich, wenn dieser Nachzügler bereits früher eine Wohneinheit desselben Vorhabens erworben und die Bauleistungen mitsamt dem Gemeinschaftseigentum wirksam abgenommen hat.[722]

II. Verkürzung der Verjährungsfrist

Eine AGB-rechtlich wirksame Verkürzung der Verjährungsfrist ist nach § 309 Nr. 8 lit. b ff BGB nur bei Verträgen über Lieferungen nicht neu hergestellter Sachen zu erreichen. Es darf sich demnach zunächst nicht um eine Werkleistung handeln.[723] Eine unmittelbare oder mittelbare Verkürzung der Verjährungsfristen ist beim klassischen Bauträgervertrag unwirksam. Eine wirksame Fristverkürzung bei Erwerbsverträgen mit Nachzüglern ist demnach nur möglich, wenn diese der Anwendung des Kaufrechts unterliegen.

Die Begrenzung des Klauselverbots auf die Lieferung neu hergestellter Sachen resultiert aus dem Umstand, dass gebrauchte Objekte von Natur aus ein höheres Sachmängelrisiko tragen, welches dem Käufer bekannt ist.[724] Diese unterschiedliche Erwartungshaltung gilt auch beim Kauf unbeweglicher Sachen, sodass diese vom Anwendungsbereich der Vorschrift des § 309 Nr. 8 lit. b BGB erfasst sind.[725] Wesentliches Kriterium für die Geltung des Klauselverbots bei Verträgen mit Nachzüglern bildet demnach, wie bei der Abgrenzung zwischen Kauf- und Werkvertrag, das Merkmal der „Neuheit".[726]

Das OLG Koblenz hatte aus dem Umstand, dass das Vertragsobjekt mehr als drei Jahre vor Vertragsschluss fertiggestellt wurde und zwischenzeitlich vermietet war, nicht nur die Anwendung des Kaufrechts, sondern auch die Unanwendbarkeit des Klauselverbots aus § 309 Nr. 8 lit. b ff BGB geschlossen.[727] In der nachgehenden Entscheidung des BGH[728] musste dieser zur Begrifflichkeit „neu hergestellter Sachen" i. S. d. § 309 Nr. 8 lit. b BGB keine Stellung nehmen, weil sich die Unzulässigkeit der Klausel bereits aus einem Verstoß gegen das Transparenzgebot ergab.

Eine einheitliche Auslegung der Begrifflichkeit im Rahmen der beiden Fragestellungen wäre vor dem Hintergrund der Rechtssicherheit wünschenswert und

---

722 *Basty*, MittBayNot 2016, 502.

723 Zur Abgrenzung zwischen Kauf- und Werkvertrag s. o. 2. Kapitel § 5 A. I.

724 *Wurmnest*, in: MüKo-BGB, § 309 Nr. 8, Rn. 14.

725 *Coester-Waltjen*, in: Staudinger, BGB, § 309 Nr. 8, Rn. 25; *Cramer/Cziupka*, RNotZ 2016, 289 (290).

726 *Cramer/Cziupka*, RNotZ 2016, 289 (290).

727 OLG Koblenz, Beschluss vom 08. April 2013–2 U 1123/12 –, juris-Rn. 13; ZMR 2013, 912 ff.

728 BGH, Urteil vom 25. Februar 2016 – VII ZR 156/13 –, NJW 2016, 1575 ff.

konsequent.[729] Es bestehen keine Anhaltspunkte, die ein unterschiedliches Verständnis der „Neuheit einer Eigentumswohnung" rechtfertigen würde. Das Unterscheidungskriterium dient in beiden Fällen der interessengerechten Berücksichtigung der Erwartungshaltung der Vertragsparteien und richtet sich nach der allgemeinen Verkehrsanschauung. Prägt den Vertrag noch die Herstellungsverpflichtung des Bauträgers, wird auch die Vorstellung der Erwerber hinsichtlich des Sachmängelrisikos eine andere sein, als beim Verkauf einer Wohnung, deren Fertigstellung länger zurückliegt und die in der Regel zwischenzeitlich vermietet war.[730] Unterliegt der Vertrag mit dem Nachzügler aufgrund des Fertigstellungszeitpunkts oder der bisherigen Nutzung dem Kaufrecht, findet dementsprechend das Klauselverbot des § 309 Nr. 8 lit. b BGB keine Anwendung.

Gewährleistungsbeschränkungen in AGB, die nicht dem Anwendungsbereich des § 309 Nr. 8 lit. b BGB unterfallen, müssen sich allerdings am allgemeinen Benachteiligungsverbot des § 307 BGB, insbesondere der Übereinstimmung mit den wesentlichen Grundgedanken gesetzlicher Regelungen nach § 307 Abs. 2 Nr. 1 BGB, messen lassen.[731] Wesentlicher Grundgedanke der Verjährungsregelungen im BGB ist, den Schuldner vor einer ungerechtfertigten Inanspruchnahme zu schützen. Auf der anderen Seite soll dem Vertragspartner die Geltendmachung von Ansprüchen wegen verdeckter Mängel möglich sein. Die Verjährung dient dem öffentlichen Interesse nach Rechtsfrieden und -sicherheit.[732] Die fünfjährige Verjährungsfrist für Mängelansprüche bei Bauwerken aus § 438 Abs. 1 Nr. 2 lit. 1 BGB beruht auf dem Umstand, dass sich Mängel bei Bauwerken häufig erst nach einer längeren Zeit herausstellen.[733] Aus diesem Grund sollte der Verjährungszeitraum nicht vor Ablauf von fünf Jahren nach der Fertigstellung des Gemeinschaftseigentums enden. Auch um zu verhindern, dass die Ansprüche des späteren Käufers vor denen der früheren Besteller verjähren, empfiehlt es sich vor dem Hintergrund des § 307 BGB die Verjährungsfrist der kaufrechtlichen Mängelansprüche an die Restlaufzeit der werkvertraglichen Mängelansprüche anzupassen.[734] Ist jedoch die vom Gesetz veranschlagte fünfjährige Prüffrist nach Fertigstellung bereits abgelaufen, stellt der Gewährleistungsausschluss keine unangemessene Benachteiligung i. S. d. § 307 Abs. 1 Satz 1 BGB dar.[735]

---

729 *Cramer/Cziupka*, RNotZ 2016, 289 (291).

730 *Coester-Waltjen*, in: Staudinger, § 309 Nr. 8, Rn. 21; *Wurmnest*, in: MüKo-BGB, § 309 Nr. 8, Rn. 17.

731 *Coester-Waltjen*, in: Staudinger, BGB, § 309 Nr. 8, Rn. 31.

732 *Hille*, NZBau 2016, 532 (533).

733 Motive zum BGB, Band II, S. 489; OLG Koblenz, Beschluss vom 08. April 2013–2 U 1123/12 , juris-Rn. 14; ZMR 2013, 912 ff; *Hille*, NZBau 2016, 532.

734 *Basty*, MittBayNot 2016, 502; *Cramer/Cziupka*, RNotZ 2016, 289 (291); BGH, Urteil vom 21. Februar 1985 – VII ZR 72/84 –, juris-Rn. 16, NJW 1985, 1551 f.: sonst entstünde ein *„widersinniges Ergebnis"*.

735 So auch OLG Koblenz, Beschluss vom 08. April 2013–2 U 1123/12 –, juris-Rn. 14, ZMR 2013, 912 ff.: *„[...]so dass die nach dem Gesetzeszweck eingeräumte „Frist zum Sichtbarwerden" verdeckter Mängel [...] nicht verkürzt wurde."*

Im Ergebnis hält bei Kaufverträgen mit Nachzüglern die Anpassung der Verjährung an die Verjährung der Mängelansprüche aus den Bauträgerverträgen einer AGB-rechtlichen Inhaltskontrolle stand. Die Verkürzung der Verjährungsfrist benachteiligt den Käufer einer gebrauchten Eigentumswohnung grundsätzlich nicht.[736] Die verkürzte Verjährung beginnt gem. § 438 Abs. 2 BGB mit der Übergabe.

Handelt es sich bei den Nachzüglern um Unternehmer i. S. v. § 14 BGB, gelten die Klauselverbote aus § 309 BGB nach § 310 Abs. 1 Satz 1 BGB nicht. Eine Inhaltskontrolle erfolgt jedoch nach Maßgabe der §§ 307 Abs. 2 Nr. 1, 310 Abs. 1 Satz 2Hs. 1 BGB. Über diesen Weg findet das Klauselverbot des § 309 Nr. 8 lit. b ff BGB auch auf Verträge zwischen Unternehmern Anwendung.[737] Eine Haftung für Mängel über einen Zeitraum, in welchem verdeckte Mängel gewöhnlich auftreten, gehört gleichfalls im Geschäftsverkehr zwischen Unternehmern zum gesetzlichen Leitgedanken. Auch im Handelsverkehr zeigen sich Mängel an Bauwerken häufig erst nach längerer Zeit. Insofern besteht bei der AGB-rechtlichen Inhaltskontrolle von Verjährungsverkürzungen kein Unterschied darin, ob es sich bei den Nachzüglern um Verbraucher oder Unternehmer handelt.

III. Beschaffenheitsvereinbarung

Eine Möglichkeit die werkvertragliche Nachzüglerproblematik einzudämmen liegt in der Modifikation des Herstellungsanspruchs durch Beschaffenheitsvereinbarungen.[738] Das Werk ist gem. § 633 Abs. 2 Satz 1 BGB mangelfrei, wenn es die vereinbarte Beschaffenheit aufweist. Diesbezügliche Vereinbarungen können grundsätzlich ausdrücklich oder konkludent getroffen werden, müssen allerdings etwaige für den zugrunde liegenden Vertrag bestehende Formerfordernisse einhalten.[739] Im Rahmen von Bauträgerverträgen ergibt sich die vereinbarte Beschaffenheit regelmäßig aus der Baubeschreibung,[740] welche auch bei werkvertraglich einzuordnenden Nachzüglerverträgen notariell mitbeurkundet werden muss.[741]

Es können jedoch grundsätzlich auch weitergehende Beschaffenheitsvereinbarungen getroffen werden. Diese müssen jedoch der AGB-rechtlichen Inhaltskon-

---

736 A. A. *Vogel*, BauR 2010, 1992 (1998).

737 OLG Naumburg, Urteil vom 21. Mai 2010–10 U 60/08 – juris-Rn. 17, NJOZ 2010, 2412 ff.; *Coester-Waltjen*, in: Staudinger, BGB, § 309 Nr. 8, Rn. 97; *Wurmnest*, in: MüKo-BGB, § 309 Nr. 8, Rn. 76; noch um alten Recht: BGH, Urteil vom 20. April 1993 – X ZR 67/92 –, juris-Rn. 19, BGHZ 122, 241 ff.; BGH, Urteil vom 19. Februar 1992 – VIII ZR 65/91 –, juris-Rn. 8, NJW 1992, 1236 f.; BGH, Urteil vom 08. März 1984 – VII ZR 349/82 –, juris-Rn. 19, BGHZ 90, 273 ff.

738 *Basty*, BauR 2012, 316 (324); *Vogel*, BauR 2010, 1992 (1998 f.).

739 *Busche*, in: MüKo-BGB, § 633, Rn. 12.

740 *Blank*, Bauträgervertrag, Rn. 131; *Pause*, Bauträgerkauf und Baumodelle, Rn. 92 u. 642; *Weber/Kesselring/Hennig*, NJW 2009, 3346 (3348).

741 *Basty*, BauR 2012, 316; *Blank*, Bauträgervertrag, Rn. 537; a. A. *Krick/Sagmeister*, MittBayNot 2014, 205 (207).

trolle genügen.[742] Mittelbare Haftungsbeschränkungen in Form einer Festlegung des gegenwärtigen Zustands des Gemeinschaftseigentums als vertraglich geschuldeter Soll-Zustand sind insofern gem. § 309 Nr. 8 lit. b BGB unwirksam.[743] Die vertraglich vereinbarte bzw. die gewöhnliche Funktionstauglichkeit muss weiterhin gewährleistet und die Mindeststandards erfüllt sein.[744] Im Rahmen dessen kann vereinbart werden, dass der Bauträger bei Errichtung des Werkes von den Vorgaben der Baubeschreibung abgewichen ist.[745] Zudem können die Nachzügler das fertiggestellte und sich in Benutzung befindliche Werk, im Gegensatz zu den übrigen Erwerbern, besichtigen. Sichtbare Schäden und Gebrauchsspuren können AGB-rechtlich als vertraglicher Soll-Zustand festgelegt werden:

> *„Das Gemeinschaftseigentum [wird]mit allen derzeit sichtbaren Gebrauchsspuren und Schäden [veräußert]. Diesbezüglich schuldet der Veräußerer keinerlei Reparatur- oder Instandhaltungsarbeiten."*[746]

Bekannte Gebrauchsspuren und Schäden sollten dabei konkret und ausführlich benannt werden. Beschaffenheitsvereinbarungen modifizieren die Herstellungsverpflichtung des Bauträgers. Weist das Gemeinschaftseigentum die vereinbarte abgenutzte Beschaffenheit auf, liegt kein Mangel vor, dessen Beseitigung die Nachzügler verlangen könnten.[747] Beschaffenheitsvereinbarungen sind demnach zwar nicht geeignet die Nachzüglerproblematik vollständig zu lösen, können sie jedoch eindämmen.

D. Möglichkeit der Individualvereinbarung

Eine AGB-rechtliche Inhaltskontrolle findet nicht statt, soweit die Vertragsbedingungen zwischen den Vertragsparteien im Einzelnen ausgehandelt sind. Nach § 305 Abs. 1 Satz 3 BGB sind Individualvereinbarungen keine AGB. Die Klauselkontrolle der §§ 307 ff. BGB ist insofern abhängig davon, ob die Abnahmeklausel vom Bauträger gestellt oder mit dem Erwerber im Einzelnen ausgehandelt wurde. Die Darlegungs- und Beweislast für das Vorliegen einer ausgehandelten Klausel trägt grundsätzlich der Bauträger, als Verwender.[748]

---

742 *Krick/Sagmeister*, MittBayNot 2014, 205 (207); *Pause*, Bauträgerkauf und Baumodelle, Rn. 642.
743 *Basty*, BauR 2012, 316 (324); *Krick/Sagmeister*, MittBayNot 2014, 205 (207); a. A. *Wolfsteiner*, in: Kersten/Bühling, Formularhandbuch und Praxis der freiwilligen Gerichtsbarkeit, 3. Teil, 2. Abschnitt, § 33, Rn. 38 f.
744 *Vogel*, BauR 2010, 1992 (1998).
745 *Blank*, Bauträgervertrag, Rn. 537.
746 Vgl. *Basty*, BauR 2012, 316 (325).
747 *Vogel*, BauR 2010, 1992 (1999).
748 *Basty*, Der Bauträgervertrag, Rn. 25.

Hinsichtlich der Bauträgerverträge mit Nachzüglern könnte somit durch ein Aushandeln der entsprechenden Klausel versucht werden eine wirksame Verkürzung der Verjährungsfrist zu erreichen.

Die von der Rechtsprechung erarbeiteten Maßstäbe zum Vorliegen eines Aushandelns i. S. v. § 310 Abs. 1 Satz 3 BGB sind jedoch weitestgehend streng. Aushandeln ist demnach mehr als nur ein Verhandeln. Eine Individualvereinbarung liegt nur vor, wenn der Verwender die vom dispositiven Recht abweichenden Vertragsbestimmungen „ernsthaft zur Disposition stellt und dem Verhandlungspartner Gestaltungsfreiheit zur Wahrung eigener Interessen einräumt mit zumindest der realen Möglichkeit, die inhaltliche Ausgestaltung der Vertragsbedingungen zu beeinflussen"[749].

Es reicht nicht aus, dass der Erwerber eingehend über die Folgen der Klausel belehrt wird und er sich infolgedessen mit dem Inhalt einverstanden erklärt.[750] Das Aushandeln erfordert ein gewisses Verhandlungsmoment, einen „Austausch von Argumenten"[751]. Der Bauträger muss eine tatsächliche Abänderungsbereitschaft der entsprechenden Klausel aufweisen.[752] Nur so ist sichergestellt, dass eine Möglichkeit der Einflussnahme des Vertragspartners besteht. Es ist hingegen grundsätzlich nicht erforderlich, dass die Möglichkeit auch tatsächlich ausgeübt wird.[753]

Zweifelhaft ist, ob das sog. Preisargument ein Aushandeln i. S. d. § 305 Abs. 1 Satz 3 BGB herbeiführen kann. Im Rahmen der Vertragsverhandlungen könnte dem Erwerber ein Preisnachlass als Kompensation für die Verkürzung der Verjährungsfrist angeboten werden.[754] Nach einem Urteil des BGH steht es einem Aushandeln nicht entgegen, wenn die vom Verwender angebotenen Alternativen teilweise mit einem höheren Entgelt verbunden sind.[755] Auf der anderen Seite reicht es nicht aus, dass der Verwender dem Vertragspartner lediglich konkrete Wahlmöglichkeiten einräumt.[756] Dies stellt keine echte Verhandlung auf gleichberechtigter Ebene dar. Das Preisargument kann demnach lediglich einen Anreiz für den Erwerber bieten, bei den Vertragsverhandlungen eine Verkürzung der Verjährung zu akzeptieren. Eine ausgehandelte Kompensation kann ein Indiz für gleichberechtigte Verhandlungen sein.

---

749 Vgl. BGH, Urteil vom 22. November 2012 – VII ZR 222/12 –, Rn. 10, NJW 2013, 856 ff.; BGH, Urteil vom 18. April 2002 – VII ZR 192/01 –, juris-Rn. 23, BGHZ 150, 299 ff.; BGH, Urteil vom 25. Juni 1992 – VII ZR 128/91 –, juris-Rn. 17, NJW 1992, 2759 f.; BGH, Urteil vom 09. Oktober 1986 – VII ZR 245/85 –, juris-Rn. 11, NJW-RR 1987, 144 ff.; auch *Basedow*, in: MüKo-BGB, § 305, Rn. 35.

750 *Basedow*, in: MüKo-BGB, § 305, Rn. 35.

751 Vgl. *Koeble*, in: Kniffka/Koeble, Kompendium des Baurechts, 11. Teil, Rn. 218.

752 *Pause*, Bauträgerkauf und Baumodelle, Rn. 150.

753 *Koeble*, in: Kniffka/Koeble, Kompendium des Baurechts, 11. Teil, Rn. 218.

754 *Basty*, Der Bauträgervertrag, Rn. 26.

755 Vgl. BGH, Urteil vom 06. Dezember 2002 – V ZR 220/02 –, juris-Rn. 7, BGHZ 153, 148 ff.

756 *Koeble*, in: Kniffka/Koeble, Kompendium des Baurechts, 11. Teil, Rn. 218.

Im Ergebnis ist es auch bei Verträgen mit einzelnen Nachzüglern für den Bauträger schwierig, den strengen Anforderungen der Rechtsprechung an das Aushandeln i. S. v. § 305 Abs. 1 Satz 3 BGB zu genügen. Er muss zum einen tatsächliche Dispositionsbereitschaft zeigen und dem Erwerber eine reale Gestaltungsmöglichkeit einräumen[757] und auf der anderen Seite dies im Streitfall darlegen und beweisen können. Ob ihm dies gelingt und der Erwerber unter diesen Umständen bereit ist, eine Verkürzung der Verjährung zu akzeptieren, ist fraglich.

Selbst wenn der Bauträgervertrag den Anforderungen eines Individualvertrags entspricht, unterliegt auch dieser nach gefestigter Rechtsprechung[758] grundsätzlich einer Inhaltskontrolle am Maßstab des § 242 BGB.[759] Demnach „ist ein in einem Individualvertrag enthaltener formelhafter [...] Ausschluss der Gewährleistung für Sachmängel beim Erwerb neu errichteter oder noch zu errichtender Eigentumswohnungen und Häuser gem. § 242 BGB dann unwirksam, wenn die einschneidenden Rechtsfolgen einer solchen Freizeichnung nicht vorher zwischen den Vertragsparteien eingehend erörtert werden und der Erwerber darüber nicht nachhaltig belehrt wird“[760].

Bei der AGB-rechtlichen Inhaltskontrolle handelt es sich lediglich um eine „Teilkodifikation des Rechtsinstituts der Inhaltskontrolle privatrechtlicher Verträge“[761]. Eine Inhaltskontrolle von Verträgen außerhalb des Anwendungsbereichs der §§ 305 ff. BGB ist demnach nicht ausgeschlossen. Eine derartige gerichtliche Inhaltskontrolle ist nach der Rechtsprechung des BGH geboten, wenn eine Vertragspartei besonders schutzwürdig ist.[762] Die Schutzbedürftigkeit des Erwerbers resultiert nach der Rechtsprechung zum einen aus der Formelhaftigkeit der Klausel und zum anderen aus dem Vertragsgegenstand.

Den werkvertraglichen Mängelrechten komme ein besonderer Gerechtigkeitsgehalt zu.[763] Der Umstand, dass das Werk bei Vertragsschluss häufig noch nicht existent sei und insofern nicht vom Besteller auf etwaige Mängel überprüft werden könne, erhöhe den Bedeutungsgehalt der in § 634 BGB verankerten Rechte. Die diesbezügliche Schutzbedürftigkeit der Nachzügler ist jedoch eingeschränkt. Das Gemeinschaftseigentum ist bei Vertragsschluss regelmäßig bereits vollständig

---

757 *Schulze-Hagen*, NZBau 2016, 395 (399).

758 BGH, Urteil vom 08. März 2007 – VII ZR 130/05 –, Rn. 27, BauR 2007, 1036 ff.; BGH, Urteil vom 29. Juni 1989 – VII ZR 151/88 –, juris-Rn. 32, BGHZ 108, 164 ff.; BGH, Urteil vom 17. September 1987 – VII ZR 153/86 –, juris-Rn. 9, BGHZ 101, 350 ff.; BGH, Urteil vom 05. April 1984 – VII ZR 21/83 –, juris-Rn. 10, BauR 1984, 392 ff.

759 *Blank*, Bauträgervertrag, Rn 426; *Koeble*, in: Kniffka/Koeble, Kompendium des Baurechts, 11. Teil, Rn. 221; *Pause*, Bauträgerkauf und Baumodelle, Rn. 151.

760 BGH, Urteil vom 17. September 1987 – VII ZR 153/86 –, juris-Rn. 9, BGHZ 101, 350 ff.

761 Vgl. *Lieb*, AcP 1978 196 (197).

762 BGH, Urteil vom 17. September 1987 – VII ZR 153/86 –, juris-Rn. 10, BGHZ 101, 350 ff.

763 Vgl. *Peters/Jacoby*, in: Staudinger, BGB, § 639, Rn. 71.

fertiggestellt, sodass der Erwerber, in Parallele zum Kaufvertrag, die Möglichkeit einer eingehenden Begutachtung und Überprüfung hat.

Nach der Rechtsprechung bewirken zudem formelhafte Klauseln ein besonderes Schutzbedürfnis. Formelhafte Klauseln sind solche, die in der Regel in AGB verwendet werden und nicht auf den Individualvertrag zugeschnitten sind.[764] Derartige Klauseln vermitteln in einem Individualvertrag den „Anschein der Rechtmäßigkeit, Vollständigkeit und Ausgewogenheit“[765], ohne einer AGB-rechtlichen Inhaltskontrolle zu unterliegen. Bei einschneidenden Regelungen ist aus diesem Grund eine Inhaltskontrolle erforderlich, auch wenn der Anwendungsbereich der §§ 305 ff. BGB nicht betroffen ist.[766] Die Wirksamkeit formelhafter Gewährleistungsausschlüsse erfordert demnach eine eingehende Erörterung und Belehrung über die Folgen. Dies gilt nicht nur für den vollständigen Ausschluss der Mängelrechte, sondern auch für einen teilweisen Ausschluss, wie die Verkürzung der Verjährungsfrist.[767]

Der Erwerber muss hinreichend über die Rechtslage und die sich aus dem Haftungsausschluss ergebenden Rechtsfolgen aufgeklärt werden. Nur so ist sichergestellt, dass er sich über die Tragweite und Risiken seiner Erklärung bewusst ist und keine unbedachte Entscheidung trifft.[768] Die von der Rechtsprechung entwickelten Grundsätze gelten sowohl für Bauträgerverträge mit einem Verbraucher als auch für Verträge zwischen Unternehmern.[769] Das erforderliche Ausmaß der Belehrung ist dabei grundsätzlich von den Umständen des Einzelfalles und insbesondere von den subjektiven Vorkenntnissen und Verständnismöglichkeiten des Erwerbers abhängig.[770]

Im Ergebnis kann der Bauträger im Rahmen eines Bauträgervertrags mit einem Nachzügler die Verjährungsfrist wirksam verkürzen, wenn die Klauseln i. S. v. § 305 Abs. 1 Satz 3 BGB ausgehandelt wurden und der Erwerber über die einschneidenden Rechtsfolgen eingehend und nachhaltig belehrt wurde.

Die Rechtsprechung des BGH zur Inhaltskontrolle der individualvertraglich vereinbarten Gewährleistungsausschlüsse am Maßstab des § 242 BGB findet hingegen keine Anwendung auf Nachzüglerverträge, die dem Kaufrecht unterliegen.[771] Beim Kauf gebrauchter Wohnungen sind selbst bei formelhafter und formularmäßiger Einbeziehung ausgehandelte Haftungsausschlüsse für Sachmängel grundsätzlich wirksam.[772]

---

764 Vgl. BGH, Urteil vom 17. September 1987 – VII ZR 153/86 –, juris-Rn. 10, BGHZ 101, 350 ff.

765 Vgl. BGH, Urteil vom 17. September 1987 – VII ZR 153/86 –, juris-Rn. 10, BGHZ 101, 350 ff.

766 *Koeble*, in: Kniffka/Koeble, Kompendium des Baurechts, 11. Teil, Rn. 225.

767 *Koeble*, in: Kniffka/Koeble, Kompendium des Baurechts, 11. Teil, Rn. 225.

768 *Blank*, Bauträgervertrag, Rn. 426.

769 *Blank*, Bauträgervertrag, Rn. 427; *Pause*, Bauträgerkauf und Baumodelle, Rn. 151.

770 *Kilian*, MittBayNot 2008, 203 (204).

771 *Poschitz*, GWR 2016, 353 (355).

772 BGH, Urteil vom 24. Juli 2015 – V ZR 167/14 –, Rn. 16, NJW 2015, 2874 ff.

E. „Flucht ins Kaufrecht“

Im Ergebnis steht der Bauträger günstiger dar, wenn auf die Erwerbsverträge mit den Nachzüglern Kaufrecht Anwendung findet. Haftungsausschlüsse können hier, im Gegensatz zum Werkvertrag, AGB-rechtlich überhaupt und individualvertraglich erleichtert vereinbart werden. Zudem haftet der Bauträger gegenüber den Nachzüglern in einem wesentlich geringeren Umfang im Falle der Mangelhaftigkeit des Gemeinschaftseigentums. Die bestehende Nachzüglerproblematik könnte auf diese Art gelöst werden.

Fraglich ist jedoch, ob eine vom Bauträger gezielt forcierte Anwendung des Kaufrechts, eine sog. „Flucht ins Kaufrecht“[773], vorteilhaft und praxistauglich ist. Die Anwendbarkeit des Kaufrechts ist abhängig vom Zeitpunkt der Fertigstellung und einer zwischenzeitlichen Nutzung der Wohneinheit. Je größer der Zeitraum zwischen Fertigstellung und Vertragsschluss ist, desto eher findet Kaufrecht Anwendung. Eine zwischenzeitliche Vermietung des Vertragsobjekts verkürzt.- aller Wahrscheinlichkeit nach – den erforderlichen Zeitraum. Beide Aspekte stellen jedoch, insbesondere in finanzieller Hinsicht für den Bauträger einen Nachteil dar. Eine bestehende Vermietung bewirkt grundsätzlich eine Senkung des Marktwertes der Wohneinheit. Eine Befristung des Mietverhältnisses bis zum Zeitpunkt des Verkaufes ist im Rahmen der Regelungen zum Wohnraummietrecht nicht möglich.[774] Auch führt ein Objekt im Bestand sowie dessen etwaige Vermietung zu einem erhöhten Organisations- und Verwaltungsaufwand.

Des Weiteren ist es schwierig, eine Anwendbarkeit des Kaufrechts mit Sicherheit zu erreichen. Die Kriterien zur Abgrenzung der Vertragsarten sind von der Rechtsprechung bisher nicht ausreichend klar formuliert und abhängig von den Umständen des Einzelfalles. Wird irrtümlich von einer kaufrechtlichen Natur des Nachzüglervertrags ausgegangen und infolgedessen keine Abnahme i. S. d. § 640 BGB vorgenommen, gelangt der Vertrag nicht ins Gewährleistungsstadium. In diesem Fall trüge der Bauträger die mit der Anwendbarkeit des Kaufrechts verbundenen finanziellen Nachteile, ohne von den Folgen der Nachzüglerproblematik verschont zu bleiben.

Eine planmäßige Flucht der Bauträger ins Kaufrecht erscheint vor diesem Hintergrund unwahrscheinlich. Die Anwendbarkeit des Kaufrechts ist demnach nicht geeignet die Nachzüglerproblematik vollständig zu lösen.

§ 6 Reformbedürftigkeit

Im Ergebnis kann die Abnahme des Gemeinschaftseigentums, vor dem Hintergrund der BGH-Rechtsprechung, durch Regelungen in den Bauträgerverträgen keiner umfassend befriedigenden Lösung zugeführt werden. In der Praxis „findet eine Flucht in

773 Vgl. *Poschitz*, GWR 2016, 353 (356).
774 *Poschitz*, GWR 2016, 353 (356).

die individuelle Abnahme statt“[775]. Der Bauträger lädt mit einer angemessenen Frist zu einem gemeinsamen Abnahmetermin, in dem eine gemeinschaftliche Besichtigung des Gemeinschaftseigentums stattfindet. Die einzelnen Erwerber verpflichten sich im Bauträgervertrag zur Teilnahme am Abnahmetermin und zur Gewährung des Zutritts zum Gemeinschaftseigentum innerhalb ihres Sondereigentums.

Die vom Gesetz in § 640 Abs. 1 BGB vorgesehene Individualabnahme wird jedoch den Besonderheiten des Bauträger- und Wohnungseigentumsrechts nicht gerecht. Neben den dargestellten Nachteilen für den Bauträger verbleiben auch die Probleme der praktischen Durchführung. Eine Begehung und Begutachtung des gesamten Gemeinschaftseigentums mit jedem einzelnen Erwerber ist für den Bauträger zeit- und kostenintensiv und steht grundsätzlich aufgrund der fehlenden Fachkenntnisse nicht im Interesse der Erwerber. Auch bestehen, insbesondere im Rahmen der AGB-rechtlichen Inhaltskontrolle, keine ausreichenden Möglichkeiten, durch vertragliche Regelungen eine befriedigende Lösung zu erreichen.

Die Unausgewogenheit der von der Rechtsprechung entwickelten Lösungen ergibt sich insbesondere bei Betrachtung der Nachzüglerproblematik. Der Bauträger haftet bei Mängeln am Gemeinschaftseigentum teilweise über einen erheblich längeren Zeitraum als die vom Gesetz dafür veranschlagten fünf Jahre. Obwohl die Nachzügler nur Miteigentümer sind, können sie die Mängelrechte vollumfänglich geltend machen, unabhängig davon, welches (wirtschaftliche) Interesse sie an der Beseitigung des Mangels haben.

Vor diesem Hintergrund erscheint es zunehmend geboten, dass der Gesetzgeber sich dieser Thematik annimmt. Eine gute Möglichkeit dafür hat er mit dem Gesetz zur Reform des Bauvertragsrechts verstreichen lassen. Im Rahmen der expliziten Regelung des Bauträgervertrags im BGB, hätte auch eine spezielle Regelung zur Abnahme des Gemeinschaftseigentums im Gesetz verankert werden können.[776]

Dies hätte grundsätzlich den Empfehlungen des Arbeitskreises V – Bauträgerrecht vom 5. Deutschen Baugerichtstag zur Reform des Bauvertragsrechts entsprochen.[777] Der Arbeitskreis hatte vorgeschlagen, im BGB eine Regelung vorzusehen, wonach die Wohnungseigentümergemeinschaft die Abnahme des Gemeinschaftseigentums unter bestimmten Voraussetzungen fakultativ durch Beschluss an sich ziehen kann. Dabei müsse die fachliche Qualifikation und Neutralität des Abnehmenden gesichert sein sowie die Möglichkeit der persönlichen Teilnahme den einzelnen Erwerbern erhalten bleiben. Des Weiteren sollte nach der Empfehlung des Arbeitskreises eine Vorschrift im BGB verankert werden, die auch die Nachzügler an derartig vollzogene Abnahmen bindet.[778] Durch die gekorene Zuständigkeit der Wohnungseigentümergemeinschaft würde eine rechtssichere Möglichkeit zur Ver-

775 *Pause/Vogel*, NZBau 2015, 667 (672).
776 So auch *Pause*, BauR 2017, 430 (442).
777 *Arbeitskreis V – Bauträgerrecht*, BauR 2014, 1617 ff.
778 Vgl. *Arbeitskreis V – Bauträgerrecht*, BauR 2014, 1617 (1630 u. 1633).

einheitlichung der Abnahme geschaffen. Den Parteien bliebe es weiterhin überlassen eine Individualabnahme vorzunehmen.[779]

Diese Empfehlungen haben trotz mehrfacher Kritik[780] keinen Eingang in das Gesetz zur Reform des Bauvertragsrechts gefunden. Bereits im Referentenentwurf des Bundesministeriums der Justiz und für Verbraucherschutz vom 10. September 2015 wurde die Thematik vollständig ausgenommen. Offen blieb dabei, ob sich der Gesetzgeber aus Zeitgründen[781] gegen eine Klärung im Rahmen der Reform des Bauvertragsrechts entschieden und diese auf ein mögliches Folgegesetz verlagert hat oder er keine Notwendigkeit einer Regelung sah, weil die geltende Individualabnahme in dem von der Rechtsprechung vorgegebenen Rahmen ausreicht.[782]

So verwundert es kaum, dass kurz nach Abschluss des Gesetzgebungsverfahrens zur Reform des Bauvertragsrechts bereits Gerüchte über ein mögliches Folgegesetz aufkamen,[783] mit welchen u. a. den „Platzhaltern"[784] im normierten Bauträgervertragsrecht ihr Inhalt hinzugefügt werden könnte.[785] Bereits im Jahr 2014 wurde parallel zur Reform des Bauvertragsrechts, die im Wesentlichen auf den Vorschlägen der Arbeitsgruppe Bauvertragsrecht beruht, die Arbeitsgruppe Bauträgervertragsrecht gegründet.[786] Diese erörtert u. a. die Möglichkeiten einer Regelung der Abnahme des Gemeinschaftseigentums im Rahmen von Bauträgerverträgen.[787]

In Betracht käme zunächst, wie bereits vom Arbeitskreis V – Bauträgerrecht[788] vorgeschlagen, die gesetzliche Normierung einer Beschlusskompetenz der (werdenden) Wohnungseigentümergemeinschaft.[789] Alternativ wird die Verankerung eines Anspruchs des Bauträgers gegen die Gemeinschaft auf Entscheidung über die Abnahme erörtert.[790] Diskutiert werden auch die Voraussetzungen einer möglichen Beschlussfassung der Gemeinschaft. Insbesondere bedarf es der Legitimation des Beschlusses und der Missbrauchsprävention. Geeignetes Mittel hierfür könnte sein, die Möglichkeit der Beschlussfassung von einer gewissen Anzahl vorhandener (wer-

---

779 Vgl. *Arbeitskreis V – Bauträgerrecht*, BauR 2014, 1617 (1631); s. a. 2. Kapitel § 2 B.

780 *Deutscher Baugerichtstag e. V.*, Stellungnahme zum Referentenentwurf, S. 30 f.; *Gritschneder*, ZfIR 2016, 576 (577); *Orlowski*, ZfBR 2016, 419 (438); *Pause/Vogel*, NZBau 2015, 667 (673).

781 Die Änderung des kaufrechtlichen Gewährleistungsrechts war ausdrücklicher Bestandteil des Koalitionsvertrags zwischen CDU, CSU und SPD der 18. Legislaturperiode, vgl. Koalitionsvertrag, 18. Legislaturperiode, S. 25.

782 So: *Pause*, BauR 2017, 430 (442).

783 *Kapellmann/Fuchs*, NZBau 2017, 185 (186).

784 Vgl. *Pause*, BauR 2017, 430 (440).

785 *Deutscher Richterbund*, Stellungnahme zum Referentenentwurf, B. zu §§ 650t, 650u.

786 *Bundesnotarkammer*, DNotZ 2015, 562 (568).

787 *Bundesnotarkammer*, DNotZ 2016, 561 (566).

788 *Arbeitskreis V – Bauträgerrecht*, BauR 2014, 1617 (1633 f.).

789 *Pause*, BauR 2017, 430 (442).

790 *Bundesnotarkammer*, DNotZ 2016, 561 (566).

dender) Eigentümer abhängig zu machen.[791] Zudem sollte die Begutachtung durch einen qualifizierten und neutralen Sachverständigen gesichert werden.[792]

Die Möglichkeit einer gemeinschaftlichen Abnahme wäre grundsätzlich geeignet, den bestehenden Problemen Abhilfe zu schaffen. Insbesondere für den Bauträger würde eine rechtssichere und kalkulierbare Situation geschaffen. Auch den praktischen Bedürfnissen– sowohl des Bauträgers als auch der Erwerber – würde Genüge getan.

Allerdings bedeutet jede (fakultative) Kompetenzerweiterung auf der einen Seite auch einen (möglichen) Kompetenzverlust auf der anderen Seite. Kann dies für die Erwerber, die zum Zeitpunkt der Beschlussfassung bereits Mitglied der (werdenden) Wohnungseigentümergemeinschaft sind, noch gerechtfertigt werden,[793] stellt sich die Situation gegenüber Nachzüglern schwieriger dar. Zum einen hatten sie nie die Möglichkeit an der Beschlussfassung teilzunehmen und zum anderen werden ihre Gewährleistungsfristen u. U. erheblich verkürzt.

Ob sich der Gesetzgeber zur Vergemeinschaftung der Abnahme entschließt, bleibt abzuwarten, erscheint jedoch vor dem Hintergrund des angestrebten vollumfänglichen Erwerber- bzw. Verbraucherschutzes und der Rechtsprechung des BGH unwahrscheinlich.[794]

---

791 Vgl. *Arbeitskreis V – Bauträgerrecht*, BauR 2014, 1617 (1634), der die Hälfte der möglichen Erwerber vorschlägt; *Pause*, BauR 2017, 430 (442).

792 So ähnlich *Arbeitskreis V – Bauträgerrecht*, BauR 2014, 1617 (1634).

793 S. o. 2. Kapitel § 2 B.

794 I. E. so auch *Elzer*, DNotZ 2017, 163 (171).

3. Kapitel: Folgen unwirksamer Klauseln

Im Ergebnis halten die meisten Klauseln zu Abnahmevollmachten in Bauträgerverträgen nach derzeitigem Recht der AGB-rechtlichen Inhaltskontrolle nicht stand und sind unwirksam. Gleichwohl gehörten diese Klauseln jahrelang zur gängigen Praxis. Für eine Vielzahl von Verträgen stellt sich infolgedessen die Frage, welche Auswirkung die Verwendung unwirksamer Klauseln hat. Dies betrifft nicht nur die Wirksamkeit und den Inhalt des Vertrags an sich, sondern auch die auf Grundlage der unwirksamen Klausel vollzogene förmliche Abnahme. Fraglich ist zunächst, ob die Unwirksamkeit der Klausel auch auf die Abnahme durchschlägt. Ist dies der Fall könnte es an einer wirksamen Abnahme fehlen. Sind dann die Rechtsfolgen der Abnahme auf andere Art und Weise eingetreten? Befindet sich der Vertrag noch im Erfüllungsstadium? Können Mängelansprüche geltend gemacht werden? Welche Anspruchsgrundlage und welche Verjährungsregelung gilt für die Mängelrechte?

Aus der Rechtsprechung zur AGB-rechtlichen Unwirksamkeit der Vollmachtsklauseln folgt demnach nicht nur im Rahmen der Vertragsgestaltung, sondern auch auf der Rechtsfolgenseite ein erheblicher Klärungsbedarf. Dies erlangt insbesondere Bedeutung, wenn am Gemeinschaftseigentum Mängel auftreten.

Für die einzelnen Bauträgerverträge gilt zunächst nach § 306 Abs. 1 BGB, dass der Vertrag trotz Verwendung der unwirksamen Klausel wirksam bleibt. Hinsichtlich der Abnahme des Gemeinschaftseigentums richtet sich der Inhalt des Vertrags gem. § 306 Abs. 2 BGB nach den gesetzlichen Vorschriften. Nach § 640 Abs. 1 BGB müssten demnach sämtliche Erwerber das Werk abnehmen.[795] Der Bauträger kann keine Abnahme des Gemeinschaftseigentums nach der in der Klausel vereinbarten Form verlangen.

Auch eine ergänzende interessengerechte Auslegung der Klausel durch das Instrument der ergänzenden Vertragsauslegung kommt nicht in Betracht.[796] Zwar ist die ergänzende Vertragsauslegung grundsätzlich auch bei der AGB-rechtlichen Unwirksamkeit einer Vertragsklausel möglich.[797] Voraussetzung ist jedoch, dass die durch die Unwirksamkeit der Klausel entstandene Lücke im Vertrag nicht durch gesetzliche Bestimmungen gefüllt werden kann oder dass diese Bestimmungen keine angemessene Lösung darstellen.[798] Das Gesetz bietet mit der Individualabnahme aus § 640 Abs. 1 BGB eine Möglichkeit der Lückenfüllung i. S. d. § 306 Abs. 2 BGB,

795 *Blank*, DNotZ 2014, 166 (177); *Popescu*, ZWE 2014, 109 (113).

796 Auch *Pause/Vogel*, BauR 2014, 764 (770).

797 BGH, Urteil vom 27. September 2000 – VIII ZR 155/99 –, juris-Rn. 35, BGHZ 145, 203 ff.; BGH, Rechtsentscheid in Mietsachen vom 30. Oktober 1984 – VIII ARZ 1/84 –, juris-Rn. 24, BGHZ 92, 363 ff.; *Basedow*, in: MüKo-BGB, § 305c, Rn. 42; *Kollmann*, in: Dauner-Lieb/Langen, BGB Schuldrecht, § 306 BGB, Rn. 28.

798 BGH, Urteil vom 03. November 1999 – VIII ZR 269/98 –, juris-Rn. 45, BGHZ 143, 104 ff.; BGH, Urteil vom 13. November 1997 – IX ZR 289/96 –, juris-Rn. 11, BGHZ

welche den Vertragsparteien grundsätzlich zumutbar ist. Ein derart schützenswertes Interesse des Bauträgers an einer einheitlichen Abnahme, welches ein Abweichen von der gesetzlichen Regelung notwendig macht, wurde bisher – insbesondere von der Rechtsprechung – nicht anerkannt.[799] Zudem wäre nicht eindeutig ermittelbar, für welche Auslegungsmöglichkeit sich die Parteien entschieden hätten.[800]

Es bleibt somit dabei, dass im Falle der Unwirksamkeit der Abnahmeklausel nach § 306 Abs. 2 BGB die gesetzliche Vorschrift des § 640 Abs. 1 BGB gilt. Die Abnahme des Gemeinschaftseigentums muss durch jeden Erwerber individuell erfolgen.[801]

§ 1 Vorliegen einer Abnahme

Fraglich ist jedoch, welche Auswirkung die Unwirksamkeit der Abnahmeklausel im Bauträgervertrag auf eine bereits erfolgte Abnahme durch den in der Klausel bestimmten Abnahmevertreter hat. Im Glauben an die Wirksamkeit der Abnahmeklausel erfolgte in der Regel die Abnahme durch den vermeintlich beauftragten und bevollmächtigten Abnahmevertreter.

A. Wirksamkeit der erfolgten Abnahme

In der Rechtsprechung wird in diesen Fällen grundsätzlich aus der Unwirksamkeit der verwendeten Klausel auf das Fehlen einer wirksamen Abnahme des Gemeinschaftseigentums geschlossen.[802] Dies geschieht unabhängig davon, ob die Bevollmächtigung des Abnahmevertreters bereits im Rahmen der Klausel erfolgte oder die Erwerber den Vertreter aufgrund einer Verpflichtung aus der Klausel bevollmächtigt haben.[803] Voraussetzung für die Unwirksamkeit der Abnahme ist jedoch, dass nicht nur die Beauftragung des Abnahmevertreters, sondern auch die davon zu trennende Vollmacht unwirksam ist.[804]

137, 153 ff.; BGH, Urteil vom 01. Februar 1984 – VIII ZR 54/83 –, juris-Rn. 21, BGHZ 90, 69 ff.; *Kollmann*, in: Dauner-Lieb/Langen, BGB Schuldrecht, § 306 BGB, Rn. 28.

799 Vgl. z. B. BGH, Urteil vom 21. Februar 1985 – VII ZR 72/84 –, juris-Rn. 23, NJW 1985, 1551 f.

800 *Kollmann*, in: Dauner-Lieb/Langen, BGB Schuldrecht, § 306 BGB, Rn. 28; *Pause/Vogel*, BauR 2014, 764 (770); *Thüsing*, in: Graf v. Westphalen, AGB, Teil „Vertragsrecht" – 7) Auslegung, Rn. 32.

801 Die Vereinbarung der getrennten Abnahme von Gemeinschafts- und Sondereigentum ist wirksam und gilt weiterhin.

802 *Basty*, Der Bauträgervertrag, Rn. 1030; *Scheffelt*, BauR 2014, 163 (165); z. B. BGH, Urteil vom 30. Juni 2016 – VII ZR 188/13 –, NJW-RR 2016, 1143 ff.; OLG Karlsruhe, Urteil vom 27. September 2011–8 U 106/10 –, NJW 2012, 237 ff.; LG München I, Urteil vom 02. Juli 2008–18 O 21458/07 –, juris-Rn. 65, BauR 2009, 1444 f.

803 Zur Unterscheidung s. o. 2. Kapitel § 3 B. I.

804 *Pause*, ZfIR 2014, 127 (131).

I. Unwirksamkeit der Bevollmächtigung

Wird die Bevollmächtigung des Abnahmevertreters in Form einer Außenvollmacht i. S. v. § 167 Abs. 1 2. Alt. BGB direkt in der Klausel geregelt, sind Beauftragung und Bevollmächtigung sowohl inhaltlich als auch sprachlich derart eng verzahnt, dass die Klausel insgesamt unwirksam ist.[805] Die Gründe, die die AGB-rechtliche Unwirksamkeit der Beauftragung des Abnahmevertreters bewirken, gelten gerade auch für dessen Bevollmächtigung. In der Bevollmächtigung eines Vertreters, dessen erforderliche Neutralität nicht gewährleistet ist, bzw. in der Unwiderruflichkeit der Bevollmächtigung liegt die unangemessene Benachteiligung des Vertretenen.[806] Die in der Klausel im Bauträgervertrag vereinbarte Bevollmächtigung des Abnahmevertreters ist demnach im Falle einer unangemessenen Benachteiligung i. S. d. § 307 Abs. 1 Satz 1 BGB im Gleichlauf mit dessen Beauftragung unwirksam.

Ein anderes Ergebnis könnte gelten, wenn in der Klausel des Bauträgervertrags nur die Verpflichtung der Erwerber zur Bevollmächtigung eines Abnahmevertreters geregelt wird. Die Klausel im Bauträgervertrag nimmt auch in diesem Fall aufgrund der Verpflichtung den Erwerbern ihr originäres Recht zur Abnahme aus § 640 Abs. 1 BGB und ist aufgrund der unangemessenen Benachteiligung i. S. v. § 307 Abs. 1 Satz 1 BGB unwirksam.[807] Beauftragung und Bevollmächtigung des Vertreters erfolgen jedoch in gesonderten Rechtsgeschäften. Die Bevollmächtigungsvereinbarung in der Klausel stellt lediglich das Motiv dafür dar. Ein Grundsatz, dass auf Grundlage unwirksamer Klauseln abgegebene Willenserklärungen per se auch von der Unwirksamkeit erfasst werden, existiert jedoch im AGB-Recht nicht.[808] Die Bevollmächtigungsvereinbarung und die Bevollmächtigung an sich sind zwei eigenständige und voneinander zu trennende Rechtsgeschäfte.[809]

In der Rechtsprechung und auch in weiten Teilen der Literatur wird diese Unterscheidung nicht thematisiert. Es wird grundsätzlich bei Abnahmen auf Grundlage unwirksamer Abnahmeklauseln von dem Fehlen einer wirksamen Abnahme ausgegangen. Vom Ergebnis her erscheint diese Handhabung konsequent. Sinn und Zweck der AGB-rechtlichen Unwirksamkeit ist der Schutz der Erwerber vor dem Verlust seines Abnahmerechts oder vor einer Abnahme durch einen befangenen Abnahmevertreter. Wäre die Bevollmächtigung wirksam, würde dieser Schutz verfehlt. Fraglich ist allerdings, ob bzw. wie das Durchschlagen der Unwirksamkeit der Klausel im Bauträgervertrag auf die daraufhin erfolgte Bevollmächtigung rechtsdogmatisch gerechtfertigt werden kann.[810]

---

805 Vgl. *Pause/Vogel*, BauR 2014, 764(765); *Scheffelt*, BauR 2014, 163 (167).
806 *Pause/Vogel*, BauR 2014, 764 (765).
807 OLG Stuttgart, Urteil vom 31. März 2015–10 U 46/14 –, juris-Rn. 83, BauR 2015, 1688 ff.
808 Vgl. *Scheffelt*, BauR 2014, 163 (165 u. 167).
809 *Scheffelt*, BauR 2014, 163 (167).
810 *Scheffelt*, BauR 2014, 163 (168).

Rechtliche Gründe, die für die Unwirksamkeit oder Nichtigkeit der Bevollmächtigung an sich sprechen, existieren grundsätzlich nicht.[811] Die Bevollmächtigung eines Abnahmevertreters ist rechtlich möglich. Zudem liegt kein Anfechtungsgrund vor, durch den die Erteilung der Vollmacht nach Erklärung der Anfechtung gem. § 142 Abs. 1 BGB ex tunc nichtig wäre. Die Annahme der Wirksamkeit der Bevollmächtigungsvereinbarung stellt keinen zur Anfechtung berechtigenden Irrtum dar, sondern erschöpft sich als unbeachtlicher Motivirrtum.[812] Auch scheidet regelmäßig eine arglistige Täuschung durch den Bauträger aus.

Eine Unwirksamkeit der Bevollmächtigung kommt demnach grundsätzlich nur in Betracht, wenn sich die Unwirksamkeit der Bevollmächtigungsvereinbarung auf die Bevollmächtigung erstreckt.

Die Unwirksamkeit der Bevollmächtigung wird teilweise mit dem konsequenten Schutz der Erwerber begründet.[813] Dies entspreche dem Rechtsgedanken der Rechtsprechung des BGH zur Nichtigkeit der Bevollmächtigung eines Treuhänders bei Verstoß des Geschäftsbesorgungsvertrags gegen das RDG (ehemals RBerG).[814] Eine direkte Übertragbarkeit der Rechtsprechung scheidet aus, da die Abnahme des Gemeinschaftseigentums durch einen Sachverständigen oder den Verwalter nicht gegen das RDG verstößt.[815] Das Durchschlagen der Unwirksamkeit der Bevollmächtigungsvereinbarung auf die Bevollmächtigung könnte allerdings mit einer Übertragung der Rechtsgedanken aus den Entscheidungen begründet werden.

Ziel des RDG sei der Schutz der Rechtssuchenden vor einer unsachgemäßen Erledigung ihrer rechtlichen Angelegenheiten. Mit dieser Zielsetzung sei es nicht vereinbar, dem unbefugten Rechtsberater eine wirksame Vollmacht zu belassen, mit welcher er Rechtsgeschäfte zu Lasten des Geschützten abschließen kann.[816] Die gleichen Erwägungen gelten grundsätzlich auch für die Bevollmächtigung eines Vertreters zur Abnahme des Gemeinschaftseigentums. Die AGB-rechtliche Unwirksamkeit der Klausel dient dem Schutz der Erwerber vor dem Verlust ihres originären Rechts auf Abnahme und vor einer unsachgemäßen Abnahme durch einen befangenen Abnahmevertreter. Im Zuge der Anwendung dieser Rechtsgedanken sei auch die auf Grundlage einer unwirksamen Bevollmächtigungsvereinbarung erteilte Bevollmächtigung des Abnahmevertreters unwirksam.[817]

811 Ausführlich: *Scheffelt*, BauR 2014, 163 (170 ff.).

812 *Armbrüster*, in: MüKo-BGB, § 119, Rn. 101a.

813 *Pause/Vogel*, BauR 2014, 764(765); *Pause*, ZfIR 2014, 127 (131).

814 BGH, Urteil vom 11. Januar 2005 – XI ZR 272/03 –, NJW 2005, 1190 ff.; BGH, Urteil vom 11. Oktober 2001 – III ZR 182/00 –, NJW 2002, 66 f.; *Schilken*, in: Staudinger, BGB, § 167, Rn. 75a (m. w. N.).

815 S. o. 2. Kapitel § 3 C. IV. 1. c.

816 Vgl. BGH, Urteil vom 11. Oktober 2001 – III ZR 182/00 –, juris-Rn. 24, NJW 2002, 66 f. (noch zum RBerG).

817 Auch *Pause*, ZfIR 2014, 127 (131); a. A. *Scheffelt*, BauR 2014, 163 (169 ff.).

Auf der anderen Seite bestehen einige Unterschiede, die gegen eine Übertragung der Rechtsgedanken sprechen könnten.[818] Während der gegen das RDG verstoßende Geschäftsbesorgungsvertrag nach § 134 BGB nichtig ist, bewirkt die AGB-rechtliche Inhaltskontrolle lediglich eine Unwirksamkeit der Klausel. Die Wirksamkeit des Bauträgervertrags an sich bleibt gem. § 306 Abs. 1 BGB unberührt.

Dies führt jedoch nicht dazu, dass die Fallgestaltungen nicht vergleichbar sind. Die Schutzrichtung ist die gleiche. Im Rahmen der Abnahmevollmachten beruht die AGB-rechtliche Missbilligung sogar gerade auf der Bevollmächtigung. Die Bevollmächtigungsvereinbarung und die Bevollmächtigung des Abnahmevertreters benachteiligen die Erwerber gleichsam unangemessen. Sie stellen somit für die AGB-rechtliche Inhaltskontrolle eine Einheit dar, die dem beabsichtigten Schutz der Erwerber nicht gerecht wird. Zudem führte es zu zufälligen Ergebnissen, wenn Abnahmeklauseln mit direkter Bevollmächtigung des Abnahmevertreters anders behandelt würden, als Klauseln, die die Erwerber zur Bevollmächtigung des Abnahmevertreters verpflichten. Beide Klauseln bezwecken das Gleiche und haben den gleichen Unrechtsgehalt. Ist die Bevollmächtigungsvereinbarung unwirksam, muss daraus konsequenterweise auch die Unwirksamkeit einer darauf beruhenden Bevollmächtigung folgen. Nur so kann der Sinn und Zweck der Inhaltskontrolle den Erwerbern einen umfassenden Schutz vor unangemessenen Benachteiligungen zu bieten ausreichend gewährleistet werden.

Im Rahmen unwirksamer Abnahmeklauseln kann der Abnahmevertreter demnach nicht wirksam bevollmächtigt werden.

Dies gilt jedoch nur, wenn die Bevollmächtigung des Abnahmevertreters auf der unwirksamen Bevollmächtigungsvereinbarung beruht. Widersetzen sich die Erwerber, aus welchen Gründen auch immer, der (unwirksamen) Verpflichtung aus dem Bauträgervertrag und bevollmächtigen einen anderen, neutralen Vertreter, so ist diese Bevollmächtigung wirksam. Zwischen der Vereinbarung und der Vollmachtserteilung besteht kein Zusammenhang, sodass sich die Unwirksamkeit des einen nicht auf die Wirksamkeit des anderen auswirken kann.

II. Vertreter ohne Vertretungsmacht

Aufgrund der regelmäßig unwirksamen Bevollmächtigung des Abnahmevertreters handelt dieser grundsätzlich als Vertreter ohne Vertretungsmacht und die von ihm erklärte Abnahme ist schwebend unwirksam i. S. v. § 177 Abs. 1 BGB.[819]

1. Nachträgliche konkludente Genehmigung

Nach § 177 Abs. 1 BGB hängt die Wirksamkeit der Abnahme von der Genehmigung des Vertretenen ab. Die einzelnen Erwerber müssten demnach zur erfolgten förmlichen Abnahme durch den Abnahmevertreter nachträglich ihre Zustimmung erteilen

---

818 Ausführlich: *Scheffelt*, BauR 2014, 163 (170).
819 *Messerschmidt/Leidig*, BauR 2014, 1 (4); *Scheffelt*, BauR 2014, 163 (167).

(§ 184 Abs. 1 BGB). Bis zur Erteilung der Genehmigung ist die Abnahme unwirksam. Wird die Genehmigung hingegen erteilt, gilt diese gem. § 184 Abs. 1 BGB rückwirkend auf den Zeitpunkt der durch den Abnahmevertreter erklärten Abnahme. Für die Genehmigung des schwebend unwirksamen Vertretergeschäfts ist im Gesetz grundsätzlich keine Frist bestimmt, es kommt lediglich eine Verwirkung in Betracht.[820]

Eine ausdrückliche Genehmigung der Abnahme durch die Erwerber wird in der Regel nicht vorliegen, sodass lediglich eine konkludente Genehmigung in Betracht zu ziehen ist.[821] Eine Erklärung der Zustimmung durch schlüssiges Verhalten ist grundsätzlich möglich.[822]

Eine konkludente Genehmigung der schwebend unwirksamen Abnahme könnte zunächst in der teilweise jahrelangen rügelosen Nutzung des Gemeinschaftseigentums durch die Erwerber liegen.[823] Auch stillschweigende Willenserklärungen bedürfen jedoch grundsätzlich eines zumindest potenziellen Erklärungsbewusstseins.[824] Die einzelnen Erwerber gingen, wie der Bauträger, von der Wirksamkeit der Bevollmächtigung des Abnahmevertreters aus, sodass ihnen hinsichtlich der Genehmigung der Abnahme durch eine rügelose Nutzung des Gemeinschaftseigentums kein Erklärungsbewusstsein zugesprochen werden kann. Nach ständiger Rechtsprechung reicht es jedoch aus, wenn der Vertretene bei Anwendung pflichtgemäßer Sorgfalt hätte erkennen können, dass sein Verhalten als nachträgliche Zustimmung zur erfolgten Abnahme gewertet wird und der Bauträger dies auch tatsächlich so verstanden hat.[825] Den Erwerbern kann jedoch der Umstand, dass sie die Wirksamkeit der Bevollmächtigung nicht erkannt haben, nicht zur Last gelegt werden. Zudem ging auch der Bauträger von einer wirksamen Bevollmächtigung des Abnahmevertreters aus, sodass er das Verhalten der Erwerber nicht als Genehmigung einer schwebend unwirksamen Abnahme gewertet haben wird. Es liegt demnach auch kein potenzielles Erklärungsbewusstsein vor, sodass die Nutzung des Gemeinschaftseigentums durch die Erwerber grundsätzlich keine konkludente Genehmigung der Abnahme i. S. d. § 177 Abs. 1 BGB darstellt.[826]

2. *Rechtsscheinvollmacht*

Eine Wirksamkeit der vom Abnahmevertreter auf Grundlage der Regelungen im Bauträgervertrag erklärten Abnahme könnte jedoch möglicherweise über einen

---

820 *Schubert*, in: MüKo-BGB, § 177, Rn. 19.

821 *Scheffelt*, BauR 2014, 163 (175).

822 *Schäfer*, in: Bamberger/Roth, BGB, § 177, Rn. 21; *Schilken*, in Staudinger, BGB, § 177, Rn 11; *Gursky*, in: Staudinger, BGB, § 182, Rn. 9.

823 *Messerschmidt/Leidig*, BauR 2014, 1 (5), *Scheffelt*, BauR 2014, 163 (175).

824 BGH, Urteil vom 02. November 1989 – IX ZR 197/88 –, juris-Rn. 17, BGHZ 109, 171 ff.

825 Vgl. BGH, Urteil vom 02. November 1989 – IX ZR 197/88 –, juris-Rn. 17, BGHZ 109, 171 ff.; BGH, Urteil vom 07. Juni 1984 – IX ZR 66/83 –, juris-Rn. 22, BGHZ 91, 324 ff.

826 *Pause/Vogel*, BauR 2014, 764 (767); *Pioch*, JA 2015, 650 (652); *Scheffelt*, BauR 2014, 163 (175); *Werner*, NZBau 2014, 80 (82 f.); a. A. *Messerschmidt/Leidig*, BauR 2014, 1 (5).

Rechtsscheintatbestand der §§ 170 ff. BGB zu erreichen sein.[827] Über Rechtsscheinvollmachten wird das Vertrauen des Geschäftsgegners in das Bestehen einer Vollmacht positiv geschützt. Sie dienen demnach dem Schutz des rechtsgeschäftlichen Verkehrs.[828] Die Rechtsscheinvollmacht wirkt wie eine echte Vollmacht und stattet den Vertreter mit einer entsprechenden Vertretungsmacht aus.[829] Sowohl der Bauträger als auch die Erwerber gingen von der Wirksamkeit der Bevollmächtigung des Vertreters aus, sodass diese unter dem Gesichtspunkt des Vertrauensschutzes Anerkennung erlangen könnte.

Nach § 170 BGB bleibt eine Vollmacht, die durch Erklärung gegenüber einem Dritten erteilt wurde, diesem gegenüber so lange in Kraft, bis ihm das Erlöschen von dem Vollmachtgeber angezeigt wird. Dieser Tatbestand könnte grundsätzlich auf die in den Bauträgerverträgen erteilten Außenvollmachten angewendet werden. Im Rahmen der Abnahmeklauseln bevollmächtigten die Erwerber den Abnahmevertreter im Bauträgervertrag gegenüber dem Bauträger. Eine Erlöschensanzeige durch einen der Erwerber besteht regelmäßig nicht. § 170 BGB ist jedoch nur anwendbar, wenn die Außenvollmacht wirksam erteilt wurde.[830] Der Tatbestand schützt nicht den Glauben an das Bestehen der Vollmacht, sondern lediglich an deren Fortbestand. Die Bevollmächtigung des Abnahmevertreters im Bauträgervertrag ist gem. § 307 Abs. 1 Satz 1 BGB unwirksam, sodass eine wirksame Vollmacht nie bestand. Eine Anerkennung der Bevollmächtigung über den Rechtsscheintatbestand des § 170 BGB kommt daher nicht in Betracht.

Teilweise wird im Rahmen der Abnahmevertretung eine Rechtsscheinvollmacht über die Tatbestände der §§ 171 ff. BGB erwogen.[831] Nach § 171 BGB bleibt bei einer besonderen Mitteilung über die Bevollmächtigung eines Vertreters gegenüber einem Dritten die Vertretungsmacht so lange bestehen, bis die Kundgebung in derselben Weise wie sie erfolgt ist widerrufen wird. Grundsätzlich betrifft § 171 BGB die Mitteilung über eine bereits erfolgte Innenvollmacht. Es kann sich jedoch in Einzelfällen auch um eine Bevollmächtigung im Außenverhältnis handeln.[832] Zudem muss die Innenvollmacht der Kundgebung durch besondere Mitteilung nicht zwangsläufig vorangehen.[833] Als besondere Mitteilung der Bevollmächtigung gegenüber dem Bauträger käme die Klausel über die Abnahmevertretung im notariell beurkundeten Bauträgervertrag in Betracht.[834]

---

827 Auch *Basty*, Der Bauträgervertrag, Rn. 1029; *Scheffelt*, BauR 2014, 163 (176 ff.).
828 *Schubert*, in: MüKo-BGB, § 167, Rn. 89.
829 *Schubert*, in: MüKo-BGB, § 170, Rn. 14.
830 *Schäfer*, in: Bamberger/Roth, BGB, § 170, Rn. 3; *Schilken*, in: Staudinger, BGB, § 170, Rn. 2; *Schubert*, in: MüKo-BGB, § 170, Rn. 6 f.
831 Insbesondere: *Scheffelt*, BauR 2014, 163 (176 ff.); auch *Basty*, Der Bauträgervertrag, Rn. 1029.
832 *Schilken*, in: Staudinger, BGB, § 171, Rn. 7; *Schubert*, in: MüKo-BGB, § 171, Rn. 1 f.
833 *Schilken*, in: Staudinger, BGB, § 171, Rn. 7.
834 *Basty*, Der Bauträgervertrag, Rn. 1029; *Scheffelt*, BauR 2014, 163 (176).

Die Anwendbarkeit der §§ 171 ff. BGB besteht grundsätzlich im Gegensatz zu § 170 BGB auch bei unwirksamen und nichtigen Bevollmächtigungen.[835] Auch in diesem Fall könnte eine Parallele zwischen AGB-rechtswidrigen Abnahmeklauseln und den aufgrund eines Verstoßes gegen das RDG nichtigen Vollmachten gezogen werden. Die Nichtigkeit der Bevollmächtigung wegen eines Verstoßes gegen § 3 RDG (ehemals Art. 1 § 1 Abs. 1 RBerG) steht, nach der Rechtsprechung des BGH, der Anerkennung einer Rechtsscheinvollmacht nicht entgegen.[836] Dies sei insbesondere auch mit dem Zweck des Rechtsberatungsgesetzes vereinbar.[837] Aufgrund der Vergleichbarkeit der Schutzzwecke käme somit auch die Anerkennung AGB-widriger Abnahmebevollmächtigungen über die Grundsätze der Rechtsscheinvollmachten in Betracht.

Fraglich ist jedoch, ob sich der Bauträger auf den Rechtsschein der Vollmacht des Abnahmevertreters berufen kann. Die Wirkung des Rechtsscheins besteht grundsätzlich solange der Rechtsschein nicht zerstört und der Dritte gutgläubig ist.[838] Die Anerkennung der erfolgten Abnahme über die Grundsätze der Rechtsscheinvollmacht scheidet aus, wenn die Voraussetzungen des § 173 BGB vorliegen, ein Missbrauch der Vertretungsmacht besteht oder der Bauträger der Vertreter war.[839]

Der Rechtsscheintatbestand des § 171 Abs. 2 BGB gilt nur, wenn die besondere Mitteilung über die Vollmacht gegenüber einem Dritten erfolgt. Wird im Bauträgervertrag der Bauträger als Erstverwalter zur Abnahme des Gemeinschaftseigentums bevollmächtigt, liegt diese Voraussetzung nicht vor. Der Vertreter kann sich nicht auf den Rechtsschein der Kundgebung berufen.

Nach § 173 BGB findet u. a. die Vorschrift des § 171 BGB keine Anwendung, wenn der Dritte das Erlöschen der Vertretungsmacht bei Vornahme des Rechtsgeschäfts kennt oder kennen muss. Unabhängig vom Wortlaut der Norm gilt dies auch, wenn die Vollmacht nicht erloschen ist, sondern von Anfang an nie bestand.[840] Die Kenntnis bzw. das Kennenmüssen bezieht sich dabei nicht auf die Umstände, die die Unwirksamkeit der Vertretungsmacht begründen, sondern lediglich auf das Fehlen der Vertretungsmacht an sich.[841]

---

835 *Schubert*, in: MüKo-BGB, § 167, Rn. 139 ff.

836 BGH, Urteil vom 20. Juli 2012 – V ZR 217/11 –, Rn. 13, NJW 2012, 3424 ff.; BGH, Urteil vom 26. Februar 2008 – XI ZR 74/06 –, Rn. 28; NJW 2008. 1585 ff.; BGH, Urteil vom 25. April 2006 – XI ZR 29/05 –, Rn. 16, BGHZ 167, 223 ff.

837 BGH, Urteil vom 26. Februar 2008 – XI ZR 74/06 –, Rn. 28; NJW 2008. 1585 ff.

838 *Schubert*, in: MüKo-BGB, § 170, Rn. 1.

839 Vgl. BGH, Urteil vom 26. Februar 2008 – XI ZR 74/06 –, Rn. 29; NJW 2008, 1585 ff.; *Pause/Vogel*, BauR 2014, 764 (767).

840 *Schubert*, in: MüKo-BGB, § 173, Rn. 2.

841 Vgl. BGH, Urteil vom 26. Februar 2008 – XI ZR 74/06 –, Rn. 30; NJW 2008, 1585 ff.; BGH, Urteil vom 25. April 2006 – XI ZR 29/05 –, Rn. 28, BGHZ 167, 223 ff.; BGH, Urteil vom 09. November 2004 – XI ZR 315/03 –, juris-Rn. 26, NJW 2005, 668 ff.; BGH, Urteil vom 15. März 2005 – XI ZR 135/04 –, juris-Rn. 41, NJW 2005, 1576 ff.

Hinsichtlich der Klauseln, die in den letzten Jahren von der obergerichtlichen Rechtsprechung[842] für unwirksam erklärt wurden, scheidet eine Gutgläubigkeit des Bauträgers ab diesem Zeitpunkt hinsichtlich inhaltgleicher Klauseln grundsätzlich aus.[843]

Fraglich ist jedoch, wie mit Abnahmen umzugehen ist, die vor der diesbezüglichen Rechtsprechung erfolgten oder deren Inhalt von den entschiedenen Sachverhalten abweicht. Eine positive Kenntnis von der Unwirksamkeit der Bevollmächtigung auf Seiten des Bauträgers bestand regelmäßig nicht. Ein Kennenmüssen i. S. d. § 173 BGB setzt die fahrlässige Unkenntnis vom Nichtvorliegen der Vertretungsmacht voraus.[844] Im Rahmen der Anerkennung der wegen eines Verstoßes gegen das RDG nichtigen Vollmachten aufgrund Rechtsscheins wurde die Gutgläubigkeit des Bauträgers regelmäßig bejaht, weil bei der Vornahme der Rechtsgeschäfte keinerlei Bedenken gegen die Wirksamkeit der Vollmachten bestanden.[845] Insbesondere in der Rechtsprechung gab es keine Hinweise, die Zweifel in Bezug auf die Rechtsmäßigkeit der Geschäftsbesorgungsverträge und der damit im Zusammenhang stehenden Vollmachten aufkommen ließen.

Im Rahmen der Vertretungsmacht des Abnahmevertreters wird die diesbezügliche Gutgläubigkeit des Bauträgers in diesem Zusammenhang teilweise verneint, weil seit Jahrzehnten Zweifel an der Wirksamkeit von Abnahmeklauseln bestünden.[846] Bereits die Entscheidung des OLG Stuttgart im Jahr 1979[847] und das Urteil des BGH aus 1985[848] hätten die herausragende Bedeutung der werkvertraglichen Abnahme hervorgehoben und deutlich gemacht, dass Klauseln zu Abnahmevertretungen in Bauträgerverträgen einer strengen Inhaltskontrolle unterlägen. Spätestens seit der Entscheidung des OLG Koblenz vom 17. Oktober 2002[849] könne der Bauträger mit Blick auf Abnahmeklauseln nicht mehr gutgläubig sein.

Auf der anderen Seite kann ein Kennenmüssen i. S. d. § 173 BGB nicht schon bei den kleinsten Bedenken als gegeben betrachtet werden.[850] Die Anerkennung

---

842 Z. B. BGH, Urteil vom 30. Juni 2016 – VII ZR 188/13 –, NJW-RR 2016, 1143 ff.; BGH, Beschluss vom 12. September 2013 – VII ZR 308/12 –, NJW 2013, 3360 f.; OLG Brandenburg, Urteil vom 13. Juni 2013–12 U 162/12 –, BauR 2013, 1734; OLG Düsseldorf, Urteil vom 23. Oktober 2012 – I-23 U 112/11 –, BauR 2013, 470; OLG Karlsruhe, Urteil vom 27. September 2011–8 U 106/10 –, NJW 2012, 237 ff.

843 *Basty*, Der Bauträgervertrag, Rn. 1029.

844 *Schubert*, in: MüKo-BGB, § 173, Rn. 4.

845 BGH, Urteil vom 25. Februar 2008 – XI ZR 74/06 –, Rn. 30; NJW 2008. 1585 ff.; BGH, Urteil vom 25. April 2006 – XI ZR 29/05 –, Rn. 30, BGHZ 167, 223 ff.; BGH, Urteil vom 09. November 2004 – XI ZR 315/03 –, juris-Rn. 27, NJW 2005, 668 ff.

846 *Pause/Vogel*, BauR 2014, 764 (768).

847 OLG Stuttgart, Urteil vom 19. Dezember 1979–13 U 7/79 –, MDR 1980, 495.

848 BGH, Urteil vom 21. Februar 1985 – VII ZR 72/84 –, NJW 1985, 1551 f.

849 OLG Koblenz, Urteil vom 17. Oktober 2002–5 U 263/02 –, BauR 2003, 546 ff.; zur Widerruflichkeit der Bevollmächtigung eines Abnahmevertreters.

850 *Schilken*, in: Staudinger, BGB, § 173, Rn. 2; *Schubert*, in: MüKo-BGB, § 173, Rn. 4 f.; so ähnlich BGH, Urteil vom 25. April 2006 – XI ZR 29/05 –, Rn. 29, BGHZ 167, 223 ff.

von Rechtsscheinvollmachten dient dem Vertrauensschutz. Die Unkenntnis der fehlenden Vertretungsmacht muss demnach derart vorwerfbar sein, dass das Vertrauen nicht mehr schutzwürdig erscheint. Dies ist nur der Fall, wenn ausreichend Anlass für Zweifel bestand.

Vor diesem Hintergrund kann die Gutgläubigkeit des Bauträgers in Bezug auf die Wirksamkeit der Bevollmächtigung des Abnahmevertreters nicht verneint werden. Sowohl der Bauträger als auch die Erwerber gingen jahrelang von einer wirksamen Abnahme aus. Abnahmeklauseln, die die Bevollmächtigung eines Abnahmevertreters vorsahen, waren übliche Praxis und Bestandteil der gängigen Formularbücher. Zudem wurden die Bauträgerverträge mitsamt den Klauseln notariell beurkundet.[851] Auch war die obergerichtliche Rechtsprechung in diesem Zusammenhang lange nicht eindeutig.[852]

Bis zur obergerichtlichen Rechtsprechung, die eindeutige Kriterien für die Unwirksamkeit von Abnahmevollmachten in formularmäßigen Bauträgerverträgen erkennen ließ, war der Bauträger somit hinsichtlich der Wirksamkeit der Bevollmächtigung gutgläubig. Ein Anwendungsausschluss des Rechtsscheintatbestands aus § 171 Abs. 2 BGB nach § 173 BGB besteht in diesen Fällen nicht.

Eine Berufung auf den Rechtsschein der wirksamen Bevollmächtigung könnte jedoch aufgrund eines Verstoßes gegen Treu und Glauben i. S. v. § 242 BGB ausscheiden. Dafür spricht zum einen, dass der Bauträger als Verwender der AGB für die Unwirksamkeit verantwortlich ist. Zum anderen könnte die Anerkennung der Bevollmächtigung dem Schutzgedanken der AGB-rechtlichen Inhaltskontrolle widersprechen.

Dem Bauträger könnte es wegen seiner Eigenschaft als Verwender der unwirksamen Klausel und der darauf beruhenden Verantwortlichkeit für die Unwirksamkeit der Bevollmächtigung verwehrt sein, sich auf die Rechtsscheingrundsätze zu berufen. Der Vertrauensschutz der §§ 171 ff. BGB gilt jedoch grundsätzlich unabhängig davon, wie der Mangel der Vollmacht begründet wurde.[853] Für den Schutz des Geschäftsverkehrs sind die Gründe der Unwirksamkeit unerheblich. Die Schutzwürdigkeit des Vertrauens in die Wirksamkeit der Vollmacht wird über § 173 BGB gesichert. Der Bauträger kann sich demnach auch als Verwender der Klausel grundsätzlich auf den Rechtsschein der Bevollmächtigung berufen.[854]

---

851 Vgl. BGH, Urteil vom 25. April 2006 – XI ZR 29/05 –, Rn. 30, BGHZ 167, 223 ff. zur Relevanz dieser Argumente i. R. d. § 173 BGB.

852 Z. B. OLG Dresden, Urteil vom 08. Januar 2010–1 U 1371/09 –, IBR 3013, 82; OLG Nürnberg, Urteil vom 12. Dezember 2006–9 U 429/06 –, BauR 2009, 1634; in denen die zur Entscheidung gestellten Abnahmeklauseln für wirksam erachtet wurden.

853 BGH, Urteil vom 17. Juni 2005 – V ZR 78/04 –, juris-Rn. 13, NJW 2005, 2983 ff.; BGH, Urteil vom 25. März 2003 – XI ZR 227/02 –, juris-Rn. 19; NJW 2003, 2091 ff.

854 Das Gleiche gilt im Rahmen nichtiger Vollmachten aufgrund des RDG: *„[D]ie Bauträgerin [kann sich] unabhängig davon, dass sie die Initiatorin des Steuersparmodells war und die Einschaltung der Treuhänderin veranlasst hatte, auf den Gutglaubens-*

Etwas anderes gilt jedoch, wenn der Anerkennung der Bevollmächtigung aufgrund Rechtsscheins gesetzgeberische Wertungen entgegenstehen.[855] Im Rahmen der Vollmachten, die nach dem RDG nichtig sind, widerspricht eine Wirksamkeit der Vollmacht aufgrund Rechtsscheins nicht dem Sinn und Zweck des RDG.[856] Rechtssuchende sollen vor einer unsachgemäßen Rechtsberatung geschützt werden. Die Verbotsnorm betrifft aus diesem Grund den bevollmächtigten unbefugten Rechtsberater und die Nichtigkeit des Geschäftsbesorgungsvertrags erstreckt sich auch auf die Vollmacht. Der Geschäftsverkehr mit gutgläubigen Dritten soll jedoch grundsätzlich nicht verhindert werden.[857] Es besteht kein Anlass die Schutzwürdigkeit des gutgläubigen Dritten zu konterkarieren. Dies gilt insbesondere vor dem Hintergrund der Möglichkeit des Vertretenen den unbefugten Rechtberater in Anspruch zu nehmen.[858]

Diese Erwägungen sind jedoch auf unwirksame Klauseln zur Bevollmächtigung eines Abnahmevertreters in Bauträgerverträgen nicht anwendbar. Die unangemessene Benachteiligung der Erwerber ergibt sich insbesondere aus der Ausübung der Vollmacht durch den Abnahmevertreter gegenüber dem Bauträger auf Grundlage der Klausel.[859] Der Sinn und Zweck der AGB-rechtlichen Unwirksamkeit dient demnach gerade der Verhinderung einer wirksamen Abnahme durch den Abnahmevertreter und der Auslösung der darauf beruhenden Rechtsfolgen. Der Sinn und Zweck des Benachteiligungsverbots und die darin zum Ausdruck kommende gesetzgeberische Wertung stehen einer Anerkennung der Bevollmächtigung des Abnahmevertreters aufgrund Rechtsscheins entgegen.

Im Ergebnis ist eine auf Grundlage einer unwirksamen Klausel erfolgte Abnahme unwirksam. Die Erklärung des unwirksam bevollmächtigten Abnahmevertreters entfaltet für die einzelnen Erwerber keine Wirkung.

B. Konkludente Abnahme

Es besteht jedoch die Möglichkeit, dass die Abnahme des Gemeinschaftseigentums auf eine andere Art und Weise erfolgt ist. In Betracht kommt eine konkludente Abnahme durch schlüssiges Verhalten der Erwerber.[860] Die Erwerber haben regelmäßig

schutz nach §§ 171 f. BGB berufen", vgl. BGH, Urteil vom 26. Februar 2008 – XI ZR 74/06 –, Rn. 29, NJW 2008, 1585 ff.

855 Vgl. BGH, Urteil vom 25. März 2003 – XI ZR 227/02 –, juris-Rn. 19; NJW 2003, 2091 ff.

856 BGH, Urteil vom 26. Februar 2008 – XI ZR 74/06 –, Rn. 28, NJW 2008, 1585 ff.; BGH, Urteil vom 17. Juni 2005 – V ZR 78/04 –, juris-Rn. 13, NJW 2005, 2983 ff.; BGH, Urteil vom 08. Oktober 2004 – V ZR 18/04 –, juris-Rn. 23, NJW 2005, 820 ff.; BGH, Urteil vom 25. März 2003 – XI ZR 227/02 –, juris-Rn. 19; NJW 2003, 2091 ff.

857 BGH, Urteil vom 17. Juni 2005 – V ZR 78/04 –, juris-Rn. 13, NJW 2005, 2983 ff.; BGH, Urteil vom 08. Oktober 2004 – V ZR 18/04 –, juris-Rn. 23, NJW 2005, 820 ff.

858 BGH, Urteil vom 25. März 2003 – XI ZR 227/02 –, juris-Rn. 19; NJW 2003, 2091 ff.

859 *Pause/Vogel*, BauR 2014, 764 (765).

860 Vgl. 2. Kapitel § 4 B.

nach Einzug vorbehaltlos den Restkaufpreis gezahlt und auch das Gemeinschaftseigentum, teilweise jahrelang, genutzt.

Die Möglichkeit einer stillschweigenden Abnahme durch die Erwerber im Rahmen einer unwirksamen Abnahme durch einen Abnahmevertreter wird jedoch sowohl in der Rechtsprechung[861] als auch in der Literatur[862] seit langem bezweifelt. Die Erwerber gehen in der Regel von der Wirksamkeit der erfolgten Abnahme aus, sodass ihnen für eine konkludente Abnahme durch schlüssiges Verhalten das Erklärungsbewusstsein fehlt. Die Nutzung des Gemeinschaftseigentums könne demnach nicht als stillschweigende Billigung gesehen werden, da den Erwerbern nicht bewusst ist, dass überhaupt noch eine Billigung erforderlich ist.

Bei der werkvertraglichen Abnahme handelt es sich um eine geschäftsähnliche Handlung, auf die die Vorschriften über Willenserklärungen weitestgehend analog angewendet werden können.[863] Willenserklärungen bedürfen zur Wirksamkeit eines zumindest potenziellen Erklärungsbewusstseins.[864] Dies gilt auch für die werkvertragliche Abnahme.[865] Sowohl die Erwerber als auch der Bauträger gingen von einer wirksamen Abnahme aus, sodass weder die Erwerber bei Anwendung der im Verkehr erforderlichen Sorgfalt hätten erkennen können, dass ihr Verhalten als schlüssige Abnahme aufgefasst wird, noch der Bauträger aus diesem Verhalten auf eine Abnahme geschlossen hat.

Der BGH hat diese Ansicht mit seinem Urteil vom 12. Mai 2016[866] bestätigt. Eine konkludente Abnahme erfordere grundsätzlich ein Verhalten der Erwerber, welches ihren eindeutigen Abnahmewillen zum Ausdruck bringt. Dies sei von den Umständen des Einzelfalles abhängig.[867] Aufgrund der Annahme, dass die Abnahme be-

---

861 OLG Stuttgart, Urteil vom 31. März 2015–10 U 46/14 –, juris-Rn. 88, NJW-RR 2015, 1226 ff.; OLG Karlsruhe, Urteil vom 27. September 2011–8 U 106/10 –, juris-Rn. 88, NJW 2012, 237 ff.; OLG München, Beschluss vom 15. Dezember 2008–9 U 4149/08 –, juris-Rn. 2, BauR 2009,1444 f.; LG Hamburg, Urteil vom 11. März 2010–328 O 179/09 –, juris-Rn. 97, BauR 2010, 1953.

862 *Basty*, Der Bauträgervertrag, Rn. 994; *Pause*, ZfIR 2014, 127 (132); *Pause/Vogel*, BauR 2014, 764 (765 f.); *Sturmberg*, BauR 2010, 163 (166); *Vogel*, NZM 2010, 377 (380); *Werner*, NZBau 2014, 80 (82).

863 Vgl. 2. Kapitel § 1 E.

864 BGH, Urteil vom 07. Juni 1984 – IX ZR 66/83 –, juris-Rn. 22, BGHZ 91, 324 ff.

865 OLG Stuttgart, Urteil vom 31. März 2015–10 U 46/14 –, juris-Rn. 88, NJW-RR 2015, 1226 ff.; OLG Karlsruhe, Urteil vom 27. September 2011–8 U 106/10 –, juris-Rn. 88, NJW 2012, 237 ff.; OLG München, Beschluss vom 15. Dezember 2008–9 U 4149/08 –, juris-Rn. 2, BauR 2009,1444 f.; LG Hamburg, Urteil vom 11. März 2010–328 O 179/09 –, juris-Rn. 97, BauR 2010, 1953; *Pause*, ZfIR 2014, 127 (132); *Pause/Vogel*, BauR 2014, 764 (765 f.); *Sturmberg*, BauR 2010, 163 (166); *Werner*, NZBau 2014, 80 (82); so ähnlich *Ott*, ZWE 2013, 253 (257), der ein *„natürliches Erklärungsbewusstsein"* für erforderlich hält; kritisch: *Pauly*, ZWE 2011, 349 ff.; *Pauly*, ZfBR 2014, 523 (526); a. A. *Messerschmidt/Leidig*, BauR 2014, 1 (5).

866 BGH, Urteil vom 12. Mai 2016 – VII ZR 171/15 –, NJW 2016, 2878 ff.

867 BGH, Urteil vom 12. Mai 2016 – VII ZR 171/15 –, Rn. 52, NJW 2016, 2878 ff.

reits erfolgt sei, könne aus der Ingebrauchnahme und der anschließenden Nutzung des Gemeinschaftseigentums kein Abnahmewille geschlossen werden.[868] Auch der Bauträger würde das Verhalten nicht als Abnahme verstehen. Eine schlüssige Abnahme scheitere am Fehlen eines zumindest potenziellen Erklärungsbewusstseins.

Eine konkludente Abnahme des Gemeinschaftseigentums kommt demnach im Falle einer unwirksamen förmlichen Abnahme grundsätzlich nicht in Betracht. Etwas anderes kann nur gelten, wenn die Erwerber von der Unwirksamkeit der durch den Abnahmevertreter erfolgten Abnahme Kenntnis erlangen und das Gemeinschaftseigentum gleichwohl weiterhin vorbehaltlos nutzen.

C. Nachzügler

Die Frage nach einer wirksamen Abnahme stellt sich auch im Zusammenhang mit unwirksamen Klauseln in Bauträgerverträgen mit Nachzüglern, durch die eine einheitliche Verjährung mit den Gewährleistungsansprüchen der übrigen Erwerber zu erreichen versucht wurde.[869]

Dabei muss zunächst zwischen der Art der Klauseln unterschieden werden. Diejenigen Klauseln, durch die die Nachzügler an die bereits erfolgte Abnahme des Gemeinschaftseigentums durch die übrigen Erwerber gebunden werden sollten, sind wegen einer mittelbaren Verkürzung der Verjährungsfrist nach § 309 Nr. 8 lit. b ff BGB und eines Verstoßes gegen das Benachteiligungsverbot aus § 307 Abs. 1 Satz 1, Abs. 2 Nr. 1 BGB unwirksam. Da demnach keine wirksame Bindung an eine erfolgte Abnahme besteht und aufgrund des Glaubens an die Wirksamkeit der Bindung keine individuelle Abnahme des Gemeinschaftseigentums mit den Nachzüglern stattgefunden hat, liegt keine ausdrückliche Abnahme vor. „Eine geltungserhaltende Reduktion allein auf die Abnahme ist mangels Teilbarkeit der Klausel nicht möglich."[870] Für eine konkludente Abnahme gilt das Gleiche, wie für die unwirksame Bevollmächtigung eines Abnahmevertreters. Die Parteien gingen von einer wirksamen Bindung an die bereits erfolgte Abnahme aus, sodass es an einem nach der Rechtsprechung erforderlichen (potenziellen) Erklärungsbewusstsein fehlt.

Etwas anderes gilt, wenn die Klausel im Bauträgervertrag lediglich die gesetzliche Verjährung der Mängelansprüche gem. § 634a BGB nach einer erfolgten individuellen Abnahme des Gemeinschaftseigentums verkürzt. Auch diese Klausel ist nach § 309 Nr. 8 lit. b ff BGB unwirksam. Eine wirksame Abnahme ist jedoch erfolgt. Für die Rechte der Nachzügler wegen Mängeln am Gemeinschaftseigentum gilt nach § 306 Abs. 2 BGB die gesetzliche Verjährungsfrist aus § 634a Abs. 1 Nr. 2 BGB von fünf Jahren.

868 Vgl. BGH, Urteil vom 12. Mai 2016 – VII ZR 171/15 –, Rn. 56, NJW 2016, 2878 ff.
869 Vgl. 2. Kapitel § 5 C.
870 Vgl. BGH, Urteil vom 25. Februar 2016 – VII ZR 49/15 –, Rn. 37, BGHZ 209, 128 ff.

D. Beschluss der Wohnungseigentümergemeinschaft

Neben Klauseln in Bauträgerverträgen, die die Bevollmächtigung eines Abnahmevertreters vorsahen, gehörte es lange Zeit auch zur gängigen Praxis durch Bestimmungen in der Teilungserklärung nebst Gemeinschaftsordnung eine Abnahme des Gemeinschaftseigentums durch Beschluss der Wohnungseigentümergemeinschaft vorzusehen. Im Ergebnis besteht jedoch nach derzeitigem Recht und im Lichte der Rechtsprechung wohl weder eine geborene noch eine gekorene Wahrnehmungsbefugnis der Wohnungseigentümergemeinschaft zur Abnahme des Gemeinschaftseigentums.[871] Beschlüsse der Gemeinschaft, die die Abnahme des Gemeinschaftseigentums betreffen, sind vor diesem Hintergrund nicht nur anfechtbar, sondern nichtig.[872] Der Beschluss stellt keine werkvertragliche Abnahme i. S. d. § 640 BGB dar.

Gleichwohl kommt eine Abnahme des Gemeinschaftseigentums im Rahmen der Wohnungseigentümerversammlung durch die einzelnen Erwerber in Betracht. Der Beschlussfassung liegt nach § 25 WEG eine Abstimmung der Erwerber zugrunde. Die Zustimmung zur Abnahme des Gemeinschaftseigentums im Rahmen der Beschlussfassung beinhaltet dabei die werkvertragliche Abnahme i. S. d. § 640 BGB an sich. Durch die Zustimmung bringt der Erwerber zum Ausdruck, dass er das Gemeinschaftseigentum als im Wesentlichen vertragsgemäß billigt. Ein diesbezügliches Erklärungsbewusstsein kann ihm nicht abgesprochen werden, denn durch die Beschlussvorlage ist erkennbar, dass es bisher an einer werkvertraglichen Abnahme fehlt.

Im Rahmen der Beschlussfassung kann jeder Erwerber sein originäres Abnahmerecht ausüben und einzeln selber über die Abnahme entscheiden. So ist im Ergebnis zwar der Beschluss mangels Kompetenz nichtig, die Zustimmung zum Beschluss stellt jedoch die für die werkvertragliche Abnahme erforderliche Billigung des Werkes dar. Sind bei der Beschlussfassung alle Erwerber anwesend und ergeht der Beschluss einstimmig, wurde das Gemeinschaftseigentum vollständig abgenommen. Sind jedoch Wohnungseigentümer abwesend, enthalten sich ihrer Stimme oder lehnen den Beschluss ab, entfaltet die Zustimmung der übrigen Erwerber für sie keine Wirkung. Das Gemeinschaftseigentum wurde durch diese Erwerber im Rahmen der Beschlussfassung nicht abgenommen. Das Gleiche gilt für Nachzügler, die das Wohnungseigentum erst nach der Beschlussfassung erworben haben.[873]

§ 2 Folgen der fehlenden Abnahme

Im Ergebnis hat bei Verwendung unwirksamer Abnahmeklauseln in den Bauträgerverträgen und bei nichtigen Beschlüssen der Wohnungseigentümergemeinschaft

871 Vgl. 2. Kapitel § 2.

872 BGH, Urteil vom 12. Mai 2016 – VII ZR 171/15 –, Rn. 36, NJW 2016, 2878 ff.; BGH, Urteil vom 09. März 2012 – V ZR 161/11 –, Rn. 10 ff., NJW 2012, 1724 f.; BGH, Beschluss vom 22. Januar 2004 – V ZB 51/03 –, juris-Rn. 32, BGHZ 157, 322 ff.

873 So ähnlich OLG München, Urteil vom 06. Dezember 2016–28 U 2388/16 Bau –, juris-Rn. 124 f., BauR 2017, 1041 ff.

regelmäßig keine wirksame Abnahme des Gemeinschaftseigentums stattgefunden. Fraglich ist dann, welche Konsequenzen dieser Umstand für das jeweilige Vertragsverhältnis zwischen dem Bauträger und den Erwerbern sowie für die Verfolgung von Ansprüchen wegen etwaiger Mängel am Gemeinschaftseigentum hat.

A. Erfüllungsstadium

Die Folgen einer fehlenden werkvertraglichen Abnahme erscheinen auf den ersten Blick klar: Haben die Besteller das Werk nicht nach § 640 BGB abgenommen, befindet sich der Werkvertrag noch im Erfüllungsstadium.[874] Jeder Erwerber hat gegen den Bauträger einen Anspruch auf Herstellung des versprochenen Werkes aus § 631 Abs. 1 BGB. Die mit der Abnahme und dem Übergang ins Gewährleistungsstadium verbundenen Rechtsfolgen sind hingegen noch nicht eingetreten. Die Preis- und Leistungsgefahr sowie die Beweislast sind nicht auf die Besteller übergegangen und die Verjährung der Mängelansprüche hat nach § 634a Abs. 2 BGB nicht begonnen. Probleme ergeben sich jedoch, wenn im Laufe der Zeit Mängel am nicht abgenommenen Gemeinschaftseigentum auftreten. Ist der Anspruch auf Beseitigung des Mangels vom Erfüllungsanspruch aus § 631 Abs. 1 BGB gedeckt und in welchem Zeitraum verjähren diese Ansprüche? Oder können die Besteller die Mängelrechte aus § 634 BGB auch schon vor der Abnahme geltend machen?

Solange eine wirksame Abnahme nicht stattgefunden hat, haben die Besteller gegen den Unternehmer aus § 631 Abs. 1 BGB einen Anspruch auf Herstellung des versprochenen Werkes. Die Erwerber können im Falle einer nicht vertragsgemäßen Herstellung des Werkes eine angemessene Frist zur Leistung setzen und nach deren Ablauf vom Bauträgervertrag zurücktreten sowie bei Verschulden des Bauträgers Schadensersatz nach den §§ 281, 280 Abs. 1, 3 BGB beanspruchen.[875] Der Erfüllungsanspruch unterliegt im Gegensatz zu den Mängelansprüchen der regelmäßigen Verjährungsfrist von drei Jahren aus § 195 BGB.[876] Dabei beginnt die Verjährungsfrist nach § 199 Abs. 1 BGB mit dem Schluss des Jahres, in dem der Anspruch entstanden und fällig[877] geworden ist und der Gläubiger Kenntnis von den den Anspruch begründenden Umständen und der Person des Schuldners erlangt hat oder hätte erlangen müssen. Die nach § 199 Abs. 1 Nr. 2 BGB erforderliche Kenntnis liegt in der Regel bei den Erwerbern vor.[878] Die Fälligkeit ergibt sich aus einer Parteivereinbarung oder nach § 271 Abs. 1 BGB aus den Umständen des Einzelfalles.[879]

---

874 *Temming*, AcP 2015, 17 (31).
875 *Drossart*, in: Messerschmidt/Voit, Privates Baurecht, II. Teil, § 634 BGB, Rn. 2; *Folnović*, BauR 2008, 1360; *Pause*, ZfIR 2014, 127 (132).
876 *Ellenberger*, in Palandt, § 195, Rn 3; *Temming*, AcP 2015, 17 (32); *Werner*, NZBau 2014, 80 (83).
877 BGH, Urteil vom 08. Dezember 2009 – XI ZR 181/08 –, Rn. 28, NJW 2010, 1284 ff.
878 *Pause/Vogel*, BauR 2014, 764 (768).
879 BGH, Urteil vom 08. März 2001 – VII ZR 470/99 –, juris-Rn. 8, BauR 2001, 946 f.

Im Rahmen von Bauträgerverträgen wird überwiegend ein Fertigstellungszeitpunkt vereinbart, dessen Erreichen die Fälligkeit auslöst.[880]

Befindet sich der Vertrag aufgrund der unwirksamen Abnahme noch im Erfüllungsstadium, verjähren die Ansprüche der Erwerber auf mangelfreie Herstellung des Bauwerkes somit grundsätzlich am Schluss des dritten Jahres nach Fertigstellung. Das Gleiche gilt grundsätzlich auch für den sekundären Anspruch auf Schadensersatz statt der Leistung aus § 281 BGB. Ungeschriebenes Tatbestandsmerkmal des Anspruchs ist die Durchsetzbarkeit des Primäranspruchs.[881]

Vor dem Hintergrund der Unwirksamkeit der Abnahme, die die Erwerber nicht zu verantworten haben, und der zumindest fünfjährigen Verjährung nach § 634a Abs. Nr. 2 BGB im Falle einer wirksamen Abnahme, erscheint dieses Ergebnis zumindest fragwürdig. Die Erwerber stünden im Rahmen einer unwirksamen Abnahme hinsichtlich der Durchsetzbarkeit ihrer Ansprüche schlechter da, als bei Wirksamkeit der Abnahme.

B. Gewährleistungsstadium

Der BGH musste sich in der jüngsten Vergangenheit mehrmals im Zusammenhang mit unwirksamen Abnahmeklauseln mit den Folgen einer fehlenden wirksamen Abnahme des Gemeinschaftseigentums beschäftigen.[882] In den diesen Entscheidungen zugrunde liegenden Sachverhalten begehrten die Erwerber regelmäßig vom Bauträger die Beseitigung bzw. einen Vorschuss zur Beseitigung eines Mangels am Gemeinschaftseigentum. Seit der erfolgten unwirksamen förmlichen Abnahme waren mehr als fünf Jahre vergangen, sodass die Mängelrechte bei Wirksamkeit der Abnahme gem. § 634a Abs. 1 Nr. 2 BGB verjährt gewesen wären. Das Gleiche müsste grundsätzlich für den Erfüllungsanspruch aus § 631 Abs. 1 BGB gelten, der gem. § 195 BGB bereits nach drei Jahren verjährt.

Nachdem vom BGH festgestellt wurde, dass eine wirksame Abnahme des Gemeinschaftseigentums nicht stattgefunden hat, stellte sich die Frage, ob den Erwerbern die Rechte aus § 634 BGB überhaupt und auch noch nach mehr als fünf Jahren zustehen.

---

880 *Pause*, ZfIR 2014, 127 (133); *Pioch*, JA 2015, 650 (652).

881 BGH, Urteil vom 16. März 1988 – VIII ZR 184/87 –, BGHZ 104, 6 ff.; *Dauner-Lieb*, in: Dauner-Lieb/Langen, BGB Schuldrecht, § 281 BGB, Rn. 13; *Ernst*, in: MüKo-BGB, § 281, Rn. 20, § 323, Rn. 48; *Temming*, AcP 2015, 17 (32 f.), der allerdings dafür ist, dass der Erwerber nicht das Risiko der Undurchsetzbarkeit tragen darf. Die Verjährung beruhe auf der unwirksamen Abnahmeklausel und nicht darauf, dass der Erwerber die Verjährungsfrist einfach hat verstreichen lassen; a. A. *Pause/Vogel*, BauR 2014, 764 (768 f.); *Vogel*, BauR 2011, 313 (323); die wegen der bestehenden Besonderheiten im Bauträgervertragsrecht für einen sog. mangelbedingten Erfüllungsanspruch aus § 281 BGB plädieren, wobei die Verjährungsfrist frühestens mit Kenntnis des Mangels am Gemeinschaftseigentum beginnt.

882 BGH, Urteil vom 30. Juni 2016 – VII ZR 188/13 –, NJW-RR 2016, 1143 ff.; BGH, Urteil vom 12. Mai 2016 – VII ZR 171/15 –, NJW 2016, 2878 ff.; BGH, Urteil vom 25. Februar 2016 – VII ZR 49/15 –, BGHZ 209, 128 ff.

I. Rechtsprechung des BGH

Der BGH hat jedoch in seinen Entscheidungen ausdrücklich offengelassen, ob die Erfüllungsansprüche der Erwerber verjährt und ob in diesem Fall Mängelansprüche vor der Abnahme anwendbar sind.[883] Dem Bauträger sei es als Verwender der unwirksamen Abnahmeklausel „jedenfalls nach Treu und Glauben (§ 242 BGB) verwehrt, sich darauf zu berufen, dass der Vertrag sich mangels Abnahme des Gemeinschaftseigentums insoweit noch im Erfüllungsstadium befinde"[884]. Dies folge zum einen daraus, dass die AGB-rechtliche Inhaltskontrolle allein dem Schutz der anderen Vertragspartei diene und der Verwender aus der Unwirksamkeit der von ihm eingebrachten Klausel keine Vorteile erhalten dürfe. Zum anderen habe der Bauträger durch die Klausel den Eindruck erweckt, dass der Bauträgervertrag vom Erfüllungsstadium in das Gewährleistungsstadium übergegangen sei. Daran müsse der Bauträger sich als Verwender der Klausel nach § 242 BGB festhalten lassen.[885]

Dies führe im Ergebnis dazu, dass der Bauträger trotz des Fehlens einer wirksamen Abnahme den Rechten der Erwerber wegen Mängeln am Gemeinschaftseigentum aus § 634 BGB ausgesetzt sei. Eine Verjährung der Gewährleistungsansprüche bestehe nicht, da diese gem. § 634a Abs. 2 BGB erst mit der Abnahme beginne und eine solche noch nicht stattgefunden habe.[886]

Nach der Rechtsprechung des BGH stehen den Erwerbern somit im Rahmen der Verwendung unwirksamer Abnahmeklauseln im Falle der Mangelhaftigkeit des Gemeinschaftseigentums uneingeschränkt die Mängelrechte des § 634 BGB zur Verfügung. Eine Verjährung dieser Ansprüche kann erst beginnen, wenn eine wirksame Abnahme des Gemeinschaftseigentums nachgeholt wird. Ab diesem Zeitpunkt haftet der Bauträger nach § 634a Abs. 1 Nr. 2 BGB für weitere fünf Jahre. Ohne eine wirksame Abnahme sei ein Ausschluss der Ansprüche wegen Zeitablaufs grundsätzlich nur über das Instrument der Verwirkung möglich.[887]

II. Kritik

Die diesbezügliche Rechtsprechung des BGH kann jedoch in mehrfacher Hinsicht bezweifelt werden:

---

883 BGH, Urteil vom 25. Februar 2016 – VII ZR 49/15 –, Rn. 41, BGHZ 209, 128 ff.

884 Vgl. BGH, Urteil vom 25. Februar 2016 – VII ZR 49/15 –, Rn. 41, BGHZ 209, 128 ff.; so ähnlich BGH, Urteil vom 30. Juni 2016 – VII ZR 188/13 –, Rn. 24, NJW-RR 2016, 1143 ff.; BGH, Urteil vom 12. Mai 2016 – VII ZR 171/15 –, Rn. 57, NJW 2017, 2878 ff.

885 BGH, Urteil vom 30. Juni 2016 – VII ZR 188/13 –, Rn. 25 f., NJW-RR 2016, 1143 ff.; BGH, Urteil vom 12. Mai 2016 – VII ZR 171/15 –, Rn. 58 f., NJW 2017, 2878 ff.; BGH, Urteil vom 25. Februar 2016 – VII ZR 49/15 –, Rn. 42 f., BGHZ 209, 128 ff.

886 BGH, Urteil vom 30. Juni 2016 – VII ZR 188/13 –, Rn. 29, NJW-RR 2016, 1143 ff.; BGH, Urteil vom 12. Mai 2016 – VII ZR 171/15 –, Rn. 61, NJW 2017, 2878 ff.; BGH, Urteil vom 25. Februar 2016 – VII ZR 49/15 –, BGHZ 209, Rn. 49, 128 ff.; auch schon in: BGH, Urteil vom 08. Juli 2010 – VII ZR 171/08 –, NJW 2010, 3573 ff.

887 BGH, Urteil vom 08. Juli 2010 – VII ZR 171/08 –, Rn. 27, NJW 2010, 3573 ff.

Zunächst erscheint der Rückgriff auf die Generalklausel des § 242 BGB insgesamt fragwürdig. Der BGH begründet die Ansprüche der Erwerber mit dem Grundsatz von Treu und Glauben ohne vorher zu prüfen, ob dies überhaupt notwendig gewesen wäre. Im Falle der Möglichkeit, Mängelrechte bereits vor der werkvertraglichen Abnahme geltend machen zu können, wäre der Rückgriff auf die Generalklausel u. U. entbehrlich gewesen. Im Grundsatz dient die Vorschrift des § 242 BGB in der Rechtsprechung der Lückenfüllung bzw. der Korrektur des vorhandenen Rechts.[888] Ergeben sich bei Anwendung der übrigen Rechtsnormen ungerechte oder unzureichende Ergebnisse, bietet sich über die Anwendung des Grundsatzes von Treu und Glauben die Möglichkeit einer Behebung des Missverhältnisses.[889] Im Wege der richterlichen Rechtsfortbildung entstehen dann billige und interessengerechte Lösungen.

Hinsichtlich des Sinn und Zwecks der Generalklausel hätte der BGH zunächst prüfen müssen, ob die Anwendung der vorhandenen Rechtsnormen überhaupt zu ungerechten Ergebnissen führen würde und eine Korrektur über den Rückgriff auf den Grundsatz von Treu und Glauben geboten erscheint.

Eine Beantwortung der Frage, ob Mängelrechte auch vor der werkvertraglichen Abnahme geltend gemacht werden können, wäre zudem vor dem Hintergrund der Rechtssicherheit wünschenswert gewesen, zumal gerade die Klärung dieser grundsätzlichen Frage die Vorinstanz zur Zulassung der Revision bewogen hat.[890]

1. Mängelrechte vor Abnahme

Vor diesem Hintergrund stellt sich die Frage, ob die Erwerber bei Mangelhaftigkeit des Gemeinschaftseigentums die Mängelrechte des § 634 BGB auch dann geltend machen können, wenn sie das Werk (noch) nicht wirksam nach § 640 BGB abgenommen haben. Andernfalls verbliebe den Erwerbern lediglich der Rückgriff auf das allgemeine Leistungsstörungsrecht der §§ 280 ff. BGB.

a. Grundsatz

Vor der Schuldrechtsmodernisierung konnte der Besteller nach ständiger Rechtsprechung des BGH[891] die werkvertraglichen Mängelrechte auch schon vor der Abnahme geltend machen. Dies ergab sich in erster Linie aus § 634 Abs. 1 Satz 2 BGB a. F., der für den Fall, dass sich schon vor der Ablieferung des Werkes ein Mangel zeigt, vorsah, dass der Besteller dem Unternehmer sofort eine Frist zur Beseitigung des Mangels setzen kann. Die Mängelrechte bestanden vor der Abnahme neben dem

---

888 Vgl. *Schubert*, in: MüKo-BGB, § 242, Rn. 24.

889 *Krebs*, in: Dauner-Lieb/Langen, BGB Schuldrecht, § 242 BGB, Rn. 1.

890 OLG Stuttgart, Urteil vom 25. Februar 2015–4 U 114/14 –, juris-Rn. 178, juris.

891 BGH, Urteil vom 08. Juli 2010 – VII ZR 171/08 –, Rn. 11, NJW 2010, 3573 ff.; BGH, Urteil vom 30. September 1999 – VII ZR 162/97 –, juris-Rn. 10, NJW 2000, 133 f.; BGH, Urteil vom 17. Februar 1999 – X ZR 8/96 –, juris-Rn. 14, NJW 1999, 2046 ff.; BGH, Urteil vom 26. September 1996 – X ZR 33/94 –, juris-Rn. 12, NJW 1997, 50 f.

allgemeinen Leistungsstörungsrecht.[892] Die Verjährung der werkvertraglichen Gewährleistungsansprüche richtete sich, nach der jüngsten Rechtsprechung des BGH, nach § 638 Abs. 1 BGB a. F. und begann erst zu laufen, wenn die Abnahme erfolgte oder endgültig verweigert wurde.[893] Im Rahmen der alten Rechtslage hätten die Erwerber bei Mangelhaftigkeit des Gemeinschaftseigentums ihre Mängelrechte trotz der AGB-rechtlich unwirksamen Abnahme geltend machen können. Die fünfjährige Verjährung dieser Ansprüche hätte erst begonnen, wenn die einzelnen Erwerber wirksam die Abnahme des Gemeinschaftseigentums erklärt hätten.

Seit der Modernisierung des Schuldrechts im Jahr 2002 muss die Frage, ob Mängelrechte auch schon vor der Abnahme geltend gemacht werden können, jedoch neu beantwortet werden. Auslöser ist, dass seit dem 1. Januar 2002 eine dem § 634 Abs. 1 Satz 2 BGB a. F. vergleichbare Regelung nicht mehr existiert. Ob der Gesetzgeber das alte Prinzip auch nach der Schuldrechtsmodernisierung beibehalten oder davon abweichen wollte, beantwortete er im Rahmen des Gesetzgebungsverfahrens nicht.[894] Auch brachte die Reform des Bauvertragsrechts nicht die erwünschte Klärung.[895]

Fraglich ist somit, ob nach geltendem Recht der Besteller bei Mangelhaftigkeit des Werkes die Rechte des § 634 BGB geltend machen kann, bevor er die Abnahme des Werkes erklärt hat. Diese Frage wird seit mehr als einem Jahrzehnt kontrovers diskutiert[896] und blieb lange höchstrichterlich ausdrücklich unbeantwortet.[897]

Teilweise wird vertreten, dass die Geltendmachung von werkvertraglichen Mängelrechten vor der Abnahme, wie vor der Schuldrechtsmodernisierung, grundsätzlich möglich ist.[898] Nach dem Wortlaut des § 634 BGB sei nicht die Abnahme

---

892 BGH, Urteil vom 08. Juli 2010 – VII ZR 171/08 –, Rn. 11, NJW 2010, 3573 ff.; BGH, Urteil vom 26. September 1996 – X ZR 33/94 –, juris-Rn. 12, NJW 1997, 50 f.

893 Grundlegend: BGH Urteil vom 08. Juli 2010 – VII ZR 171/08 –, NJW 2010, 3573 ff.; bestätigt durch: BGH, Beschluss vom 19. Mai 2011 – VII ZR 94/09 –, NJW-Spezial 2011, 557; BGH, Urteil vom 10. Februar 2011 – VII ZR 8/10 –, Rn. 48, NJW 2011, 1442 ff. und BGH, Urteil vom 24. Februar 2011 – VII ZR 61/10 –, Rn. 17, NJW 2011. 1224 ff. (für § 634 a BGB n. f.); in Abänderung der früheren Rechtsprechung: BGH, Urteil vom 30. September 1999 – VII ZR 162/97 –, NJW 2000, 133 f., in welchem die dreißigjährige Regelverjährung des § 195 BGB a. F. für maßgeblich erachtet wurde.

894 *Acker/Roskosny*, BauR 2003, 1279 (1286); *Folnović*, BauR 2008, 1360 (1364); *Joussen*, BauR 2009, 319 (320); *Vorwerk*, BauR 2003, 1 (10).

895 *Deutscher Baugerichtstag e. V.*, Stellungnahme zum Referentenentwurf, S. 6.

896 *Joussen*, BauR 2009, 319 ff.; *Koeble*, BauR 2012, 1153 (1157); *Messerschmidt/Leidig*, BauR 2014, 1 (3); *Retzlaff*, BauR 2016, 733 (742 ff.); *Vorwerk*, BauR 2003, 1 (8 ff.); *Werner*, NZBau 2014, 80 (83).

897 BGH, Urteil vom 25. Februar 2016 – VII ZR 49/15 –, Rn. 41, BGHZ 209, 128 ff.; BGH, Versäumnisurteil vom 06. Juni 2013 – VII ZR 355/12 –, Rn. 16, NJW 2013, 3022 ff.; BGH, Urteil vom 24. Februar 2011 – VII ZR 61/10 –, Rn. 17, NJW 2011, 1224 ff.; BGH, Urteil vom 08. Juli 2010 – VII ZR 171/08 –, Rn. 28, NJW 2010, 3573 ff.

898 OLG Stuttgart, Urteil vom 25. Februar 2015–4 U 114/14 –, juris-Rn. 95 f., juris; OLG Brandenburg, Urteil vom 24. Februar 2011–12 U 129/10 –, juris-Rn. 8, NJW-RR 2011,

Voraussetzung für die Geltendmachung der Rechte, sondern lediglich die mangelhafte Herstellung des Werkes.[899] Der Gesetzgeber habe zudem keine Anhaltspunkte dafür geliefert, dass er im Rahmen der Schuldrechtsmodernisierung von dem bisherigen Prinzip abrücken wollte, zumal die Interessenlage der Besteller weiterhin für die Geltendmachung von Mängelrechten vor der Abnahme spreche.[900] Insbesondere im Baurecht hätten die Erwerber ein Interesse daran, bei Kenntnis eines Mangels möglichst früh eingreifen zu können. Nur so könnten weitergehende Schäden und zeitliche Verzögerungen vermieden werden. Aus diesem Grund sei es interessengerecht, den Bestellern die über die Reichweite des allgemeinen Leistungsstörungsrechts hinausgehenden Mängelrechte auch schon vor der Abnahme zuzugestehen. Diese Interessenlage belege auch die Existenz der Vorschrift des § 4 Abs. 7 VOB/B, durch die den Bestellern ausdrücklich Rechte zugebilligt werden, sofern sich das Werk schon während der Ausführung als mangelhaft erweist.[901] Im Ergebnis müsse der Unternehmer das Werk so herstellen, dass es zu jeder Zeit mangelfrei ist.[902]

Überwiegend wird jedoch sowohl in der Literatur als auch von der Rechtsprechung angenommen, dass die Mängelrechte des § 634 BGB den Bestellern grundsätzlich erst ab der Abnahme zustehen.[903] Die werkvertragliche Abnahme stelle im modernisierten Schuldrecht die Zäsur zwischen dem allgemeinen Leistungsstörungsrecht der §§ 280 ff. BGB und den Mängelrechten des § 634 BGB dar. Sie ist demnach Voraussetzung für das Entstehen[904] der Ansprüche bzw. die Ausübung

603 ff.; *Acker/Roskosny*, BauR 2003, 1279 (1286); *Busche*, in MüKo-BGB, § 634, Rn. 3; *Ott*, NZM 2016, 576 (578); *Vorwerk*, BauR 2003, 1 (10); *Weise*, NJW-Spezial 2008, 76.

899 OLG Brandenburg, Urteil vom 24. Februar 2011–12 U 129/10 –, juris-Rn. 8, NJW-RR 2011, 603 ff.; *Busche*, in MüKo-BGB, § 634, Rn. 3; *Ott*, NZM 2016, 576 (578); *Weise*, NJW-Spezial 2008, 76.

900 OLG Stuttgart, Urteil vom 25. Februar 2015–4 U 114/14 –, juris-Rn. 95 f., juris; *Acker/Roskosny*, BauR 2003, 1279 (1286); *Weise*, NJW-Spezial 2008, 76.

901 *Folnović*, BauR 2008, 1360; *Schwenker*, NJW 2017, 1579 (1581); zur Interessenlage auch *Voit*, BauR 2011, 1063.

902 *Vorwerk*, BauR 2003, 1 (11); mit Verweis auf § 632a BGB, wonach Abschlagszahlungen nur für vertragsmäßig erbrachte Teilleistungen verlangt werden können.

903 OLG Schleswig, Urteil vom 16. Juli 2015–7 U 124/14 –, juris-Rn. 41, NJW-Spezial 2015, 685; OLG Düsseldorf, Urteil vom 18. Februar 2015 – I-21 U 220/13 –, juris-Rn. 98, BauR 2016, 105 ff.; OLG Hamburg, Urteil vom 16. August 2013–9 U 41/11 –, juris-Rn. 19, BauR 2014, 740; OLG Köln, Beschluss vom 12. November 2012 – I-11 U 146/12 –, NJW 2013, 1104 (1105); OLG Koblenz, Urteil vom 18. Oktober 2007–5 U 521/07 –, juris-Rn. 15, ZfBR 2008, 48; *Drossart*, in: Messerschmidt/Voit, Privates Baurecht, II. Teil, § 634 BGB, Rn. 3; *Joussen*, BauR 2009, 319 (323 ff.); *Peters/Jacoby*, in: Staudinger, BGB, § 634, Rn. 11; *Retzlaff*, BauR 2016, 733; *Voit*, in: Bamberger/Roth, BGB, § 634, Rn. 2; *Voit*, BauR 2011, 1063 (1072); *Werner*, NZBau 2014, 80 (83)

904 A. A. *Peters/Jacoby*, in: Staudinger, BGB, § 634, Rn. 11, nach denen die Abnahme die Fälligkeit der Mängelrechte auslöst.

der Rechte. Dieser Ansicht hat sich der BGH mit den Urteilen vom 19. Januar 2017 angeschlossen.[905]

Dem ist zuzustimmen. Dass der Gesetzgeber die Problematik im Gesetzgebungsverfahren nicht behandelt hat, lässt weder den Schluss in die eine noch in die andere Richtung zu.[906] Im Ergebnis besteht jedoch keine Rechtsgrundlage, die dem Besteller Mängelrechte vor der Abnahme gewährt. Zwar wird in § 634 BGB die Abnahme nicht ausdrücklich als Voraussetzung der Mängelreche benannt, dies ergibt sich jedoch aus der Systematik und der Bedeutung der Abnahme. Die Abnahme ist Dreh- und Angelpunkt im Werkvertragsrecht und stellt den Übergang in das Gewährleistungsstadium dar.[907] Bis zur Abnahme befindet sich der Vertrag im Erfüllungsstadium und es besteht in logischer Konsequenz nur ein Anspruch auf Erfüllung.[908] Dafür spricht insbesondere auch § 634a Abs. 2 BGB, nach dem für den Verjährungsbeginn der Mängelansprüche die Abnahme maßgeblich ist.[909] Eine Regelung zur Verjährung von Mängelansprüchen vor der Abnahme existiert nicht.[910]

Auch stünden Mängelrechte der Erwerber vor der Abnahme der Grundkonzeption des Werkvertrags entgegen. Im Vordergrund steht hierbei die Erreichung des vertraglich vereinbarten Erfolgs. Dieser liegt in der Verschaffung des mangelfreien Werkes. Der Unternehmer schuldet den Erfolg zum vereinbarten Zeitpunkt. Es handelt sich demnach, ähnlich wie beim Kaufvertrag und im Gegensatz zu einem Dauerschuldverhältnis, um einen „punktuellen Leistungsaustausch"[911]. Bis dahin ist der Unternehmer im Grundsatz vorleistungspflichtig und trägt die Preis- und Leistungsgefahr.

Dies bedeutet zum einen, dass der Besteller das Werk erst dann auf etwaige Mängel überprüfen kann, wenn der Unternehmer es ihm zur Erfüllung seiner vertraglichen Pflichten verschafft. Den maßgeblichen Zeitpunkt für die Mangelfreiheit stellt die Abnahme da.[912] Bis dahin steht es dem Unternehmer grundsätzlich frei,

---

905 BGH, Urteil vom 19. Januar 2017 – VII ZR 235/15 –, NZBau 2017, 211 ff.; BGH, Urteil vom 19. Januar 2017 – VII ZR 193/15 –, MDR 2017, 390 ff.; BGH, Urteil vom 19. Januar 2017 – VII ZR 301/13 –, BauR 2017, 875 ff.

906 So ähnlich *Joussen*, BauR 2009, 319 (320).

907 Vgl. 1. Kapitel § 3 A.

908 So auch BGH, Urteil vom 19. Januar 2017 – VII ZR 235/15 –, Rn. 36 f., NZBau 2017, 211 ff.; BGH, Urteil vom 19. Januar 2017 – VII ZR 193/15 –, Rn. 29 f., MDR 2017, 390 ff.; BGH, Urteil vom 19. Januar 2017 – VII ZR 301/13 –, Rn. 35 f., BauR 2017, 875 ff.; *Drossart*, in: Messerschmidt/Voit, Privates Baurecht, II. Teil, § 634 BGB, Rn. 3.

909 BGH, Urteil vom 19. Januar 2017 – VII ZR 235/15 –, Rn. 36, NZBau 2017, 211 ff.; BGH, Urteil vom 19. Januar 2017 – VII ZR 193/15 –, Rn. 29, MDR 2017, 390 ff.; BGH, Urteil vom 19. Januar 2017 – VII ZR 301/13 –, Rn. 35, BauR 2017, 875 ff.

910 *Retzlaff*, BauR 2016, 733; *Voit*, BauR 2011, 1063 (1071); *Weise*, NJW-Spezial 2008, 76.

911 Vgl. *Voit*, BauR 2011, 1063 (1065).

912 So auch BGH, Urteil vom 19. Januar 2017 – VII ZR 235/15 –, Rn. 33, NZBau 2017, 211 ff.; BGH, Urteil vom 19. Januar 2017 – VII ZR 193/15 –, Rn. 26, MDR 2017, 390 ff.; BGH, Urteil vom 19. Januar 2017 – VII ZR 301/13 –, Rn. 32, BauR 2017, 875 ff.

auszubessern oder sogar neu anzufangen.[913] Vor der Abnahme liegt nicht eine mangelhafte Erfüllung der Herstellungsverpflichtung, sondern noch gar keine Erfüllung vor.[914] Zum anderen widerspräche es der punktuellen Erfolgsbezogenheit, könne der Besteller sich bereits vor der Abnahme in die Herstellung des Werkes einmischen.[915]

Auch die Grundkonzeption der werkvertraglichen Mängelrechte steht einer Geltendmachung vor Abnahme entgegen. Primär kann der Besteller bei Mangelhaftigkeit des Werkes gem. §§ 634 Nr. 1, 635 BGB vom Unternehmer Nacherfüllung verlangen. Die anderen Mängelrechte sind grundsätzlich nur nach Ablauf einer angemessenen Frist zur Nacherfüllung möglich. Der Unternehmer hat ein Recht zur zweiten Andienung; er soll eine weitere Möglichkeit erhalten, seine vertragliche Verpflichtung zu erfüllen.[916] Handelt es sich somit zwar beim Nacherfüllungsanspruch um einen sog. modifizierten Erfüllungsanspruch, so ist doch zwischen der Erfüllung und der Nacherfüllung zu unterscheiden.[917] Eine Nacherfüllung setzt eine vorherige Erfüllung voraus. Bestünden die Mängelrechte hingegen bereits vor der Abnahme, verlöre der Unternehmer sein Recht zur zweiten Andienung, weil es eine erste Andienung nie gab.[918]

Auch vor dem Hintergrund der Interessenlage des Bestellers sind Mängelrechte vor der Abnahme grundsätzlich nicht notwendig.[919] Im Rahmen des allgemeinen Leistungsstörungsrechts hat der Besteller auch in der Erfüllungsphase einen Anspruch auf mangelfreie Herstellung des Werkes und kann u. U. bei einer nicht vertragsgemäßen Leistung vom Werkvertrag zurücktreten oder Schadensersatz beanspruchen. Ausschlaggebend wäre in diesem Zusammenhang grundsätzlich nur das Selbstvornahmerecht des Bestellers aus § 637 BGB.[920] Gerade dieses widerspräche jedoch der Konzeption des Werkvertragsrechts, welches eine punktuelle Verschaffungspflicht und eine bis dahin bestehende alleinige Verantwortlichkeit[921] des Unternehmers vorsieht.

---

913 *Joussen*, BauR 2009, 319 (323 f.); *Voit*, in: Bamberger/Roth, BGB, § 634, Rn. 6.; *Voit*, BauR 2011, 1063 (1065).

914 *Voit*, BauR 2011, 1063 (1071).

915 OLG Köln, Beschluss vom 12. November 2012 – I-11 U 146/12 –, NJW 2013, 1104 (1105); *Joussen*, BauR 2009, 319 (323); *Voit*, in: Bamberger/Roth, BGB, § 634, Rn. 3.

916 *Busche*, in: MüKo-BGB, § 635, Rn. 2.

917 BGH, Urteil vom 19. Januar 2017 – VII ZR 235/15 –, Rn. 35, NZBau 2017, 211 ff.; BGH, Urteil vom 19. Januar 2017 – VII ZR 193/15 –, Rn. 28, MDR 2017, 390 ff.; BGH, Urteil vom 19. Januar 2017 – VII ZR 301/13 –, Rn. 34, BauR 2017, 875 ff.; *Joussen*, BauR 2009, 319 (324); a. A. *Vorwerk*, BauR 2003, 1 (9).

918 So ähnlich auch BGH, Urteil vom 19. Januar 2017 – VII ZR 235/15 –, Rn. 34, NZBau 2017, 211 ff.; BGH, Urteil vom 19. Januar 2017 – VII ZR 193/15 –, Rn. 27, MDR 2017, 390 ff.; BGH, Urteil vom 19. Januar 2017 – VII ZR 301/13 –, Rn. 33, BauR 2017, 875 ff.

919 So auch BGH, Urteil vom 19. Januar 2017 – VII ZR 235/15 –, Rn. 41, NZBau 2017, 211 ff.; BGH, Urteil vom 19. Januar 2017 – VII ZR 193/15 –, Rn. 34, MDR 2017, 390 ff.

920 Ausführlich: *Joussen*, BauR 2009, 319 (321 ff.).

921 *Temming*, AcP 2015, 17 (35).

Im Ergebnis besteht im Werkvertragsrecht der Grundsatz, dass sich die Rechte des Bestellers bis zur Abnahme auf den Erfüllungsanspruch aus § 631 Abs. 1 BGB und das allgemeine Leistungsstörungsrecht der §§ 280 ff. BGB beschränken und die Mängelrechte des § 634 BGB erst nach der erklärten Abnahme geltend gemacht werden können.[922]

b. Ausnahmen

In Bezug auf diesen Grundsatz haben die Oberlandesgerichte in den letzten Jahren jedoch eine Reihe von Ausnahmen konzipiert. Bei Sachverhalten, in denen eine Erfüllung des Werkvertrags aufgrund der Umstände des Einzelfalles nicht mehr erfolgen wird, sei das Erfüllungsstadium auch ohne eine Abnahme beendet.[923] Eine solche Ausnahme liege insbesondere vor, wenn der Besteller nach Ablieferung des Werkes durch den Unternehmer die Abnahme wegen wesentlicher Mängel berechtigterweise verweigert und der Unternehmer eine Mangelbeseitigung endgültig ablehnt.[924] Der Besteller ist ansonsten gezwungen, zur Geltendmachung des Selbstvornahmeanspruchs die Abnahme mit den für ihn ungünstigen Rechtsfolgen zu erklären, obwohl er aufgrund der vorliegenden wesentlichen Mängel dazu nicht verpflichtet ist.[925] Auch steht in dieser Konstellation die Konzeption des Werkvertragsrechts nicht entgegen, da der Unternehmer davon ausgeht, das Werk mangelfrei verschafft zu haben.[926]

Weitere Ausnahmen bestünden für den Fall, dass der Besteller den Vertrag wirksam gekündigt hat, weil er berechtigterweise kein Vertrauen in eine mangelfreie Erstellung des Werkes mehr hatte, oder sonstige die Abnahme ersetzende Umstände vorliegen.[927]

---

922 OLG Düsseldorf, Urteil vom 18. Februar 2015 – I-21 U 220/13 –, juris-Rn. 98, BauR 2016, 105 ff.

923 OLG Düsseldorf, Urteil vom 18. Februar 2015 – I-21 U 220/13 –, juris-Rn. 100, BauR 2016, 105 ff.

924 OLG Celle, Urteil vom 11. Mai 2016–7 U 164/15 –, juris-Rn. 68, BauR 2016, 1504 ff.; OLG Schleswig, Urteil vom 16. Juli 2015–7 U 124/14 –, juris-Rn. 45, NJW-Spezial 2015, 685; OLG Stuttgart, Urteil vom 25. Februar 2015–4 U 114/14 –, juris-Rn. 99, juris; OLG Hamm, Urteil vom 19. August 2014 – I-24 U 41/14 –, juris-Rn. 45, NJW 2015, 960 ff.; OLG Köln, Beschluss vom 12. November 2012 – I-11 U 146/12 –, NJW 2013, 1104 (1105), *Voit*, BauR 2011, 1063 (1072 f.).

925 OLG Celle, Urteil vom 11. Mai 2016–7 U 164/15 –, juris-Rn. 68, BauR 2016, 1504 ff.; OLG Schleswig, Urteil vom 16. Juli 2015–7 U 124/14 –, juris-Rn. 46, NJW-Spezial 2015, 685; OLG Stuttgart, Urteil vom 25. Februar 2015–4 U 114/14 –, juris-Rn. 99, juris; OLG Hamm, Urteil vom 19. August 2014 – I-24 U 41/14 –, juris-Rn. 45, NJW 2015, 960 ff.; *Voit*, BauR 2011, 1063 (1073).

926 OLG Stuttgart, Urteil vom 25. Februar 2015–4 U 114/14 –, juris-Rn. 99, juris; *Voit*, BauR 2011, 1063 (1073).

927 Vgl. OLG Köln, Beschluss vom 12. November 2012 – I-11 U 146/12 –, NJW 2013, 1104 (1105).

Mit den Entscheidungen vom 19. Januar 2017 hat sich der BGH zur Geltung von Ausnahmen erklärt.[928] Mängelrechte können demnach nur dann ausnahmsweise vor der Abnahme geltend gemacht werden, wenn der Besteller die Erfüllung des Vertrags nicht mehr verlangen kann und zwischen den Parteien ein sog. Abrechnungsverhältnis besteht.

Dies gelte insbesondere bei Beanspruchung des kleinen Schadensersatzes statt der Leistung oder Erklärung der Minderung des Werklohns. Dadurch finde eine Abrechnung der beiderseitigen Ansprüche statt und der Anspruch auf Leistung sei ausgeschlossen.[929] Wenn der Besteller hingegen lediglich einen Kostenvorschuss zur Beseitigung des Mangels im Rahmen der Selbstvornahme gem. § 637 Abs. 3 BGB beanspruche, entstünde hingegen grundsätzlich kein Abrechnungsverhältnis.[930] Der (Nach-)Erfüllungsanspruch werde in diesem Fall nicht berührt und könne weiterhin durch den Besteller geltend gemacht werden. Insofern bestünde kein Grund von dem Grundsatz, dass Mängelrechte erst nach der Abnahme geltend gemacht werden können, abzuweichen. Etwas anderes gilt nach Ansicht des BGH nur, wenn der Besteller die (Nach-)Erfüllung durch den Unternehmer endgültig ablehnt. Auch in diesem Fall komme die (Nach-)Erfüllung nicht mehr in Betracht und es entstünde ein Abrechnungsverhältnis, das zur Möglichkeit einer ausnahmsweisen Geltendmachung von Mängelrechten vor der Abnahme führe.[931]

Nach der Rechtsprechung des BGH kann der Besteller demnach Mängelrechte bereits vor der Abnahme geltend machen, wenn der Unternehmer das Werk als fertiggestellt angeboten hat und der Besteller den kleinen Schadensersatz statt der Leistung beansprucht, den Werklohn mindert oder die (Nach-)Erfüllung durch den Unternehmer endgültig ablehnt. Im Ergebnis hat der BGH durch die Entscheidungen somit zwar den Grundsatz, dass dem Besteller vor der Abnahme des Werkes keine Mängelrechte zustehen, anerkannt, höhlt diesen jedoch durch seine Konzeption des Regel-Ausnahme-Verhältnisses aus.[932]

Den Entscheidungen liegt ein „Zirkelschluss"[933] zugrunde. Durch Geltendmachung von Rechten bzw. Ansprüchen, welche dem Besteller nach dem Grundsatz nicht zustehen, wird ihm die Möglichkeit eröffnet, eine Ausnahme von diesem

---

928 BGH, Urteil vom 19. Januar 2017 – VII ZR 235/15 –, Rn. 45, NZBau 2017, 211 ff.; BGH, Urteil vom 19. Januar 2017 – VII ZR 193/15 –, Rn. 38, MDR 2017, 390 ff.; BGH, Urteil vom 19. Januar 2017 – VII ZR 301/13 –, Rn. 44, BauR 2017, 875 ff.

929 BGH, Urteil vom 19. Januar 2017 – VII ZR 235/15 –, Rn. 45, NZBau 2017, 211 ff.; BGH, Urteil vom 19. Januar 2017 – VII ZR 193/15 –, Rn. 38, MDR 2017, 390 ff.; BGH, Urteil vom 19. Januar 2017 – VII ZR 301/13 –, Rn. 44, BauR 2017, 875 ff.

930 BGH, Urteil vom 19. Januar 2017 – VII ZR 193/15 –, Rn. 39, MDR 2017, 390 ff.; BGH, Urteil vom 19. Januar 2017 – VII ZR 301/13 –, Rn. 45, BauR 2017, 875 ff.

931 BGH, Urteil vom 19. Januar 2017 – VII ZR 193/15 –, Rn. 40 ff., MDR 2017, 390 ff.; BGH, Urteil vom 19. Januar 2017 – VII ZR 301/13 –, Rn. 46 ff., BauR 2017, 875 ff.

932 Vgl. auch *Schwenker*, NJW 2017, 1579 (1581): *„Die zeitliche Schranke, die die Abnahme setzt, wird aber eher den Ausnahmefall bilden."*

933 Vgl. *Thode*, jurisPR-PrivBauR 5/2017, Anm. 1, C.

Grundsatz zu generieren. Der Besteller muss dem Unternehmer eine Frist zur Mangelbeseitigung setzen, ohne einen Anspruch auf Nacherfüllung zu haben, da das Werk noch nicht abgenommen wurde, welches allerdings – im Grundsatz – die Voraussetzung für den Übergang in das Gewährleistungsstadium ist.[934] Noch deutlicher wird die Widersprüchlichkeit der vom BGH entwickelten Ausnahmekonstellation bei endgültiger Ablehnung der Mangelbeseitigung durch den Unternehmer. Nach Ansicht des BGH kommt es dabei darauf an, ob „der Besteller ausdrücklich oder konkludent zum Ausdruck bringt, unter keinen Umständen mehr mit dem Unternehmer [...] zusammenarbeiten zu wollen“[935]. Auf welchen Gründen diese Ablehnung beruht und ob sie berechtigt ist, ist nach den Entscheidungen unerheblich.[936] Bereits ein einfacher, voraussetzungsloser Verzicht auf den (Nach-)Erfüllungsanspruch ebnet den Weg für die Geltendmachung von Mängelrechten vor der Abnahme.[937] Dies führt dazu, dass der Besteller u. U. aus einem pflichtwidrigen Verhalten einen rechtlichen Vorteil ziehen kann.[938] Der Unternehmer verliert auf der anderen Seite sein Recht zur zweiten Andienung.

Die auf den ersten Blick unternehmerfreundlichen Entscheidungen des BGH, führen demnach im Ergebnis bei näherer Betrachtung der möglichen Ausnahmekonstellationen zu einer unangemessenen Risikoverteilung zu Lasten des Unternehmers.

Kritisch zu sehen ist zudem, dass trotz der Grundsatzentscheidungen des BGH weiterhin klärungsbedürftige Fragen verbleiben. Zum einen äußert der BGH sich nicht zu der Frage, wann im Rahmen der Ausnahmefälle die übrigen Rechtsfolgen der Abnahme eintreten.[939] Dabei geht es insbesondere um den Gefahrübergang, die Beweislastverteilung und die Fälligkeit der Vergütung. Zum anderen bleibt offen, inwiefern sich die endgültige Ablehnungshaltung des Bestellers auf das Auftreten weiterer Mängel auswirkt. Betrifft das vom BGH angenommene Abrechnungsverhältnis nur das Verhältnis in Bezug auf den bestehenden Mangel oder das gesamte Vertragsverhältnis?[940]

Es bleibt demnach festzuhalten, dass die Entscheidungen des BGH zur ausnahmsweisen Geltendmachung von Mängelrechten vor der Abnahme der Zäsureigenschaft der werkvertraglichen Abnahme nicht gerecht werden und ein unangemessenes Regel-Ausnahme-Verhältnis begründen. Zudem wurden die Folgen der Entscheidung sowohl für die Rechtsprechung als auch für die Praxis nicht ausreichend abgewogen.[941]

---

934 So auch *Schwenker*, NJW 2017, 1579 (1581).
935 Vgl. BGH, Urteil vom 19. Januar 2017 – VII ZR 193/15 –, Rn. 41, MDR 2017, 390 ff.; BGH, Urteil vom 19. Januar 2017 – VII ZR 301/13 –, Rn. 47, BauR 2017, 875 ff.
936 *Reichelt/Ishola*, ZfIR 2017, 279 (281).
937 *Reichelt/Ishola*, ZfIR 2017, 279 (282).
938 Vgl. *Thode*, jurisPR-PrivBauR 5/2017, Anm. 1, D.
939 So auch *Schwenker*, NJW 2017, 1579 (1581).
940 *Thode*, jurisPR-PrivBauR 5/2017, Anm. 1, D.
941 So auch *Thode*, jurisPR-PrivBauR 5/2017, Anm. 1, D.

c. Einordnung in eine Ausnahmekonstellation

Vor dem Hintergrund dieser Rechtsprechung der Oberlandesgerichte und des BGH stellt sich die Frage, ob auch im Rahmen von Bauträgerverträgen, die sich wegen AGB-rechtlich unwirksamer Abnahmen noch im Erfüllungsstadium befinden, eine derartige Ausnahme gilt. Dafür müsste entweder einer der bereits entwickelten Ausnahmen oder aufgrund der vergleichbaren Rechtslage eine eigene Ausnahme einschlägig sein.

Bezüglich der vom BGH statuierten Ausnahmen[942] bleibt festzuhalten, dass es sich um die einzelfallorientierte Entscheidung zu zwei konkreten Fallkonstellationen handelt,[943] die für Bauträgerverträge mit unwirksamen Abnahmeklauseln sowohl unmittelbar als auch im übertragenen Sinne keine Aussage treffen.

In Betracht kommt jedoch eine Einordnung in die Ausnahmekonstellation, in der der Besteller nach Ablieferung des Werkes durch den Unternehmer die Abnahme wegen wesentlicher Mängel berechtigterweise verweigert und der Unternehmer eine Mangelbeseitigung endgültig ablehnt.[944] Auch im Rahmen unwirksamer Abnahmeklauseln hat der Bauträger den Erwerbern das aus seiner Sicht abnahmereife Werk verschafft. Diesem Argument ist grundsätzlich zuzustimmen. Beide Vertragsparteien gingen davon aus, dass das Erfüllungsstadium des Bauträgervertrags beendet sei. Dass dies tatsächlich aufgrund der Unwirksamkeit der Abnahme nicht geschehen ist, war beiden Parteien nicht bekannt.

An dieser Stelle endet jedoch die Vergleichbarkeit der Fallkonstellationen. Kernargument der Ausnahmekonstellation ist, dass der Besteller nicht zu einer Abnahme gezwungen werden soll, zu der er rechtlich nicht verpflichtet ist. Bei Vorliegen wesentlicher Mängel müsse der Besteller nicht die für ihn negativen Rechtsfolgen der Abnahme tragen, um ein Selbstvornahmerecht zu erhalten. Maßgeblich ist dabei auch die (doppelte) Pflichtverletzung des Unternehmers.[945] Er hat zunächst ein mit wesentlichen Mängeln behaftetes Werk verschafft und verweigert dann die Mangelbeseitigung.

Im Rahmen unwirksamer Abnahmen besteht jedoch eine andere Ausgangslage. Die Erwerber waren zur Zeit der Ablieferung des Werkes in der Regel gem. § 640 Abs. 1 Satz 1 BGB zur Abnahme verpflichtet, da ersichtlich keine wesentlichen Mängel vorlagen. Dies kommt durch die teilweise vorhandenen Sachverständigenprotokolle, denen aufgrund der unwirksamen Bevollmächtigung der Status einer technischen Abnahme zukommt, und auch durch die jahrelange rügelose Nutzung der Erwerber zum Ausdruck.

942 BGH, Urteil vom 19. Januar 2017 – VII ZR 235/15 –, Rn. 45, NZBau 2017, 211 ff.; BGH, Urteil vom 19. Januar 2017 – VII ZR 193/15 –, Rn. 38, MDR 2017, 390 ff.; BGH, Urteil vom 19. Januar 2017 – VII ZR 301/13 –, Rn. 44, BauR 2017, 875 ff.

943 *Thode*, jurisPR-PrivBauR 5/2017, Anm. 1, D.

944 So: *Pause/Vogel*, BauR 2014, 764 (769); *Temming*, AcP 2015, 17 (36 f.).

945 *Voit*, BauR 2011, 1063 (1072 f.).

Eine Vergleichbarkeit könnte jedoch dann gesehen werden, wenn nunmehr, nach Ablauf eines gewissen Zeitraums, ein wesentlicher Mangel auftritt. Der Vertrag befindet sich aufgrund der unwirksamen Abnahme hinsichtlich des Gemeinschaftseigentums noch im Erfüllungsstadium und es bedarf grundsätzlich noch einer Abnahme durch die Erwerber. Dazu sind diese bei Vorliegen eines wesentlichen Mangels aber nicht verpflichtet. In diesem Zusammenhang könnte argumentiert werden, dass der Besteller nicht zur Abnahme gezwungen werden darf, um die Mängelrechte des § 634 BGB zu erhalten. Dieses Argument greift jedoch nur, wenn die Erwerber zu diesem Zeitpunkt überhaupt noch berechtigt wären, die Abnahme zu erklären.

(1) Nachträgliche Abnahme

Bei der werkvertraglichen Abnahme i. S. d. § 640 BGB handelt es sich nicht nur um eine Verpflichtung der Erwerber, sondern auch um ein aus dem geschlossenen Bauträgervertrag resultierendes, originäres Recht. Es besteht grundsätzlich die Möglichkeit das Recht auszuüben, ohne dazu verpflichtet zu sein.[946] Fraglich ist jedoch, ob der Besteller die Abnahme auch jederzeit und u. U. gegen den Willen des Unternehmers erklären kann.

Vor Fertigstellung des Werkes und Ablieferung durch den Unternehmer kann der Besteller grundsätzlich nicht die Abnahme gegen den Willen des Unternehmers erklären.[947] Auch dies ist der Konzeption des Werkvertragsrechts geschuldet. Bis zur Ablieferung des Werkes trägt der Unternehmer die alleinige Verantwortlichkeit. Solange er das Werk nicht fertigstellt und dem Besteller zur Erfüllung seiner vertraglichen Verpflichtungen verschafft, kann der Besteller nicht durch einseitige Erklärung der Abnahme das Erfüllungsstadium beenden, um die Mängelrechte geltend zu machen.[948] Dies ergibt sich auch aus der Wertung des § 271 Abs. 2 BGB.[949] Demnach kann der Schuldner zwar auch bei Vereinbarung einer bestimmten Leistungszeit im Zweifel die Leistung schon vorher bewirken. Die Zweifelsregelung greift jedoch nicht ein, wenn durch die vorzeitige Leistung Rechte oder rechtlich geschützte Interessen des Gläubigers beeinträchtigt werden.[950] Dies ist bei einer Abnahme vor Fertigstellung des Werkes der Fall. Der Unternehmer verlöre sein vertraglich begründetes Recht zur ersten Andienung und u. U. aufgrund der fehlenden Vollendung auch einen Teil des Vergütungsanspruchs.[951] Nach Fertigstellung und Ablieferung des Werkes kann der Besteller hingegen grundsätzlich jederzeit die Abnahme erklären.

946 Vgl. 1. Kapitel § 3 E. II.
947 *Bub*, in: Staudinger/Bub, WEG, § 21, Rn. 242; *Hildebrandt*, BauR 2005, 788 ff.; *Pause/Vogel*, BauR 2014, 764 (769); *Werner/Pastor*, Der Bauprozess, Rn. 1798.
948 *Hildebrandt*, BauR 2005, 788 (791 f.); *Pause/Vogel*, BauR 2014, 764 (769).
949 Vgl. *Hildebrandt*, BauR 2005, 788 (791 f.).
950 *Krüger*, in MüKo-BGB, § 271, Rn. 35.
951 *Hildebrandt*, BauR 2005, 788 (792).

Fraglich ist jedoch, ob dies auch weiterhin gilt, wenn der Erfüllungsanspruch des Bestellers gem. §§ 195, 199 Abs. 1 BGB bereits verjährt ist. Nach Eintritt der Verjährung ist der Schuldner nach § 214 Abs. 1 BGB berechtigt, die Leistung zu verweigern. Der durch Abschluss des Bauträgervertrags begründete Anspruch der Erwerber auf Herstellung des versprochenen Werkes aus § 650u Abs. 1 Satz 2 i. V. m. § 631 Abs. 1 BGB ist nach Ablauf von drei Jahren nicht mehr durchsetzbar. Könnten die Erwerber in diesem Stadium einseitig die Abnahme erklären, würden die Bauträgerverträge, trotz der Verjährung, in das Gewährleistungsstadium übergehen. Den Erwerbern stünde nunmehr ein modifizierter Erfüllungsanspruch in Form der Nacherfüllung zu, obgleich der ursprüngliche Erfüllungsanspruch nicht durchsetzbar ist. Der Erfüllungsanspruch und die Abnahme sind jedoch eng miteinander verzahnt. Die Abnahme stellt die Annahme des Werkes als Erfüllung dar und dokumentiert, dass der Unternehmer seine Hauptleistungspflicht erfüllt hat. Ist der Anspruch auf Erfüllung verjährt, bedarf es keiner Abnahme des Werkes mehr. Vor diesem Hintergrund erscheint es sinnvoll, dass der Eintritt der Verjährung des Erfüllungsanspruchs für das Recht des Bestellers das Werk abzunehmen eine Sperrwirkung entfaltet.[952] Dies wird zusätzlich durch das allgemeine Prinzip[953] des § 218 Abs. 1 BGB zur „Gestaltungsverjährung“[954] von Rechten unterstrichen.[955]

Im Ergebnis ist eine nachträgliche Abnahme des Gemeinschaftseigentums nicht mehr möglich, wenn der Erfüllungsanspruch verjährt ist.[956]

(2) Verzicht auf Erfüllungsanspruch

Teilweise wird angenommen, dass sich für die Erwerber durch einen Verzicht auf ihren Erfüllungsanspruch aus § 631 Abs. 1 BGB die Möglichkeit eröffne, die Mängelrechte aus § 634 BGB gegen den Bauträger geltend zu machen.[957] Ein einseitiger Verzicht kommt jedoch nicht in Betracht. Der Verzicht auf einen schuldrechtlichen Anspruch bedarf im deutschen Recht grundsätzlich einer beiderseitigen

---

952 Vgl. *Temming*, AcP 2015, 17 (33).

953 Vgl. *Dauner-Lieb*, in: Dauner-Lieb/Langen, BGB Schuldrecht, § 281 BGB, Rn. 13.

954 Vgl. *Grothe*, in: MüKo-BGB, § 218, Rn. 1.

955 *Temming*, AcP 2015, 17 (33).

956 So auch *Temming*, AcP 2015, 17 (33); mit dem gleichen Ergebnis: *Werner*, NZBau 2014, 80 (83 f.), der allerdings die Unmöglichkeit der nachträglichen Abnahme mit § 271 Abs. 2 BGB begründet. Der Bauträger verliere durch eine Abnahme nach Verjährung des Erfüllungsanspruchs das Recht sich auf die Einrede der Verjährung berufen zu können. Aus diesem Grund sei eine Abnahme gegen den Willen des Bauträgers nicht möglich; a. A. *Pause*, ZfIR 2014, 127 (132); *Pause/Vogel*, BauR 2014, 764 (769 f.); *Vogel*, BauR 2011, 313 (320).

957 BGH, Urteil vom 17. Februar 1999 – X ZR 8/96 –, juris-Rn. 18, NJW 1999, 2046 ff.; *Busche*, in: MüKo-BGB, § 634, Rn. 4 u. 11; *Folnović*, BauR 2008, 1360 (1364); *Koeble*, BauR 2012, 1153 (1158).

Vereinbarung in Form eines Erlassvertrags.[958] Ein einseitiger Verzicht auf den Erfüllungsanspruch, um den Weg für die Mängelrechte zu öffnen, beschneidet die Rechtsposition des Bauträgers unzulässig.[959] Zum einen sieht das allgemeine Leistungsstörungsrecht keinen Vorschussanspruch i. S. d. § 637 Abs. 3 BGB vor und zum anderen könnten die Erwerber Mängelrechte geltend machen, ohne dass die Fälligkeit der Vergütung nach § 641 Abs. 1 BGB ausgelöst wird. Letztlich erscheint es auch widersprüchlich auf den Erfüllungsanspruch zu verzichten, um den Nacherfüllungsanspruch zu erhalten, handelt es sich doch bei letzterem um eine modifizierte Form des Erfüllungsanspruchs. Ein Verzicht auf diesen beinhaltet somit auch den Verzicht auf den Nacherfüllungsanspruch.[960]

So wie die Erwerber nicht nachträglich, einseitig die Abnahme erklären können, gilt dies auch für einen einseitigen Verzicht auf den Erfüllungsanspruch. Den Erwerbern steht kein freies Wahlrecht zwischen dem Erfüllungs- und dem Gewährleistungsstadium zu.[961]

Im Ergebnis sind die Erwerber somit nach Verjährung des Erfüllungsanspruchs nicht mehr berechtigt, die Abnahme zu erklären oder das Gewährleistungsstadium einseitig auf eine andere Art und Weise herbeizuführen. Im Gegensatz zu der von den Obergerichten entwickelten Ausnahmekonstellation würden die Erwerber demnach zur Geltendmachung der Mängelrechte nicht zu etwas verpflichtet, wozu sie rechtlich nicht verpflichtet sind. Im Gegenteil: ihnen würde etwas zugesprochen, was ihnen im Grundsatz nicht mehr zusteht. Die der Ausnahme zugrunde liegende Wertung trifft auf den Fall unwirksamer Abnahmen nicht zu.[962]

Fraglich ist, ob die Fertigstellung des Werkes ausreicht, um eine Ausnahme von dem Grundsatz, dass vor der Abnahme keine Mängelrechte bestehen, zuzulassen.

Die bloße Fertigstellung des Werkes ist grundsätzlich nicht geeignet, Mängelrechte des Bestellers zu begründen.[963] Im Rahmen unwirksamer Abnahmeklauseln liegt jedoch mehr als nur die bloße Fertigstellung vor. Der Bauträger hat aus seiner Sicht die Herstellungsphase abgeschlossen. Der dem Werkvertragsrecht innewohnende punktuelle Leistungsaustausch hat stattgefunden. Sowohl der Bauträger als auch die Erwerber gingen davon aus, dass die erfolgte förmliche Abnahme wirksam, das Erfüllungsstadium des Vertrags beendet sei und die Gewährleistungsphase begonnen habe. Zudem sind die Erfüllungsansprüche der Erwerber mittlerweile verjährt und eine Beendigung der Erfüllungsphase durch einseitige Erklärung ist nicht mehr möglich. Es handelt sich um einen – unbemerkt – „hängengebliebenen

958 BGH, Urteil vom 04. Dezember 1986 – III ZR 51/85 –, juris-Rn. 24, NJW 1987, 3203 ff.

959 OLG Köln, Beschluss vom 12. November 2012 – I-11 U 146/12 –, NJW 2013, 1104 (1105); *Voit*, BauR 2011, 1063 (1074).

960 *Voit*, BauR 2011, 1063 (1074).

961 A. A. *Busche*, in: MüKo-BGB, § 634, Rn. 11; *Koeble*, BauR 2012, 1153 (1158).

962 A. A. *Pause/Vogel*, BauR 2014, 764 (769); *Temming*, AcP 2015, 17 (36 f.).

963 Vgl. 3. Kapitel, § 2 B II. 1. a.

Bauträgervertrag"[964]. Dies kann jedoch nicht dazu führen, dass dem Besteller gar keine Mängelrechte zustehen.

Auch stehen die Wertungen des Grundsatzes „Keine Mängelrechte vor Abnahme" der Annahme einer Ausnahmekonstellation nicht entgegen.[965] Der Bauträger hat das Werk als fertiggestellt übergeben. Durch die Geltendmachung der Mängelrechte erfolgt kein unzulässiger Eingriff in die Herstellungsphase. Auch wird der Unternehmer nicht in seinem Recht zur ersten bzw. zweiten Andienung beschnitten.

Aus Sicht der Erwerber erfolgten alle Punkte, die den Übergang in das Gewährleistungsstadium bestimmen. Sie haben das Werk – rügelos – entgegengenommen, bezahlt und jahrelang genutzt. Gehen alle Parteien von der Gewährleistungsphase aus und bestehen keine schützenswerten Interessen an der Beibehaltung des Erfüllungsstadiums, erscheint es am interessengerechtesten den Erwerbern Mängelrechte auch ohne eine wirksame Abnahme zuzugestehen.

Im Ergebnis besteht auch im Rahmen unwirksamer Abnahmen in der Fallkonstellation des „unerkannt hängengebliebenen Bauträgervertrags" die Möglichkeit eine Ausnahme anzunehmen. Die Zuhilfenahme des Grundsatzes von Treu und Glauben ist vor diesem Hintergrund überflüssig.

2. Schutzrichtung der §§ 305 ff. BGB

Der BGH hat in den genannten Entscheidungen[966] gleichwohl die Ansprüche der Erwerber mit einem Rückgriff auf die Generalklausel des § 242 BGB begründet. Der Bauträger könne sich als Verwender der unwirksamen Klausel nicht darauf berufen, dass sich der Vertrag noch im Erfüllungsstadium befinde.

Die AGB-rechtliche Inhaltskontrolle diene allein dem Schutz des Vertragspartners und nicht dem des Verwenders.[967] Dies ist im Grundsatz richtig. Im Rahmen der in der Praxis häufig vorkommenden unausgewogenen Vertragsverhältnisse unterwirft der Verwender seinen Vertragspartner den eigenen AGB, ohne dass dieser einen entscheidenden Einfluss auf die Ausgestaltung hat. Sinn und Zweck des AGB-Rechts ist der Ausgleich dieser ungerechten Risikoverteilung.[968] Der Verwender der AGB wird

964 In Anlehnung an die Begrifflichkeit des „hängengebliebenen Architektenvertrags"; vgl. OLG Stuttgart, Urteil vom 30. März 2010–10 U 87/09 –, BauR 2010, 1240 ff.; OLG Düsseldorf, Urteil vom 18. Dezember 2009 – I-23 U 187/08 –, BauR 2010, 1255; *Müller*, NZBau 2015, 337; *Schulze-Hagen/Fuchs*, in: FS für Motzke, 383, die damit Architektenverträge umschreiben, bei denen das Werk weder abgenommen noch die Abnahme endgültig verweigert wurde.

965 So i. E. auch *Voit,* BauR 2011, 1063 (1075).

966 BGH, Urteil vom 30. Juni 2016 – VII ZR 188/13 –, NJW-RR 2016, 1143 ff.; BGH, Urteil vom 12. Mai 2016 – VII ZR 171/15 –, NJW 2016, 2878 ff.; BGH, Urteil vom 25. Februar 2016 – VII ZR 49/15 –, BGHZ 209, 128 ff.

967 Vgl. BGH, Urteil vom 25. Februar 2016 – VII ZR 49/15 –, Rn. 42, BGHZ 209, 128 ff.

968 *Basedow*, in: MüKo-BGB, Vorbemerkung zu §§ 305 ff., Rn. 4.

hingegen nicht geschützt.[969] Dies kommt auch in der gesetzlichen Formulierung eindeutig zum Ausdruck. Die jeweiligen Klauseln sind gem. § 307 Abs. 1 Satz 1 BGB wegen unangemessener Benachteiligung nur dann unwirksam, wenn sie den Vertragspartner des Verwenders benachteiligen. Eine Benachteiligung des Verwenders wirkt sich auf die Wirksamkeit der Klausel hingegen nicht aus.

Aus dem Sinn und Zweck des Schutzgrundes der AGB-rechtlichen Inhaltskontrolle schließt der BGH, dass der Bauträger sich als Verwender der unwirksamen AGB nicht auf die Unwirksamkeit der erfolgten Abnahme und somit auf das Erfüllungsstadium des Vertrags berufen könne. Dies begründet er mit zwei vorangegangenen Entscheidungen aus den Jahren 1986 und 2006, wonach im AGB-Recht keine Inhaltskontrolle zu Gunsten des Verwenders stattfinde.[970] In den diesen Entscheidungen zugrunde liegenden Sachverhalten hatte der Kläger als Besteller und Verwender Klauseln integriert, die eine Verkürzung der Verjährung vorsahen. Im Rahmen der Klage gegen den Werkunternehmer zur Geltendmachung eines Mängelanspruchs berief er sich dann auf die unwirksame Einbeziehung dieser Klauseln, sodass die gesetzliche Verjährung gelte und infolgedessen seine Ansprüche noch nicht verjährt seien. Es ging in den Entscheidungen also darum, ob überhaupt eine AGB-rechtliche Inhaltskontrolle stattfindet, wenn dies den Verwender begünstigen würde. Dies wurde vom BGH vor dem Hintergrund des Sinn und Zwecks der §§ 305 ff. BGB abgelehnt.

Die genannten Entscheidungen sind jedoch nicht auf die Verwendung unwirksamer Klauseln zur Abnahme des Gemeinschaftseigentums übertragbar. Es geht nicht darum, ob überhaupt eine Inhaltskontrolle der betreffenden Klausel stattfindet, sondern inwieweit sich die Unwirksamkeit der Klausel nach erfolgter Inhaltskontrolle auswirkt. Während in den genannten Entscheidungen aus 1986 und 2006 die Wirksamkeit der Klausel einheitlich bestimmt wird, differenziert der BGH in seiner Entscheidung vom 25. Februar 2016 bei der Beurteilung der Wirksamkeit der Abnahme je nach Fragestellung. Im Ergebnis wird die Abnahme als Voraussetzung für die Geltendmachung der Mängelrechte fingiert, ohne dabei jedoch die Rechtsfolgen der Abnahme eintreten zu lassen. Diese Vorgehensweise ist von den zitierten Entscheidungen nicht gedeckt.

Auch erscheint es insgesamt fragwürdig, das Vorliegen einer wirksamen Abnahme für eine bestimmte Fragestellung, die Entstehung des Anspruchs, zu fingieren, um sich im nächsten Schritt, der inhaltlichen Bestimmung des Anspruchs,[971] auf

969 BGH, Urteil vom 02. April 1998 – IX ZR 79/97 –, juris-Rn. 23, NJW 1998, 2280 ff.; *Kollmann*, in: Dauner-Lieb/Langen, BGB Schuldrecht, Vorbemerkung zu §§ 305 ff. BGB, Rn. 5.

970 BGH, Urteil vom 09. März 2006 – VII ZR 268/04 –, Rn. 13, NJW-RR 2006, 740 f.; BGH, Urteil vom 04. Dezember 1986 – VII ZR 354/85 –, juris-Rn. 15, BGHZ 99, 160 ff.

971 BGH, Urteil vom 30. Juni 2016 – VII ZR 188/13 –, Rn. 27, NJW-RR 2016, 1143 ff., zur Darlegungs- und Beweislast; BGH, Urteil vom 25. Februar 2016 – VII ZR 49/15 –, Rn. 49, BGHZ 209, 128 ff., zum Beginn der Verjährung.

das Fehlen einer wirksamen Abnahme zu berufen. Eine werkvertragliche Abnahme kann nicht einerseits vorliegen und andererseits nicht; *„tertium non datur"*[972].

3. Unzulässige Rechtsausübung

Auch inhaltlich bestehen Zweifel an der Rechtsprechung des BGH. Nach den Entscheidungen kann sich der Bauträger wegen des Grundsatzes von Treu und Glauben nicht auf das Erfüllungsstadium des Bauträgervertrags berufen. Im Rahmen der Billigkeitsfunktion des § 242 BGB können durch richterliche Rechtsfortbildung über die Fallgruppe der unzulässigen Rechtsausübung bzw. des Verbots des Rechtsmissbrauchs Rechte beschränkt werden.[973] Die Berufung auf die Unwirksamkeit einer Klausel kann unter Umständen im Einzelfall eine unzulässige Rechtsausübung darstellen.[974] Die Anwendung des Grundsatzes von Treu und Glauben erfordert dabei eine generelle Abwägung der Interessen aller Beteiligten.[975] Dass der BGH dies im erforderlichen Umfang getan hat, kann bezweifelt werden.

Im Grundsatz ist die Ausübung eines Rechts oder die Ausnutzung einer Rechtslage im Rechtsverkehr zulässig, auch dann, wenn das Motiv unbillig erscheint oder für die andere Seite mit einer erheblichen Härte verbunden ist.[976] Eine Beschränkung der Rechte bzw. Rechtspositionen über den Grundsatz von Treu und Glauben aus § 242 BGB erfordert im Einzelfall ein untragbares Ergebnis, sodass eine Korrektur zwingend geboten erscheint.[977] In der Rechtsprechung haben sich dafür verschiedene Fallgruppen herausgestellt, wobei insbesondere ein fehlendes schutzwürdiges Eigeninteresse oder ein besonders schutzwürdiges Interesse der Gegenpartei maßgeblich sind.[978] Eine unzulässige Rechtsausübung i. S. d. § 242 BGB erfordert demnach eine einzelfallabhängige Bewertung der schützenswerten Interessen der Parteien.[979]

---

972 Vgl. *Thode*, jurisPR-PrivBauR 7/2016, Anm. 2, C.

973 Vgl. *Krebs*, in: Dauner-Lieb/Langen, BGB Schuldrecht, § 242 BGB, Rn. 64; *Schubert*, in: MüKo-BGB, § 242, Rn. 84, 202.

974 BGH, Urteil vom 20. Juli 2012 – V ZR 217/11 –, Rn. 16, NJW 2012, 3424 ff; *Mansel*, in: Jauering, BGB, § 242, Rn. 32; jeweils in Bezug auf die Berufung auf die Nichtigkeit eines Rechtsgeschäftes wegen eines Verstoßes gegen Art. 1 § 1 RBerG.

975 BGH, Urteil vom 07. Mai 1997 – IV ZR 179/96 –, juris-Rn. 15, BGHZ 135, 333 ff.; BGH, Urteil vom 22. Dezember 1967 – V ZR 11/67 –, juris-Rn 23, BGHZ 49, 148 ff.; *Krebs*, in: Dauner-Lieb/Langen, BGB Schuldrecht, § 242 BGB, Rn. 15; *Schubert*, in: MüKo-BGB, § 242, Rn. 50.

976 Vgl. *Krebs*, in: Dauner-Lieb/Langen, BGB Schuldrecht, § 242 BGB, Rn. 67.

977 BGH, Entscheidung vom 03. Dezember 1958 – V ZR 28/57 –, juris-Rn. 29, BGHZ 29, 6 ff.; BGH, Urteil vom 25. September 1957 – V ZR 188/55 –, WM 1957, 1440 f.; *Olzen/Looschelders*, in: Staudinger, BGB, § 242, Rn. 216 f.

978 *Mansel*, in: Jauering, BGB, § 242, Rn. 38 u. 41; *Krebs*, in: Dauner-Lieb/Langen, BGB Schuldrecht, § 242 BGB, Rn. 64.

979 *Olzen/Looschelders*, in: Staudinger, BGB, § 242, Rn. 221; *Schubert*, in: MüKo-BGB, § 242, Rn. 206.

Der BGH hat die Schutzwürdigkeit der Interessen des Bauträgers mit dem Hinweis verneint, dass dem Bauträger als Verwender der unwirksamen Klausel eine gewisse Verantwortlichkeit zukommt.[980] Grundsätzlich führt jedoch nicht jede Ausübung einer Rechtslage, die durch ein eigenes rechts- oder pflichtwidriges Verhalten herbeigeführt wurde, zu einem tatbestandlichen Rechtsmissbrauch i. S. d. § 242 BGB.[981] Hierzu ist ein zusätzliches Maß an Treuwidrigkeit erforderlich. Die Verwendung einer unwirksamen Klausel stellt zwar eine vorvertragliche Pflichtverletzung gegenüber dem Vertragspartner dar,[982] dem Bauträger war aber bei Verwendung der Klausel deren Unwirksamkeit nicht bekannt und er hätte sie auch nicht erkennen müssen.[983] Ein gezieltes treuwidriges Verhalten des Bauträgers bei Verwendung der Klauseln kann demnach im Regelfall nicht festgestellt werden, sodass die Beschränkung der Rechtsposition nach § 242 BGB eine umfassende Bewertung der Umstände des Einzelfalles erfordert.[984]

Vor diesem Hintergrund kommt es entscheidend darauf an, dass der Bauträger durch die Verwendung der unwirksamen Klausel nicht nur bei den Erwerbern den Anschein erweckt hat, dass sich der Vertrag bereits im Gewährleistungsstadium befindet, sondern auch selber davon ausging. Die Abwicklung der vertragstypischen Pflichten des Werkvertrags i. S. v. § 631 Abs. 1 BGB hat bereits vor langer Zeit stattgefunden. In diesem Zusammenhang erscheint es widersprüchlich, dass der Bauträger sich nun darauf beruft, dass eine wirksame Abnahme nie stattgefunden hat und sich der Bauträgervertrag aus diesem Grund noch im Erfüllungsstadium befindet. Das Interesse des Bauträgers sich vor der Inanspruchnahme durch die Erwerber zu schützen, könnte vor diesem Hintergrund nicht schützenswert sein.[985]

Auf der anderen Seite kann nicht aus jeder Änderung der Rechtsansicht auf eine unzulässige Rechtsausübung durch widersprüchliches Verhalten geschlossen werden. Treuwidrig ist das Verhalten nur, soweit ein schutzwürdiger Vertrauenstatbestand geschaffen wurde, der durch die Ausübung der Rechtsposition vereitelt wird.[986]

Auch die Erwerber gingen aufgrund der im Bauträgervertrag verwendeten Klausel von einer wirksamen Abnahme des Gemeinschaftseigentums und dem daraus folgenden Übergang in das Gewährleistungsstadium aus. Ein vom früheren Ver-

---

980 BGH, Urteil vom 30. Juni 2016 – VII ZR 188/13 –, Rn. 24, NJW-RR 2016, 1143 ff.; BGH, Urteil vom 12. Mai 2016 – VII ZR 171/15 –, Rn. 59, NJW 2017, 2878 ff.; BGH, Urteil vom 25. Februar 2016 – VII ZR 49/15 –, Rn. 41, BGHZ 209, 128 ff.

981 BGH, Urteil vom 20. Juli 2012 – V ZR 217/11 –, Rn. 17, NJW 2012, 3424 ff.

982 BGH, Urteil vom 23. Mai 1984 – III ZR 63/83 –, juris-Rn. 30, NJW 1984, 2816 ff.; *Pfeiffer*, in: Wolf/Lindacher/Pfeiffer, AGB-Recht, § 307, Rn. 366.

983 Ausführlich s. o. 3. Kapitel § 1 A. II. 2.

984 BGH, Urteil vom 20. Juli 2012 – V ZR 217/11 –, Rn. 17, NJW 2012, 3424 ff.; BGH, Urteil vom 28. Oktober 2009 – IV ZR 140/08 –, Rn. 21, NJW 2010, 289 ff.

985 S. auch BGH, Urteil vom 20. Juli 2012 – V ZR 217/11 –, Rn. 17, NJW 2012, 3424 ff.; mit vergleichbarem Sachverhalt.

986 *Krebs*, in: Dauner-Lieb/Langen, BGB Schuldrecht, § 242 BGB, Rn. 92.

halten des Bauträgers geschaffener Vertrauenstatbestand liegt somit vor. Fraglich ist jedoch, ob das Vertrauen der Erwerber, vor dem Hintergrund eines möglichen eigenen treuwidrigen Verhaltens, schutzwürdig ist. Durch ihr Verhalten haben die Erwerber zum Ausdruck gebracht, dass sie das Erfüllungsstadium für beendet und den Übergang ins Gewährleistungsstadium für vollzogen halten. Durch ihre jahrelange rügelose Nutzung des Gemeinschaftseigentums konnte der Bauträger davon ausgehen, dass an der Wirksamkeit der Abnahme keine Zweifel bestehen.[987] Die Berufung auf das Fehlen der Abnahme erfolgt nicht, weil durch die erfolgte unwirksame Abnahmeklausel eine konkrete Benachteiligung der Erwerber eingetreten ist, sondern nur um deren nachteilige Rechtsfolge, den Eintritt der Verjährung der Mängelansprüche, zu beseitigen. Auch dieses Verhalten erscheint vor dem Hintergrund des § 242 BGB treuwidrig.[988]

Aus diesem Grund könnte es vielmehr den Erwerbern entgegen der Entscheidungen des BGH wegen des Grundsatzes nach Treu und Glauben versagt sein, sich auf das Fehlen einer wirksamen Abnahme und auf das Vorhandensein unverjährter Mängelansprüche zu berufen. Es fehlt an einem schutzwürdigen Eigeninteresse. Zum Zeitpunkt der unwirksamen Abnahme waren die Erwerber regelmäßig gem. § 640 Abs. 1 Satz 1 BGB zur Abnahme des Gemeinschaftseigentums verpflichtet. Die betreffenden Bauteile waren abnahmereif. Dies kommt durch die teilweise vorhandenen Sachverständigenprotokolle und auch durch die jahrelange rügelose Nutzung der Erwerber zum Ausdruck. Der Bauträger hatte einen einklagbaren[989] Anspruch auf Abnahme des Gemeinschaftseigentums oder hätte durch das Setzen einer Frist i. S. d. § 640 Abs. 2 Satz 1 BGB u. U. die Wirkungen der Abnahme eintreten lassen können.[990] Wäre den Parteien die Unwirksamkeit der erfolgten förmlichen Abnahme bewusst gewesen, hätte der Bauträger diese Möglichkeiten sicherlich genutzt. Daraus, dass die Erwerber ihre Verpflichtung aus § 640 Abs. 1 Satz 1 BGB (unbemerkt) nicht erfüllt haben, dürfen sie nach dem Grundsatz von Treu und Glauben keine Vorteile ziehen.[991]

---

987 *Scheffelt*, BauR 2014, 163 (178).

988 *Basty*, Der Bauträgervertrag, Rn. 1029; *Scheffelt*, BauR 2014, 163 (178); *Werner*, NZBau 2014, 80 (85); auch BGH, Urteil vom 13. Juli 1989 – VII ZR 82/88 –, juris-Rn 10, NJW 1990, 43 f. und OLG Düsseldorf, Urteil vom 19. Mai 1992–23 U 186/91 –, juris-Rn. 20, BauR 1992, 678 zur Treuwidrigkeit i. R. d. vergessenen förmlichen Abnahme.

989 *Busche*, in: MüKo-BGB, § 640, Rn. 42.

990 Auch *Scheffelt*, BauR 2014, 163 (179).

991 Vgl. auch BGH, Urteil vom 21. Juni 2005 – XI ZR 88/04 –, juris-Rn. 19, NJW 2005, 2985 ff.: *„Mu[ss] der Darlehensnehmer nach dem Inhalt des Darlehensvertrages ein [...] Schuldversprechen mit einer Vollstreckungsunterwerfungserklärung [...] abgeben, so verhält er sich treuwidrig, wenn er versucht, aus der bisherigen Nichterfüllung seiner Verpflichtungen einen Vorteil zu ziehen. Dem Kläger ist es daher nach dem Grundsatz von Treu und Glauben (§ 242 BGB) verwehrt, sich auf die Nichtigkeit der Vollstreckungsunterwerfung zu berufen [...], wenn er an die Kreditverträge gebunden ist.“* und Umkehrschluss aus OLG Düsseldorf, Urteil vom 20. November 1998–22

Zudem erfahren die Erwerber dadurch, dass sie sich nicht auf das Vorhandensein unverjährter Mängelansprüche berufen können, keine wesentliche Benachteiligung. Ursache für das Vorliegen unverjährter Ansprüche ist das Fehlen einer wirksamen Abnahme. Nach § 634a Abs. 2 BGB beginnt die Verjährung erst mit der Abnahme. Dies hängt zum einen mit der der Abnahme innewohnenden Billigung des Werkes zusammen,[992] die im Rahmen einer unwirksamen Abnahme nicht besteht. Auf der anderen Seite umfasst die werkvertragliche Abnahme auch die körperliche Entgegennahme des Werkes. Der damit verbundene Besitz, die Verantwortlichkeit, die Überprüfbarkeit und die Einwirkungsmöglichkeit rechtfertigen den Beginn der Verjährungsfrist. Ab diesem Zeitpunkt beginnt einerseits die Abnutzung und andererseits kann das Werk auf etwaige Mängel untersucht werden. Erst nach der körperlichen Entgegennahme besteht die ausreichende Möglichkeit mängelanspruchsbegründende Tatsachen feststellen zu können. Die körperliche Entgegennahme des Gemeinschaftseigentums ist auch im Rahmen unwirksamer Abnahmen erfolgt. Die Billigung hingegen ist zwar üblicherweise als Bestandteil der Abnahme Voraussetzung für den Beginn der Verjährungsfrist, jedoch nicht ausnahmslos unverzichtbar. Der Verjährungsbeginn nach § 634a Abs. 2 BGB tritt auch ein, wenn die Abnahme nach der Beschaffenheit des Werkes gem. § 646 BGB ausgeschlossen ist und das Werk vollendet wurde, die Abnahme fingiert wurde, der Besteller die Abnahme ernsthaft und endgültig verweigert oder auf die Abnahme verzichtet wird.[993] In allen Fällen besteht keine Billigung des Werkes als im Wesentlichen vertragsgemäß und die Verjährungsfrist beginnt trotzdem zu laufen.

Vor diesem Hintergrund erschiene es unbillig, könnten die Erwerber sich darauf berufen, dass die Verjährung nie begonnen habe. Eine Billigung des Werkes erfolgte zwar aufgrund des fehlenden Erklärungsbewusstseins nicht, es lagen jedoch alle Umstände vor, die den Beginn der Verjährung i. S. d. § 634a Abs. 2 BGB rechtfertigen. Das Werk wurde körperlich entgegengenommen, die jahrelange rügelose Nutzung dokumentiert, dass die Erwerber grundsätzlich mit der Beschaffenheit des Werkes einverstanden waren und sie wären nach § 640 Abs. 1 Satz 1 BGB zur Abgabe der Abnahmeerklärung verpflichtet gewesen bzw. diese hätte nach § 640 Abs. 2 BGB fingiert werden können.

Es besteht auch AGB-rechtlich kein schützenswertes Interesse der Erwerber, sich auf das Vorhandensein unverjährter Ansprüche berufen zu können. Dass Mängel am Gemeinschaftseigentum erst nach Ablauf der vom Gesetzgeber als ausreichend bestimmten fünfjährigen Frist auftreten, steht nicht im Zusammenhang mit der unwirksamen Abnahme.[994]

U 104/98 –, juris-Rn. 9, NJW-RR 1999, 529 f.: *„Die Beklagte war auch nicht zur Abnahme des Werkes verpflichtet. [...] Deshalb war die Beklagte auch nicht nach Treu und Glauben gehindert, sich auf die fehlende Abnahme zu berufen.“*

992 *Busche*, in: MüKo-BGB, § 634a, Rn. 44.

993 *Mansel*, in Jauering, BGB, § 634a, Rn. 1; *Raab*, in: Dauner-Lieb/Langen, BGB Schuldrecht, § 634a BGB, Rn. 31, u. 33.

994 *Scheffelt*, BauR 2014, 163 (179).

Die Verjährung dient zum einen dem öffentlichen Interesse nach Rechtssicherheit und Rechtsfrieden.[995] Zum anderen soll das Verjährungsrecht aber auch den individuellen Schutz der Anspruchsgegner bewirken. Sinn und Zweck der Verjährung ist, den Schuldner vor einer unbegründeten, unbekannten oder unerwarteten Inanspruchnahme zu schützen.[996] Nach einem gewissen Zeitablauf wird es immer schwieriger die anspruchsbegründenden Tatsachen eindeutig festzustellen.[997] Das Verjährungsrecht ist somit ein besonderer Ausdruck der dem Grundsatz von Treu und Glauben innewohnenden Rücksichtnahmepflicht.[998]

Vor diesem Hintergrund könnte es den Erwerbern nach dem Grundsatz von Treu und Glauben verwehrt sein, sich auf das Vorhandensein unverjährter Ansprüche zu berufen. Die Umstände, die zur Undurchsetzbarkeit der Ansprüche aufgrund der eingetretenen Verjährung führen, liegen bis auf die die Verjährung beginnen lassende Abnahme auch in diesen Fällen vor. Da bei Bauwerken erfahrungsgemäß häufig versteckte Mängel auftreten, die sich erst nach Ablauf eines längeren Zeitraums zeigen, bemisst sich die Verjährungsfrist im Zusammenhang mit Mängelansprüchen bei einem Bauwerk auf fünf Jahre.[999] Dieser Zeitraum ist abgelaufen. Die Erwerber hatten, unabhängig von der unwirksamen werkvertraglichen Abnahme, ausreichend Zeit das Werk auf etwaige Mängel zu überprüfen und diese gegebenenfalls geltend zu machen.[1000] Nach dem Ablauf des gesetzlich bestimmten Verjährungszeitraums überwiegt das Schutzbedürfnis der Anspruchsgegner und das öffentliche Interesse an Rechtsicherheit und Rechtsfrieden. Das Interesse der Erwerber an der Durchsetzung etwaiger Ansprüche steht zurück.

Dies gilt insbesondere im Rahmen der Verjährung von Mängelansprüchen. Im Gegensatz zum allgemeinen subjektiven Verjährungsrecht der §§ 194 ff. BGB besteht im Gewährleistungsrecht ein objektives System.[1001] Der Beginn der Verjährung

---

995 Vgl. *Grothe*, in: MüKo-BGB, Vorbemerkung (Vor § 194), Rn. 7.

996 Vgl. *Grothe*, in: MüKo-BGB, Vorbemerkung (Vor § 194), Rn. 6; *Raab*, in: Dauner-Lieb/Langen, BGB Schuldrecht, § 634a BGB, Rn. 2.

997 Vgl. dazu auch BGH, Urteil vom 17. Januar 1990 – VIII ZR 292/88 –, juris-Rn. 16, BGHZ 110, 88 ff.: *„Dabei ist zu beachten, daß auch Verjährungsvorschriften ein erheblicher Gerechtigkeitsgehalt zukommt [...]. Die gewährleistungsrechtliche Verjährungsfrist [...] trägt dem Umstand Rechnung, daß mit zunehmendem Zeitablauf die Ermittlungen, ob und in welchem Umfang Mängel bei Gefahrübergang vorhanden waren, schwieriger werden, und hat den Sinn[...] den Rechtsfrieden wiederherzustellen und damit Rechtssicherheit zu schaffen; zugleich soll sichergestellt werden, daß der Verkäufer nach Ablauf einer feststehenden, für ihn überschaubaren Frist nicht mehr mit einer Inanspruchnahme aus Vertragshaftung rechnen muß [...], so daß er ohne Risiko über den Kaufpreis disponieren und sich neuen Geschäften zuwenden kann.“*

998 Vgl. *Grothe*, in: MüKo-BGB, Vorbemerkung (Vor § 194), Rn. 6; *Oetker*, Die Verjährung, S. 47 ff.; auch *Büdenbender*, JuS 1997, 481 (482); *Zimmermann*, JuS 1984, 409 (410).

999 *Busche*, in: MüKo-BGB, § 634a, Rn. 17.

1000 *Scheffelt*, BauR 2014, 163 (179).

1001 Vgl. *Raab*, in: Dauner-Lieb/Langen, BGB Schuldrecht, § 634a BGB, Rn. 5 f.

knüpft an objektive Umstände an, sodass die Möglichkeit besteht, dass Ansprüche verjähren, bevor sie entstanden sind oder der Gläubiger Kenntnis von den anspruchsbegründenden Tatsachen hat.[1002] Dies unterstreicht den Willen des Gesetzgebers, nach Ablauf der fünf (bzw. zwei) Jahre Rechtfrieden und Rechtssicherheit einkehren sowie die Schutzbedürftigkeit des Unternehmers überwiegen zu lassen.

Der Bauträger würde durch einen u. U. mehr als verdoppelten Gewährleistungszeitraum vor dem Hintergrund des Sinn und Zwecks der gesetzlichen Verjährung wesentlich benachteiligt. Er ist vor einer unbekannten und unerwarteten Inanspruchnahme durch Forderungen der Erwerber zu schützen. Seine diesbezügliche Schutzwürdigkeit hat er nicht durch Verwendung der unwirksamen Klausel verloren. Derartige Klauselformulierungen, die für die Abnahme des Gemeinschaftseigentums die Bevollmächtigung eines Abnahmevertreters vorsahen, gehörten jahrelang zur notariellen Praxis und waren Bestandteil der gängigen Formularhandbücher.

Während sich der Bauträger demnach gegebenenfalls wegen Verwendung der unwirksamen Klausel nicht darauf berufen kann, dass sich der Bauträgervertrag noch im Erfüllungsstadium befindet, können sich die Erwerber jedenfalls nach Treu und Glauben nicht uneingeschränkt auf das Vorhandensein unverjährter Gewährleistungsansprüche berufen. Die AGB-rechtliche Inhaltskontrolle dient der Kompensation unausgewogener Vertragsverhältnisse. Sie hat jedoch keinen Strafcharakter. Unangemessene Benachteiligungen des Vertragspartners des Verwenders müssen korrigiert werden.[1003] Dies darf jedoch nicht zur Gewährung unangemessener Vorteile führen.

Im Ergebnis sind die Entscheidungen des BGH[1004] unter dogmatischen sowie systematischen Gesichtspunkten zumindest fragwürdig und es hätte zudem inhaltlich einer umfassenderen Interessenabwägung bedurft. Vor dem Hintergrund haben die Entscheidungen nicht die erhoffte Rechtsklarheit und Rechtssicherheit gebracht.

Sicher erscheint hingegen, dass der BGH an dieser Rechtsansicht festhalten wird. Dies hat die mehrmalige Bestätigung der ersten Entscheidung gezeigt. Trotz der Kritikwürdigkeit bedeutet dies für die Praxis, dass sie sich mit den aus den Entscheidungen resultierenden offenen Fragen auseinandersetzen muss. Das betrifft insbesondere die Frage, in welcher Art und welchem Umfang sowie von wem Ansprüche gegen den Bauträger geltend gemacht werden können, wenn mehr als fünf Jahre nach der unwirksamen Abnahme Mängel am Gemeinschaftseigentum auftreten.

1002 Vgl. *Raab*, in: Dauner-Lieb/Langen, BGB Schuldrecht, § 634a BGB, Rn. 30.

1003 BGH, Urteil vom 19. November 2009 – III ZR 108/08 –, Rn. 13, BGHZ 183, 220 ff.; *Basedow*, in: MüKo-BGB, Vorbemerkung zu §§ 305 ff., Rn. 5.

1004 BGH, Urteil vom 30. Juni 2016 – VII ZR 188/13 –, NJW-RR 2016, 1143 ff.; BGH, Urteil vom 12. Mai 2016 – VII ZR 171/15 –, NJW 2016, 2878 ff.; BGH, Urteil vom 25. Februar 2016 – VII ZR 49/15 –, BGHZ 209, 128 ff.

4. Kapitel: Mängel am Gemeinschaftseigentum

§ 1 Mängelrechte im Rahmen unwirksamer Klauseln

Die Erwerber können trotz unwirksamer Abnahmen Mängelrechte geltend machen, wenn Mängel am Gemeinschaftseigentum auftreten. Anspruchsgrundlage hierfür bildet § 634 BGB i. V. m den jeweiligen Vorschriften.

A. Entstehung und Fälligkeit

Fraglich ist zunächst, wann der Anspruch auf Beseitigung des Mangels am Gemeinschaftseigentum entsteht, wenn eine wirksame Abnahme nicht erfolgt ist.

Ein Anspruch entsteht in dem Zeitpunkt, in dem er erstmals durch den Anspruchsinhaber geltend gemacht und notfalls auch gerichtlich durchgesetzt werden kann.[1005] Die Mängelrechte des § 634 BGB entstehen grundsätzlich mit der werkvertraglichen Abnahme.[1006] In den Ausnahmefällen, in denen diese Ansprüche bereits vor der Abnahme durch den Besteller geltend gemacht werden können, muss demnach auf einen anderen Zeitpunkt abgestellt werden. Im Rahmen der von der Rechtsprechung entwickelten Ausnahmekonstellationen besteht in der Regel ein tatsächliches, greifbares Ereignis, welches die werkvertragliche Abnahme für die Entstehung ersetzt: die endgültige Ablehnung der Mangelbeseitigung durch den Unternehmer, die Kündigung des Werkvertrags, das Schadensersatzverlangen, die Erklärung der Minderung oder ein sonstiger die Abnahme ersetzender Umstand.[1007] Ab diesen Ereignissen kann der Besteller die Mängelrechte, notfalls auch gerichtlich, durchsetzen; die Ansprüche sind entstanden. Bei unwirksamen Abnahmeklauseln liegt kein vergleichbares Ereignis vor. Nach der Rechtsprechung des BGH muss der Unternehmer nach Treu und Glauben den Nachteil tragen, trotz einer fehlenden Abnahme des Gemeinschaftseigentums, mit Mängelrechten konfrontiert zu werden.[1008] Der Umstand, nach dem die Geltendmachung der Ansprüche möglich ist, beruht auf einer Wertungsentscheidung. Die Mängelansprüche entstehen somit, bei Anwendung der vom BGH entwickelten Maßstäbe, nach dem Grundsatz von Treu und Glauben.[1009] Gleichwohl können den Erwerbern keine Mängelansprüche ab Verwendung der unwirksamen Klauseln zugesprochen werden. So muss auch in

---

1005 BGH, Urteil vom 17. Dezember 1999 – V ZR 448/98 –, juris-Rn. 12, NJW-RR 2000, 383 f.; BGH, Urteil vom 17. Februar 1971 – VIII ZR 4/70 –, juris-Rn. 5, BGHZ 55, 340 ff.; RG, Urteil vom 11. Dezember 1913 – II 505/13 –, RGZ 83, 354 (356).

1006 S. o. 3. Kapitel § 2 B. II. 1. a.

1007 Vgl. OLG Köln, Beschluss vom 12. November 2012 – I-11 U 146/12 –, NJW 2013, 1104 (1105).

1008 Vgl. BGH, Urteil vom 25. Februar 2016 – VII ZR 49/15 –, Rn. 43, BGHZ 209, 128 ff.

1009 Vgl. *Thode*, jurisPR-PrivBauR 12/2016, Anm. 1, C.

diesen Fällen davon ausgegangen werden, dass die Erwerber in der Herstellungsphase aufgrund der Konzeption des Werkvertragsrechts keine Mängelansprüche geltend machen können.[1010] Ein Entstehen der Ansprüche kann demnach frühestens zum Zeitpunkt der Fertigstellung des Werkes angenommen werden.

B. Vorliegen eines Mangels

Der Unternehmer hat dem Besteller das Werk gem. § 633 Abs. 1 BGB frei von Sach- und Rechtsmängeln zu verschaffen. Ist das Werk mangelhaft, kann der Besteller, bei Vorliegen der jeweiligen Voraussetzungen, die in § 634 BGB genannten Rechte geltend machen.

I. Mangeldefinition

Ausgangspunkt für die Mängelrechte des Bestellers ist somit das Vorliegen eines Mangels. Ein Rechtsmangel liegt nach § 633 Abs. 3 BGB vor, wenn Dritte in Bezug auf das Werk, über etwaige vertragliche Vereinbarungen hinausgehende Rechte gegen den Besteller geltend machen können. Das Werk ist nach § 633 Abs. 2 BGB sachmangelhaft, wenn es nicht die vereinbarte Beschaffenheit aufweist oder sich, bei fehlender Beschaffenheitsvereinbarung, nicht für die im Vertrag vorausgesetzte oder die gewöhnliche Verwendung eignet.

Maßgeblich ist, ob die Ist-Beschaffenheit von der Soll-Beschaffenheit abweicht.[1011] Die Beschaffenheit des Werkes wird durch seine Eigenschaften gebildet. Dabei wurzeln die Eigenschaften entweder in der Sache selbst oder ergeben sich aus ihrer Beziehung zur Umwelt.[1012] Die Soll-Beschaffenheit richtet sich im Rahmen der Systematik des § 633 Abs. 2 BGB in erster Linie nach der subjektiven, durch die Beschaffenheitsvereinbarung zum Ausdruck kommende Vorstellung der Vertragsparteien.[1013]

Im Rahmen von Bauträgerverträgen kann die vereinbarte Beschaffenheit dem Vertrag und insbesondere der Baubeschreibung und den Plänen sowie u. U. auch der Teilungserklärung entnommen werden.[1014] Maßgebend für die Soll-Beschaffenheit ist zudem die Einhaltung der allgemein anerkannten Regeln der Technik.[1015] Anerkannte Regeln der Technik sind die Bauausführung betreffende – nicht notwendigerweise schriftlich fixierte – Vorschriften, die sich im Rahmen eines fachlichen

---

1010 S. o. 3. Kapitel § 2 B. II. 1. a.

1011 *Busche*, in: MüKo-BGB, § 633, Rn. 7; *Raab*, in: Dauner-Lieb/Langen, BGB Schuldrecht, § 633 BGB, Rn. 8.

1012 Vgl. *Peters/Jacoby*, in: Staudinger, BGB, § 633, Rn. 158.

1013 Vgl. *Busche*, in: MüKo-BGB, § 633, Rn. 7.

1014 *Blank*, Bauträgervertrag, Rn. 411; *Pause*, Bauträgerkauf und Baumodelle, Rn. 642 u. 652 f.

1015 *Blank*, Bauträgervertrag, Rn. 411; *Kniffka*, in: Kniffka/Koeble, Kompendium des Baurechts, 6. Teil, Rn. 16.

Konsenses in der Praxis bewährt haben oder als nachweislich geeignet anerkannt werden.[1016] Wird in den Vertragsunterlagen nicht ausdrücklich auf die allgemein anerkannten Regeln der Technik verwiesen, kann im Regelfall angenommen werden, dass diese zumindest stillschweigend als Beschaffenheit vereinbart wurden.[1017]

Das Gemeinschaftseigentum ist demnach mangelhaft, wenn es den Darstellungen in der Baubeschreibung, in den Vertragsplänen und in der Teilungserklärung widerspricht oder den allgemein anerkannten Regeln der Technik nicht gerecht wird.

II. Zeitpunkt der Mangelfreiheit

Für die Feststellung eines Mangels kommt es jedoch neben der Frage, ob die Ist-Beschaffenheit von der Soll-Beschaffenheit abweicht, auch auf die Frage an, in welchem Zeitpunkt die Mangelfreiheit des Werkes beurteilt wird.

Im Gegensatz zur kaufrechtlichen Regelung in § 434 Abs. 1 Satz 1 BGB ist im Werkvertragsrecht der Zeitpunkt, in dem sich die Mangelfreiheit des Werkes beurteilt, nicht ausdrücklich benannt. Gleichwohl gibt es diesen Zeitpunkt, da auch im Rahmen von Werkverträgen nicht von einer unbegrenzten Verantwortlichkeit des Unternehmers ausgegangen werden kann.[1018] Der Beurteilungszeitpunkt ist maßgebend für das Gefüge der Risikoverteilung im Vertragsverhältnis, sodass, wie im Kaufrecht, der Zeitpunkt des Gefahrübergangs entscheidend ist.[1019] Nach § 644 Abs. 1 Satz 1 BGB trägt der Unternehmer die Gefahr bis zur Abnahme des Werkes. Maßgeblicher Zeitpunkt für die Beurteilung der Mangelfreiheit ist demnach im Werkvertragsrecht grundsätzlich die Abnahme.[1020] Die in § 634 BGB verankerten Mängelrechte stehen dem Besteller nur zu, wenn der Mangel bereits bei der Abnahme vorlag oder zumindest im Werk angelegt war.[1021]

Im Rahmen von Bauträgerverträgen mit unwirksamen Abnahmeklauseln stellt sich nun die Frage, auf welchen Zeitpunkt es für die Beurteilung der Mangelfreiheit des Gemeinschaftseigentums ankommt. Eine wirksame Abnahme hat nicht stattgefunden. Insofern läge, bei Beibehaltung des Grundsatzes, dass der Zeitpunkt der Abnahme die Beurteilungsgrundlage ist, die Verantwortlichkeit immer noch beim Unternehmer. Jede – wann auch immer eingetretene – Abweichung der Ist-

---

1016 *Merkens*, in: Kapellmann/Messerschmidt, VOB-Kommentar Teil A/B, § 4 VOB/B, Rn. 55.

1017 BGH, Urteil vom 21. April 2011 – VII ZR 130/10 –, Rn. 11, NJW-RR 2011, 1240 ff.; BGH, Urteil vom 14. Mai 1998 – VII ZR 184/97 –, juris-Rn. 11, BGHZ 139, 16 ff.; *Pause*, Bauträgerkauf und Baumodelle, Rn. 655.

1018 *Raab*, in: Dauner-Lieb/Langen, BGB Schuldrecht, § 633 BGB, Rn. 7.

1019 *Busche*, in: MüKo-BGB, § 633, Rn. 6; *Raab*, in: Dauner-Lieb/Langen, BGB Schuldrecht, § 633 BGB, Rn. 7; *Voit*, in: Bamberger/Roth, BGB, § 633, Rn. 3.

1020 BGH, Urteil vom 25. Februar 2016 – VII ZR 210/13 –, Rn. 15, NJW 2016, 2183 f.; OLG Stuttgart, Urteil vom 08. Dezember 2010–4 U 67/10 –, juris-Rn. 93, NJW-RR 2011, 669 ff.; *Raab*, in: Dauner-Lieb/Langen, BGB Schuldrecht, § 633 BGB, Rn. 7.

1021 *Lührmann*, NZBau 2016, 489.

Beschaffenheit von der Soll-Beschaffenheit stellte weiterhin einen Mangel dar, der die in § 634 BGB genannten Mängelrechte des Bestellers auslöst.

In den Entscheidungen des BGH zu den Folgen unwirksamer Abnahmeklauseln[1022] wird diese Thematik, auch aufgrund der fehlenden Entscheidungserheblichkeit, nicht erörtert. Das Gleiche gilt für die diesbezügliche Rechtsprechung der Oberlandesgerichte und die weiteren Entscheidungen zu Mängelrechten vor der Abnahme. Das könnte dafür sprechen, dass keine Abweichung vom Grundsatz gilt und auch im Rahmen unwirksamer Abnahmen die nach § 633 Abs. 1 BGB geschuldete Mangelfreiheit im Zeitpunkt der – zukünftigen – Abnahme beurteilt werden muss.

Vor dem Hintergrund, dass der Vertragsschluss und auch die Fertigstellung, die Besitzübergabe sowie die unwirksame Abnahme des Gemeinschaftseigentums zum Teil mehrere Jahre zurückliegt, könnte dies jedoch zu abstrusen Ergebnissen führen. Zustandsverschlechterungen, Verschmutzungen und Beschädigungen stellten einen Mangel dar.[1023] Dies gilt insbesondere auch für Zustandsverschlechterungen, die üblich sind und auf einer beschränkten Lebensdauer des Bauteils beruhen. So gibt es auch bei der Errichtung von Bauwerken Verschleißteile, die nach einer gewissen Zeit ausgetauscht bzw. erneuert werden müssen.[1024] Die Verpflichtung zur mangelfreien Verschaffung des Werkes käme plötzlich einer Instandhaltungsverpflichtung gleich. Zudem kommt es für den maßgeblichen Stand der allgemein anerkannten Regeln der Technik, nach der Rechtsprechung des BGH, auf den Zeitpunkt der Abnahme an.[1025] Wurden die Regeln in den letzten Jahren verschärft, ist das Gemeinschaftseigentum nunmehr mit einem Mangel behaftet, obwohl es den allgemein anerkannten Regeln der Technik zum Zeitpunkt des Vertragsschlusses bzw. der Bauausführung entspricht.[1026]

Insofern erfordert die Frage nach der Verantwortlichkeit des Unternehmers für die Mangelfreiheit des Gemeinschaftseigentums bis zur Nachholung einer wirksamen Abnahme eine nähere Betrachtung. In diesem Zusammenhang muss zwischen der Verschlechterung des Werkes durch den Besteller, durch Dritte und durch Zeitablauf unterschieden werden. Letztlich ist fraglich, inwieweit sich eine Verschärfung der allgemein anerkannten Regeln der Technik auf die Mangelhaftigkeit des Werkes auswirkt.

1022 BGH, Urteil vom 30. Juni 2016 – VII ZR 188/13 –, NJW-RR 2016, 1143 ff.; BGH, Urteil vom 12. Mai 2016 – VII ZR 171/15 –, NJW 2016, 2878 ff.; BGH, Urteil vom 25. Februar 2016 – VII ZR 49/15 –, BGHZ 209, 128 ff.

1023 Vgl. *Scheffelt*, BauR 2014, 163 (179).

1024 Z. B. Glühbirnen, elektrische Rollläden, Anstriche und Lackierungen; vgl. *Pause*, Bauträgerkauf und Baumodelle, Rn. 666.

1025 BGH, Urteil vom 28. Oktober 1999 – VII ZR 115/97 –, juris-Rn. 10, NJW-RR 2000, 309 f.; BGH, Urteil vom 14. Mai 1998 – VII ZR 184/97 –, juris-Rn. 11, BGHZ 139, 16 ff.; BGH, Urteil vom 19. Januar 1995 – VII ZR 131/93 –, juris-Rn. 14, NJW-RR 1995, 472 f.; OLG Stuttgart, Beschluss vom 14. September 2011–10 W 9/11 –, juris-Rn. 23, NJW-RR 2011, 1589 ff.; *Pause*, Bauträgerkauf und Baumodelle, Rn. 656.

1026 *Scheffelt*, BauR 2014, 163 (179).

Die Verantwortlichkeit des Unternehmers für die Mangelfreiheit des Werkes ist grundsätzlich unabhängig von den Ursachen des Mangels.[1027] Dieser Grundsatz wird nur durchbrochen, wenn der Mangel ausschließlich vom Besteller zu verantworten ist.[1028] Dies ergibt sich aus der Wertung des § 645 BGB.[1029] Zustandsverschlechterungen, Verschmutzungen oder Beschädigungen des Gemeinschaftseigentums, die auf dem Gebrauch und der Abnutzung durch die Erwerber beruhen, stellen somit weiterhin eine Abweichung der Ist-Beschaffenheit von der Soll-Beschaffenheit dar, fallen jedoch nicht in den Verantwortungsbereich des Bauträgers. Dies ändert allerdings nichts an der Pflicht zur Beseitigung des Mangels, sondern befreit lediglich von der Kostenlast.[1030]

Im Hinblick auf Verschlechterungen, die von Dritten oder anderen äußeren Einflüssen, wie beispielsweise der Witterung, ausgehen, liegt die Verantwortlichkeit hingegen grundsätzlich beim Unternehmer.[1031] Im Rahmen der Erfüllungsverpflichtung trägt der Bauträger die Verantwortlichkeit für die Mangelfreiheit des Gemeinschaftseigentums bis zur Abnahme.[1032]

Dadurch, dass der Beurteilungszeitpunkt für die Mangelfreiheit des Gemeinschaftseigentums in der Zukunft liegt, erhöht sich somit nicht nur die Gefahr, dass sich ein Mangel zeigt, der bereits vorher angelegt war, sondern auch die Wahrscheinlichkeit, dass weitere Mängel hinzukommen. Umstände, die bei Fertigstellung und Besitzübergabe keinen Mangel darstellten oder noch nicht vorlagen, begründen nunmehr Mängelrechte. Diese Mangelhaftigkeit steht jedoch nicht im Zusammenhang mit der Verwendung der unwirksamen Klausel, sondern lediglich mit dem Lauf der Zeit. Durch das Abstellen auf die – zukünftige – Abnahme als Zeitpunkt für die Beurteilung der Mangelfreiheit des Gemeinschaftseigentums, erhalten die Erwerber einen rechtlichen Vorteil, der ihnen nicht zusteht.[1033] Dies benachteiligt den Bauträger unangemessen. Die Erwerber haben auf der anderen Seite kein schützenswertes Interesse an der Beseitigung dieser Verschlechterungen durch den Unternehmer.

Abweichungen der Ist-Beschaffenheit von der Soll-Beschaffenheit, die nicht auf einer mangelhaften Herstellung beruhen, sondern darauf, dass das ehemals mangelfreie Werk sich nachträglich verschlechtert, sind vom Sinn und Zweck des

1027 OLG München, Urteil vom 06. Dezember 2016–28 U 2388/16 Bau –, juris-Rn. 162, BauR 2017, 1041 ff. *Raab*, in: Dauner-Lieb/Langen, BGB Schuldrecht, § 633 BGB, Rn. 49; *Voit*, in: Bamberger/Roth, BGB, § 633, Rn. 18.

1028 *Peters/Jacoby*, in: Staudinger, BGB, § 633, Rn. 193, § 634 Rn. 16; *Raab*, in: Dauner-Lieb/Langen, BGB Schuldrecht, § 633 BGB, Rn. 50.

1029 *Raab*, in: Dauner-Lieb/Langen, BGB Schuldrecht, § 633 BGB, Rn. 50.

1030 *Peters/Jacoby*, in: Staudinger, BGB, § 633, Rn. 194; *Raab*, in: Dauner-Lieb/Langen, BGB Schuldrecht, § 633 BGB, Rn. 51.

1031 OLG Stuttgart, Urteil vom 31. März 2015–10 U 46/14 –, juris-Rn. 110, BauR 2015, 1688 ff.; *Peters/Jacoby*, in: Staudinger, BGB, § 633, Rn. 192; *Raab*, in: Dauner-Lieb/Langen, BGB Schuldrecht, § 633 BGB, Rn. 49; *Voit*, in: Bamberger/Roth, BGB, § 633, Rn. 18.

1032 *Raab*, in: Dauner-Lieb/Langen, BGB Schuldrecht, § 633 BGB, Rn. 49.

1033 So ähnlich *Bub/Bernhard*, FD-MietR 2016, 380193.

Gewährleistungsrechts nicht gedeckt. Die Verschaffungspflicht beinhaltet keine Instandhaltungspflicht.

Hier kann zudem ein Vergleich zu der Wertung aus den Grundsätzen der Vorteilsausgleichung gezogen werden. Diese sind grundsätzlich auch auf Nacherfüllungsansprüche anwendbar.[1034] Im Rahmen der Mangelbeseitigung entstehende Vorteile, die dem Besteller nicht zustehen, sind beispielsweise ersparte Instandhaltungsaufwendungen oder die Verlängerung der Lebensdauer des Werkes, wenn bis dahin keine Gebrauchsnachteile bestanden.[1035]

Die gleiche Wertung gilt auch bei Betrachtung der Bedeutung der Abnahme für den Gefahrübergang. Die Zuweisung der Gefahrtragung beinhaltet eine Risikoverteilung innerhalb des Vertragsgefüges.[1036] Die Abnahme stellt in der Regel den richtigen Zeitpunkt für den Übergang der Gefahrtragung dar, da der Besteller ab diesem Zeitpunkt die Einwirkungs-, Verfügungs- und Gebrauchsmöglichkeit hat. Der Unternehmer verliert hingegen den Besitz und kurz darauf auch das Eigentum. Vor diesem Hintergrund erscheint es angemessen, das Risiko auf den Besteller übergehen zu lassen. Auch bei der Verwendung unwirksamer Abnahmeklauseln hat dieser Übergang der Einwirkungs- und Verfügungsbefugnisse stattgefunden. Die Erwerber nutzen das Gemeinschaftseigentum bereits seit mehreren Jahren. Der Bauträger hat hingegen keinerlei Einfluss mehr. Im Rahmen von Abnahmen, deren Unwirksamkeit jahrelang unerkannt geblieben ist, liegt somit eine Ausnahmesituation vor, die einer Korrektur bedarf.

Ähnliche Konsequenzen aus dieser Interessenlage hat auch der Gesetzgeber im Rahmen der Reform des Bauvertragsrechts geschlossen. Gemäß dem neu eingefügten § 650g BGB kann bei einer Abnahmeverweigerung des Bestellers wegen wesentlicher Mängel auf Verlangen des Bauunternehmers der Zustand des Werkes zur Zeit des Abnahmeverlangens festgestellt werden. Durch die Zustandsfeststellungen soll die Sachaufklärung in möglichen späteren Prozessen erleichtert werden.[1037] Nach § 650g Abs. 3 Satz 1 BGB gilt für den Fall, dass dem Besteller das Werk trotz der Abnahmeverweigerung bereits verschafft wurde, die widerlegliche Vermutung, dass offenkundige Mängel, die in der Zustandsfeststellung nicht aufgeführt sind, nach der Zustandsfeststellung entstanden und vom Besteller zu vertreten sind. Die Vermutung gilt hingegen gem. § 650g Abs. 3 Satz 2 BGB nicht, wenn der Mangel nach seiner Art nicht vom Besteller verursacht worden sein kann. Dies ist beispielsweise im Rahmen von Materialfehlern oder planabweichenden Herstellungen der Fall.[1038] § 650g Abs. 3 BGB trifft in Ergänzung zu § 644 BGB eine Regelung zur Gefahrtragung

1034 *Moufang/Koos*, in: Messerschmidt/Voit, Privates Baurecht, II. Teil, § 635 BGB, Rn. 89; *Raab*, in: Dauner-Lieb/Langen, BGB Schuldrecht, § 635 BGB, Rn. 19.
1035 *Moufang/Koos*, in: Messerschmidt/Voit, Privates Baurecht, II. Teil, § 635 BGB, Rn. 91.
1036 *Raab*, in: Dauner-Lieb/Langen, BGB Schuldrecht, § 633 BGB, Rn. 7.
1037 Vgl. BT-Drucks. 18/8486, 18. Mai 2016, S. 59; BR-Drucks. 123/16, 11. März 2016, S. 64.
1038 Vgl. BT-Drucks. 18/8486, 18. Mai 2016, S. 60; BR-Drucks. 123/16, 11. März 2016, S. 65.

im Falle der Besitzübergabe ohne Abnahme.[1039] Die Vermutungsregelung würdigt die mit dem Besitzwechsel einhergehenden Veränderung der Einflussmöglichkeiten. Die Verschaffung des Werkes rechtfertigt eine Korrektur der Risikoverteilung.[1040] Die Norm geht davon aus, dass der Zustand des Werkes nach der Besitzübergabe in der Risikosphäre des Bestellers liegt. Die Verantwortung umfasst dabei auch Zustandsverschlechterungen, die auf Handlungen Dritter beruhen.[1041]

Auch die Verwendung der AGB-rechtlich unwirksamen Klausel rechtfertigt keine Rechte in Bezug auf Mängel außerhalb des Verantwortungsbereichs des Bauträgers. Die Inhaltskontrolle dient der Verhinderung unangemessener Benachteiligungen, soll jedoch keine ungerechtfertigten Vorteile schaffen.

Die Erwerber können im Ergebnis, in Anwendung des Grundsatzes von Treu und Glauben aus § 242 BGB keine Mängelrechte geltend machen, wenn der Mangel auf einer nachträglichen Zustandsverschlechterung beruht, die nicht aus der Sphäre des Bauträgers stammt.

Ähnliches muss für den Fall gelten, dass sich die allgemein anerkannten Regeln der Technik nach dem Vertragsschluss bzw. der Bauausführung und vor der Abnahme verschärfen. Nach der Rechtsprechung[1042] bildet zwar die Abnahme den maßgeblichen Zeitpunkt für den einzuhaltenden Stand, die zugrunde liegenden Sachverhalte beinhalteten jedoch keine Verschärfung zwischen Fertigstellung und Abnahme.[1043]

Im Rahmen der unwirksamen Abnahmeklauseln ist das Gemeinschaftseigentum teilweise seit mehreren Jahren fertiggestellt. Eine Verschärfung der anerkannten Regeln der Technik innerhalb dieses Zeitraums ist nicht unüblich.[1044] Eine nachträgliche Einhaltung der neuen Regeln ist dann jedoch in der Regel nicht durch eine einfache Nachbesserung möglich, sondern erfordert Maßnahmen, die einer Neuerrichtung gleichkommen. Dies ist höchst zeit- und kostenintensiv. Zudem müsste der Bauträger etwas leisten, wozu er bei Vertragsschluss und auch bei Abnahmereife des Werkes nicht verpflichtet war.

Die AGB-rechtliche Unwirksamkeit der Abnahmeklausel kann jedoch nicht zu einer derartigen Erweiterung bzw. Modifikation der Verschaffungspflicht führen. Dies würde den Bauträger unangemessen benachteiligen und den Erwerbern Vor-

---

1039 BT-Drucks. 18/8486, 18. Mai 2016, S. 59; BR-Drucks. 123/16, 11. März 2016, S. 64; auch *Tschäpe/Werner*, ZfBR 2017, 419 (423).

1040 BT-Drucks. 18/8486, 18. Mai 2016, S. 60; BR-Drucks. 123/16, 11. März 2016, S. 65; *Orlowski*, ZfBR 2016, 419 (429).

1041 BT-Drucks. 18/8486, 18. Mai 2016, S. 60; BR-Drucks. 123/16, 11. März 2016, S. 65; *Orlowski*, ZfBR 2016, 419 (429).

1042 BGH, Urteil vom 28. Oktober 1999 – VII ZR 115/97 –, juris-Rn. 10, NJW-RR 2000, 309 f.; BGH, Urteil vom 14. Mai 1998 – VII ZR 184/97 –, juris-Rn. 11, BGHZ 139, 16 ff.; BGH, Urteil vom 19. Januar 1995 – VII ZR 131/93 –, juris-Rn. 14, NJW-RR 1995, 472 f.; OLG Stuttgart, Beschluss vom 14. September 2011–10 W 9/11 –, juris-Rn. 23, NJW-RR 2011, 1589 ff.

1043 *Pause*, Bauträgerkauf und Baumodelle, Rn. 656.

1044 *Scheffelt*, BauR 2014, 163 (179), z. B. die Anforderungen an die Energieeffizienz.

teile verschaffen, die ihnen rechtlich nicht zustehen.[1045] Es besteht kein „Modernisierungszwang“[1046]. Das Gemeinschaftseigentum ist demnach im Rahmen unwirksamer Abnahmen diesbezüglich mangelfrei, wenn es den allgemein anerkannten Regeln der Technik zum Zeitpunkt der Fertigstellung bzw. der unwirksamen Abnahme gerecht wird.[1047]

Dies entspricht auch der Wertung zur Vorteilsausgleichung sog. Sowieso-Kosten. Danach wird der Aufwendungsersatzanspruch des Bestellers aus § 637 Abs. 3 BGB um den Betrag gekürzt, um den „das Werk bei ordnungsgemäßer Ausführung von vornherein teurer gewesen wäre“[1048]. Der Unternehmer soll nicht mit Kosten belastet werden, zu deren Tragung er vertraglich nicht verpflichtet ist.[1049] Ein Vorteilsausgleich scheidet hingegen aus, wenn sich nach der Abnahme des Werkes die allgemein anerkannten Regeln der Technik verschärfen und der Unternehmer diese im Rahmen der Mangelbeseitigung berücksichtigen muss. Die Kosten wären bei einer anfänglichen ordnungsgemäßen Leistung nicht angefallen, sodass es sich nicht um Sowieso-Kosten handelt.[1050]

Der Bauträger schuldet vertraglich die Errichtung des Werkes unter Einhaltung der allgemein anerkannten Regeln der Technik. Nach der Fertigstellung eintretende Änderungen sind von der vertraglichen Verpflichtung nicht erfasst; es besteht kein „Modernisierungszwang“. Die durch die Änderung der Regeln eintretende Abweichung der Ist-Beschaffenheit von der Soll-Beschaffenheit beruht nicht auf einer vertragswidrigen Leistung, sondern auf dem Lauf der Zeit. Die der Vorteilsausgleich von Sowieso-Kosten zugrunde liegende Wertung ist demnach auch bei Verschärfung der allgemein anerkannten Regeln der Technik im Rahmen unwirksamer Abnahmen anwendbar. Der durch die Anpassung des Gemeinschaftseigentums an die nun geltenden Regeln der Technik entstehende Vorteil stünde den Erwerbern vertraglich nicht zu.

1045 Vgl. OLG Stuttgart, Beschluss vom 14. September 2011–10 W 9/11 –, juris-Rn. 27, NJW-RR 2011, 1589 ff.: *„Hat die Weiterentwicklung der Regeln der Technik zur Folge, dass der Gläubigerin ein vertraglich nicht geschuldeter Vorteil verbleibt, ist dieser auszugleichen.“*

1046 Vgl. OLG Hamm, Urteil vom 27. Oktober 2006–12 U 47/06 –, juris-Rn. 58, BauR 2009, 861; so auch *Raab*, in: Dauner-Lieb/Langen, BGB Schuldrecht, § 635 BGB, Rn. 20.

1047 Verschärfungen zwischen Vertragsschluss und Bauausführung sind hingegen grundsätzlich beachtlich, da der Bauträger sich laufend informieren muss und noch die Möglichkeit hat zu reagieren: OLG Zweibrücken, Urteil vom 21. Dezember 2006–4 U 12/06 –, juris-Rn. 31, DNotZ 2008, 187.

1048 Vgl. BGH, Urteil vom 12. Oktober 1989 – VII ZR 140/88 –, juris-Rn. 18, NJW-RR 1990, 89 f.; BGH, Urteil vom 17. Mai 1984 – VII ZR 169/82 –, juris-Rn. 20, BGHZ 91, 206 ff.; so ähnlich *Moufang/Koos*, in: Messerschmidt/Voit, Privates Baurecht, II. Teil, § 635 BGB, Rn. 97.

1049 BGH, Urteil vom 17. Mai 1984 – VII ZR 169/82 –, juris-Rn. 21, BGHZ 91, 206 ff.; *Raab*, in: Dauner-Lieb/Langen, BGB Schuldrecht, § 635 BGB, Rn. 21.

1050 OLG Stuttgart, Beschluss vom 14. September 2011–10 W 9/11 –, juris-Rn. 28, NJW-RR 2011, 1589 ff.; *Vogel*, ZWE 2016, 442 (448); *Weyer*, in: Kapellmann/Messerschmidt, VOB-Kommentar Teil A/B, § 13 VOB/B, Rn. 272.

III. Beweislast

In Bezug auf die Rechte der Erwerber bei Mängeln am Gemeinschaftseigentum hat die Verteilung der Beweislast eine erhebliche Bedeutung: Wer muss beweisen, dass das Werk mangelhaft hergestellt wurde? Die Beantwortung dieser Frage spielt, insbesondere vor dem Hintergrund des Zeitablaufs, in der Praxis eine entscheidende Rolle. Je länger die Fertigstellung des Gemeinschaftseigentums zurückliegt und die Nutzungsdauer voranschreitet, desto schwieriger wird es, das Vorliegen bzw. das Nicht-Vorliegen eines Mangels zu beweisen.[1051] Bewiesen werden muss nicht nur die Abweichung der Ist-Beschaffenheit von der Soll-Beschaffenheit, sondern auch, dass das Werk vertragswidrig errichtet wurde.[1052]

Grundsätzlich bildet die werkvertragliche Abnahme die Zäsur für die Beweislastverteilung.[1053] Bis zur Abnahme muss der Unternehmer die Mangelfreiheit des Werkes beweisen. Danach obliegt dem Besteller der Beweis des Mangels. Vor der Abnahme hat der Besteller einen Anspruch auf mangelfreie Herstellung des versprochenen Werkes aus § 631 Abs. 1 BGB. Der Unternehmer muss beweisen, dass er seine Verpflichtung aus dem Vertrag erfüllt hat. Mit der Abnahme geht der Erfüllungsanspruch des Bestellers unter, seine Rechte beschränken sich auf § 634 BGB. Die Beweislast des Unternehmers für die Mangelfreiheit kehrt sich um zu einer Beweislast des Bestellers für behauptete Mängel.[1054] Dies entspricht dem Prinzip aus § 363 BGB,[1055] wonach nach der Annahme einer Leistung als Erfüllung der Beweis des Gegenteils geführt werden muss.[1056]

Fraglich ist, ob dieser werkvertragliche Grundsatz der Beweislastverteilung auch dann greift, wenn der Besteller die Mängelrechte des § 634 BGB vor einer (wirksamen) Erklärung der Abnahme geltend macht. Im Rahmen unwirksamer Abnahmen des Gemeinschaftseigentums müsste der Bauträger, auch mehrere Jahre nach Fertigstellung und Ingebrauchnahme, bei jeder Abweichung der Ist-Beschaffenheit von der Soll-Beschaffenheit, beweisen, dass diese nicht auf einer vertragswidrigen Errichtung, sondern beispielsweise auf fehlerhafter Instandhaltung, Verschleiß oder Alterung beruht.[1057]

Nach der Rechtsprechung des BGH muss der Unternehmer die Mangelfreiheit des Werkes auch dann beweisen, wenn der Besteller Mängelansprüche vor der Ab-

---

1051 *Breitling*, NZBau 2017, 393.

1052 *Busche*, in: MüKo-BGB, § 634a, Rn. 8.

1053 S. o. 1. Kapitel § 3 A. I.; BGH, Urteil vom 24. Oktober 1996 – VII ZR 98/94 –, juris-Rn. 10, NJW-RR 1997, 339 f.; BGH, Urteil vom 04. Juni 1973 – VII ZR 112/71 –, juris-Rn. 52, BGHZ 61, 42 ff.; *Busche*, in: MüKo-BGB, § 640, Rn. 45; *Peters*, NZBau 2009, 209 (210).

1054 Vgl. OLG Hamburg, Urteil vom 05. Dezember 1997–14 U 21/96 –, juris-Rn. 27, OLGR Hamburg 1998, 61 ff.; *Sprau*, in: Palandt, § 634, Rn. 12.

1055 *Hartung*, NJW 2007, 1099 (1103).

1056 *Fetzer*, in: MüKo-BGB, §363, Rn. 2.

1057 Vgl. *Busche*, in: MüKo-BGB, § 634a, Rn. 8.

nahme geltend macht.[1058] Während der Besteller lediglich die Abweichung der Ist-Beschaffenheit von der Soll-Beschaffenheit darzutun hat, liegt die Darlegungs- und Beweislast weiterhin beim Unternehmer.[1059] Solange das Werk nicht abgenommen sei, habe keine Annahme als Erfüllung i. S. d. § 363 BGB stattgefunden, die eine Umkehr der Beweislast rechtfertige.[1060] Das gilt nach der Rechtsprechung auch im Rahmen unwirksamer Abnahmen des Gemeinschaftseigentums.[1061]

Dies muss jedoch kritisch gesehen werden. Die werkvertragliche Abnahme als Zäsur der Beweislastverteilung entspricht grundsätzlich der allgemeinen Beweislastregel im Zivilprozessrecht, dass jede Partei die Voraussetzungen des eigenen Anspruchs zu beweisen hat.[1062] Vor der Abnahme muss der Unternehmer für seinen Anspruch auf Abnahme aus § 640 Abs. 1 Satz 1 BGB die Mangelfreiheit des Werkes beweisen. Nach der Abnahme stehen dem Besteller die Mängelrechte aus § 634 BGB nur zu, wenn er die behaupteten Mängel darlegen und beweisen kann. Es wird insofern auch im Rahmen der Beweislast zwischen dem Erfüllungsanspruch vor der Abnahme und den Mängelansprüchen nach der Abnahme unterschieden.[1063] Der Grundsatz der werkvertraglichen Beweislastverteilung korreliert demnach mit dem Grundsatz, dass vor der Abnahme keine Mängelansprüche bestehen. Im Rahmen unwirksamer Abnahmen des Gemeinschaftseigentums können jedoch ausnahmsweise Mängelansprüche bereits vor der Abnahme geltend gemacht werden. In Fortführung dieses Ausnahmetatbestandes käme auch eine Ausnahme von der grundsätzlichen Beweislastregelung im werkvertraglichen Gewährleistungsrecht in Betracht.[1064] Es entspräche der allgemeinen Beweislastregelung, könnten die Erwerber Ansprüche wegen Mängeln am Gemeinschaftseigentum aus § 634 BGB nur geltend machen, wenn sie das Vorliegen des behaupteten Mangels beweisen können.[1065]

Dies widerspricht grundsätzlich auch nicht dem Sinn und Zweck des § 363 BGB. Eine Annahme als Erfüllung i. S. d. Vorschrift liegt zwar aufgrund der fehlenden – weil unwirksamen – Abnahmeerklärung nicht vor,[1066] gleichwohl kam es zu einer

---

1058 BGH, Urteil vom 23. Oktober 2008 – VII ZR 64/07 –, Rn. 14, NJW 2009, 360 ff.; BGH, Urteil vom 24. Oktober 1996 – VII ZR 98/94 –, juris-Rn. 10, NJW-RR 1997, 339 f.; BGH, Urteil vom 24. November 1998 – X ZR 21/96 –, juris-Rn. 30, NJW-RR 1999, 347 ff.; so auch Retzlaff, BauR 2016, 733 (743).

1059 BGH, Urteil vom 24. November 1998 – X ZR 21/96 –, juris-Rn. 30, NJW-RR 1999, 347 ff.

1060 BGH, Urteil vom 23. Oktober 2008 – VII ZR 64/07 –, Rn. 15, NJW 2009, 360 ff.

1061 BGH, Urteil vom 30. Juni 2016 – VII ZR 188/13 –, Rn. 27, NJW-RR 2016, 1143 ff.; auch OLG München, Urteil vom 06. Dezember 2016–28 U 2388/16 Bau –, juris-Rn. 136, BauR 2017, 1041 ff.

1062 *Hartung*, NJW 2007, 1099 (1103).

1063 So auch *Voit*, in: Bamberger/Roth, BGB, § 634, Rn. 23.

1064 So ähnlich *Peters*, NZBau 2009, 209 (210).

1065 *Peters/Jacoby*, in: Staudinger, BGB, § 633, Rn. 191; *Voit*, in: Bamberger/Roth, BGB, § 636, Rn. 41.

1066 Zur gleichen Bedeutung bzw. zum gleichen Inhalt der Annahme als Erfüllung gem. § 363 BGB und der Abnahme i. S. v. § 640 BGB: BGH, Urteil vom 03. November

vorbehaltlosen Entgegennahme und Nutzung des Gemeinschaftseigentums durch die Erwerber. Es fehlt nicht an dem Verhalten der Erwerber, aus dem der Schluss gezogen werden kann, dass sie die Leistung als im Wesentlichen ordnungsgemäß anerkennen, sondern lediglich an dem diesbezüglichen Erklärungsbewusstsein.[1067] Die vorbehaltlose Entgegennahme und Nutzung nach Ablauf eines angemessenen Prüfzeitraums ist jedoch der Grund für die Beweislastumkehr i. S. d. § 363 BGB. Im Rahmen des Verbots widersprüchlichen Verhaltens, kann der Gläubiger nach vorbehaltloser Entgegennahme der Leistung nicht ohne weiteres behaupten, die Leistung sei mangelhaft. Der Belastung des Gläubigers mit der Beweislast wird durch einen angemessenen Prüfungszeitraum und die Möglichkeit der Zurückweisung begegnet.[1068]

Diese Beweislastverteilung ist grundsätzlich auch interessengerechter.[1069] Die Erwerber sind als Eigentümer, Besitzer und Nutzer des Gemeinschaftseigentums viel besser in der Lage beweiswürdige Tatsachen feststellen zu können. Der Bauträger hat hingegen in der Regel, teilweise seit mehreren Jahren, keinen Zutritt mehr zu den betreffenden Anlagen und stünde somit vor erheblichen Beweisproblemen. Dies entspricht auch der § 650g Abs. 3 Satz 1 BGB innewohnenden Wertung. Offenkundige Mängel, die nicht in der Zustandsfeststellung nach § 650g Abs. 1 oder 2 BGB aufgeführt wurden, sind vermutlich erst nach der Zustandsfeststellung entstanden und vom Besteller zu vertreten, wenn sich das Werk seitdem in seinem Besitz befand. Zur Geltendmachung von Mängelrechten gegen den Unternehmer muss der Besteller diese Vermutung widerlegen. Es gilt dementsprechend eine Beweislastumkehr für die Verursachung des offenkundigen Mangels.[1070]

Entgegen der Rechtsprechung des BGH[1071] liegt die Darlegungs- und Beweislast für das Vorliegen eines Mangels im Rahmen unwirksamer Abnahmen des Gemeinschaftseigentums im Ergebnis bei den Erwerbern, wenn diese Rechte wegen Mängeln i. S. d. § 634 BGB geltend machen.[1072] Dies entspricht den allgemeinen Grundsätzen zur Verteilung der Beweislast im Zivilprozess und ist interessegerechter.

1960 – VII ZR 150/59, juris-Rn. 9, BGHZ 33, 236 ff.; RG, Urteil vom 22. April 1904 – VII 490/03 –, RGZ 57, 337 (338); *Olzen*, in: Staudinger, BGB, § 363, Rn. 13.

1067 Zur Notwendigkeit eines – zumindest potenziellen – Erklärungsbewusstseins: *Dennhardt*, in: Bamberger/Roth, BGB, § 363, Rn. 5; *Olzen*, in: Staudinger, BGB, § 363, Rn. 15.

1068 Vgl. *Fetzer*, in: MüKo-BGB, §363, Rn. 2; *Olzen*, in: Staudinger, BGB, § 363, Rn. 2.

1069 *Hartung*, NJW 2007, 1099 (1105).

1070 *Tschäpe/Werner*, ZfBR 2017, 419 (424).

1071 BGH, Urteil vom 30. Juni 2016 – VII ZR 188/13 –, Rn. 27, NJW-RR 2016, 1143 ff.; auch OLG München, Urteil vom 06. Dezember 2016–28 U 2388/16 Bau –, juris-Rn. 136, BauR 2017, 1041 ff.

1072 So auch *Peters/Jacoby*, in: Staudinger, BGB, § 633, Rn. 191; *Voit*, in: Bamberger/Roth, BGB, § 634, Rn. 6; a. A. *Hartung*, NJW 2007, 1099 (1106), der die Beweislast bis zur Abnahme beim Unternehmer belassen und zum Ausgleich der Interessen die Grundsätze über die Beweisverteilung anwenden will.

C. Verjährung

Klärungsbedarf besteht vor dem Hintergrund der Rechtsprechung des BGH auch hinsichtlich der Verjährung der Mängelansprüche der Erwerber. Dabei stellt sich zum einen die Frage in welcher Frist die Ansprüche verjähren und zum anderen ab welchem Zeitpunkt diese Frist zu laufen beginnt.

I. Regelmäßige Verjährung oder § 634a BGB?

Die in § 634 Nr. 1, 2 und 4 BGB bezeichneten Ansprüche verjähren bei einem Bauwerk gem. § 634a Abs. 1 Nr. 2 BGB in fünf Jahren. Dabei beginnt die Verjährung grundsätzlich nach § 634a Abs. 2 BGB mit der werkvertraglichen Abnahme. Die Rechte auf Minderung und Rücktritt verjähren nicht, da es sich nicht um Ansprüche handelt. Sie werden aber nach §§ 634a Abs. 4 Satz 1, 218 Abs. 1 Satz 1 BGB unwirksam, wenn der Nacherfüllungsanspruch verjährt ist und der Schuldner sich darauf beruft.

Im Rahmen der Verwendung unwirksamer Abnahmeklauseln hat eine wirksame Abnahme jedoch nicht stattgefunden, wodurch sich zunächst die Frage stellt, ob die Vorschrift des § 634a BGB überhaupt anwendbar ist oder sich Mängelansprüche vor der Abnahme nach der regelmäßigen Verjährung aus § 195 BGB richten.

Ursprünglich hatte der BGH im Jahr 1999 entschieden, dass für den Anspruch aus § 635 BGB a. F. vor der Abnahme die dreißigjährige Regelverjährung nach § 195 BGB a. F. gelte, da die fünfjährige Verjährungsfrist aus § 638 Abs. 1 Satz 1 BGB a. F. erst mit der Abnahme beginne.[1073] Diese Rechtsprechung gab der BGH jedoch gute zehn Jahre später auf.[1074] Auch die Verjährung von Gewährleistungsansprüchen vor der Abnahme richtete sich nunmehr nach § 638 Abs. 1 Satz 1 BGB a. F.[1075] Die spezielle Verjährungsregelung gelte grundsätzlich für alle werkvertraglichen Mängelrechte, unabhängig vom Zeitpunkt ihrer Entstehung.

Diese Rechtsprechung bezieht sich jedoch ausschließlich auf Gewährleistungsrechte vor der Abnahme aus Werkverträgen, die dem alten Schuldrecht vor der Modernisierung unterliegen. Ob dies auch nach der Schuldrechtsmodernisierung gilt, hatte der BGH ausdrücklich offengelassen.[1076] Während er nunmehr im Rahmen unwirksamer Abnahmeklauseln scheinbar einfach von einer Anwendbarkeit des § 634a BGB ausgeht,[1077] muss die Frage zumindest erörtert werden.

1073 BGH, Urteil vom 30. September 1999 – VII ZR 162/97 –, juris-Rn. 12, NJW 2000, 133 f.

1074 BGH, Urteil vom 08. Juli 2010 – VII ZR 171/08 –, NJW 2010, 3573 ff.

1075 BGH, Beschluss vom 19. Mai 2011 – VII ZR 94/09 –, NJW-Spezial 2011, 557; BGH, Urteil vom 24. Februar 2011 – VII ZR 61/10 –, Rn. 17, NJW 2011, 1224 ff.; BGH, Urteil vom 10. Februar 2011 – VII ZR 8/10 –, Rn. 48, NJW 2011, 1442 ff.; BGH, Urteil vom 08. Juli 2010 – VII ZR 171/08 –, NJW 2010, 3573 ff.

1076 BGH, Urteil vom 24. Februar 2011 – VII ZR 61/10 –, Rn. 17, NJW 2011. 1224 ff.; BGH, Urteil vom 08. Juli 2010 – VII ZR 171/08 –, Rn. 28, NJW 2010, 3573 ff.

1077 BGH, Urteil vom 30. Juni 2016 – VII ZR 188/13 –, Rn. 49, NJW-RR 2016, 1143 ff.; BGH, Urteil vom 12. Mai 2016 – VII ZR 171/15 –, Rn. 61, NJW 2016, 2878 ff.; BGH, Urteil vom 25. Februar 2016 – VII ZR 49/15 –, Rn. 29, BGHZ 209, 128 ff.

Die Rechtsprechung zum alten Schuldrecht ist nicht ohne weiteres auf das neue Schuldrecht übertragbar. Zunächst ist die den Entscheidungen zugrunde liegende Wertung nicht vergleichbar. Die Entscheidung für die Anwendbarkeit des § 638 Abs. 1 Satz 1 BGB a. F. und gegen § 195 BGB a. F. wurde u. a. damit begründet, dass nach der Entscheidung des Gesetzgebers werkvertragliche Mängelansprüche nicht der dreißigjährigen Regelverjährung, sondern der „kurzen" fünfjährigen Verjährung unterliegen sollen. Dies gewährleiste eine rasche Vertragsabwicklung und vermeide Aufklärungsschwierigkeiten.[1078] Im Rahmen der Anwendung des § 634a BGB auf Mängelansprüche vor der Abnahme würde dies im neuen Schuldrecht hingegen eine Verlängerung im Vergleich zur Regelverjährung bedeuten. Die Wertung kann demnach nicht übertragen werden.

Zudem bestand im alten Werkvertragsrecht eine andere Ausgangslage. Die damals einschlägigen Vorschriften sahen die Geltendmachung bestimmter Mängelrechte vor der Abnahme ausdrücklich vor. Dadurch dass der Gesetzgeber keine gesonderte Regelung für die Verjährung dieser Ansprüche vorgesehen hatte, konnte davon ausgegangen werden, dass diese vom Wortlaut des § 638 Abs. 1 Satz 1 BGB a. F.[1079] erfasst waren.[1080] Im modernisierten Werkvertragsrecht bestehen im Grundsatz keine Mängelrechte vor der Abnahme, der Besteller kann diese nur in engen, von der Rechtsprechung entwickelten Ausnahmefällen geltend machen.[1081] Es kann demnach nicht davon ausgegangen werden, dass der Gesetzgeber bei der Regelung des § 634a BGB auch Mängelrechte vor der Abnahme im Sinn hatte.

Auf der anderen Seite hat sich der Gesetzgeber bewusst dafür entschieden, dass Mängelansprüche bei Bauwerken erst nach fünf Jahren verjähren,[1082] da dies der Zeitraum ist, in dem sich die Mängel üblicherweise zeigen. Diese Wertung gilt unabhängig vom Zeitpunkt der Geltendmachung. Ob der Besteller seine Rechte bei Mängeln am Werk, wie vom Gesetz vorgesehen, nach der Abnahme ausübt oder dies in Ausnahmefällen bereits vorher kann: in beiden Fällen müssen ihm nach der gesetzgeberischen Wertung fünf Jahre zur Verfügung stehen. Erst nach Ablauf dieses Zeitraums rechtfertigt sich eine Undurchsetzbarkeit der Ansprüche.

Dies entspricht auch dem Prinzip des Verjährungsrechts im BGB. Die regelmäßige Verjährungsfrist des § 195 BGB gilt, soweit keine speziellen Sondervorschriften eingreifen.[1083] Für die Mängelrechte aus § 634 BGB gibt es mit § 634a BGB eine

---

1078 BGH, Urteil vom 08. Juli 2010 – VII ZR 171/08 –, Rn. 17, NJW 2010, 3573 ff.

1079 *„Der Anspruch des Bestellers auf Beseitigung eines Mangels des Werkes sowie die wegen des Mangels dem Besteller zustehenden Ansprüche auf Wandelung, Minderung oder Schadensersatz verjähren [...] bei Bauwerken in fünf Jahren."*

1080 BGH, Urteil vom 08. Juli 2010 – VII ZR 171/08 –, Rn. 20, NJW 2010, 3573 ff.

1081 S. o. 3. Kapitel § 2 B. II. 1.

1082 Vgl. §§ 438 Abs. 1 Nr. 2 lit. a und 634a Abs. 1 Nr. 2 BGB

1083 *Grothe,* in: MüKo-BGB, § 165, Rn. 4.

spezielle Sondervorschrift.[1084] Auf den Zeitpunkt der Entstehung solcher Ansprüche kommt es dabei nicht an.

Für die Ansprüche der Erwerber bei Mängeln am Gemeinschaftseigentum aus § 634 BGB gilt demnach auch im Rahmen unwirksamer Abnahmeklauseln bei Geltendmachung vor Erklärung einer wirksamen Abnahme die fünfjährige Verjährungsfrist des § 634a Abs. 1 Nr. 2 BGB.[1085]

Dieses Ergebnis stimmt auch mit der den Entscheidungen des BGH zu unwirksamen Abnahmeklauseln[1086] zugrunde liegenden Wertung überein. Bei Geltung der Regelverjährung verjährten die Mängelansprüche der Erwerber gem. § 199 Abs. 1 BGB drei Jahre nach Fertigstellung des Gemeinschaftseigentums. Es würde keinen Sinn machen, den Erwerbern umständlich über den Grundsatz von Treu und Glauben Ansprüche zuzugestehen, die dann regelmäßig schon verjährt sind und zwar bevor die Verjährung bei Vornahme einer wirksamen Abnahme eingetreten wäre.

II. Beginn der Verjährung

Fraglich ist jedoch, wann die fünfjährige Verjährungsfrist des § 634a Abs. 1 Nr. 2 BGB beginnt. Den dafür maßgeblichen Zeitpunkt stellt grundsätzlich nach § 634a Abs. 2 BGB die Abnahme dar. Im Rahmen unwirksamer Abnahmeklauseln hat eine wirksame Abnahme jedoch in der Regel nie stattgefunden. Es stellt sich somit die Frage, ob in diesen Fällen ein anderer Zeitpunkt den Beginn darstellt oder ob auch für Mängelansprüche, die vor der Abnahme geltend gemacht werden, die Frist erst ab der Abnahme läuft. In diesem Fall unterlägen die Ansprüche der Erwerber gegen den Bauträger wegen Mängeln am Gemeinschaftseigentum zwar der Verjährung, der Lauf der Frist hätte aber nie begonnen. Solange eine wirksame Abnahme nicht nachgeholt wird, bestünde eine „ewige Bauträgerhaftung“[1087].

Der BGH hatte für das alte Schuldrecht entschieden, dass auch die Verjährungsfrist bei Gewährleistungsansprüchen vor der Abnahme erst beginnt, wenn eine wirksame Abnahme erklärt oder die Abnahme endgültig verweigert wird.[1088] Dass

1084 *Acker/Roskosny*, BauR 2003, 1279 (1286); *Müller*, NZBau 2015, 337 (339); so auch zum alten Schuldrecht: BGH, Urteil vom 24. Februar 2011 – VII ZR 61/10 –, Rn. 17, NJW 2011. 1224 ff.; BGH, Urteil vom 08. Juli 2010 – VII ZR 171/08 –, Rn. 16, NJW 2010, 3573 ff.

1085 *Müller*, NZBau 2015, 337 (339); a. A. *Drossart*, in: Messerschmidt/Voit, Privates Baurecht, II. Teil, § 634a BGB, Rn. 5; *Messerschmidt/Leidig*, BauR 2014, 1 (9).

1086 BGH, Urteil vom 30. Juni 2016 – VII ZR 188/13 –, NJW-RR 2016, 1143 ff.; BGH, Urteil vom 12. Mai 2016 – VII ZR 171/15 –, NJW 2016, 2878 ff.; BGH, Urteil vom 25. Februar 2016 – VII ZR 49/15 –, BGHZ 209, 128 ff.

1087 Vgl. *Pause*, ZfIR 2014, 127 (133).

1088 BGH, Beschluss vom 19. Mai 2011 – VII ZR 94/09 –, NJW-Spezial 2011, 557; BGH, Urteil vom 24. Februar 2011 – VII ZR 61/10 –, Rn. 16, NJW 2011. 1224 ff.; BGH, Urteil vom 10. Februar 2011 – VII ZR 8/10 –, Rn. 48, NJW 2011, 1442 ff.; BGH, Urteil vom 08. Juli 2010 – VII ZR 171/08 –, Rn. 14, NJW 2010, 3573 ff.

die Gewährleistungsrechte dem Besteller dann u. U. über einen erheblich längeren Zeitraum als die vom Gesetzgeber veranschlagten fünf Jahre zur Verfügung stehen, widerspreche nicht der gesetzgeberischen Zielsetzung. Die zeitliche Begrenzung sei erst nach der Abnahme erforderlich.[1089] Auch dem Unternehmer sei dieses Ergebnis zuzumuten.[1090] Dies gelte vor allen Dingen vor dem Hintergrund, dass der Unternehmer die Wirkungen der Abnahme jederzeit nach § 640 Abs. 1 Satz 3 BGB a. F.[1091] fingieren kann.[1092]

Dass der BGH auch im Rahmen unwirksamer Abnahmeklauseln nach § 634a Abs. 2 BGB die Abnahme für den Beginn der Verjährungsfrist für maßgeblich erachtet, hat er bereits in den diesbezüglichen Entscheidungen kundgetan.[1093]

Für die konkrete Fallgestaltung der unwirksamen Abnahmeklauseln bedeutete dies, dass aufgrund der Unwirksamkeit der Abnahme die Verjährungsfrist nie zu laufen begonnen hat, obwohl die Fertigstellung und Übergabe des Bauwerkes teilweise erheblich länger als fünf Jahre zurückliegt. Eine zeitliche Begrenzung der Möglichkeit der Erwerber, ihre Mängelansprüche durchzusetzen, könnte grundsätzlich nur über eine nachträgliche Abnahme, eine endgültige Verweigerung der Abnahme oder eine Abnahmefiktion erreicht werden. Ab diesem Zeitpunkt würde der Bauträger für weitere fünf Jahre haften.

Dies gilt jedoch nicht wenn im Rahmen unwirksamer Abnahmen andere Umstände oder Ereignisse den Lauf der fünfjährigen Verjährung beginnen lassen können. Die Abnahme ist auch im Werkvertragsrecht nicht ausnahmslos Voraussetzung für den Beginn der Verjährung.[1094] Dies sieht grundsätzlich auch der BGH so. Die Verjährung beginnt nach der Rechtsprechung des BGH auch ohne das Vorliegen einer Abnahme, wenn „Umstände gegeben [sind], nach denen Erfüllung des Vertrags nicht mehr in Betracht [kommt]"[1095]. Das ist nach der Vorstellung des BGH der Fall, wenn der Besteller die Abnahme endgültig verweigert oder keine Erfüllung des Vertrags mehr verlangt und das Erfüllungsverhältnis in ein Abwicklungs- und

1089 Vgl. BGH, Urteil vom 08. Juli 2010 – VII ZR 171/08 –, Rn. 22, NJW 2010, 3573 ff.

1090 BGH, Urteil vom 08. Juli 2010 – VII ZR 171/08 –, Rn. 24, NJW 2010, 3573 ff.

1091 Dieses Argument verliert vor dem Hintergrund des neuen § 640 Abs. 2 Satz 1 BGB und der damit verbundenen Erleichterung der Blockademöglichkeiten des Bestellers an Kraft; vgl. dazu auch 1. Kapitel § 3 D. II.

1092 BGH, Urteil vom 08. Juli 2010 – VII ZR 171/08 –, Rn. 26, NJW 2010, 3573 ff.; *Müller*, NZBau 2015, 337 (343).

1093 BGH, Urteil vom 30 Juni 2016 – VII ZR 188/13 –, Rn. 49, NJW-RR 2016, 1143 ff.; BGH, Urteil vom 12. Mai 2016 – VII ZR 171/15 –, Rn. 61, NJW 2016, 2878 ff.; BGH, Urteil vom 25. Februar 2016 – VII ZR 49/15 –, Rn. 29, BGHZ 209, 128 ff.

1094 Vgl. 3. Kapitel § 2 E. II. 3.; bei nicht abnahmefähigen Werken beginnt die Verjährung bspw. gem. § 646 i.V.m. § 634a Abs. 2 BGB mit der Vollendung.

1095 Vgl. BGH, Urteil vom 24. Februar 2011 – VII ZR 61/10 –, Rn. 18, NJW 2011, 1224 ff.

Abrechnungsverhältnis übergeht.[1096] Insofern können auch sog. „Abnahmesurrogate“[1097] den Beginn der werkvertraglichen Verjährung auslösen.

Fraglich ist, ob im Rahmen der unwirksamen Abnahmeklauseln ein derartiger, die Abnahme im Zusammenhang mit § 634a Abs. 2 BGB ersetzender Tatbestand existiert. Eine endgültige Abnahmeverweigerung liegt im Rahmen unwirksamer Abnahmen regelmäßig nicht vor, da den Parteien nicht bewusst war, dass eine wirksame Abnahme nie stattgefunden hat. Auch besteht kein vom BGH gemeintes Abwicklungs- und Abrechnungsverhältnis. Ein derartiges Verhältnis liegt vor, wenn der Besteller vom Vertrag zurücktritt, kündigt, den Vertrag auf andere Weise beendet[1098] oder die Erfüllungsleistung unmöglich wird.[1099]

Die den von der Rechtsprechung entwickelten Abnahmesurrogaten zugrunde liegende Wertung ist jedoch vergleichbar. In allen Fällen lassen andere Tatsachen als die Erklärung der Abnahme die Erfüllungsphase enden. Unter diesen Umständen ist nicht nur die ausnahmsweise Geltendmachung von Mängelansprüchen vor der Abnahme möglich, sondern es rechtfertigt sich auch der Lauf einer Verjährungsfrist. Die Abnahme bildet den vom Gesetzgeber in § 634a Abs. 2 BGB maßgeblichen Zeitpunkt für den Verjährungsbeginn, weil dies der Zeitpunkt ist, in dem das Vertragsverhältnis vom Erfüllungs- in das Gewährleistungsstadium übergeht. Lösen andere Umstände diesen Übergang aus, bilden sie den für den Verjährungsbeginn maßgeblichen Zeitpunkt.

Auch im Rahmen der Bauträgerverträge mit unwirksamen Abnahmeklauseln stehen den Erwerbern nach der Rechtsprechung des BGH die mit dem Gewährleistungsstadium verbundenen Rechte zur Verfügung. Der Bauträger hat aus seiner Sicht das Werk fertiggestellt und den Erwerbern in Erfüllung seiner Verpflichtung aus § 650u Abs. 1 i. V. m. § 631 Abs. 1 BGB übergeben. Die Erwerber können die Mängelrechte auch ohne die Erklärung der Abnahme geltend machen und der Bauträger kann sich nach den Grundsätzen von Treu und Glauben nicht auf das Erfüllungsstadium des Vertrags berufen. Zudem liegen alle Umstände, die die Abnahme als den maßgeblichen Zeitpunkt für den Beginn der Verjährung rechtfertigen – bis auf die Abnahmeerklärung an sich – vor. Der Lauf der Verjährung ist vor dem Hintergrund des Sinn und Zwecks des Verjährungsrechts angemessen und die Erwerber werden nicht in schützenswerten Belangen benachteiligt.[1100]

Das Ziel des Verjährungsrechts, eine feste Begrenzung der Durchsetzbarkeit von Mängelansprüchen zu schaffen, kommt auch in den der Rechtsprechung zu Mängelrechten vor der Abnahme zugrunde liegenden Wertungen zum Ausdruck. Nach der Rechtsprechung des BGH kann der Besteller ausnahmsweise Mängelrechte vor

---

1096 BGH, Urteil vom 08. Juli 2010 – VII ZR 171/08 –, Rn. 23, NJW 2010, 3573 ff.

1097 Vgl. *Koeble*, BauR 2012, 1153.

1098 *Koeble*, BauR 2012, 1153 (1155); *Müller*, NZBau 2015, 337 (342).

1099 OLG München, Urteil vom 17. Juli 2012–13 U 4106/11 Bau –, juris-Rn. 28, NJW 2012, 3188 ff.

1100 Vgl. 3. Kapitel § 2 B. II. 3.

der Abnahme geltend machen, wenn der Besteller die Erfüllung des Vertrags nicht mehr verlangen kann und zwischen den Parteien ein sog. Abrechnungsverhältnis besteht.[1101] Liegt ein solches Abrechnungsverhältnis vor, eröffnet dies jedoch nicht nur die Möglichkeit zur Geltendmachung von Mängelansprüchen vor der Abnahme, sondern bildet auch als sog. Abnahmesurrogat den maßgeblichen Zeitpunkt für den Verjährungsbeginn.[1102] Die Gefahr einer „ewigen Unternehmerhaftung" besteht dadurch nicht.

Der Ansicht des BGH, dass die Verjährung im Rahmen unwirksamer Abnahmeklauseln solange nicht beginnt, bis die Abnahme nachgeholt oder endgültig verweigert wird, ist zudem entgegenzuhalten, dass der Verjährungsbeginn nicht endlos hinausgeschoben werden kann. Spätestens am Schluss des dritten Jahres nach Fertigstellung des Bauwerkes kommt eine Erfüllung des Bauträgervertrags i. S. d. Rechtsprechung nicht mehr in Betracht. Die Erfüllungsansprüche der Erwerber sind verjährt[1103] und auch eine einseitige Erklärung der Abnahme ist nicht mehr möglich.[1104] Das Erfüllungsstadium des Bauträgervertrags ist endgültig beendet. Mit der Verjährung des Erfüllungsanspruchs aus § 650u Abs. 1 Satz 2 i. V. m. § 631 Abs. 1 BGB beginnt demnach die fünfjährige Verjährung der werkvertraglichen Mängelansprüche i. S. v. § 634a Abs. 1 Nr. 2 BGB.

D. Verwirkung

Bleibt es mit der Rechtsprechung des BGH dabei, dass die Verjährung der Mängelansprüche nach § 634a Abs. 2 BGB nicht beginnt, weil keine wirksame Abnahme stattgefunden hat, kommt nur noch eine Verwirkung der Rechte in Betracht. Sie führt als Unterfall der unzulässigen Rechtsausübung dazu, dass dem Rechtsinhaber die Ausübung des Rechts nach § 242 BGB versagt wird.[1105] Nach der Rechtsprechung des BGH tritt die Verwirkung ein, wenn ein Recht über einen längeren Zeitraum nicht geltend gemacht wird und weitere Umstände vorliegen, die die späte Geltendmachung als treuwidrig erscheinen lassen.[1106] Es bedarf somit kumulativ eines Zeit- und eines Umstandsmoments.

1101 BGH, Urteil vom 19. Januar 2017 – VII ZR 235/15 –, Rn. 45, NZBau 2017, 211 ff.; BGH, Urteil vom 19. Januar 2017 – VII ZR 193/15 –, Rn. 38, MDR 2017, 390 ff.; BGH, Urteil vom 19. Januar 2017 – VII ZR 301/13 –, Rn. 44, BauR 2017, 875 ff.

1102 BGH, Urteil vom 08. Juli 2010 – VII ZR 171/08 –, Rn. 23, NJW 2010, 3573 ff.

1103 Vgl. 3. Kapitel § 2 A.

1104 Vgl. 3. Kapitel § 2 B. II. 1. c. (1).

1105 *Krebs*, in: Dauner-Lieb/Langen, BGB Schuldrecht, § 242 BGB, Rn. 99; *Schubert*, in: MüKo-BGB, § 242, Rn. 356; *Sutschet*, in: Bamberger/Roth, BGB, § 242, Rn. 144.

1106 BGH, Urteil vom 23. Januar 2014 – VII ZR 177/13 –, Rn. 13, NJW 2014, 1230 f.; BGH, Urteil vom 19. Oktober 2005 – XII ZR 224/03 –, Rn. 22, NJW 2006, 219 f. (m. w. N.); OLG Bamberg, Urteil vom 09. Dezember 2015–8 U 23/15 –, juris-Rn. 52, BauR 2016, 688 ff.; *Basty*, Der Bauträgervertrag, Rn. 1032; *Krebs*, in: Dauner-Lieb/Langen, BGB Schuldrecht, § 242 BGB, Rn. 99.

Der BGH hat ausdrücklich auf die Möglichkeit der Verwirkung werkvertraglicher Mängelansprüche hingewiesen, für das Fall, dass aufgrund einer unwirksamen Abnahme eine Verjährung nicht in Betracht kommt.[1107] Fraglich ist, unter welchen Voraussetzungen die Mängelrechte der Erwerber verwirkt sind. Dabei kommt es grundsätzlich auf die konkreten Umstände des Einzelfalles an.[1108] Gleichwohl lassen sich Eckpunkte verallgemeinern, unter denen eine Verwirkung in Betracht kommt.

I. Zeitmoment

Zunächst muss eine gewisse Zeitspanne verstreichen, in der der Berechtigte seine Rechte nicht geltend macht.[1109] Das Zeitmoment der Verwirkung tritt grundsätzlich ein, wenn bei vernünftiger Betrachtung nicht mehr damit gerechnet werden muss, dass die vorhandenen Ansprüche geltend gemacht werden.[1110] Den Beginn des Zeitrahmens stellt dabei die erste Möglichkeit der Geltendmachung des Anspruchs bzw. der Ausübung des Rechts dar.[1111] Nach der Rechtsprechung des BGH können sich Bauträger nach § 242 BGB nicht auf das Erfüllungsstadium der Bauträgerverträge berufen, sodass es den Erwerbern in diesen Fällen nicht verwehrt ist ihre Mängelrechte durchzusetzen. Die Möglichkeit der Geltendmachung besteht dann spätestens seit der erfolgten unwirksamen Abnahme durch den Abnahmevertreter.[1112]

Einen ersten Anhaltspunkt für die Bemessung des Zeitmoments kann die gesetzliche Verjährungsfrist bilden,[1113] wobei ausnahmsweise auch einer Verwirkung vor der Verjährung in Betracht kommen kann.[1114] Die werkvertraglichen Mängelansprüche verjähren bei Bauwerken gem. § 634a Abs. 1 Nr. 2 BGB in fünf Jahren. Vor dem Hintergrund der Bedeutung der Mängelrechte und auch der fünfjährigen Verjährungsfrist[1115] kommt eine Verwirkung der Mängelrechte vor Ablauf von fünf

1107 BGH, Urteil vom 08. Juli 2010 – VII ZR 171/08 –, Rn. 27, NJW 2010, 3573 ff., noch zum alten Schuldrecht; auch LG München I, Urteil vom 30. Juli 2013–8 O 27875/12 –, juris-Rn. 56, BauR 2013, 2066; und OLG Stuttgart, Urteil vom 31. März 2015–10 U 46/14 –, juris-Rn. 89, NJW-RR 2015, 1226 ff., welches eine Verwirkung des Rechts, sich auf die fehlende Abnahme zu berufen, anspricht.

1108 *Temming*, AcP 2015, 17 (37).

1109 *Schubert*, in: MüKo-BGB, § 242, Rn. 363; *Sutschet*, in: Bamberger/Roth, BGB, § 242, Rn. 136.

1110 Vgl. *Krebs*, in: Dauner-Lieb/Langen, BGB Schuldrecht, § 242 BGB, Rn. 106; *Schubert*, in: MüKo-BGB, § 242, Rn. 365.

1111 *Olzen/Looschelders*, in: Staudinger, BGB, § 242, Rn. 305.

1112 LG München I, Urteil vom 30. Juli 2013–8 O 27875/12 –, juris-Rn. 64 f., BauR 2013, 2066.

1113 *Krebs*, in: Dauner-Lieb/Langen, BGB Schuldrecht, § 242 BGB, Rn. 106; *Schubert*, in: MüKo-BGB, § 263, Rn. 364; *Sutschet*, in: Bamberger/Roth, BGB, § 242, Rn. 137.

1114 BGH, Urteil vom 29. Februar 1984 – VIII ZR 310/82 –, juris-Rn. 9, NJW 1984, 1684 f.

1115 S. o. 3. Kapitel § 2 B. II. 3.

Jahren nicht in Betracht.[1116] Es ist üblich, dass sich Mängel an Bauwerken erst nach einer längeren Zeit zeigen und demzufolge auch erst zu diesem Zeitpunkt geltend gemacht werden. Der Bauträger muss demnach damit rechnen, dass in diesem Zeitraum noch Mängelansprüche geltend gemacht werden. In diesem Zusammenhang wird in der Literatur für das Zeitmoment ein Zeitraum von etwas mehr als sieben Jahren[1117] oder sogar von zehn Jahren[1118] vorgeschlagen.

Im Rahmen der Bemessung des Zeitmoments können zudem gesetzliche Aufbewahrungsfristen eine Rolle spielen.[1119] Den Fristen wohnt die gesetzliche Wertung inne, dass die jeweiligen Dokumente nach Fristablauf regelmäßig nicht mehr benötigt werden. Danach dürfen die Dokumente vernichtet werden und werden das in der Regel auch. Dies führt im Falle der Geltendmachung von Mängelrechten zu erheblichen Beweisschwierigkeiten. Aus diesem Grund und auch vor dem Hintergrund der Rechtssicherheit sollte der Schuldner nach Ablauf der Aufbewahrungsfristen nicht mehr mit der Geltendmachung von Ansprüchen rechnen müssen.[1120] Nach § 14 Abs. 1 MaBV müssen Bauträger die Geschäftsunterlagen fünf Jahre aufbewahren. Die Frist beginnt am Ende des Jahres, in dem der letzte aufzeichnungspflichtige Vorgang für den jeweiligen Auftrag angefallen ist.

Eine Bemessung des Zeitmoments in Höhe von acht Jahren erscheint dementsprechend in der Regel angemessen. Nach Ablauf der gesetzlichen Verjährungsfrist und der vorgeschriebenen Aufbewahrungsfrist zuzüglich eines „Toleranzzuschlags"[1121] muss der Bauträger nicht mehr mit der Geltendmachung von Mängelansprüchen rechnen.

Innerhalb dieses Zeitraums muss der Rechtsinhaber bezüglich der Geltendmachung seiner Rechte untätig geblieben sein.[1122] Diese Voraussetzung ist nicht erfüllt, wenn die Erwerber durch ihr Verhalten zum Ausdruck bringen, dass sie auf ihre Rechte „beharren"[1123]. Zeigt ein Erwerber oder die Wohnungseigentümer-

---

1116 Auch *Messerschmidt/Leidig*, BauR 2014, 1 (8); *Temming*, AcP 2015, 17 (37); *Werner*, NZBau 2014, 80 (84).

1117 *Werner*, NZBau 2014, 80 (84).

1118 Vgl. *Pause/Vogel*, BauR 2014, 764 (770): *„Mit dem Ablauf des Doppelten der Verjährungsfrist ist das Zeitmoment gegeben."*

1119 BGH, Urteil vom 22. November 1979 – VII ZR 31/79 –, juris-Rn. 17, NJW 1980, 880 f.; OLG Bamberg, Urteil vom 09. Dezember 2015–8 U 23/15 –, juris-Rn. 57, BauR 2016, 688 ff.; OLG München, Urteil vom 17. November 2005–19 U 2487/05 –, juris-Rn. 27, WM 2006, 523 ff.; LG München I, Urteil vom 30. Juli 2013–8 O 27875/12 –, juris-Rn. 60, BauR 2013, 2066.

1120 OLG München, Urteil vom 17. November 2005–19 U 2487/05 –, juris-Rn. 27, WM 2006, 523 ff.

1121 Vgl. *Sutschet*, in: Bamberger/Roth, BGB, § 242, Rn. 137.

1122 *Krebs*, in: Dauner-Lieb/Langen, BGB Schuldrecht, § 242 BGB, Rn. 108; *Schubert*, in: MüKo-BGB, § 242, Rn. 363; *Sutschet*, in: Bamberger/Roth, BGB, § 242, Rn. 138.

1123 Vgl. *Messerschmidt/Leidig*, BauR 2014, 1 (8); *Sutschet*, in: Bamberger/Roth, BGB, § 242, Rn. 138; jeweils mit Hinweis auf: BGH, Urteil vom 26. Februar 1996 – II ZR 77/95 –, BGHZ 132, 84 (95).

gemeinschaft auf irgendeine Art und Weise einen Mangel an, mahnt, widerspricht oder bestreitet die Mangelfreiheit, kann keine Untätigkeit angenommen werden.[1124]

Hinsichtlich der Rechte wegen Mängeln am Gemeinschaftseigentum besteht häufig das Problem, dass diese nicht von Anfang an offensichtlich sind, sondern erst zu einem späteren Zeitpunkt zutage treten. Die Erwerber lassen in diesem Fall den Zeitraum nicht einfach verstreichen, sondern in Unkenntnis der eigenen Rechte. Eine Kenntnis der Rechte ist für den Eintritt der Verwirkung jedoch nicht erforderlich.[1125] Die dem Bauwerkvertragsrecht innewohnende Häufigkeit verdeckter Mängel wird bereits durch die Bemessung der Zeitspanne berücksichtigt. Der Unternehmer muss länger damit rechnen mit etwaigen Mängelansprüchen konfrontiert zu werden. Nach dem Ablauf von acht Jahren kann dies hingegen nicht mehr vom Bauträger erwartet werden.

II. Umstandsmoment

Der alleinige Zeitablauf reicht jedoch, anders als im Rahmen der Verjährung, nicht für den Eintritt der Verwirkung aus. „Der Verstoß gegen Treu und Glauben besteht in der Illoyalität der verspäteten Geltendmachung des Anspruchs."[1126] Es müssen Umstände hinzutreten, die den Bauträger dazu veranlassen durften, darauf zu vertrauen, dass die Erwerber ihre Rechte nicht mehr ausüben werden.[1127] Eines missbilligten Verhaltens durch den Berechtigten bedarf es dabei nicht. Die Treuwidrigkeit liegt in der Unzumutbarkeit der Inanspruchnahme.[1128]

Umstände, die das Vertrauen des Bauträgers in die fehlende Geltendmachung der Ansprüche bestärkten, können unter anderem in der vorbehaltlosen Nutzung des Gemeinschaftseigentums[1129] und der Nichtverfolgung möglicher Mängelansprüche liegen.[1130] Auf ein „Erklärungsbewusstsein" der Erwerber kommt es dabei nicht an.[1131] Auch die infolge des Zeitmoments eingetretenen Beweisschwierigkeiten wegen der Vernichtung etwaiger Beweismittel verstärken die Unzumutbarkeit der Inanspruchnahme.

1124 *Krebs*, in: Dauner-Lieb/Langen, BGB Schuldrecht, § 242 BGB, Rn. 108; *Sutschet*, in: Bamberger/Roth, BGB, § 242, Rn. 138.

1125 LG München I, Urteil vom 30. Juli 2013–8 O 27875/12 –, juris-Rn. 62, BauR 2013, 2066; *Krebs*, in: Dauner-Lieb/Langen, BGB Schuldrecht, § 242 BGB, Rn. 108; *Sutschet*, in: Bamberger/Roth, BGB, § 242, Rn. 139; differenzierend: *Schubert*, in: MüKo-BGB, § 242, Rn. 369 f.

1126 Vgl. BGH, Urteil vom 12. März 2008 – XII ZR 147/05 –, Rn. 22, NJW 2008, 2254 ff.

1127 BGH, Urteil vom 09. Oktober 2013 – XII ZR 59/12 –, Rn. 11 (m. w. N.), NJW-RR 2014, 195 f.; BGH, Urteil vom 29. Februar 1984 – VIII ZR 310/82 –, juris-Rn. 9 (m. w. N.), NJW 1984, 1684 f.

1128 *Schubert*, in: MüKo-BGB, § 242, Rn. 367.

1129 *Werner*, NZBau 2014, 80 (84).

1130 *Krebs*, in: Dauner-Lieb/Langen, BGB Schuldrecht, § 242 BGB, Rn. 109.

1131 LG München I, Urteil vom 30. Juli 2013–8 O 27875/12 –, juris-Rn. 71, BauR 2013, 2066.

Auf der anderen Seite wird eingewendet, dass das Vertrauen des Bauträgers darauf, nicht mehr wegen Mängelrechten in Anspruch genommen zu werden, nicht schutzwürdig sei.[1132] Der Bauträger sei für die Unwirksamkeit der Abnahmeklausel verantwortlich und hätte aufgrund der anhaltenden Diskussion über die Wirksamkeit derartiger Klauseln damit rechnen müssen, auch nach Ablauf der Verjährung noch in Anspruch genommen zu werden. Dieses Argument betrifft jedoch grundsätzlich nur die Berufung auf die Unwirksamkeit der Abnahme, da diese im Verantwortungsbereich des Bauträgers liegt. Auch kann den Erwerbern nicht mit einem Hinweis auf widersprüchliches Verhalten vorgeworfen werden, dass sie sich erst zu einem späten Zeitpunkt auf die Unwirksamkeit der Abnahme berufen, da sie vorher keine Kenntnis davon hatten.[1133] Gleichwohl konnte der Bauträger darauf vertrauen, dass die Erwerber nach mehr als acht Jahren rügeloser Nutzung des Gemeinschaftseigentums keine Mängelrechte mehr geltend machen. Dass sich nach dieser Zeitspanne erst Mängel am Gemeinschaftseigentum zeigen, steht nicht im Zusammenhang mit der Verwendung unwirksamer Abnahmeklauseln.

Eine Verwirkung der Rechte wegen Mängeln am Gemeinschaftseigentum ist im Ergebnis auch im Rahmen fehlender Abnahmen aufgrund unwirksamer Abnahmeklauseln möglich. Zu welchem Zeitpunkt die Rechte jeweils verwirken ist von den Umständen des Einzelfalles abhängig.

§ 2 Geltendmachung von Mängelrechten vor dem Hintergrund des WEG

Stehen den Erwerbern durchsetzbare Rechte aus § 634 BGB gegen den Bauträger wegen Mängeln am Gemeinschaftseigentum zu, stellt sich die Frage, wer diese Rechte auf welche Art und Weise geltend machen kann.

Grundsätzlich sind die Ansprüche aus § 634 BGB auch bei Mängeln am Gemeinschaftseigentum individualrechtlicher Natur. Sie beruhen auf der Herstellungsverpflichtung des Bauträgers, die dieser jedem Erwerber gegenüber einzeln, durch Abschluss des Bauträgervertrags eingegangen ist. Anspruchsinhaber sind demnach die einzelnen Erwerber.[1134]

Besonderheiten könnten sich jedoch daraus ergeben, dass es sich um Mängelrechte handelt, die das Gemeinschaftseigentum betreffen. Die Verpflichtung zur mangelfreien Herstellung besteht gegenüber jedem Erwerber, sodass grundsätz-

1132 *Pause/Vogel*, BauR 2014, 764 (770); *Temming*, AcP 2015, 17 (37); mit Hinweis auf BGH, Urteil vom 27. September 2013 – V ZR 52/12 –, Rn. 26, NJW 2014, 854 ff.

1133 Vergleichbar: BGH, Urteil vom 27. September 2013 – V ZR 52/12 –, Rn. 26, NJW 2014, 854 ff.

1134 *Ott*, ZWE 2017, 106 (107); *Pause*, Bauträgerkauf und Baumodelle, Rn. 883; *Suilmann*, in: Bärmann, WEG, Anhang zu § 10, Rn. 8.

lich[1135] alle Erwerber die gleichen Rechte haben. Zudem wird das gemeinschaftliche Eigentum nach § 21 Abs. 1 WEG gemeinschaftlich verwaltet. Vor diesem Hintergrund stellt sich die Frage, ob Rechte wegen Mängeln am Gemeinschaftseigentum, trotz der individuellen Rechtsinhaberschaft, gemeinschaftlich durch die Wohnungseigentümergemeinschaft geltend gemacht werden können oder müssen.[1136]

A. Befugnisse der Wohnungseigentümergemeinschaft

Grundsätzlich liegt die Ausübungs- und Prozessführungsbefugnis beim Rechtsinhaber.[1137] Ausnahmen hiervon bestimmt § 10 Abs. 6 Satz 3 WEG, wonach die Gemeinschaft die gemeinschaftsbezogenen Rechte sowie sonstige Rechte der Wohnungseigentümer, soweit diese gemeinschaftlich geltend gemacht werden können, ausübt. Die Regelung lässt die Rechtsinhaberschaft unberührt, verlagert jedoch die Ausübungs- und Prozessführungsbefugnis. Im Prozess tritt die Wohnungseigentümergemeinschaft als gesetzlicher Prozessstandschafter auf.[1138]

Für die Geltendmachung der Mängelrechte bestehen somit drei Ausübungsalternativen. Gemeinschaftsbezogene Rechte begründen eine originäre und ausschließliche Ausübungsbefugnis der Gemeinschaft. Sonstige Rechte, die gemeinschaftlich geltend gemacht werden können, können durch Beschluss zur Angelegenheit der Wohnungseigentümergemeinschaft gemacht werden. Sonstige Rechte, für die keine Beschlusskompetenz besteht, können ausschließlich von den einzelnen Erwerbern ausgeübt werden.[1139]

Fraglich ist somit, ob die Rechte wegen Mängeln am Gemeinschaftseigentum gemeinschaftsbezogene Rechte oder sonstige Rechte, die gemeinschaftlich geltend gemacht werden können, i. S. v. § 10 Abs. 6 Satz 3 WEG darstellen.

Nach der Vorstellung des Gesetzgebers sollte durch die Einfügung des § 10 Abs. 6 Satz 3 WEG die bestehende Rechtsprechung des BGH gesetzlich normiert werden.[1140] Nach der Rechtsprechung des BGH wird die Ausübungsbefugnis der Mängelrechte in Bezug auf das Gemeinschaftseigentum nicht einheitlich beur-

---

1135 Unterschiede können sich insbesondere ergeben, wenn unterschiedliche Bausolls vereinbart wurden oder einzelne Ansprüche aufgrund der Einrede der Verjährung bzw. Einwendung der Verwirkung nicht mehr durchsetzbar sind.

1136 *Pause*, Bauträgerkauf und Baumodelle, Rn. 883; *Suilmann*, in: Bärmann, WEG, Anhang zu § 10, Rn. 1. Anders verhält es sich bei Rechten wegen Mängeln am Sondereigentum. Der einzelne Wohnungseigentümer kann seine Rechte unabhängig von den übrigen Erwerbern und der Wohnungseigentümergemeinschaft geltend machen; *Müller*, Praktische Fragen des Wohnungseigentums, 3. Teil, Rn. 87; *Ott*, ZWE 2017, 106 (107 f.); *Suilmann*, in: Bärmann, WEG, Anhang zu § 10, Rn. 1.

1137 *Ott*, ZWE 2017, 106 (107).

1138 BGH, Urteil vom 25. Februar 2016 – VII ZR 156/13 –, Rn. 17, NJW 2016, 1575 ff.; BGH, Urteil vom 12. April 2007 – VII ZR 236/05 –, Rn. 15, BGHZ 172, 42 ff.

1139 Vgl. *Ott*, ZWE 2017, 106 (107 u. 111); ausführlich s. o. 2. Kapitel § 2.

1140 BT-Drucks. 16/887, 9. März 2006, S. 61.

teilt. Demnach können der Anspruch auf den sog. großen Schadensersatz und das Rücktrittsrecht nur von den einzelnen Erwerbern ausgeübt werden.[1141] Auf Rückabwicklung gerichtete Rechte sind nicht gemeinschaftsbezogen und der Wohnungseigentümergemeinschaft steht keine Beschlusskompetenz zu.[1142] Die Entscheidung am Vertrag nicht festhalten zu wollen und diesen rückabzuwickeln, muss jedem Erwerber individuell verbleiben. Dabei sind die einzelnen Erwerber auch befugt, eine für die Rückabwicklung erforderliche Frist eigens zu setzen.[1143] Gemeinschaftliche Interessen werden dadurch nicht beeinträchtigt.

Nach der Rechtsprechung des BGH handelt es sich hingegen beim kleinen Schadensersatz und dem Minderungsrecht um gemeinschaftsbezogene Rechte i. S. d. § 10 Abs. 6 Satz 3 WEG.[1144] Auch die diesbezüglichen Voraussetzungen können nur gemeinschaftlich geschaffen werden.[1145] Zum Schutz des Bauträgers könne die Wahl zwischen Minderung und kleinem Schadensersatz nur einheitlich getroffen werden.[1146] Zudem sei es im Interesse der Wohnungseigentümer, dass gemeinsam über die Verwendung der Beträge entschieden werde.[1147] Der kleine Schadensersatz und die Minderung können somit – nach der Rechtsprechung des BGH – als gemeinschaftsbezogene Rechte ausschließlich gemeinsam wahrgenommen werden.[1148]

Für die Erfüllungs- und Nacherfüllungsansprüche sowie den Anspruch auf Vorschuss besteht nach der Rechtsprechung des BGH eine gekorene Ausübungsbefugnis der Gemeinschaft. Die Wohnungseigentümergemeinschaft kann demnach nach § 10 Abs. 6 Satz 3 Alt. 2 i. V. m. § 21 Abs. 1 u. 5 Nr. 2 WEG beschließen, werkvertragliche Erfüllungs- oder Nacherfüllungsansprüche, die auf Beseitigung

---

1141 BGH, Urteil vom 19. August 2010 – VII ZR 113/09 –, Rn. 22, BauR 2010, 2101 ff.; BGH, Urteil vom 23. Februar 2006 – VII ZR 84/05 –, Rn. 15, 18, NJW 2006, 2254 ff.

1142 *Ott*, ZWE 2017, 106 (109); *Pause*, Bauträgerkauf und Baumodelle, Rn. 893; *Suilmann*, in: Bärmann, WEG, Anhang zu § 10, Rn. 19.

1143 BGH, Urteil vom 08. Dezember 2009 – XI ZR 181/08 –, R. 35, NJW 2010, 1284 ff.; BGH, Urteil vom 23. Februar 2006 – VII ZR 84/05 –, Rn. 18, NJW 2006, 2254 ff.; *Ott*, ZWE 2017, 106 (109).

1144 BGH, Urteil vom 24. Juli 2015 – V ZR 167/14 –, Rn. 9, NJW 2015, 2874 ff.; BGH, Urteil vom 12. April 2007 – VII ZR 236/05 –, Rn. 19, BGHZ 172, 42 ff.; BGH, Urteil vom 23. Februar 2006 – VII ZR 84/05 –, Rn. 15, 18, NJW 2006, 2254 ff.; BGH, Urteil vom 10. Mai 1979 – VII ZR 30/78 –, juris-Rn. 20, BGHZ 74, 258 ff.

1145 BGH, Urteil vom 12. April 2007 – VII ZR 236/05 –, Rn. 19, BGHZ 172, 42 ff.; BGH, Urteil vom 10. Mai 1979 – VII ZR 30/78 –, juris-Rn. 20, BGHZ 74, 258 ff.

1146 BT-Drucks. 16/887, 9. März 2006, S. 61; BGH, Urteil vom 10. Mai 1979 – VII ZR 30/78 –, juris-Rn. 20, BGHZ 74, 258 ff.

1147 BGH, Urteil vom 10. Mai 1979 – VII ZR 30/78 –, juris-Rn. 22 f., BGHZ 74, 258 ff.

1148 A. A. s. o. 2. Kapitel § 5 B. II.: bei der Minderung und dem kleinen Schadensersatz handelt es sich um teilbare Leistungen i. S. v. § 420 BGB, sodass die jeweiligen Erwerber nur anteilig berechtigt sind. Eine gemeinschaftliche Geltendmachung ist somit nicht erforderlich. So auch *Ott*, ZWE 2017, 106 (110).

von Mängeln am Gemeinschaftseigentum gerichtet sind, an sich zu ziehen.[1149] Im Rahmen des Beschlusses übt sie die Rechte gemeinschaftlich aus und kann sie gerichtlich durchsetzen.

Der Beschlusskompetenz der WEG schadet es dabei nicht, wenn der Nacherfüllungsanspruch, aus welchen Gründen auch immer, nur (noch) einem Wohnungseigentümer zusteht.[1150] Es handelt sich um einen Mehrheitsbeschluss nach § 25 WEG, sodass im Rahmen einer erforderlichen Mehrheit der Beschluss auch ohne die Zustimmung des Anspruchsinhabers gefasst werden kann. Stimmberechtigt sind auch die Eigentümer, die nie Ansprüche hatten oder deren Ansprüche erloschen oder verjährt sind.[1151] Die einzelnen Erwerber können sich gegen die „Verwendung" ihrer Ansprüche nicht wehren.[1152] Die Wohnungseigentümergemeinschaft ist demnach befugt, die einzelnen Ansprüche von Nachzüglern, notfalls auch ohne deren Einverständnis, durch Beschluss zu einer Angelegenheit der Gemeinschaft zu machen.

B. Befugnisse der einzelnen Erwerber

Vor dem Hintergrund der Ausübungsbefugnisse der Wohnungseigentümergemeinschaft stellt sich die Frage, ob und inwieweit Befugnisse zur Geltendmachung der eigenen Rechte bei den einzelnen Erwerbern verbleiben.

I. Bei geborener Ausübungsbefugnis der Gemeinschaft

Bei den gemeinschaftsbezogenen Rechten i. S. d. § 10 Abs. 6 Satz 3 Hs. 1 WEG liegt die Befugnis zur Ausübung und Prozessführung ausschließlich und von Anfang an bei der Wohnungseigentümergemeinschaft. Die Ausübung des Wahlrechts zwischen kleinem Schadensersatz und Minderung sowie die Rechtsverfolgung durch die einzelnen Erwerber ist – nach der Rechtsprechung des BGH – ausgeschlossen.[1153]

Etwas anderes könnte jedoch gelten, wenn die Rechte wegen Mängeln am Gemeinschaftseigentum lediglich noch einem Nachzügler zustehen, weil die Ansprüche der übrigen Erwerber verjährt sind oder die Ausübung der Rechte aufgrund der Verjährung unwirksam ist.

1149 BGH, Urteil vom 25. Februar 2016 – VII ZR 156/13 –, Rn. 17, NJW 2016, 1575 ff.; BGH, Urteil vom 15. Januar 2010 – V ZR 80/09 –, Rn. 7, NJW 2010, 933 f.; BGH, Urteil vom 12. April 2007 – VII ZR 236/05 –, Rn. 20, BGHZ 172, 42 ff.; BGH, Urteil vom 04. Juni 1981 – VII ZR 9/80 –, juris-Rn. 15, BGHZ 81, 35 ff.

1150 BGH, Urteil vom 25. Februar 2016 – VII ZR 156/13 –, Rn. 17, NJW 2016, 1575 ff.; BGH, Urteil vom 15. Januar 2010 – V ZR 80/09 –, Rn. 10, NJW 2010, 933 f.

1151 *Bub*, in: Staudinger/Bub, WEG, § 21, Rn. 234; *Wenzel*, NJW 2007, 1905 (1908).

1152 Vgl. *Pause*, Bauträgerkauf und Baumodelle, Rn. 898.

1153 BGH, Urteil vom 24. Juli 2015 – V ZR 167/14 –, Rn. 9, NJW 2015, 2874 ff.; BGH, Urteil vom 12. April 2007 – VII ZR 236/05 –, Rn. 19, BGHZ 172, 42 ff.; BGH, Urteil vom 23. Februar 2006 – VII ZR 84/05 –, Rn. 15 u. 18, NJW 2006, 2254 ff.; *Suilmann*, in: Bärmann, WEG, § 10, Rn. 248.

Dass Anspruchsinhaber von der Ausübung und Durchsetzung der eigenen Ansprüche ausgeschlossen werden, bedarf vor dem Hintergrund der verfassungsrechtlich geschützten Privatautonomie einer hinreichenden Rechtfertigung.[1154] Die Gemeinschaftsbezogenheit der sekundären Mängelrechte gründet auf den schutzwürdigen Belangen des Bauträgers und der Wohnungseigentümergemeinschaft.[1155] Diese Interessenlage muss jedoch anders bewertet werden, wenn die Mängelrechte lediglich noch einem Erwerber zustehen.

Die Geltendmachung der sekundären Mängelrechte durch den Nachzügler tangiert nicht die Rechte der anderen Erwerber und begründet auch nicht die Gefahr der doppelten Inanspruchnahme. Die Rechte der übrigen Erwerber sind nicht mehr durchsetzbar, sodass der Bauträger lediglich noch von dem einen Nachzügler mit Ansprüchen konfrontiert werden kann.[1156] Auch die Belange der übrigen Erwerber erfordern keine gemeinschaftliche Ausübung der sekundären Mängelrechte.[1157] Das – lediglich wirtschaftliche – Interesse der übrigen Erwerber an der Geltendmachung der fremden Rechte reicht nicht aus, um eine Beschränkung der Verfügungsbefugnis zu rechtfertigen.[1158] Auch der Umstand, dass die übrigen Erwerber ihre Mängelrechte materiellrechtlich nicht verloren haben, sondern sie lediglich nicht mehr durchsetzbar sind, führt zu keiner anderen Bewertung. Die Verjährung von Ansprüchen ist ein allgemeines und wichtiges Prinzip im Schuldrecht, welches zu einem angemessenen Ausgleich der Interessen der Vertragsparteien beiträgt. Nach dem Eintritt der Verjährung verbleibt dem Gläubiger kein derart schutzwürdiges Interesse an der Durchsetzung seiner Ansprüche.

Dies gilt insbesondere, wenn, entgegen der Rechtsprechung des BGH, davon ausgegangen wird, dass die einzelnen Erwerber hinsichtlich des kleinen Schadensersatzes und der Minderung nur in Höhe einer anteiligen Quote berechtigt sind.[1159] Bei den sekundären Mängelrechten handelt es sich um teilbare Leistungen, sodass sich die Berechtigung der jeweiligen Gläubiger mit der Regelvermutung aus § 420 BGB auf die Forderung eines Anteils beschränkt, der sich in der Regel nach der Größe des Miteigentumsanteils bestimmen wird. Dem folgend werden durch die Beanspruchung des kleinen Schadensersatzes oder die Erklärung der Minderung keinerlei schützenswerte Belange der übrigen Erwerber berührt.

Im Ergebnis ist der Nachzügler, als einzig verbleibender Rechtsinhaber, nicht von der Geltendmachung seiner sekundären Mängelrechte ausgeschlossen. Das betrifft die Schaffung der Voraussetzungen, die Ausübung des Wahlrechts und die Rechtsverfolgung.

1154 Vgl. BGH, Urteil vom 24. Juli 2015 – V ZR 167/14 –, Rn. 9, NJW 2015, 2874 ff.; *Pause/Vogel*, NZM 2007, 577 (582).

1155 BGH, Urteil vom 24. Juli 2015 – V ZR 167/14 –, Rn. 13, NJW 2015, 2874 ff.; OLG Jena, Beschluss vom 08. September 2006–9 W 225/06 –, juris-Rn. 8, ZMR 2007, 65 ff.

1156 So auch OLG Frankfurt, Urteil vom 06. Dezember 1990–3 U 270/89 –, NJW-RR 1991, 665 f.

1157 So ähnlich BGH, Urteil vom 15. Januar 2010 – V ZR 80/09 –, Rn. 10, NJW 2010, 933 f.

1158 So auch *Elzer*, ZWE 2017, 113 (115).

1159 Vgl. 2. Kapitel § 5 B. II.; auch Ott, ZWE 2017, 106 (110).

II. Bei gekorener Ausübungsbefugnis der Gemeinschaft

Anders als bei der geborenen Ausübungsbefugnis der Gemeinschaft, die die einzelnen Erwerber von der Ausübung und Prozessführung ausschließt, steht die gekorene Ausübungsbefugnis lediglich im Zugriffsermessen der Gemeinschaft.[1160] In diesem Zusammenhang stellt sich die Frage, inwieweit die gekorene Befugnis die einzelnen Erwerber – als Rechtsinhaber – einschränkt.

1. Nach dem Beschluss

Zieht die Wohnungseigentümergemeinschaft die Ansprüche der Erwerber durch Beschluss an sich, tritt gleichzeitig ein Rechtsverlust bei den einzelnen Wohnungseigentümern ein. Ein selbstständiges Vorgehen der Erwerber ist dann ausgeschlossen; der Beschluss entfaltet eine Sperrwirkung.[1161] Insbesondere können die Erwerber nicht mehr wirksam gegenüber dem Bauträger auf ihre Ansprüche verzichten oder einen Vergleich schließen.[1162] Die Sperrwirkung entfaltet sich nicht nur, wenn die Gemeinschaft entscheidet, Mangelbeseitigungsansprüche an sich zu ziehen, sondern auch dann, wenn sie beschließt, auf die Geltendmachung zu verzichten oder einen Vergleich abzuschließen.[1163] Den Erwerbern fehlt zur Geltendmachung der Mängelrechte die Sachbefugnis.

Nach der Rechtsprechung ist der mit der Sperrwirkung einhergehende Rechtsverlust den Erwerbern zuzumuten, da die Einschränkung dem jeweiligen Bauträgervertrag bereits bei Vertragsschluss immanent sei.[1164] Das Gleiche gilt für spätere Erwerber. Die Sperrwirkung des Beschlusses erfasst auch diejenigen Erwerber, die bei Beschlussfassung noch nicht Mitglied der Wohnungseigentümergemeinschaft waren und deshalb an der Willensbildung nicht teilnehmen konnten.[1165]

2. Vor dem Beschluss

Ob die Gemeinschaft die Ansprüche an sich zieht ist jedoch fakultativ. Die Zuständigkeit der Gemeinschaft ist erst gegeben, wenn sie von ihrem Zugriffsrecht Gebrauch macht. Bis zum Mehrheitsbeschluss der WEG, mit der sie die Ausübung

---

1160 *Suilmann*, in: Bärmann, WEG, § 10, Rn. 251.

1161 BGH, Urteil vom 15. Januar 2010 – V ZR 80/09 –, Rn. 9, BauR 2010, 774 ff.; BGH, Urteil vom 12. April 2007 – VII ZR 236/05 –, Rn. 21, BGHZ 172, 42 ff.; *Wenzel*, NJW 2007, 1905 (1908).

1162 *Pause*, Bauträgerkauf und Baumodelle, Rn. 904.

1163 LG München I, Urteil vom 31. Januar 1995–8 O 17363/94 –, NJW-RR 1996, 333; *Bärmann/Pick*, WEG, § 13, Rn. 43; *Müller*, Praktische Fragen des Wohnungseigentums, 3. Teil, Rn. 92.

1164 BGH, Urteil vom 15. Januar 2010 – V ZR 80/09 –, Rn. 9, BauR 2010, 774 ff.; BGH, Urteil vom 12. April 2007 – VII ZR 236/05 –, Rn. 22, BGHZ 172, 42 ff.; BGH, Urteil vom 10. Mai 1979 – VII ZR 30/78 –, juris-Rn. 23, BGHZ 74, 258 ff.

1165 LG München I, Urteil vom 31. Januar 1995–8 O 17363/94 –, NJW-RR 1996, 333; *Suilmann*, in: Bärmann, WEG, § 10, Rn. 256.

der Mängelansprüche an sich zieht, bleibt der einzelne Wohnungsinhaber als Anspruchsinhaber zuständig.[1166] Vor dem Beschluss der Wohnungseigentümergemeinschaft obliegt die Ausübungs- und Prozessführungsbefugnis demnach den einzelnen Erwerbern. Sie können selbstständig gegenüber dem Bauträger ihren Anspruch auf Nacherfüllung oder auf Zahlung eines Vorschusses i. S. v. § 637 Abs. 3 BGB geltend machen. Im Rahmen des Vorschussanspruchs besteht jedoch die Beschränkung, dass lediglich die Zahlung an die Gemeinschaft gefordert werden kann.[1167]

Dabei können die einzelnen Erwerber sämtliche primären Mängelrechte geltend machen, grundsätzlich unabhängig davon, inwieweit sie von dem Mangel des Gemeinschaftseigentums betroffen sind.[1168] Die Erwerber können von den anderen Erwerbern verlangen die Beseitigung des Mangels zu ermöglichen. Nach § 21 Abs. 4 WEG sind die Wohnungseigentümer untereinander zur ordnungsgemäßen Verwaltung des Gemeinschaftseigentums verpflichtet. Zur ordnungsgemäßen Verwaltung gehört gem. § 21 Abs. 5 Nr. 2 WEG auch die ordnungsgemäße erstmalige Herstellung des Gemeinschaftseigentums.[1169] Jeder Wohnungseigentümer hat somit grundsätzlich gegen die übrigen Wohnungseigentümer einen Anspruch auf erstmalige plangerechte[1170] Herstellung des Gemeinschaftseigentums aus § 21 Abs. 4, Abs. 5 Nr. 2 WEG.[1171] Ein Ausschluss des Anspruchs ist jedoch u. U. nach dem Grundsatz von Treu und Glauben aus § 242 BGB möglich, wenn die mangelfreie Herstellung unter Berücksichtigung aller Umstände unzumutbar ist.[1172] Das kommt insbesondere in Betracht, soweit der anspruchsstellende Wohnungseigentümer von dem Mangel nicht unmittelbar betroffen ist.[1173]

Fraglich ist jedoch, inwiefern der einzelne Erwerber vor einer möglichen Beschlussfassung der Gemeinschaft über seine individuellen Ansprüche gegen den Bauträger disponieren kann. Stehen die Mängelrechte nur noch einem oder wenigen Erwerbern zu, bestünde für den Bauträger möglicherweise die Chance, sich vor der

---

1166 BGH, Urteil vom 12. April 2007 – VII ZR 236/05 –, Rn. 18 (m. w. N.) u. 20 f., BGHZ 172, 42 ff.; *Pause*, Bauträgerkauf und Baumodelle, Rn. 896 u. 905.

1167 BGH, Urteil vom 12. April 2007 – VII ZR 236/05 –, Rn. 18, BGHZ 172, 42 ff.

1168 Auch Umkehrschluss aus OLG Stuttgart, Urteil vom 03. August 2010–10 U 26/10 –, juris-Rn. 86, ZMR 2011, 149 ff, wonach die Geltendmachung des sog. großen Schadensersatzes u. U. rechtsmissbräuchlich sein kann, wenn sich der Mangel am Gemeinschaftseigentum weder auf die Nutzung des Gemeinschaftseigentums noch auf die Nutzung des Sondereigentums des Anspruchsstellers auswirkt.

1169 *Merle*, in: Bärmann, WEG, § 21, Rn. 118.

1170 Der Ist-Zustand muss von dem Inhalt der Teilungserklärung und den Aufteilungsplänen abweichen. Andernfalls kann der einzelne Eigentümer seine Recht ggü. den Miteigentümern nicht durchsetzen und ist auf die sekundären Rechte gegen den Bauträger beschränkt; vgl. *Pause*, Bauträgerkauf und Baumodelle, Rn. 653.

1171 Vgl. *Schmidt*, ZWE 2017, 238 (246).

1172 BGH, Urteil vom 20. November 2015 – V ZR 284/14 –, Rn. 21, BGHZ 208, 29 ff.; BayObLG, Beschluss vom 18. September 2002–2Z BR 39/02 –, juris-Rn. 11, ZfIR 2003, 25 ff.; *Schmidt*, ZWE 2017, 238 (249).

1173 *Schmidt*, ZWE 2017, 238 (249).

Beschlussfassung durch die Gemeinschaft mit dem bzw. den einzelnen Erwerbern individuell zu einigen. In Betracht käme beispielsweise die Vereinbarung, dass zu einem bestimmten Zeitpunkt alle Mängelrechte bezüglich des Gemeinschaftseigentums verjährt oder mit einer Handlung des Bauträgers sämtliche werkvertraglichen Gewährleistungsrechte abgegolten sind.

Grundsätzlich zieht die Wohnungseigentümergemeinschaft die Ansprüche nur im bestehenden Umfang mit den einzelvertraglichen Einreden und Einwendungen an sich.[1174] Mangelanzeigen, Mangelbeseitigungsaufforderungen und In-Verzug-Setzungen der Erwerber behalten ihre Wirkung.[1175]

Das Gleiche müsste konsequenterweise auch für andere Maßnahmen gelten, die die Erwerber vor der Beschlussfassung ergreifen. Die WEG kann die Ansprüche nur in dem Umfang und mit den Beschränkungen an sich ziehen, wie sie bestehen. Ist der Anspruch in Folge eines Verzichts untergegangen oder aufgrund eingetretener Verjährung nicht mehr durchsetzbar, lässt der Beschluss der Wohnungseigentümergemeinschaft die Ansprüche nicht wieder aufleben.

Möglicherweise stehen der Ausübung rechtsinhaberschaftlicher Befugnisse jedoch die Wertungen des Wohnungseigentumsrechts entgegen. Die (teilweise) Gemeinschaftsbezogenheit der Rechte könnte sich auch auf die Befugnisse zum Abschluss eines Vergleichs oder zur Erklärung eines Verzichts auswirken. Eine Beschränkung der Befugnisse besteht, soweit durch die Vereinbarungen einzelner Erwerber mit dem Bauträger die Rechte der anderen Erwerber beeinträchtigt werden oder der Bauträger der Gefahr einer doppelten Inanspruchnahme ausgesetzt wird.[1176] Die Erwerber können somit nicht über ihre Rechte wegen Mängeln am Gemeinschaftseigentum verfügen, soweit dadurch die gemeinschaftsbezogene Ausübungsbefugnis ausgehebelt wird. Mit dem Abschluss eines Vergleichs wird über die betreffenden Rechte abschließend und bindend entschieden.[1177] Ein Vergleich einzelner Erwerber mit dem Bauträger ist aus diesem Grund gegenüber der Wohnungseigentümergemeinschaft unwirksam.[1178] Das Gleiche gilt für einen Verzicht. Individuellen Vereinbarungen über den Ausschluss der Geltendmachung sekundärer Mängelrechte steht die Gemeinschaftsbezogenheit dieser Rechte entgegen.

Etwas anderes könnte jedoch gelten, wenn die Rechte wegen der Mängel am Gemeinschaftseigentum lediglich (noch) einem Nachzügler zustehen, weil die Ansprüche der übrigen Erwerber verjährt sind bzw. die Ausübung der Rechte unwirk-

---

1174 *Pause*, Bauträgerkauf und Baumodelle, Rn. 898.

1175 *Pause*, Bauträgerkauf und Baumodelle, Rn. 909; *Wenzel*, NJW 2007, 1905 (1908).; *Werner/Pastor*, Der Bauprozess, Rn. 502.

1176 OLG Jena, Beschluss vom 08. September 2006–9 W 225/06 –, juris-Rn. 8, ZMR 2007, 65 ff.

1177 Vgl. OLG Jena, Beschluss vom 08. September 2006–9 W 225/06 –, juris-Rn. 12, ZMR 2007, 65 ff.

1178 OLG Hamm, Urteil vom 18. Juni 2001–17 U 167/99 –, juris-Rn. 13, BauR 2001, 1765 f.; KG Berlin, Beschluss vom 7. Januar 2004–24 W 210/02 –, juris-Rn. 26 f., NJW 2004, 1672 f.; *Müller*, Praktische Fragen des Wohnungseigentums, 3. Teil, Rn. 91.

sam ist. Vereinbarungen des Nachzüglers mit dem Bauträger tangieren nicht die Rechte der anderen Erwerber und begründen auch nicht die Gefahr der doppelten Inanspruchnahme.[1179] Vor dem Hintergrund der gebotenen Zurückhaltung[1180] entfällt die Gemeinschaftsbezogenheit sekundärer Mängelrechte, wenn es nur noch einen Gläubiger mit durchsetzbaren Ansprüchen gibt.[1181] Der gemeinschaftsbezogene Charakter von Minderung und kleinem Schadensersatz kann der Wirksamkeit individueller Vereinbarungen aus diesem Grund nicht mehr entgegengehalten werden.

Im Ergebnis ist der Nachzügler, als einzig verbleibender Inhaber durchsetzbarer Ansprüche, befugt sich in Bezug auf seine Rechte wegen Mängeln am Gemeinschaftseigentum individuell mit dem Bauträger zu einigen, bevor die Gemeinschaft seine Rechte durch Beschluss an sich zieht. Derartige Vereinbarungen sind auch gegenüber der Gemeinschaft wirksam.

C. Bei Vorliegen eines Kaufvertrags

Grundsätzlich richten sich nach der Rechtsprechung des BGH auch die Rechte der Nachzügler wegen Mängeln am Gemeinschaftseigentum nach dem Werkvertragsrecht. Solange dem Vertrag noch eine Errichtungsverpflichtung zu entnehmen ist, werden die werkvertraglichen Vorschriften zugrunde gelegt, obwohl das Werk bei Vertragsschluss bereits vollständig fertiggestellt war. Die vertragliche Einordnung ändert sich jedoch, wenn das Bauwerk nach der Verkehrsanschauung im Allgemeinen nicht mehr als „neu" bewertet wird. So findet beispielsweise das Kaufvertragsrecht Anwendung, wenn der Erwerbsvertrag drei Jahre nach Errichtung der Wohneinheit geschlossen wird und diese bis zu diesem Zeitpunkt vermietet war.[1182]

Fraglich ist in diesem Zusammenhang, welche Rolle die Wohnungseigentümergemeinschaft bei der Geltendmachung von Mängelrechten im Falle der Mangelhaftigkeit des Gemeinschaftseigentums spielt, wenn die Verträge zwischen dem Bauträger und den Nachzüglern als Kaufverträge einzuordnen sind.

Dabei ist jedoch zunächst zu beachten, dass die Verträge in der Regel umfassende Haftungsausschlüsse beinhalten werden. In diesen Fällen sind die Rechte der Käufer gem. § 444 BGB ausgeschlossen, wenn der Verkäufer den Mangel nicht arglistig verschwiegen oder eine Beschaffenheitsgarantie übernommen hat. Die Frage nach den Ausübungsbefugnissen der Wohnungseigentümergemeinschaft stellt sich logischerweise nur, soweit die Nachzügler Ansprüche gegen den Verkäufer haben, die die Gemeinschaft ausüben könnte.[1183]

1179 Vgl. zur Maßgeblichkeit der Kriterien: BGH, Urteil vom 24. Juli 2015 – V ZR 167/14 –, Rn. 13, NJW 2015, 2874 ff.; OLG Jena, Beschluss vom 08. September 2006–9 W 225/06 –, juris-Rn. 8, ZMR 2007, 65 ff.

1180 BGH, Urteil vom 24. Juli 2015 – V ZR 167/14 –, Rn. 12, NJW 2015, 2874 ff.

1181 S. o. 4. Kapitel § 2 B. I.

1182 BGH, Urteil vom 25. Februar 2016 – VII ZR 156/13 –, Rn. 25, NJW 2016, 1575 ff.

1183 Vgl. auch BGH, Urteil vom 24. Juli 2015 – V ZR 167/14 –, Rn. 17, NJW 2015, 2874 ff.

I. Geborene Ausübungsbefugnis

Klärungsbedürftig ist zunächst die Gemeinschaftsbezogenheit sekundärer Mängelrechte im Kaufvertragsrecht. Ob die Grundsätze aus dem Werkvertragsrecht auch auf das Kaufrecht übertragbar sind, hat der BGH bisher nicht abschließend geklärt. Nachdem er die Frage zunächst ausdrücklich offengelassen hat,[1184] entschied er mit Urteil vom 24. Juli 2015, dass jedenfalls dann keine geborene Ausübungsbefugnis der Wohnungseigentümergemeinschaft vorliegt, wenn ein Gewährleistungsausschluss und keine Beschaffenheitsgarantie vereinbart wurde.[1185] In diesem Fall lägen keine Interessen der Erwerber oder des Unternehmers vor, die eine gemeinschaftliche Geltendmachung der Rechte zwingend erforderlich machen.[1186] Den kaufvertraglichen Mängelrechten fehle die Gemeinschaftsbezogenheit. Aufgrund des dort möglichen, nicht gegen AGB-Recht verstoßenden Haftungsausschlusses, kämen Mängelrechte von vornherein nur im Falle einer arglistigen Täuschung des Verkäufers in Betracht. Das zumindest bedingt vorsätzliche aktive Tun oder pflichtwidrige Unterlassen des Verkäufers betreffe ausschließlich die (vor-)vertragliche Beziehung zwischen Verkäufer und Käufer und weise keinerlei Gemeinschaftsbezug auf.[1187] Auch die Gefahr einer doppelten Inanspruchnahme bestehe nicht. Das gelte neben der typischerweise dem Kauf einer Eigentumswohnung zugrunde liegenden Konstellation des Zweiterwerbs auch in den Fällen, in denen die Einheiten des Objekts von einer Person veräußert werden.[1188]

Dem ist zuzustimmen. Der Entzug der materiellen Ausübungs- und Prozessführungsbefugnis bedarf vor dem Hintergrund der verfassungsrechtlich garantierten Privatautonomie einer angemessenen Rechtfertigung.[1189] Eine dem Werkvertragsrecht vergleichbare schützenswerte Interessenlage besteht jedoch im Kaufvertragsrecht nicht. Die Gefahr der doppelten Inanspruchnahme resultiert im Werkvertragsrecht aus dem Umstand, dass die einzelnen Besteller eine Beseitigung von Mängeln am Gemeinschaftseigentum vollumfänglich geltend machen können. Im Kaufrecht besteht hingegen eine quotale Beschränkung in Höhe des Miteigentumsanteils.[1190] Der Vertrag beinhaltet keine Herstellungsverpflichtung, die das gesamte Sonder- und Gemeinschaftseigentum betrifft, sondern nur einen Anspruch auf Übereignung des Sondereigentums sowie des Miteigentumsanteils am Gemeinschaftseigentum. Die Gefahr einer Kollision der sekundären Mängelrechte untereinander oder der sekundären Mängelrechte mit einem Nacherfüllungsverlangen

1184 BGH, Urteil vom 23. Juni 1989 – V ZR 40/88 –, juris-Rn. 13, BGHZ 108, 156 ff.
1185 BGH, Urteil vom 24. Juli 2015 – V ZR 167/14 –, Rn. 11, NJW 2015, 2874 ff.
1186 BGH, Urteil vom 24. Juli 2015 – V ZR 167/14 –, Rn. 14, NJW 2015, 2874 ff.
1187 BGH, Urteil vom 24. Juli 2015 – V ZR 167/14 –, Rn. 17, NJW 2015, 2874 ff.
1188 BGH, Urteil vom 24. Juli 2015 – V ZR 167/14 –, Rn. 18, NJW 2015, 2874 ff.
1189 So auch BGH, Urteil vom 24. Juli 2015 – V ZR 167/14 –, Rn. 12, NJW 2015, 2874 ff.
1190 Vgl. 2. Kapitel § 5 A. II. 2.

besteht daher im Kaufrecht nicht.[1191] Im Ergebnis hat die Wohnungseigentümergemeinschaft für die sekundären Mängelrechte (Minderung und kleiner Schadensersatz) bei Mangelhaftigkeit des Gemeinschaftseigentums im Rahmen kaufrechtlich einzuordnender Erwerbsverträge aufgrund der fehlenden Gemeinschaftsbezogenheit keine geborene Ausübungsbefugnis i. S. d. § 10 Abs. 6 Satz 3 Hs. 1 WEG.[1192]

II. Gekorene Ausübungsbefugnis

Es stellt sich jedoch die Frage, ob bezüglich der kaufrechtlichen Mängelrechte eine Beschlusskompetenz der Wohnungseigentümergemeinschaft besteht und sie die Rechte so im Rahmen einer gekorenen Ausübungskompetenz i. S. d. § 10 Abs. 6 Satz 3 Hs. 2 WEG an sich ziehen kann. Dies hatte der V. Zivilsenat des BGH in der Entscheidung vom 24. Juli 2015 offengelassen, jedoch ausdrücklich bezweifelt.[1193] Später stellte der VII. Zivilsenat klar, dass die Rechtsprechung zur Beschlusskompetenz der Gemeinschaft hinsichtlich werkvertraglicher Mängelrechte auf das Kaufrecht übertragbar sei, wenn die Ansprüche der Käufer „jeweils in vollem Umfang auf Beseitigung der Mängel am Gemeinschaftseigentum und damit auf das gleiche Ziel gerichtet sind“[1194].

Dies ist jedoch bei kaufvertraglich einzuordnenden Nachzüglerverträgen grundsätzlich[1195] nicht der Fall. Im Gegensatz zum werkvertraglichen Bauträgerrecht haben die Erwerber im Rahmen eines Kaufvertrags keine gleichgerichteten Ansprüche. Die Käufer sind im Rahmen der Geltendmachung ihrer Mängelrechte auf eine Quote in Höhe ihres Miteigentumsanteils beschränkt.

Die Beschlusskompetenz der Gemeinschaft für die Geltendmachung werkvertraglicher Nacherfüllungsansprüche aus § 21 Abs. 1, 5 Nr. 2 WEG resultiert aus dem Umstand, dass im Rahmen einer ordnungsgemäßen Verwaltung die Bildung eines gemeinschaftlichen Willens über die ordnungsgemäße Herstellung des Gemeinschaftseigentums erforderlich ist.[1196] Dies gilt auch, wenn der Nacherfüllungsanspruch nur noch einem Erwerber zusteht, da die Behebung des Mangels

---

1191 So auch BGH, Urteil vom 24. Juli 2015 – V ZR 167/14 –, Rn. 21, 23, NJW 2015, 2874 ff.

1192 A. A. OLG Frankfurt, Urteil vom 21. September 1992–4 U 106/91 –, NJW-RR 1993, 121; wohl auch *Dötsch*, ZWE 2016, 315 (317); *Ott*, ZWE 2016, 212 (213); die im Falle mehrerer Verträge mit demselben Veräußerer im Ergebnis keinen Unterschied zwischen der Anwendbarkeit des Werk- und des Kaufvertragsrechts sehen.

1193 BGH, Urteil vom 24. Juli 2015 – V ZR 167/14 –, Rn. 25, NJW 2015, 2874 ff.

1194 BGH, Urteil vom 25. Februar 2016 – VII ZR 156/13 –, Rn. 18, NJW 2016, 1575 ff.

1195 In dem der Entscheidung des BGH vom 25. Februar 2016 – VII ZR 156/13, NJW 2016, 1575 ff. zugrunde liegenden Sachverhalt hatte sich der Verkäufer vertraglich zur Mangelbeseitigung in vollem Umfang verpflichtet (Rn. 40).

1196 Vgl. BGH, Urteil vom 15. Januar 2010 – V ZR 80/09 –, Rn. 8 u. 10, NJW 2010, 933 f.; BGH, Urteil vom 12. April 2007 – VII ZR 236/05 –, Rn. 20, BGHZ 172, 42 ff.

weiterhin die Interessen der Wohnungseigentümer gleichermaßen berührt.[1197] Im Rahmen von Kaufverträgen beschränken sich die Ansprüche der Käufer jedoch infolge der Unmöglichkeit der Nachbesserung auf eine Freistellung von den Kosten der Mangelbeseitigung, nach Maßgabe ihres Anteils am Gemeinschaftseigentum. Eine gemeinschaftliche Willensbildung ist daher von vornherein weder erforderlich noch sinnvoll. Es besteht mithin keine Beschlusskompetenz der Gemeinschaft aus § 21 Abs. 1, 5 Nr. 2 WEG, sodass eine gekorene Ausübungsbefugnis i. S. d. § 10 Abs. 6 Satz 3 Hs. 2 WEG ausscheidet.[1198]

Im Ergebnis können die Nachzügler sämtliche ihnen zustehende Rechte wegen Mängeln am Gemeinschaftseigentum selbstständig und uneingeschränkt gegen den Verkäufer aus dem Kaufvertrag geltend machen. Ausübungsbefugnisse der Wohnungseigentümergemeinschaft bestehen nicht. Gleichwohl gibt es grundsätzlich die Möglichkeit, dass die Käufer ihre Mängelrechte zur gemeinschaftlichen Durchsetzung an die Wohnungseigentümergemeinschaft abtreten.[1199]

1197 BGH, Urteil vom 15. Januar 2010 – V ZR 80/09 –, Rn. 8, NJW 2010, 933 f.

1198 So auch *Poschitz*, GWR 2016, 353 (356); a. A. *Pause*, NZBau 2017, 22 (25); *Pause*, Bauträgerkauf und Baumodelle, Rn. 995; *Vogel*, ZWE 2016, 442 (447).

1199 *Häublein*, ZfIR 2015, 805 (806); *Peters/Jacoby*, in: Staudinger, BGB, Anhang III zu § 638, Rn. 1.

Zusammenfassung

Trotz des fortgeschrittenen Alters, der umfangreichen Auseinandersetzungen in der Literatur und der zahlreichen diesbezüglichen gerichtlichen Entscheidungen bietet die Thematik der Abnahme des Gemeinschaftseigentums immer noch Zündstoff und Klärungsbedarf. Dies gilt insbesondere vor dem Hintergrund der erheblichen praktischen Relevanz. Täglich werden zahlreiche Bauträgerverträge geschlossen, Wohnungseigentumsanlagen fertiggestellt und im gemeinschaftlichen Eigentum stehende Anlagen – vermeintlich – abgenommen. Sowohl der Bauträger als auch die Erwerber streben nach umfassender Rechtssicherheit und Rechtsklarheit. Dies bleibt ihnen jedoch wohl – zumindest vorerst – verwehrt.

Die Thematik der Abnahme des Gemeinschaftseigentums im Rahmen von Bauträgerverträgen fußt auf zwei unterschiedlichen Problemkreisen. Zum einen soll der Vollzug der Abnahme unter den gegebenen rechtlichen Bedingungen praxistauglich geregelt werden und zum anderen müssen die Auswirkungen unzureichender Regelungen angemessen gelöst werden.

§ 1 Regelung der Abnahme

Der Wunsch nach einer einheitlichen Abnahme wird nicht nur von den rechtlichen und wirtschaftlichen Interessen des Bauträgers an einem zeitgleichen und möglichst frühen Übergang des Erfüllungsstadiums in das Gewährleistungsstadium bestimmt. Er ist insbesondere pragmatischer Natur. Sowohl der Bauträger als auch die Erwerber haben ein Interesse an einem einheitlichen Termin zur Abnahme des Gemeinschaftseigentums unter einer wie auch immer ausgestalteten Zuhilfenahme eines Fachkenners. Der Bauträger spart Zeit und Kosten. Die Erwerber erhalten die fachliche Unterstützung, die sie dringend benötigen. Auch haben die Erwerber nach dem Einzug in ihre Wohnung regelmäßig kein Interesse daran, „Fremden" u. U. auch noch Jahre später Zutritt zum Zwecke der Begutachtung des Gemeinschaftseigentums gewähren zu müssen.

Die Praxis zeigt zudem wie wenig Wert die durchschnittlichen Erwerber auf eine zeitintensive und technische Begutachtung des kompletten Gemeinschaftseigentums legen. Im Mittelpunkt des Interesses steht die eigene Wohneinheit: Astlöcher im Parkett, Schrammen an den Wänden, Kratzer im Fensterglas.[1200] So treffen sich beim Abnahmetermin, trotz schriftlicher und rechtzeitiger Einladung aller Erwerber, häufig doch nur der Bauträger, der Sachverständige und vereinzelte Interessierte.

Gleichwohl fährt die Rechtsprechung zu den Versuchen der Gestaltung einer einheitlichen Abnahme eine restriktive Linie. Es beschleicht einen der Eindruck, es werde in der Rechtsprechung etwas glorifiziert, worauf in der Praxis gar keinen Wert gelegt wird. Das über all dem stehende Ziel eines umfassenden Erwerber-

1200 So auch *Oefele*, DNotZ 2011, 249 (252).

schutzes ist jedoch im Grundsatz richtig. Ist es den Erwerbern auch nicht immer bewusst, so bildet die Abnahme des Gemeinschaftseigentums doch den „Dreh- und Angelpunkt“ des Erwerbs einer Wohneinheit. Die Erwerber dürfen durch die Abnahmeregelung nicht unangemessen benachteiligt werden. Das Recht, die Abnahme eigens erklären zu können, kann ihnen rechtsgeschäftlich nicht entzogen werden. Wird ein Abnahmevertreter eingesetzt, muss dessen Neutralität gewährleistet sein.

Abnahmeregelungen, die den Bedürfnissen der Praxis und den Anforderungen der Rechtsprechung gleichermaßen gerecht werden, sind daher spärlich. Es besteht einerseits, jedenfalls grundsätzlich, die Möglichkeit, sich des Einsatzes eines Abnahmevertreters zu bedienen:

> *„Die Vertragsparteien vereinbaren eine getrennte Abnahme von Sonder- und Gemeinschaftseigentum. Das Gemeinschaftseigentum ist vom Erwerber nach vollständiger Fertigstellung abzunehmen. Der Unternehmer teilt dem Erwerber die Fertigstellung und den Termin zur Abnahme mit einer Frist von zehn Tagen schriftlich mit. Zu diesem Termin findet eine gemeinsame Begehung des Gemeinschaftseigentums statt. An dem gemeinsamen Termin nimmt zusätzlich ein von dem Präsidenten der IHK in (...) zu benennender vereidigter Bausachverständiger teil, der die Abnahmereife des Gemeinschaftseigentums bewertet und dokumentiert. Die Kosten des Sachverständigen trägt die Wohnungseigentümergemeinschaft.*
>
> *Sofern der Erwerber an dem Termin nicht teilnimmt, bevollmächtigt er hiermit den vereidigten Bausachverständigen zur Abnahme des Gemeinschaftseigentums bei festgestellter Abnahmereife. Der vereidigte Bausachverständige erklärt zugleich den Vorbehalt der Rechte des Erwerbers wegen etwaig festgestellter und dokumentierter Mängel am Gemeinschaftseigentum.*
>
> *Die Erteilung der Vollmacht kann durch den Erwerber jederzeit widerrufen werden. Zudem kann der Erwerber jederzeit einen von ihm ausgewählten Dritten zur Abnahme des Gemeinschafseigentums bevollmächtigen.“*

Auf eine ähnliche Weise können auch Regelungen zur Individualabnahme getroffen werden:

> *„Die Vertragsparteien vereinbaren eine getrennte Abnahme von Sonder- und Gemeinschaftseigentum. Das Gemeinschaftseigentum ist vom Erwerber nach vollständiger Fertigstellung abzunehmen. Der Unternehmer teilt dem Erwerber die Fertigstellung und den Termin zur Abnahme mit einer Frist von zehn Tagen schriftlich mit. Zu diesem Termin findet eine gemeinsame Begehung des Gemeinschaftseigentums statt.*
>
> *An dem gemeinsamen Termin nimmt zusätzlich ein von dem Präsidenten der IHK in (...) zu benennender vereidigter Bausachverständiger teil, der die Abnahmereife des Gemeinschaftseigentums bewertet und in einem technischen Protokoll dokumentiert. Die Kosten des Sachverständigen trägt die Wohnungseigentümergemeinschaft.*
>
> *Sofern der Erwerber an dem Termin nicht teilnimmt, übermittelt der Unternehmer dem Erwerber das schriftliche Protokoll des vereidigten Bausachverständigen mit der Aufforderung zur ausdrücklichen Abnahme des Gemeinschaftseigentums.*
>
> *Äußert sich der Erwerber nicht innerhalb von 14 Tagen nach dem Empfang des Protokolls oder verweigert er die Abnahme nicht unter Angabe mindestens eines Mangels, gilt das Gemeinschaftseigentum nach § 640 Abs. 2 Satz 1 BGB als vom Erwerber abgenommen.*

Der Unternehmer weist den Erwerber zusammen mit der Aufforderung zur Abnahme auf die Folgen einer nicht erklärten oder ohne Angabe von Mängeln verweigerten Abnahme in Textform hin.“

Der Sachverständige wird in diesem Fall nicht zur werkvertraglichen Abnahme bevollmächtigt, sondern vollzieht lediglich eine technische Abnahme. Denjenigen Erwerbern, die während des gemeinsamen Abnahmetermins nicht anwesend waren und somit das Gemeinschaftseigentum nicht individuell abnehmen konnten, wird das technische Abnahmeprotokoll mit der Aufforderung zur Abnahme zugesandt. Reagieren die Erwerber auf diese Aufforderung nicht innerhalb einer angemessenen Frist, kann die Abnahme nach § 640 Abs. 2 Satz 1 BGB fingiert werden oder in dem Schweigen eine konkludente Abnahme liegen. Auf die Folgen des Schweigens müssen die Erwerber hingewiesen werden. Handelt es sich bei den Erwerbern um Verbraucher, kann die Abnahme nur fingiert werden, wenn der Hinweis mit der Aufforderung zur Abnahme in Textform erfolgt.

Eine endgültige Rechtssicherheit und Rechtsklarheit besteht jedoch auch bei diesen Regelungen nicht. Die Rechtsprechung hat sich bisher nicht zur Zulässigkeit der Abnahmebevollmächtigungen vor dem Hintergrund unzulässiger Schiedsgutachterklauseln, einer erforderlichen Sachkunde und der Vereinbarkeit mit den Anforderungen des RDG geäußert. Infolge unwirksamer Abnahmen aufgrund unwirksamer Abnahmebevollmächtigungen kann wegen eines fehlenden Erklärungsbewusstseins in dem Verhalten der Erwerber keine konkludente Abnahme gesehen werden.

Auch im Rahmen der Individualabnahmen verbleiben für den Bauträger Unsicherheiten und insbesondere Beweisschwierigkeiten bei Erwerbern, die sich nicht äußern. Des Weiteren wurden die Blockademöglichkeiten der Erwerber durch die Neuregelung der Abnahmefiktion in § 640 Abs. 2 Satz 1 BGB erhöht. Irgendein Mangel lässt sich innerhalb einer umfangreichen Baumaßnahme immer finden...

Die vorstehenden vertraglichen Regelungen sind zudem nicht geeignet, die Nachzüglerproblematik zu lösen.

Das Ausmaß der Nachzüglerproblematik entscheidet sich mit der Einordnung der Vertragsart. Die Rechtsprechung des BGH verfährt in diesem Zusammenhang sehr ergebnisorientiert und ist großzügig bei der Annahme einer werkvertraglichen Errichtungsverpflichtung.

Im Rahmen von Werkverträgen haben die Nachzügler einen Anspruch auf Herstellung des gesamten Gemeinschaftseigentums. Treten Mängel am Gemeinschaftseigentum auf, können die Nachzügler die Nacherfüllungsansprüche bzw. die Vorschussansprüche vollumfänglich geltend machen. Eine etwaige Verjährung der Ansprüche der früheren Erwerber entfaltet für sie keine Bedeutung. Eine Anpassung des Verjährungsendes der Nachzügler an das der übrigen Erwerber ist AGB-rechtlich nicht möglich. Eine Bindung an die bereits erfolgte Abnahme verstößt sowohl gegen § 307 Abs. 1 Satz 1, Abs. 2 Nr. 1 BGB als auch gegen § 309 Nr. 8 lit. b ff BGB. Die Klauseln verkürzen (mittelbar) die Verjährung und benachteiligen die Nachzügler durch den Entzug des Abnahmerechts unangemessen. Eine Lösung der Nachzüglerproblematik ist somit nur im Rahmen einer den Anforderungen der Rechtsprechung gerecht werdenden Individualvereinbarung möglich.

Kann aufgrund des fortgeschrittenen Alters bzw. der langjährigen Vermietung nicht mehr von einer Errichtungsverpflichtung ausgegangen werden, handelt es sich bei den Verträgen zwischen dem Bauträger und den Nachzüglern um Kaufverträge. Im Gegensatz zum Werkvertragsrecht kann der Käufer bei Mängeln am Gemeinschaftseigentum lediglich eine Freistellung von den Kosten der Mangelbeseitigung, nach Maßgabe seines Anteils am Gemeinschaftseigentum, beanspruchen. Zudem unterfallen Haftungsausschlüsse beim Verkauf gebrauchter Sachen nicht dem Klauselverbot des § 309 Nr. 8 lit. b ff BGB. Bei kaufrechtlich einzuordnenden Verträgen mit Nachzüglern kann demnach auch in den AGB die Verjährung wirksam verkürzt werden. Vor dem Hintergrund des Benachteiligungsverbots aus § 307 Abs. 1 Satz 1 BGB sollte die Verjährungsfrist der kaufrechtlichen Mängelansprüche jedoch nicht vor der Verjährung der werkvertraglichen Mängelansprüche der anderen Erwerber enden.

Die Anwendbarkeit des Kaufrechts ist demnach im Grundsatz geeignet, die Nachzüglerproblematik zu lösen. Möglich erscheint dabei auch eine Unterscheidung des anwendbaren Rechts zwischen dem neuwertigen Sondereigentum und dem gebrauchten Gemeinschaftseigentum. Ob eine gezielte „Flucht ins Kaufrecht" vor dem Hintergrund der fehlenden Rechtsklarheit bei der Abgrenzung zwischen Kauf- und Werkvertragsrecht und der zeitlichen sowie finanziellen Unannehmlichkeiten ratsam ist, kann jedoch bezweifelt werden.

Eine umfassend befriedigende rechtsgeschäftliche Lösung zur Abnahme des Gemeinschaftseigentums im Rahmen von Bauträgerverträgen ist kaum möglich.

Geeignet dazu wäre grundsätzlich die Abnahme durch die (werdende) Wohnungseigentümergemeinschaft. Die Abnahme könnte in der Eigentümerversammlung durch die Mehrheit der Eigentümer beschlossen werden. Ein diesbezüglicher Beschluss würde alle (werdenden) Eigentümer und nach § 10 Abs. 4 Satz 1 WEG auch die Nachzügler einheitlich binden.

Nach derzeitigem Recht besteht jedoch wohl keine Beschlusskompetenz der Wohnungseigentümergemeinschaft zur Abnahme des Gemeinschaftseigentums. Insofern wäre es wünschenswert, wenn sich der Gesetzgeber der Sache annimmt und eine rechtssichere und praxistaugliche gesetzliche Grundlage schafft.[1201] Der erste wichtige Schritt hierzu war die Bildung der Arbeitsgruppe Bauträgervertragsrecht – nach der Reform ist vor der Reform.

§ 2 Folgen unwirksamer Abnahmen

Vor dem Hintergrund der jahrelangen und zahlreichen Verwendung unwirksamer Regelungen zu Abnahmevollmachten und Beschlüssen der Wohnungseigentümergemeinschaft ist die Folgeproblematik von höchster praktischer Relevanz.

1201 So auch *Elzer*, DNotZ 2017, 163 (171); *Gritschneder*, ZfIR 2016, 576 (577).

Unangemessen benachteiligende Abnahmeklauseln sind unwirksam; Beschlüsse der Wohnungseigentümergemeinschaft zur Abnahme des Gemeinschaftseigentums sind ohne Beschlusskompetenz nichtig. Infolgedessen hat keine wirksame Abnahme stattgefunden. Die Rechtswirkungen der Abnahme sind dabei weder über eine nachtägliche konkludente Genehmigung noch über Rechtsscheingrundsätze oder eine Abnahme durch schlüssiges Verhalten zu erreichen.

Gleichwohl gingen sowohl die Erwerber als auch der Bauträger jahrelang von einem Übergang des Vertragsverhältnisses vom Erfüllungsstadium in das Gewährleistungsstadium aus. Der Bauträger hat das aus seiner Sicht fertiggestellte Werk den Erwerbern in Erfüllung seiner Pflicht aus dem Bauträgervertrag verschafft. Die Erwerber haben das Werk entgegengenommen und den Bauträger vergütet. Nur eine wirksame Abnahme ist – unbemerkt – unterblieben.

Obwohl im Werkvertragsrecht der Grundsatz herrscht, dass dem Besteller vor Abnahme des Werkes keine Mängelrechte zustehen, gilt im Fall des „unerkannt hängengebliebenen Bauträgervertrags" eine Ausnahme. Die Erwerber sind trotz der unwirksamen Abnahme berechtigt, bei Vorliegen eines Mangels am Gemeinschaftseigentum, die Mängelrechte aus § 634 BGB gegen den Bauträger geltend zu machen. Dies beeinträchtigt die dem Grundsatz zugrundeliegenden Wertungen nicht und entspricht einem ausgewogenen Regel-Ausnahme-Verhältnis.

Der BGH hat sich gleichwohl für eine andere Lösung entschieden. Nach seiner Ansicht kann sich der Bauträger als Verwender der unwirksamen Klausel nach dem Grundsatz von Treu und Glauben aus § 242 BGB nicht darauf berufen, dass keine wirksame Abnahme stattgefunden hat und sich der Vertrag noch im Erfüllungsstadium befindet. Für die Bestimmung der Gefahrtragung, der Beweislast und des Verjährungsbeginns wird hingegen die Unwirksamkeit der Abnahme aufrechterhalten. Die Frage, ob das Werk abgenommen wurde bzw. die Rechtsfolgen der Abnahme eingetreten sind, wird für jede Fragestellung neu beantwortet: Rosinenpickerei für die Erwerber – *tertium doch datur?*

Die ausgewogenen und bewährten Systeme der werkvertraglichen Mängelhaftung, der allgemeinen Beweislastverteilung und des Verjährungsrechts geraten dadurch vollkommen aus den Fugen. Verantwortlichkeiten und Risikosphären werden ohne eine umfassende Berücksichtigung aller Interessen verschoben. Die Erwerber können das Gemeinschaftseigentum jahrelang nutzen, ohne die Gefahr zu tragen. Den Bauträger treffen plötzlich Instandhaltungsverpflichtungen und er muss beweisen, dass Mängelansprüche nicht vorliegen. Das alles über einen unüberschaubaren Zeitraum, weil die Verjährung nie begonnen hat.

Die Entscheidungen des BGH sind unter systematischen, dogmatischen und abwägungsrelevanten Gesichtspunkten höchst bedenklich und führen zu unangemessenen Ergebnissen. Dass die Erwerber vor dem Hintergrund ihres Laienstatus und der erheblichen Vermögensaufwendungen eines umfangreichen Schutzes bedürfen, ist unbestreitbar und muss konsequent umgesetzt werden. Der Schutz vor unangemessenen Benachteiligungen darf jedoch nicht zur Gewährung unangemessener Vorteile führen.

Literaturverzeichnis

Anmerkung: Die Internetfundstellen wurden zuletzt am 31. August 2017 auf ihre Abrufbarkeit überprüft. Neuauflagen und Neuerscheinungen wurden ebenfalls bis Ende August 2017 berücksichtigt.

Acker, Wendelin; Roskosny, Sigrid: Die Abnahme beim gekündigten Bauvertrag und deren Auswirkungen auf die Verjährung, in: BauR 2003, S. 1279–1287
(zit.: *Acker/Roskosny*, BauR 2003, S.)

Arbeitsgruppe Bauvertragsrecht: Abschlussbericht der Arbeitsgruppe Bauvertragsrecht beim Bundesministerium der Justiz vom 18. Juni 2013, abrufbar unter: https://www.bmjv.de/SharedDocs/Gesetzgebungsverfahren/Dokumente/Abschlussbericht_AG_Bauvertragsrecht.pdf?__blob=publicationFile&v=1
(zit.: Abschlussbericht der Arbeitsgruppe Bauvertragsrecht, S.)

Arbeitskreis V – Bauträgerrecht: 5. Deutscher Baugerichtstag, in: BauR 2014, S. 1617–1634
(zit.: *Arbeitskreis V – Bauträgerrecht*, BauR 2014, S.)

Bamberger, Heinz-Georg; Roth, Herbert: BGB, Kommentar zum Bürgerlichen Gesetzbuch Band 2 §§ 611–1296, AGG, ErbbauRG, WEG, 3. Aufl., München 2012
(zit.: *Bearbeiter*, in: Bamberger/Roth, BGB, §, Rn.)

Bärmann, Johannes: Wohnungseigentumsgesetz – Gesetz über das Wohnungseigentum und das Dauerwohnrecht; Kommentar, 13. Aufl., München 2015
(zit.: *Bearbeiter*, in: Bärmann, WEG, §, Rn.)

Bärmann, Johannes; Pick, Eckhart: Wohnungseigentumsgesetz – Gesetz über das Wohnungseigentum und das Dauerwohnrecht; 19. Aufl., München 2010
(zit.: *Bärmann/Pick*, WEG, §, Rn.)

Bärmann, Johannes; Seuß, Hanns: Praxis des Wohnungseigentums, 6. Aufl., München 2013
(zit.: *Bearbeiter*, in: Bärmann/Seuß, Praxis des Wohneigentums, Kapitel, Rn.)

Basty, Gregor: Der Bauträgervertrag – Überblick unter Berücksichtigung der Schuldrechtsmodernisierung, in: ZWE 2002, S. 381–387
(zit.: *Basty*, ZWE 2002 S.).

—: Abnahme von zur Sondernutzung zugewiesenen Gemeinschaftseigentums, Anmerkung zu OLG Hamm, Beschluss vom 14.10.2003–21 U 116/03, in: MittBayNot 2005, S. 228–229
(zit.: *Basty*, MittBayNot 2005, S.)

—: Zur Abnahme des Gemeinschaftseigentums, in: Festschrift für Joachim Wenzel zum 65. Geburtstag, Köln 2005, S. 103–121
(zit.: *Basty*, in: FS für Wenzel, S.)

—: Das Bauträgerrecht - Bestandsaufnahme und Ausblick, in: MittBayNot 2007, S. 189–194
(zit.: *Basty*, MittBayNot 2007, S.)

—: Keine Abnahme von Gemeinschaftseigentum ohne tatsächliche Prüfung durch Erwerber! Anmerkung zu OLG Karlsruhe, Urteil vom 27.09.2011–8 U 106/10, in: IBR 2011, S. 642
(zit.: Basty, IBR 2011, 642.)

—: Die Nachzüglerproblematik beim Bauträgervertrag, in: BauR 2012, S. 316–326
(zit.: *Basty*, BauR 2012, S.)

—: Der Bauträgervertrag, 8. Aufl., Köln 2014
(zit.: *Basty*, Der Bauträgervertrag, Rn.)

—: Anmerkung zu BGH, Urteil vom 25.2.2016, VII ZR 156/13 (zugleich Anmerkung zu BGH, Urteil vom 25.2.2016, VII ZR 49/15), in: MittBayNot 2016, S. 502–503
(zit.: *Basty*, MittBayNot 2016, S.)

—: Baurechtsreform 2017 und Bauträgervertrag, in: MittBayNot 2017, S. 445–450
(zit.: *Basty*, MittBayNot 2017, S.)

Blank, Manfred: Gestaltungshinweise des BGH für den Bauträgervertrag – Zugleich Anmerkungen zu den Entscheidungen des BGH v. 27. 9. 2013 - V ZR 52/12, DNotZ 2014, 41, und v. 12. 9. 2013 - VII ZR 308/12, DNotZ 2014, 39 –, in: DNotZ 2014, S. 166–178
(zit.: *Blank*, DNotZ 2014, S.)

—: Bauträgervertrag, 5. Aufl., Köln 2015
(zit.: *Blank*, Bauträgervertrag, Rn.)

Böggering, Peter: Die Abnahme beim Werkvertrag, in: JuS 1978, S. 512–519
(zit.: *Böggering*, JuS 1978, S.)

Brambring, Günter: Sachmängelhaftung beim Bauträgervertrag und bei ähnlichen Verträgen, in: NJW 1987, S. 97–105
(zit.: *Brambring*, NJW 1987, S.)

—: Schuldrechtsreform und Grundstückskaufvertrag, in: DNotZ 2001, S. 904–910
(zit.: *Brambring*, DNotZ 2001, S.)

Breitling, Tobias: Abnahme und Zustandsfeststellung nach neuem Recht, in: NZBau 2017, S. 393–396
(zit.: *Breitling*, NZBau 2017, S.)

Bundesnotarkammer: Die Bundesnotarkammer im Jahre 2014, in: DNotZ 2015, S. 562–574
(zit.: *Bundesnotarkammer*, DNotZ 2015, S.)

—: Die Bundesnotarkammer im Jahre 2015, in: DNotZ 2016, S. 561–573
(zit.: *Bundesnotarkammer*, DNotZ 2016, S.)

Bub, Wolf-Rüdiger: Fischen 1998: Funktion und Aufgabe des Verwalters bei Mängeln am gemeinschaftlichen Eigentum, in: NZM 1999, S. 530–536
(zit.: *Bub*, NZM 1999, S.)

—: Verwalter und Verwaltungsbeirat im Überblick, in: ZWE 2002, S. 7–19
(zit.: *Bub*, ZWE 2002, S.)

Bub, Wolf-Rüdiger; Bernhard, Nicola: Anmerkung zu BGH, Urteil vom 12.05.2016 - VII ZR 171/15 (OLG Schleswig), in: FD-MietR 2016, 380193
(zit.: *Bub/Bernhard*, FD-MietR 2016, 380193)

Büdenbender, Ulrich: Die Verjährung zivilrechtlicher Ansprüche, in: JuS 1997, S. 481–490
(zit.: *Büdenbender*, JuS 1997, S.)

Cramer, Carsten; Cziupka, Johannes: Leistungsstörungen und Vertragsqualifikation beim Erwerb fertiggestellter Eigentumswohnungen, in: RNotZ 2016, S. 289–299
(zit.: *Cramer/Cziupka*, RNotZ 2016, S.)

Dauner-Lieb, Barbara; Langen, Werner: Nomos Kommentar BGB – Schuldrecht, 3. Aufl., Baden-Baden 2016
(zit.: *Bearbeiter*, in: Dauner-Lieb/Langen, BGB Schuldrecht, §, Rn.)

Derleder, Peter: Der Bauträgervertrag nach der Schuldrechtsmodernisierung, in: NZBau 2004, S. 237–244
(zit.: *Derleder*, NZBau 2004, S.)

Deutscher Baugerichtstag e. V.: Stellungnahme des Deutschen Baugerichtstages e. V. zum Referentenentwurf eines Gesetzes zur Reform des Bauvertragsrechts und zur Änderung der kaufrechtlichen Mängelhaftung, abrufbar unter: http://www.baugerichtstag.de/mp-content/user_upload/dateien/RefE-Stellungnahme.pdf?PHPSESSID=825132a84b1b57cfea2f0b71cd42d56c
(zit.: *Deutscher Baugerichtstag e. V.*, Stellungnahme zum Referentenentwurf, S.)

Deutscher Richterbund Stellungnahme zum Referentenentwurf eines Gesetzes zur Reform des Bauvertragsrechts und zur Änderung der kaufrechtlichen Mängelhaftung, Nr. 24/15, November 2015, abrufbar unter: http://www.drb.de/stellungnahmen/2015/bauvertragsrecht.html
(zit.: *Deutscher Richterbund.*, Stellungnahme zum Referentenentwurf, Pkt.)

Dötsch, Wolfgang: Der Vergleich in WEG-Sachen, in: NZM 2013, S. 625–638
(zit.: *Dötsch*, NZM 2013, S.)

—: Und nochmal: Keine Bindung eines „Nachzüglers“ an frühere „Abnahme“, in: ZWE 2016, S. 315–317
(zit.: *Dötsch*, ZWE 2016, S.)

Drasdo, Michael: Die Bestellung des Verwalters in der Gemeinschaftsordnung, in: RNotZ 2008, S. 87–92
(zit.: *Drasdo*, RNotZ 2008, S.)

Elzer, Oliver: Abnahme des gemeinschaftlichen Eigentums: Was gilt vor dem Hintergrund der neuesten BGH-Rechtsprechung für Bestimmungen in Bauträgervertrag und/oder Gemeinschaftsordnung?, in: DNotZ 2017, S. 163–171
(zit.: *Elzer*, DNotZ 2017, S.)

—: Abnahme des gemeinschaftlichen Eigentums durch den Verwalter, in: ZWE 2017, S. 113–117
(zit.: *Elzer*, ZWE 2017, S.)

Erman, Walter; Westermann, Harm Peter: Bürgerliches Gesetzbuch: Handkommentar mit AGG, EGBGB (Auszug), ErbbauRG, HausratsVO, LPartG, ProdHaftG, UKlaG, VAHRG und WEG, 14. Aufl., Köln 2014
(zit.: *Bearbeiter*, in: Erman, BGB, §, Rn.)

Esser, Dirk: Rechtsberatungsgesetz – höchstrichterliche Rechtsprechung und ausgewählte notarrelevante Probleme, in: RNotZ 2005, S. 69–99
(zit.: *Esser*, RNotZ 2005, S.)

Fischer-Dieskau, Joachim: Einführung in die Wohnungs- und Siedlungspolitik – Grundlagen und Hauptprobleme, Berlin 1938
(zit.: *Fischer-Dieskau*, Einführung in die Wohnungs- und Siedlungspolitik, S.)

Folnović, Alen: Sind werkvertragliche Mängelansprüche in der Herstellungsphase des Werks ausgeschlossen?, in: BauR 2008, S. 1360–1368
(zit.: *Folnović*, BauR 2008, S.)

Glöckner, Jochen: Bauträgervertrag und Transparenz, in: Festschrift für Wolfgang Koeble zum 65. Geburtstag, München 2010, S. 271–296
(zit.: *Glöckner*, in: FS für Koeble, S.)

Graf v. Westphalen, Friedrich; Thüsing, Gregor: Vertragsrecht und AGB-Klauselwerke, 38. Aufl., München 2016
(zit.: *Bearbeiter*, in: Graf v. Westphalen, AGB, §, Rn.)

Gritschneder, Thomas: Anmerkung zu BGH, Urt. v. 12.05.2016 - VII ZR 171/15, in: ZfIR 2016, S. 576–577
(zit.: *Gritschneder*, ZfIR 2016, S.)

Grziwotz, Herbert: Bauträgervertrag und Verbraucherschutz – Eine Bestandsaufnahme aus der Praxis, in: Festschrift für Wolfgang Koeble zum 65. Geburtstag, München 2010, S. 297–310
(zit.: *Grziwotz*, in: FS für Koeble, S.)

Habscheid, Edgar: Makler- und Bauträgerverordnung als Schutzgesetz und Insolvenz des Bauträgers, in: NZI 2001, S. 176–182
(zit.: *Habscheid*, NZI 2001, S.)

Hartung, Sven: Die Abnahme im Baurecht, in: NJW 2007, S. 1099–1106
(zit.: *Hartung*, NJW 2007, S.)

Häublein, Martin: Die Gestaltung der Abnahme gemeinschaftlichen Eigentums beim Erwerb neu errichteter Eigentumswohnungen, in: DNotZ 2002, S. 608–630 (zit.: *Häublein*, DNotZ 2002, S.)

—: Anmerkung zu BGH, Urteil vom 24. Juli 2015 – V ZR 167/14 –, in: ZfIR 2015, S. 805–807 (zit.: *Häublein*, ZfIR 2015, S.)

—: Die Abgrenzung von Sonder- und Gemeinschaftseigentum durch den BGH und deren Folgen für die notarielle Gestaltungspraxis, in: notar 2016, S. 179–187 (zit.: *Häublein*, notar 2016, S.)

Heidel, Thomas; Hüßtege, Rainer; Mansel, Heiz-Peter; Noack, Ulrich: Bürgerliches Gesetzbuch – BGB Band 1: Allgemeiner Teil | EGBGB, 3. Aufl., Baden-Baden 2016 (zit.: *Bearbeiter*, in: Heidel/Hüßtege/Mansel/Noack, BGB AT, §, Rn.)

Hildebrandt, Thomas: Aufgedrängte Abnahme – keine Abnahme gegen den Willen des Auftragnehmers vor Fertigstellung, in: BauR 2005, S. 788–792 (zit.: *Hildebrandt*, BauR 2005, S.)

Hille, Christian Peter: Die Verlängerung der Gewährleistungsfristen im Baurecht aus rechtspolitischer Sicht, in: NZBau 2016, S. 532–538 (zit.: *Hille*, NZBau 2016, S.)

Hochstein, Reiner: Die „vergessene" förmliche Abnahmevereinbarung und ihre Rechtsfolgen im Bauprozeß, in: BauR 1975, S. 221–232 (zit.: *Hochstein*, BauR 1975, S.)

Hofmann, Christian; Joneleit, Hendrike: Veräußerung bebauter Grundstücke; Rückkehr zu dogmatischen Abgrenzungskriterien, in: NZBau 2003, S. 641–645 (zit.: *Hofmann/Joneleit*, NZBau 2003. S.)

Hogenschurz, Johannes: Bauträgervertrag – Die Abnahme des Gemeinschaftseigentums, in: MDR 2012, S. 386–390 (zit.: *Hogenschurz*, MDR 2012, S.)

Jacobs, H. H.: Die Abnahme beim Werkvertrag, in: AcP 1983, S. 145–188 (zit.: *Jacobs*, AcP 1983, S.)

Jagenburg, Walter: Die Rechtsprechung zum privaten Bau- und Bauvertragsrecht im Jahr 1973, in: NJW 1974, S. 2264–2273 (zit.: *Jagenburg*, NJW 1974, S.)

Jauering, Othmar; Stürner, Rolf: Bürgerliches Gesetzbuch: mit Rom-I-, Rom-II-, Rom-III-VO, EG-UntVO/HUntProt und EuErbVO, 16. Aufl., München 2015 (zit.: *Bearbeiter*, in: Jauering, BGB, §, Rn.)

Joussen, Edgar: Mängelansprüche vor der Abnahme, in: BauR 2009, S. 319–332 (zit.: *Joussen*, BauR 2009, S.)

Kanzleiter, Rainer: Vertragsfreiheit und Bauträgervertrag nach der Schuldrechtsreform – Wer bestimmt über den Inhalt und die rechtliche Einordnung eines Bauträgervertrages? –, in: DNotZ 2006, S. 246–252
(zit.: *Kanzleiter*, DNotZ 2006, S.)

—: Bundesnotarkammer und Verbraucherschutz – Die Schaffung der Makler- und Bauträgerverordnung 1974/1975, in: DNotZ Sonderheft 2011, S. 89–102
(zit.: *Kanzleiter*, DNotZ Sonderheft 2011, S.)

Kapellmann, Klaus Dieter; Fuchs, Heiko: Von Würsten und dem neuen Bauvertragsrecht, in: NZBau 2017, S. 185–186
(zit.: *Kapellmann/Fuchs*, NZBau 2017, S.)

Kapellmann, Klaus Dieter; Messerschmidt, Burkhard: VOB, Teile A und B – Vergabe- und Vertragsordnung für Bauleistungen mit Vergabeverordnung (VgV), 5. Aufl., München 2015
(zit.: *Bearbeiter*, in: Kapellmann/Messerschmidt, VOB-Kommentar Teil A/B, §, Rn.)

Kersten, Friedrich; Bühling, Selmar: Formularbuch und Praxis der freiwilligen Gerichtsbarkeit, 25. Aufl., Köln 2016
(zit.: *Bearbeiter*, in: Kersten/Bühling, Formularhandbuch und Praxis der freiwilligen Gerichtsbarkeit, Teil, Abschnitt, §, Rn.)

Kilian, Thomas: Anmerkung zu BGH, Urteil vom 8.3.2007 - VII ZR 130/05, in: MittBayNot 2008, S. 203–204
(zit.: *Kilian*, MittBayNot 2008, S.)

Kimpel, Ralph: Der Entwurf des gesetzlichen Bauvertragsrechts aus Sicht des gewerblichen Unternehmers, in: NZBau 2016, S. 734–737
(zit.: *Kimpel*, NZBau 2016, S.)

Kleine-Möller, Nils; Merl, Heinrich; Glöckner, Jochen: Handbuch des privaten Baurechts, 5. Aufl., München 2014
(zit.: *Bearbeiter*, in: Kleine-Möller/Merl, §, Rn.)

Kniffka Rolf; Koeble, Wolfgang: Kompedium des Baurechts – Privates Baurecht und Bauprozess, 4. Aufl., München 2014
(zit.: *Bearbeiter*, in: Kniffka/Koeble, Kompendium des Baurechts, Teil, Rn.)
Koalitionsvertrag zwischen CDU, CSU und SPD, 18. Legislaturperiode, S. 1–185, abrufbar unter: https://www.bundesregierung.de/Content/DE/_Anlagen/2013/2013-12-17-koalitionsvertrag.pdf?__blob=*publicationFile*
(zit.: Koalitionsvertrag, 18. Legislaturperiode, S.)

Koeble, Wolfgang: Abnahmesurrogate, in: BauR 2012, S. 1153–1171
(zit.: *Koeble*, BauR 2012, S.)

Köhler, Helmut: Zur Rechtsnatur der Mängelhaftung bei der Veräußerung neuerrichteter Bauwerke, in: NJW 1984, S. 1321–1324
(zit.: *Köhler*, NJW 1984, S.)

Krenzler, Michael: Rechtsdienstleistungsgesetz – Handkommentar, Baden-Baden 2010
(zit.: *Bearbeiter*, in: Krenzler, RDG, §, Rn.)

Kreuzer, Heinrich: Der anwaltliche Vergleich über Baumängel am Gemeinschaftseigentum, in: Festschrift für Wolf-Rüdiger Bub zum 60. Geburtstag, Berlin 2007, S. 155–171
(zit.: *Kreuzer*, in: FS für Bub, S.)

Krick, Rainer: Die Abnahme des Gemeinschaftseigentums, in: MittBayNot 2014, S. 401–411
(zit.: *Krick*, MittBayNot 2014, S.)

Krick, Rainer; Sagmeister, Holger M.: Die Baubeschreibung in Bauträgerverträgen, in: MittBayNot 2014, S. 205–211
(zit.: *Krick/Sagmeister*, MittBayNot 2014, S.)

Kümmel, Egbert: Beschlusskompetenz der Wohnungseigentümer zur gemeinschaftlichen Durchsetzung von Rechten aus Bauträgerverträgen, in: ZfIR 2014, S. 464–474
(zit.: *Kümmel*, ZfIR 2014, S.)

v. Landmann, Robert; Rohmer, Gustav: Gewerbeordnung und ergänzende Vorschriften: GewO, 75. Aufl., München 2017
(zit.: *Bearbeiter*, in: Landmann/Rohmer, GewO, §, Rn.)

Lieb, Manfred: Sonderprivatrecht für Ungleichgewichtslagen? Überlegungen zum Anwendungsbereich der sogenannten Inhaltskontrolle privatrechtlicher Verträge, in: AcP 1978, S. 196–226
(zit.: *Lieb*, AcP 1978, S.)

Locher, Horst; Koeble, Wolfgang: Baubetreuungs- und Bauträgerrecht, 3. Aufl., Düsseldorf 1982
(zit.: *Locher/Koeble*, Baubetreuungs- und Bauträgerrecht, §, Rn.)

Lotz, Burkard: Die Abnahme und das WEG – Die Besonderheiten, in: BauR 2008, S. 740–749
(zit.: *Lotz*, BauR 2008, S.)

Lucenti, Sebastian: Der Bauträgervertrag in der Wirtschaftskrise – Ein Minenfeld aus Verbrauchersicht, in: NZBau 2010, S. 469–473
(zit.: *Lucenti*, NZBau 2010, S.)

Lührmann, Christian: Anmerkung zu BGH, Urt. v. 25.2.2016 – VII ZR 210/13 (OLG Frankfurt a. M.), in: NZBau 2016, S. 489–490
(zit.: *Lührmann*, NZBau 2016, S.)

Marcks, Peter: Makler- und Bauträgerverordnung: mit § 34cGewO, sonstigen einschlägigen Vorschriften und MaBVwV, 9. Aufl., München 2014
(zit.: *Bearbeiter*, in: Marcks, MaBV, §, Rn.)

Medicus, Dieter; Lorenz, Stephan: Schuldrecht II – Besonderer Teil, 17. Aufl., München 2014
(zit.: *Medicus/Lorenz*, Schuldrecht II BT, Rn.)

Mertins, Wolfgang: Kernfragen des Baurechts, in: NJ 2014, S. 409–416
(zit.: *Mertins*, NJ 2014, S.)

Messerschmidt, Burkhard; Leidig, Alexander: Rechtsfolgen unwirksamer Abnahmeklauseln zum Gemeinschaftseigentum in notariellen Bauträgerverträgen, in: BauR 2014, S. 1–10
(zit.: *Messerschmidt/Leidig*, BauR 2014, S.)

Messerschmidt, Burkhard; Voit, Wolfgang: Privates Baurecht – Kommentar zu §§ 631 ff. BGB samt Kurzkommentierung zur VOB/B, 2. Aufl., München 2012
(zit.: *Bearbeiter*, in: Messerschmidt/Voit, Privates Baurecht, Teil, Kapitel, Rn.)

Meyer, Stefan: Ausgewählte Probleme des Bauträgervertrags, in: RNotZ 2006, S. 497–521
(zit.: *Meyer*, RNotZ 2006, S.)

Motive zum Entwurf des Bürgerlichen Gesetzbuches für das Deutsche Reich – Band II Recht der Schuldverhältnisse, Berlin 1888
(zit. Motive zum BGB, Band II, S.)

Mugdan, Benno (Hrsg.): Die gesammelten Materialien zum Bürgerlichen Gesetzbuch für das Deutsche Reich – Band II Recht der Schuldverhältnisse, Berlin 1899
(zit.: *Mugdan*, Materialien zum BGB, Band II, S.)

Müller, Horst: Praktische Fragen des Wohnungseigentums, 6. Aufl., München 2015
(zit.: *Müller*, Praktische Fragen des Wohnungseigentums, Teil, Rn.)

Müller, Thomas: Verjährung von Ansprüchen wegen Mängeln beim Werkvertrag ohne Abnahme, in: NZBau 2015, S. 337–343
(zit.: *Müller*, NZBau 2015, S.)
MüKo-BGB → s. u. Säcker, Franz Jürgen; Rixecker, Roland (Hrsg.)

Freiherr v. Oefele, Helmut: Abnahmeregelung für das Gemeinschaftseigentum im Bauträgervertrag nach der WEG-Novelle, in: DNotZ 2011, S. 249–263
(zit.: *Oefele*, DNotZ 2011, S.)

Oetker, Hartmut: Die Verjährung – Strukturen eines allgemeinen Rechtsinstituts, Baden-Baden 1994
(zit.: *Oetker*, Die Verjährung, S.)

Orlowski, Matthias: Das gesetzliche Bauvertragsrecht – Übersicht und Stellungnahme zum Gesetzesentwurf der Bundesregierung, in: ZfBR 2016, S. 419–439
(zit.: *Orlowski*, ZfBR 2016, S.)

Ott, Andreas: Die Auswirkung der Schuldrechtsreform auf Bauträgerverträge und andere aktuelle Fragen des Bauträgerrechts, in: NZBau 2003, S. 233–242
(zit.: *Ott*, NZBau 2003, S.)

–: Die Abnahme des Werkes bei Gemeinschaftseigentum, in: ZWE 2010, S. 157–163
(zit.: *Ott*, ZWE 2010, S.)

—: Die Abnahme des Gemeinschaftseigentums vom Bauträger, in: ZWE 2013, S. 253–258
(zit.: *Ott*, ZWE 2013, S.)

—: Anmerkung zu OLG Stuttgart Urt. v. 12.5.2015–10 U 114/14, in: MietRB 2016, S. 15
(zit.: *Ott*, MietRB 2016, 15)

—: Erwerb vom Bauträger: Kaufvertragliche oder werkvertragliche Mängelrechte und intransparente Verjährungsklauseln, in: ZWE 2016, S. 212–214
(zit.: *Ott*, ZWE 2016, S.)

—: Werkvertragliche Mängelrechte bei im Zeitpunkt des Vertragsschlusses fertiggestellten Gebäuden, in: NZM 2016, S. 576–578
(zit.: *Ott*, NZM 2016, S.)

—: Ausübung von Mängelrechten aus Bauträgerverträgen durch die Gemeinschaft, in: ZWE 2017, S. 106–112
(zit.: *Ott*, ZWE 2017, S.)

—: Sondernutzungsrechte in der notariellen Praxis, in: NZM 2017, S. 1–7
(zit.: *Ott*, NZM 2017, S.)

Palandt, Otto; u. a.: Bürgerliches Gesetzbuch, 76. Aufl., München 2017
(zit.: *Bearbeiter*, in: Palandt, §, Rn.).

Pauly, Holger: Anmerkung zu OLG Karlsruhe, Urteil v. 27.9.2011–8 U 106/10, in: ZWE 2011, S. 453–455
(zit.: *Pauly*, ZWE 2011, S.)

—: Zur Notwendigkeit rechtsgeschäftlichen Erklärungsbewusstseins bei der Abnahme von Gemeinschaftseigentum, in: ZWE 2011, S. 349–352
(zit.: *Pauly*, ZWE 2011, S.)

—: Zur Problematik formularvertraglicher Abnahmeklauseln betreffend das Gemeinschaftseigentum von Eigentumsanlagen, in: ZMR 2011, S. 532–536
(zit.: *Pauly*, ZMR 2011, S.)

—: Zur „Vergemeinschaftung der Abnahme" von Wohnungseigentum – Neue Rechtsentwicklung in der Schnittmenge zwischen Bau- und Wohnungseigentumsrecht?, in: ZfBR 2013, S. 3–6
(zit.: *Pauly*, ZfBR 2013, S.)

—: Die Abnahme gemeinschaftlichen Eigentums und die anschließende Rechtsverfolgung von Mängelansprüchen im Spiegel der Rechtsprechung, in: ZfBR 2014, S. 523–528
(zit.: *Pauly*, ZfBR 2014, S.)

Pause, Hans-Egon: Die Geltendmachung von Gewährleistungsansprüchen der Wohnungseigentümer gegen den Bauträger, in: NJW 1993, S. 553–561
(zit.: *Pause*, NJW 1993, S.)

—: Auswirkungen der Schuldrechtsmodernisierung auf den Bauträgervertrag, in: NZBau 2002, S. 648–655
(zit.: *Pause*, NZBau 2002, S.)

—: Die Entwicklung des Bauträgerrechts seit 2001, in: NZBau 2006, S. 342–350
(zit.: *Pause*, NZBau 2006, S.)

—: Bauträgerkauf und Baumodelle, 5. Aufl., München 2011
(zit.: *Pause*, Bauträgerkauf und Baumodelle, S.)

—: Der Sachverständige bei der Abnahme der Bauträgerleistung, in: notar 2013, S. 262–267
(zit.: *Pause*, notar 2013, S.)

—: Bauträgerverträge – Strukturelle Probleme und unzulässige Klauseln, in: ZfIR 2014, S. 127–134
(zit.: *Pause*, ZfIR 2014, S.)

—: Unwirksamkeit von Fristenangleichungsklauseln für Nachzügler in Bauträgerverträgen, in: NZBau 2017, S. 22–25
(zit.: *Pause*, NZBau 2017, S.)

—: Verbraucherbaurecht und Bauträgerrecht – zugleich ein Ausblick auf weitere Entwicklungen im Gesetzgebungsverfahren, in: BauR 2017, S. 430–442
(zit.: *Pause*, BauR 2017, S.)

Pause, Hans-Egon; Vogel, Olrik: Auswirkungen der WEG-Reform auf die Geltendmachung von Mängeln am Gemeinschaftseigentum, in: ZMR 2007, S. 577–584
(zit.: *Pause/Vogel*, ZMR 2007, S.)

—: Die Folgen einer unwirksamen Klausel im Bauträgervertrag, in: BauR 2014, S. 764–772
(zit.: *Pause/Vogel*, BauR 2014, S.)

—: Vorschläge zum Verbraucherbau- und zum Bauträgervertrag, in: NZBau 2015, S. 667–675
(zit.: *Pause/Vogel*, NZBau 2015, S.)

Peters, Frank: Die Beweislast für Mangelhaftigkeit oder Mangelfreiheit des Werks, in: NZBau 2009, S. 209–211
(zit.: *Peters*, NZBau 2009, S.)

—: Die Abnahme beim Kauf und im Werkvertragsrecht, in: ZGS 2011, S. 304–311
(zit.: *Peters*, ZGS 2011, S.)

—: Die werkvertragliche Abnahme, in: BauR 2013, S. 381–389
(zit.: *Peters*, BauR 2013, S.)

Pioch, Christian: Die Folgen einer unerkannt gescheiterten Abnahme iSv § 640 BGB, in: JA 2015, S. 650–653
(zit.: *Pioch*, JA 2015, S.)

Popescu, Paul: Zur Vergemeinschaftung der gemeinschaftsbezogenen Abnahme, in: ZWE 2014, S. 109–114
(zit.: *Popescu*, ZWE 2014, S.)

Poschitz, Thomas: Die Rolle der Wohnungseigentümergemeinschaft im Gewährleistungsprozess, in: GWR 2016, S. 353–356
(zit.: *Poschitz*, GWR 2016, S.)

Prütting, Hanns; Wegen, Gerhard; Weinreich, Gerd (Hrsg.): BGB Kommentar, 12. Aufl., München 2017
(zit.: *Bearbeiter*, in: Prütting/Wegen/Weinrich, §, Rn.)

Rapp, Manfred: Abnahme und Gewährleistung bezüglich des Gemeinschaftseigentums, in: MittBayNot 2012, S. 169–179
(zit.: *Rapp*, MittBayNot 2012, S.)

Reinelt, Ekkehart: Zum Entwurf eines Gesetzes zur Reform des Bauvertragsrechts, in: BauR 2016, S. 1–3
(zit.: *Reinelt*, BauR 2016, S.)

Reithmann, Christoph: Zur Entwicklung des Bauträgerrechts, in: WM 1986, S. 377–382
(zit.: *Reithmann*, WM 1986, S.)

Reichelt, Juliane; Ishola, Karen: Anmerkung zu BGH, Urt. v. 19.01.2017 - VII ZR 301/13 (OLG München), in: ZfIR 2017, S. 279–282
(zit.: *Reichelt/Ishola*, ZfIR 2017, S.)

Retzlaff, Björn: Bauverträge ohne Abnahme, in: BauR 2016, S. 733–744
(zit.: *Retzlaff*, BauR 2016, S.)

Riedler, Franz: Gewährleistungsansprüche der Wohnungseigentümer bei Mängeln am Gemeinschaftseigentum, in: DB 1976, S. 853–858
(zit.: *Riedler*, DB 1976, S.)

Riesenberger, Konstantin: Abnahme des gemeinschaftlichen Eigentums „Was leicht scheint, misslingt oft deshalb", in: NZM 2004, S. 537–539
(zit.: *Riesenberger*, NZM 2004, S.)

Rosenberger, Fritz: Klagen von Wohnungseigentümergemeinschaften zur Geltendmachung von Gewährleistungsansprüchen, in: BauR 1978, S. 241–250
(zit.: *Rosenberger*, BauR 1978, S.)

Säcker, Franz Jürgen; Rixecker, Roland (Hrsg.): Münchener Kommentar zum Bürgerlichen Gesetzbuch: BGB Band 1: Allgemeiner Teil. §§ 1–240, ProstG, AGG, 7. Aufl., München 2015
(zit.: *Bearbeiter*, in: MüKo-BGB, §, Rn.)

–: Münchener Kommentar zum Bürgerlichen Gesetzbuch: BGB Band 2: Schuldrecht – Allgemeiner Teil, 7. Aufl., München 2016
(zit.: *Bearbeiter*, in: MüKo-BGB, §, Rn.)

—: Münchener Kommentar zum Bürgerlichen Gesetzbuch: BGB Band 5: Schuldrecht – Besonderer Teil III §§ 630a-704, 6. Aufl., München 2012
(zit.: *Bearbeiter*, in: MüKo-BGB, §, Rn.)

—: Münchener Kommentar zum Bürgerlichen Gesetzbuch: BGB Band 7: Sachenrecht (§§ 854–1296), WEG, ErbbauRG, 7. Aufl., München 2017
(zit.: *Bearbeiter*, in: MüKo-BGB, §, Rn.)

Scheffelt, Michael: Wirksame Abnahmevollmachten in Bauträgerverträgen, in: BauR 2014, S. 163–181
(zit.: *Scheffelt*, BauR 2014, S.)

Scheibengruber, Christian: Anmerkung zu OLG Stuttgart, Urteil vom 12.5.2015–10 U 114/14 rkr., in: notar 2015, S. 368
(zit.: *Scheibengruber*, notar 2015, 368.)

Schmid, Mathias: Warum es keine Zuständigkeit der WEG für die „sog. Mängel am Gemeinschaftseigentum" gibt, in: BauR 2009, S. 727–737
(zit.: *Schmid*, BauR 2009, S.)

Schmidt, Friedrich: Erweiterung der Kompetenzen des Verwaltungsbeirats, in: ZWE 2001, S. 137–144
(zit.: *Schmidt*, ZWE 2001, S.)

Schmidt, Jan-Hendrik: Abweichende Bauausführung – plangerechte Herstellung des Gemeinschaftseigentums durch Wohnungseigentümer und Gemeinschaft, in: ZWE 2017, S. 238–251
(zit.: *Schmidt*, ZWE 2017, S.)

Schmidt, Joachim: Vom „Stellen" zum „Aushandeln" von AGB Konsequenzen für die (gewerbliche) Mietvertragspraxis aus BGH, NZM 2016, 214, in: NZM 2016, S. 377–380
(zit.: *Schmidt*, NZM 2016, S.)

Schmidt-Räntsch, Jürgen: Rechtssicherheit für Bauträgerverträge, in: NZBau 2001, S. 356–360
(zit.: *Schmidt-Räntsch*, NZBau 2001, S.)

Schulz, Wolfgang: Ausschließliche Abnahmezuständigkeit Dritter in Bauträgerverträgen unwirksam, in: BWNotZ 2012, S. 62–66
(zit.: *Schulz*, BWNotZ 2012, S.)

Schulze-Hagen, Alfons: Die Ansprüche des Erwerbers gegen den Bauträger wegen Mängel am Gemeinschaftseigentum, in: ZWE 2007, S. 113–118
(zit.: *Schulze-Hagen*, ZWE 2007, S.)

—: Allgemeine Geschäftsbedingungen im unternehmerischen Geschäftsverkehr mit Fokus auf den Bau und Anlagenbau, in: NZBau 2016, S. 395–406
(zit.: *Schulze-Hagen*, NZBau 2016, S.)

Schulze-Hagen, Alfons; Fuchs, Thomas: Die Verjährung des Anspruchs auf Schadensersatz beim hängengebliebenen Architektenvertrag, in: Festschrift für Gerd Motzke zum 65. Geburtstag, München 2006, S. 383–391
(zit.: *Schulze-Hagen/Fuchs*, in: FS für Motzke, S.)

Schwenker, Christian: Keine Mängelrechte vor Abnahme, in: NJW 2017, S. 1579–1581
(zit.: *Schwenker*, NJW 2017, S.)

Statistisches Bundesamt: Baufertigstellungen von Wohnungen im Jahr 2016: + 12,1 % gegenüber Vorjahr, Pressemitteilung vom 23. Mai 2017–170/17, S. 1–2, abrufbar unter: https://www.destatis.de/DE/PresseService/Presse/Pressemitteilungen/2017/05/PD17_170_31121pdf.pdf?__blob=publicationFile
(zit.: *Statistisches Bundesamt*, Pressemitteilung vom 23. Mai 2017–170/17, S.)

—: Bauhauptgewerbe/Ausbaugewerbe/Bauträger, Lange Reihen der jährlichen Betriebserhebungen 2016, Erschienen am 29.03.2017, S. 1–21, abrufbar unter: https://www.destatis.de/DE/Publikationen/Thematisch/Bauen/BaugewerbeStruktur/LangeReihenBetriebserhebungBauAusbaugewerbePDF_5442001.pdf?__blob=publicationFile
(zit.: *Statistisches Bundesamt*, Bauhauptgewerbe/Ausbaugewerbe/Bauträger 2016, S.)

—: Ausgewählte Zahlen für die Bauwirtschaft, März 2017, S. 1–120, abrufbar unter: https://www.destatis.de/DE/Publikationen/Thematisch/Bauen/Querschnitt/Bauwirtschaft1020210171034.pdf?__blob=publicationFile
(zit.: *Statistisches Bundesamt*, Ausgewählte Zahlen für die Bauwirtschaft 2017, S.)

—: Haushalte im selbst genutzten Eigentum und Mietwohnungen nach Haushaltstyp in Deutschland 2014, abrufbar unter: https://www.destatis.de/DE/ZahlenFakten/GesellschaftStaat/EinkommenKonsumLebensbedingungen/Wohnen/Tabellen/TabellenHaushaltsstruktur.html
(zit.: *Statistisches Bundesamt*, Haushalte im selbst genutzten Eigentum und Mietwohnungen nach Haushaltstyp in Deutschland 2014.)

—: Vermögen, Schulden: Haushalte nach Haus- und Grundbesitz am 1.1. in den Gebietsständen (2003, 2008, 2013), abrufbar unter: https://www.destatis.de/DE/ZahlenFakten/GesellschaftStaat/EinkommenKonsumLebensbedingungen/VermoegenSchulden/Tabellen/HausGrundbbesitz_EVS.html
(zit.: *Statistisches Bundesamt*, Vermögen, Schulden: Haushalte nach Haus- und Grundbesitz.)

Sterner, Petra: Teilabnahmen von Sonder- und Gemeinschaftseigentum im Bauträgervertrag, in: BauR 2012, S. 1160–1164
(zit.: *Sterner*, BauR 2012, S.)

v. Staudinger, Julius: J. von Staudingers Kommentar zum Bürgerlichen Gesetzbuch: Staudinger BGB – Buch 1: Allgemeiner Teil, §§ 164–240 (Allgemeiner Teil 5), Berlin 2014
(zit.: *Bearbeiter*, in: Staudinger, BGB, §, Rn.)

—: J. von Staudingers Kommentar zum Bürgerlichen Gesetzbuch: Staudinger BGB – Buch 2: Recht der Schuldverhältnisse, §§ 241–243 (Treu und Glauben), Berlin 2015 (zit.: *Bearbeiter*, in: Staudinger, BGB, §, Rn.)

—: J. von Staudingers Kommentar zum Bürgerlichen Gesetzbuch: Staudinger BGB – Buch 2: Recht der Schuldverhältnisse, §§ 305–310; UKlaG (Recht der Allgemeinen Geschäftsbedingungen), Berlin 2013
(zit.: *Bearbeiter*, in: Staudinger, BGB, §, Rn.)

—: J. von Staudingers Kommentar zum Bürgerlichen Gesetzbuch: Staudinger BGB – Buch 2: Recht der Schuldverhältnisse, §§ 311, 311a, 312, 312a-i (Vertragsschluss), Berlin 2012
(zit.: *Bearbeiter*, in: Staudinger, BGB, §, Rn.)

—: J. von Staudingers Kommentar zum Bürgerlichen Gesetzbuch: Staudinger BGB – Buch 2: Recht der Schuldverhältnisse, §§ 631–651 (Werkvertragsrecht), Berlin 2014
(zit.: *Bearbeiter*, in: Staudinger, BGB, §, Rn.)

v. Staudinger, Julius; Bub, Wolf-Rüdiger: J. von Staudingers Kommentar zum Bürgerlichen Gesetzbuch: Staudinger BGB – Buch 3: Sachenrecht, Gesetz über das Wohnungseigentum und das Dauerwohnrecht Einleitung zum WEG. §§ 1–64 WEG (Wohnungseigentumsgesetz), Berlin 2005
(zit.: *Bearbeiter*, in: Staudinger/Bub, WEG, §, Rn.)

Sturmberg, Georg: Gefahr für Bauträger: Die Abnahme des Gemeinschaftseigentums durch Sachverständige ist unwirksam, in: BauR 2010, S. 163–167
(zit.: *Sturmberg*, BauR 2010, S.)

Suilmann, Martin: Ausübungsbefugnis der Eigentümergemeinschaft für gemeinschaftsbezogene und sonstige Rechte und Pflichten nach § 10 Abs. 6 Satz 3 WEG, in: ZWE 2013, S. 302–307
(zit.: *Suilmann*, ZWE 2013, S.)

Teichmann, Arndt: Kauf- und Werkvertrag in der Schuldrechtsreform, in: ZfBR 2002, S. 13–21
(zit.: *Teichmann*, ZfBR 2002, S.)

Temming, Felipe: Die Abnahme im Werkvertrag, in: AcP 2015, S. 18–69
(zit.: *Temming*, AcP 2015, S.)

Tettinger, Peter J.; Wank, Rolf; Ennuschat, Jörg: Gewerbeordnung, 8. Aufl., München 2011
(zit.: *Bearbeiter*, in: Tettinger/Wank/Ennuschat, GewO, §, Rn.)

Thode, Reinhold: Die wichtigsten Änderungen im BGB-Werkvertragsrecht: Schuldrechtsmodernisierungsgesetz und erste Probleme – Teil 1, in: NZBau 2002, S. 297–305
(zit.: *Thode*, NZBau 2002, S.)

—: Unwirksamkeit der Abnahmeklausel: Bindung des Erwerbers an die durch frühere Erwerber bereits erfolgte Abnahme des Gemeinschaftseigentums, Anmerkung

zu BGH 7. Zivilsenat, Urteil vom 25.02.2016 - VII ZR 49/15, in: jurisPR-PrivBauR 7/2016, Anm. 2
(zit.: *Thode*, jurisPR-PrivBauR 7/2016, Anm. 2, Pkt.)

—: Bauträgervertrag: Anwendbarkeit von Werkvertragsrecht bei Mängeln an neu errichteten Eigentumswohnungen, Anmerkung zu, BGH 7. Zivilsenat, Urteil vom 12.05.2016 - VII ZR 171/15, in: jurisPR-PrivBauR 12/2016, Anm. 1
(zit.: *Thode*, jurisPR-PrivBauR 12/2016, Anm. 1, Pkt.)

—: Unwirksamkeit einer intransparenten Abnahmeklausel: Bindung von Nachzügler-Erwerber an erfolgte Abnahme und Befugnis der Wohnungseigentümergemeinschaft zur gerichtlichen Durchsetzung kaufvertraglicher Mängelansprüche der Erwerber gegen den Bauträger, Anmerkung zu, BGH 7. Zivilsenat, Urteil vom 25.02.2016 - VII ZR 156/13, in: jurisPR-PrivBauR 12/2016, Anm. 2
(zit.: *Thode*, jurisPR-PrivBauR 12/2016, Anm. 2, Pkt.)

—: Mängelansprüche vor Abnahme der Werkleistung: Minderung des Vergütungsanspruchs und kleiner Schadensersatz statt Leistung, Anmerkung zu BGH 7. Zivilsenat, Urteil vom 19.01.2017 - VII ZR 235/15, in: jurisPR-PrivBauR 5/2017, Anm. 1
(zit.: *Thode*, jurisPR-PrivBauR 5/2017, Anm. 1, Pkt.)

Tschäpe, Philipp; Werner, Alexander: Die Zustandsfeststellung nach Abnahmeverweigerung gem. § 650 lit. g E-BGB – Nicht mehr als eine Gefahrtragungsregelung? –, in: ZfBR 2017, S. 419–424
(zit.: *Tschäpe/Werner* ZfBR 2017, S.)

Ulrici, Bernhard: Geschäftsähnliche Handlungen, in: NJW 2003, S. 2053–2056
(zit.: *Ulrici*, NJW 2003, S.)

Vogel, Olrik: Die Abnahme des Gemeinschaftseigentums – ein (immer noch) ungelöstes Problem der Bauträgerpraxis, in: NZM 2010, S. 377–383
(zit.: *Vogel*, NZM 2010, S.)

—: Verkauf von Wohneigentum nach Abnahme des Gemeinschaftseigentums – Nachzügler, in: BauR 2010, S. 1992–1999
(zit.: *Vogel*, BauR 2010, S.)

—: Fallstricke bei der Verfolgung von Mängelansprüchen, in: ZWE 2016, S. 442–450
(zit.: *Vogel*, ZWE 2016, S.)

Voit, Wolfgang: Die Rechte des Bestellers bei Mängeln vor der Abnahme, in: BauR 2011, S. 1063–1078
(zit.: *Voit*, BauR 2011, S.)

Vorwerk, Volkert: Mängelhaftung des Werkunternehmers und Rechte des Bestellers nach neuem Recht, in: BauR 2003, S. 1–11
(zit.: *Vorwerk*, BauR 2003, S.)

Weber, Frank; Kesselring, Roland; Hennig, Matthias: Die Entwicklung des Bauträgerrechts sowie des Architekten- und Ingenieurrechts der Jahre 2008 und 2009, in: NJW 2009, S. 3346–3352
(zit.: *Weber/Kesselring/Hennig*, NJW 2009, S.)

Weise, Stefan: Mängelrechte vor der Abnahme, in: NJW-Spezial 2008, S. 76–77
(zit.: *Weise*, NJW-Spezial 2008, S.)

Weitz, Heinrich: Bedeutung der Bauindustrie, Grafik 1, abrufbar unter: http://www.bauindustrie.de/zahlen-fakten/bauwirtschaft-im-zahlenbild/bedeutung-der-bauwirtschaft/
(zit.: *Weitz*, Bedeutung der Bauindustrie, Grafik 1.)

Wenzel, Joachim: Rechte der Erwerber bei Mängeln am Gemeinschaftseigentum – eine systematische Betrachtung, in: ZWE 2006, S. 109–119
(zit.: *Wenzel*, ZWE 2006, S.)

—: Die Zuständigkeit der Wohnungseigentümergemeinschaft bei der Durchsetzung von Mängelrechten der Ersterwerber, in: NJW 2007, S. 1905–1909
(zit.: *Wenzel*, NJW 2007, S.)

Werner, Ulrich: Rechtsfolgen einer unwirksamen förmlichen Abnahme des Gemeinschaftseigentums im Rahmen eines Bauträgervertrags, in: NZBau 2014, S. 80–85
(zit.: *Werner*, NZBau, 2014, S.)

Werner, Ulrich; Pastor, Walter: Der Bauprozess – Prozessuale und materielle Probleme des zivilen Bauprozesses, 15. Aufl., Köln 2015
(zit.: *Werner/Pastor*, Der Bauprozess, Rn.)

Wolf, Manfred; Lindacher, Walter F.; Pfeiffer, Thomas (Hrsg.): AGB-Recht, 6. Aufl., München 2013
(zit.: *Bearbeiter*, in: Wolf/Lindacher/Pfeiffer, AGB-Recht, §, Rn.)

Zimmermann, Reinhard: Die Verjährung, in: JuS 1984, S. 409–422
(zit.: *Zimmermann*, JuS 1984, S.)

Abkürzungsverzeichnis

a. A.	andere Ansicht
Abs.	Absatz
AbschlagsV	Verordnung über Abschlagszahlungen bei Bauträgerverträgen
AcP	Archiv für die civilistische Praxis (Zeitschrift)
a. F.	alte Fassung
AG	Amtsgericht
AGB	Allgemeine Geschäftsbedingungen
Alt.	Alternative
Anm.	Anmerkung
Art.	Artikel
AT	Allgemeiner Teil
Aufl.	Auflage
BauR	Baurecht (Zeitschrift)
BayObLG	Bayerisches Oberstes Landesgericht
BeurkG	Beurkundungsgesetz
BFH	Bundesfinanzhof
BFHE	Amtliche Sammlung der Entscheidungen des Bundesfinanzhofes
BGB	Bürgerliches Gesetzbuch
BGBl.	Bundesgesetzblatt
BGH	Bundesgerichtshof
BGHZ	Entscheidungen des Bundesgerichthofes in Zivilsachen
BR-Drucks.	Bundesratsdrucksache
BT	Besonderer Teil
BT-Drucks.	Bundestagsdrucksache
bspw.	beispielsweise
BWNotZ	Zeitschrift für das Notariat in Baden-Württemberg (Zeitschrift)
bzw.	beziehungsweise
ca.	circa
CDU	Christlich Demokratische Union Deutschlands
CSU	Christlich-Soziale Union in Bayern e. V.
dass.	dasselbe
DB	Der Betrieb (Zeitschrift)
ders.	derselbe
d. h.	das heißt
dies.	dieselbe(n)
DNotZ	Deutsche Notarzeitschrift (Zeitschrift)
DVA	Deutscher Vergabe- und Vertragsausschuss für Bauleistungen
EGBGB	Einführungsgesetz zum Bürgerlichen Gesetzbuche
etc.	et cetera
e. V.	eingetragener Verein

f., ff.	folgende
FD-MietR	Fachdienst Miet- und Wohnungseigentumsrecht (Zeitschrift)
Fn.	Fußnote
FS	Festschrift
gem.	gemäß
GewO	Gewerbeordnung
GG	Grundgesetz für die Bundesrepublik Deutschland
ggü.	gegenüber
GWR	Gesellschafts- und Wirtschaftsrecht (Zeitschrift)
Hrsg.	Herausgeber
Hs.	Halbsatz
IBR	Immobilien- und Baurecht (Zeitschrift)
i. E.	im Ergebnis
i. F.	im Folgenden
IMR	Immobilien- und Mietrecht (Zeitschrift)
InsO	Insolvenzordnung
i. R. d.	Im Rahmen des
i. S. d.	im Sinne des/der
i. S. v.	im Sinne von
i. V. m.	in Verbindung mit
JA	Juristische Arbeitsblätter (Zeitschrift)
jurisPR	Juris Praxisreport
juris-Rn.	Randnummer(n) in der Entscheidungsdatenbank des Rechtsportals juris
JuS	Juristische Schulung (Zeitschrift)
KG	Kammergericht
KO	Konkursordnung
LG	Landgericht
lit.	litera (Buchstabe)
MaBV	Verordnung über die Pflichten der Makler, Darlehensver-mittler, Bauträger und Baubetreuer
MDR	Monatsschrift für deutsches Recht (Zeitschrift)
MietRB	Miet-Rechtsberater (Zeitschrift)
MittBayNot	Mitteilungen des Bayerischen Notarvereins, der Notarkasse und der Landesnotarkammer Bayern (Zeitschrift)
Mrd.	Milliarde(n)
MüKo-BGB	Münchener Kommentar zum Bürgerlichen Gesetzbuch
m. w. N.	mit weiteren Nachweisen
n. F.	neue Fassung
NJ	Neue Justiz (Zeitschrift)
NJOZ	Neue Juristische Online-Zeitschrift (Zeitschrift)
NJW	Neue Juristische Wochenschrift (Zeitschrift)
NJW-RR	Neue Juristische Wochenschrift – Rechtsprechungsreport (Zeitschrift)

Nr.	Nummer
NZBau	Neue Zeitschrift für Baurecht und Vergaberecht (Zeitschrift)
NZI	Neue Zeitschrift für das Recht der Insolvenz und Sanierung (Zeitschrift)
NZM	Neue Zeitschrift für Miet- und Wohnungsrecht (Zeitschrift)
OLG	Oberlandesgericht
Pkt.	Gliederungspunkt(e)
PrivBauR	Privates Baurecht
RBerG	Rechtsberatungsgesetz
RDG	Gesetz über außergerichtliche Rechtsdienstleistungen
RG	Reichsgericht
RGZ	Entscheidungen des Reichsgerichts in Zivilsachen
Rn.	Randnummer(n)
RNotZ	Rheinische Notarzeitschrift (Zeitschrift)
Rspr.	Rechtsprechung
S.	Seite(n)
s.	siehe
s. a.	siehe auch
s. o.	siehe oben
sog.	sogenannte/-r
SPD	Sozialdemokratische Partei Deutschlands
s. u.	siehe unten
u.	und
u. a.	unter anderem
u. U.	unter Umständen
v.	von
vgl.	vergleiche
VOB/B	Vergabe- und Vertragsordnung für Bauleistungen Teil B
WEG	Gesetz über das Wohnungseigentum und das Dauerwohnrecht
WM	Wohnungswirtschaft und Mietrecht (Zeitschrift)
z. B.	zum Beispiel
ZfBR	Zeitschrift für deutsches und internationales Bau- und Vergaberecht (Zeitschrift)
ZfIR	Zeitschrift für Immobilienrecht (Zeitschrift)
ZGS	Zeitschrift für das gesamte Schuldrecht (Zeitschrift)
zit.	zitiert
ZivilR	Zivilrecht
ZMR	Zeitschrift für Miet- und Raumrecht (Zeitschrift)
z. T.	zum Teil
ZWE	Zeitschrift für Wohnungseigentumsrecht (Zeitschrift)

Schriften zum Deutschen und Internationalen Bau-, Umwelt- und Energierecht

Herausgegeben von Axel Wirth

Band 1 Sebastian Ulbrich: Leistungsbestimmungsrechte in einem künftigen deutschen Bauvertragsrecht vor dem Hintergrund, der Funktion und der Grenzen von §§ 1 Nr. 3 und Nr. 4 VOB / B. 2007.

Band 2 Alice Müller: Nachhaltigkeit im öffentlichen Baurecht unter besonderer Berücksichtigung energieeffizienten Bauens und des Einsatzes erneuerbarer Energien. 2008.

Band 3 Petra Christiansen-Geiss: Voraussetzungen und Folgen des Koppelungsverbotes Art. 10 § 3 MRVG. 2009.

Band 4 Johannes Kuffer: Heilung unwirksamer Bauvertragsklauseln. 2009.

Band 5 Stefan Schifferdecker: Bindungswirkung städtebaulicher Wettbewerbe. Rechtliche und soziale Bindungen im Abwägungsprozess. 2009.

Band 6 Christian Felix Fischer: Die zweifelhafte Abnahmefiktion des § 640 Abs. 1 S. 3 BGB. Eine Untersuchung der Voraussetzungen und Rechtsfolgen, ihres Sinn und Zwecks sowie der Folgen für die Praxis. 2010.

Band 7 Jan-Bertram A. Hillig: Die Mängelhaftung des Bauunternehmers im deutschen und englischen Recht. 2010.

Band 8 Hajo Willner: Zahlungsansprüche von Bauunternehmern bei Störungen des Bauablaufs. Eine Untersuchung in Bezug auf VOB / B-Verträge. 2010.

Band 9 Kathrin Susanne Jansen: Die Mangelrechte des Bestellers im BGB-Werkvertrag vor Abnahme. 2010.

Band 10 Franz Weinberger: *Alliancing Contracts* im deutschen Rechtssystem. 2010.

Band 11 Mathias Schäfer: Leistungspakete im Eigenheimbau. Ein Rechtsvergleich USA – Deutschland. 2011.

Band 12 Andreas Schmidt: Abschlagszahlungen nach gesetzlichem Werkvertragsrecht. Analyse und Reformvorschlag unter besonderer Berücksichtigung des Bauvertrags. 2011.

Band 13 Robert Bach: Die Abwägung gemäß § 1 Abs. 7 BauGB nach Erlass des EAG Bau. 2012.

Band 14 Axel Wirth (Hrsg.): Fragen zum Öffentlichen und Privaten Baurecht im Internationalen Ländervergleich. Seminar zum Internationalen Baurecht. 2013.

Band 15 Stephanie Englert-Dougherty: Baulärm und Sozialadäquanz. 2016.

Band 16 Julian Linz: Die Haftung des Bausachverständigen – Tätigkeitsfeld und Haftungsausschluss. 2017.

Band 17 Jan D. Sommer: Die Duldung rechtswidriger Zustände im öffentlichen Baurecht. 2017.

Band 18 Gerrit Krupp: Rechtsnatur und Rechtswirkungen des Flächennutzungsplans. 2017.

Band 19 Marthe-Louise Fense: Die Auswirkungen der EU-Bauproduktenverordnung auf das nationale Recht. Regelungsdefizite und Haftungsrisiken für Wirtschaftsakteure und Verwender von Bauprodukten. 2017.

Band 20 Jenny Patzig: Streitlösungsmodell für die Bauprojektabwicklung. Konfliktmanagement mithilfe bedarfsoptimierter Adjudikation. 2017.

Band 21 Viviane McCready: Die Abnahme des Gemeinschaftseigentums im Rahmen von Bauträgerverträgen. 2018.

www.peterlang.de

www.ingramcontent.com/pod-product-compliance
Ingram Content Group UK Ltd.
Pitfield, Milton Keynes, MK11 3LW, UK
UKHW021849290926
8980IPUK00005B/728

9 783631 757536